시사
용어사전
1228

시사
용어사전
1228

시사용어사전 **1228**

개정 3판 1쇄 발행   2024년 01월 19일
개정 4판 1쇄 발행   2025년 03월 07일

편 저 자 | 상식연구소
발 행 처 | (주)서원각
등록번호 | 1999-1A-107호
주　　소 | 경기도 고양시 일산서구 덕산로 88-45(가좌동)
대표번호 | 031-923-2051
교재문의 | 카카오톡 플러스 친구 [서원각]
홈페이지 | goseowon.com

"시사용어, 어떻게 공부하지?"

공자의 논어(論語) 중 學習猶如逆水行舟(학습유여역수행주), 不進則退(부진즉퇴) 즉, 학문이란 마치 물을 거슬러 배를 저어 나가는 것과 같아서, 앞으로 나아가지 않으면 물러나게 된다는 뜻입니다. 상식 공부도 마찬가지입니다. 계속 노력하지 않으면 배웠던 것도 쉽게 잊어버리게 되고 점점 흥미를 잃게 될 것입니다.

사전에서 말하는 상식이란 사람들이 보통 알고 있거나 알아야 하는 지식이라고 정의하고 있습니다. 하지만 상식도 나 스스로 찾아보지 않고 공부하지 않으면 늘지 않습니다. 알고 있던 것도 잊기 마련이며, 새로운 정보들은 계속해서 늘어갑니다.

매일매일 뉴스와 책에서 시사·상식 용어를 찾는 일은 쉽지 않을 것입니다. 여기저기 쏟아지는 정보들을 하나로 모아서 볼 수 있다면 얼마나 좋을까. 시사·상식의 범위는 어디까지이며 어떻게 간추리고 외울 수 있을까에 대한 물음을 시작으로 두 가지 목표를 생각해보았습니다. 본서는 매일 접하는 각종 기사와 정보 속에서 현대인이 놓치기 쉬운, 그러나 꼭 알아야 할 최신 시사상식을 쏙쏙 뽑아 이해하기 쉽도록 정리했습니다. 또한, 수험생들을 위한 공사·공단·기업체의 적성검사, 면접, 각종 시험에 자주 출제되는 용어들을 수록하여 시험 대비에 용이하도록 했습니다.

> 1. 자가진단 테스트로 자신의 시사상식 수준이 어느 정도인지 파악하고 그에 맞는 공부 계획을 세워 학습하시기 바랍니다.
> 2. 주제별로 세분화하여 수록하였습니다. 이를 활용하여 쉽고 확실하게 시사상식을 쌓기 바랍니다.

시사상식을 하나씩 마주하다보면 어느새 차곡차곡 쌓여있을 것입니다.
언제 어디서나, 쉽고 간편한 시사용어사전과 함께 상식을 쌓아보세요!

STRUCTURE

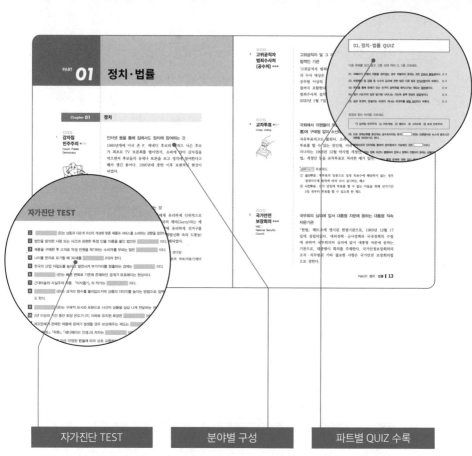

자가진단 TEST

본격적으로 책을 마주하기 전, 시사용어를 얼마나 알고 있는지 자신을 확인할 수 있으며, 이에 따른 공부 방법을 제시해 주고 있습니다. 넘어가지 말고 스스로 체크해보세요!

분야별 구성

분야별로 구성되었으며 궁금한 용어를 인덱스로 손쉽게 찾아 확인할 수 있습니다. 상세한 용어 해설을 통해 정확한 의미 파악에 도움이 되도록 구성하였습니다.

파트별 QUIZ 수록

각 파트별 수록된 QUIZ를 통해 경제 용어 정의를 확실하게 각인할 수 있습니다.

CONTENTS

자가진단 TEST

1 ⬜⬜⬜⬜⬜⬜ (은)는 남들과 다르게 자신의 개성에 맞춘 제품과 서비스를 소비하는 경향을 말한다.

2 법안을 발의한 사람 또는 사건과 관련한 특정 인물 이름을 붙인 법안은 ⬜⬜⬜⬜⬜ 이다.

3 제품을 구매한 후 고의로 악성 민원을 제기하는 소비자를 부르는 말은 ⬜⬜⬜⬜⬜ 이다.

4 나이를 한자로 표기할 때 30세를 ⬜⬜⬜⬜⬜ (이)라 한다.

5 한국의 산업 자립도를 높이고 발전시켜 부가가치를 창출하는 경제는 ⬜⬜⬜⬜⬜ 이다.

6 ⬜⬜⬜⬜⬜⬜ (은)는 빠른 변화로 기존에 존재하던 경계가 모호해지는 현상이다.

7 근대미술의 사실주의 작품 「이삭줍기」의 작가는 ⬜⬜⬜⬜⬜ 이다.

8 ⬜⬜⬜⬜⬜⬜ (은)는 과거의 향수를 불러일으키며 상품의 이미지를 높이는 방법으로 컴백 광고라고
도 한다.

9 ⬜⬜⬜⬜⬜⬜ (은)는 구체적 묘사와 표현으로 사건의 상황을 실감 나게 전달하는 저널리즘이다.

10 2년 이상의 기간 동안 토양 온도가 0℃ 이하로 유지된 토양은 ⬜⬜⬜⬜⬜ 이다.

11 제조업체가 판매한 제품에 문제가 발생할 경우 보상해주는 제도는 ⬜⬜⬜⬜⬜ 이다.

12 「태평천하」, 「탁류」, 「레디메이드 인생」의 저자는 ⬜⬜⬜⬜⬜ 이다.

13 서로 다른 통화를 미리 약정된 환율에 따라 상호 교환하는 외환거래는 ⬜⬜⬜⬜⬜ 이다.

14 세계 최초로 유통된 우표는 영국의 ⬜⬜⬜⬜⬜ 이다.

15 ⬜⬜⬜⬜⬜⬜ (은)는 인간관계에서 친밀함을 원하는 동시에 거리를 두려 하는 욕구가 공존하는 심
리 현상이다.

16 2025년 최저시급은 ⬜⬜⬜⬜⬜ 이다.

17 ⬜⬜⬜⬜⬜⬜ (은)는 온라인 수업, 온라인 전시회 등 온라인을 통해서 외부활동을 이어가는 방식이다.

18 주식 시장에서 약세장, 장기간의 주가 하락장을 ⬜⬜⬜⬜⬜ 라고 한다.

19 선교사 헨리 아펜젤러가 서울에 세운 근대식 중등교육기관은 ⬜⬜⬜⬜⬜ 이다.

20 기자나 편집자 등 뉴스 결정권자가 어떤 뉴스를 보도할지 취사 선택하는 과정을 ⬜⬜⬜⬜⬜ 이
라고 한다.

0~5개 | 시사용어 입문자!

좌절하지 마세요! 공부를 시작할 수 있는 최고의 계기! 우리 함께 상식을 알아가 보아요! 상식의 달인이 되는 것은 어렵지 않아요. 조금만 눈을 크게 뜨고 세상에 관심 갖는 것을 시작으로 해요. 주위에 보이는 것들에 조금만 관심을 주기만 해도 입문자로 시작할 수 있어요. 지금 당신이 이 책을 들고 있는 것처럼 말이죠! 가장 먼저 가장 많이 사용하는 동그라미 세 개짜리 용어부터 차근차근 읽어보는 것은 어떨까요?

6~10개 | 기초는 있는 초보자!

무슨 말인지는 알겠는데 어디서 봤지?하고 생각하고 있죠? 대략적인 상식은 아는데 내가 알고 싶은 상식만 알고 있군요! 상식의 범위를 조금만 더 넓혀 보아요. 평소 관심 있는 주제의 상식뿐만 아니라 다른 주제의 상식들도 공부해 보아요. 인터넷 뉴스 등으로 제한된 상식을 접했을 당신! 시사용어책 속 동그라미 두 개짜리의 용어를 신문, 인터넷 기사와 함께 공부해 봅시다. 종합적인 상식 섭취는 소화에 좋답니다!

11~15개 | 용어 흡수 단계인 중수!

아직 상식들을 소화 중이신가요? 나의 것으로 흡수하기 위해서는 정확한 상식을 아는 것이 중요하답니다. 완벽하지 않아도 되는 것은 초보자까지만! 중수는 용어의 의미를 확실하게 파악하는 것이 필요합니다. 기사를 통해 이 용어가 어디에서 쓰였으며, 어떤 때 쓰이는지 파악하셨나요? 중요도가 높고 궁금했던 용어를 사전에 표시하고 계속해서 펼쳐보세요. 그렇게 한다면 잊지 않고 자세한 내용까지 하나하나 기억할 수 있어요! 깊이 있는 공부로 달인이 되는 그날까지!

16~20개 | 완벽한 흡수력을 지닌 달인!

짝짝! 모든 것을 소화한 상식의 달인님들, 흡수력이 대답합니다! 하지만 앞으로 나아가지 않으면 퇴보한다는 '학여역수(學如逆水)'라는 말이 있듯이 상식을 많이 아는 만큼 다시 상기시키고 공부하는 것이 필요하겠죠? 많이는 필요 없어요. 하루에 한 번 훑어보며 뭐였더라? 생각한 단어를 목표로 암기해 보아요. 문제를 풀어보는 연습 또한 중요해요! 파트별 문제들을 통해 달인님들의 상식을 마음껏 펼쳐 보세요. 날마다 노력하는 달인님을 이길 사람은 아무도 없답니다.

ANSWER

1. 에고노믹스	2. 네이밍법안	3. 블랙 컨슈머	4. 이립(而立)	5. 펠리컨 경제
6. 빅블러	7. 밀레	8. 레트로 광고	9. 뉴저널리즘	10. 영구동토
11. 리콜	12. 채만식	13. 통화스와프	14. 블랙 페니	15. 고슴도치 딜레마
16. 10,030원	17. 온택트	18. 베어 마켓	19. 배재학당	20. 게이트 키핑

CROSS WORD

		6				5		
1								
				7				8
				2				
3								
		9						
4								

Across

1. 교차로에서 차들이 뒤엉켜서 옴짝달싹 할 수도 없는 교통 정체 상황을 정치·경제 상황에 비유하는 말
2. 의회의 표결에 있어서 가부동수(可否同數)인 경우 의장이 가지는 결정권
3. '안전 보장 우호국'을 뜻하는 말 'OOO리스트'
4. 글로벌 금융 위기에 큰 이익을 얻기 위한 기업인을 비난하는 말
5. 정치지도자의 집권 말기에 권력이 약화되는 것

Down

6. 아군의 약점을 파악하기 위해 편성한 가상의 적군
7. 대통령의 식사에 초대받아 격의 없는 담소를 나누는 지인들
8. '목표를 달성하기 위한 지름길'이라는 뜻의 정치 용어
9. 제2심 판결에 대한 당사자의 불복신청

Across | 1.그리드락 2.캐스팅보트 3.화이트 4.살찐고양이법 5.레임덕
Down | 6.레드 팀 7.키친캐비닛 8.패스트트랙 9.상고

PART

01

정치 · 법률

정치 | 법률 | 외교 | 군사 · 안보

checkpoint

- ✔ 국가안전보장회의
- ✔ 그린뉴딜 정책
- ✔ 레드라인
- ✔ 세계무역기구
- ✔ 중대재해기업처벌법
- ✔ 국제원자력기구
- ✔ 님투현상
- ✔ 레임덕
- ✔ 아그레망
- ✔ 추가경정예산
- ✔ 그리드락
- ✔ 데이터 3법
- ✔ 밴드왜건 효과
- ✔ 치킨게임
- ✔ 필리버스터

정치·법률

| Chapter **01** | 정치 |

□□□
1 **감자칩
민주주의** ●⊙⊙
Couch Potato
Democracy

인터넷 등을 통해 집에서도 정치에 참여하는 것

1960년대에 미국 존 F. 케네디 후보와 리처드 닉슨 후보가 최초로 TV 토론회를 벌이면서, 쇼파에 앉아 감자칩을 먹으면서 후보들의 유세나 토론을 보고 정치에 참여한다고 해서 생긴 용어다. 1990년대 중반 이후 보편적인 현상이 되었다.

□□□
2 **게리맨더링** ●●●
Gerrymandering

자의적으로 선거구를 획정하는 것

선거구를 특정 정당이나 후보자에게 유리하게 인위적으로 획정하는 것을 말한다. 1812년 미국의 게리(Gerry)라는 매사추세츠 주지사가 자기의 소속정당에 유리하게 선거구를 확정한 결과 살라맨더(Salamander : 희랍신화 속의 도룡뇽)와 비슷한 기형의 선거구가 된 데서 유래되었다.

┤상식더보기├ **구분의 불공평을 호소하는 단어 '~맨더링'**
아일랜드의 털리맨더링(Tullymandering), 일본의 하토(비둘기)맨더링(Hatomandering)

□□□
**3 고위공직자
범죄수사처
(공수처) ●●●**

고위공직자 및 그 가족들의 비리를 수사하고 기소하는 독립적인 기관

'고위공직자 범죄수사처'를 줄여서 '공수처'라 한다. 공수처의 수사 대상은 대통령, 국회의원, 대법원장을 비롯한 3급 공무원 이상의 고위공무원이며 검사와 판사, 경무관급 경찰까지 포함한다. 2019년 12월 30일 국회는 「고위공직자 범죄수사처 설치 및 운영에 관한 법률안」을 통과시켰으며 2020년 1월 7일 국무회의를 통하여 공포되었다.

□□□.
4 교차투표 ●☺☹
Cross Voting

국회에서 의원들이 의안을 표결할 때 소속정당의 당의(黨意)에 구애됨 없이 소신에 따라 투표하는 것

자유투표라고도 불린다. 소속 정당의 정책노선과 반대되는 투표를 할 수 있는 것인데, 미국 의회에서 두드러진다. 우리나라는 1998년 12월 약사법 개정안, 1997년 「형사소송법」 개정안 등을 교차투표로 처리한 예가 있다.

┼**상식더보기** 투표제도

① **결선투표** : 재투표의 일종으로 일정 득표수에 해당하지 않는 경우 절대다수제 원칙에 따라 다시 실시하는 제소
② **사전투표** : 선거 당일에 투표를 할 수 없는 이들을 위해 선거기간 5일 전부터 투표를 할 수 있도록 한 제도

□□□
**5 국가안전
보장회의 ●●●**
NSC :
National Security
Council

국무회의 심의에 앞서 대통령 자문에 응하는 대통령 직속 자문기관

「헌법」 제91조에 명시된 헌법기관으로, 1963년 12월 17일에 설립되었다. 대외정책 · 군사정책과 국내정책의 수립에 관하여 국무회의의 심의에 앞서 대통령 자문에 응하는 기관으로, 대통령이 회의를 주재한다. 국가안정보장회의의 조직 · 직무범위 기타 필요한 사항은 국가안전 보장회의법으로 정한다.

국민을 대표로 하여 구성된 입법 기관

① 입법 : 헌법개정안 제안 · 의결권, 법률 제정 · 개정권, 조약 체결 · 비준동의권의 권한이 있다.

② 재정 : 예산안 심의, 결산 심사, 기금심사권, 재정입법권, 계속비 의결권, 예비비지출 승인권, 국채동의권, 국가의 부담이 되는 계약체결에 의한 동의권이 있다.

③ 일반국정 : 국정감사 · 조사권, 헌법기관 구성권, 탄핵소추권, 긴급명령, 계엄해제 요구권, 일반사면에 대한 동의권, 선전포고 및 국군의 해외파견 외국군대주류에 대한 동의권, 국무총리 · 국무위원 해임 건의권, 국무총리 · 국무위원 · 정부위원 출석요구권 및 질문권이 있다.

④ 외교 : 초청 및 방문 외교활동, 국제회의 참석이 있다.

양측의 의견이 팽팽하여 업무 또는 정책이 추진되지 못하는 상황

교차로에서 옴짝달싹할 수 없는 교통 정체 상황을 정치 · 경제에 비유하는 용어로, 의견 대립으로 인해 정책 등이 원활하게 추진되지 못하는 상황을 일컫는다. 정치적으로는 정부의 정책이 의회와의 이해관계가 얽힌 대립으로 추진되지 못할 때 사용하며, 경제적으로는 지나치게 많은 자원의 소유권으로 인해 경제활동의 저해와 부가가치 창출을 가로막는 정체 상태를 가리킨다.

저탄소 경제구조로 전환하며 고용과 투자를 늘리는 정책

친환경을 뜻하는 'Green'과 '일자리 창출을 뜻하는 '뉴딜정책'의 합성어다. 즉, 화석연료중심의 에너지 정책에서 신재생 에너지로 전환하며, 사람과 환경을 중심으로 지속 가능한 발전을 꾀하는 정책을 말한다. 이는 기존의 산업체계와 경제구조를 전환하면서 다가올 환경문제에 대응하고자 하는 것이다.

9 네오콘 ●●⊙
Neocons

□□□

신보수주의(Neoconservatism) 혹은 신보수주의자(Neo -
Conservative)의 줄임말

미국 공화당을 중심으로 한 신보수주의자들과 신보수주의
세력을 통틀어 일컫는다. 이는 미국의 정치 철학자 스트라
우스(Leo Strauss)의 사상을 기원으로 삼는다. 미국이 강
력한 군사력을 기반으로 불량한 국가에서 발생한 국제문제
를 적극적으로 대처하여 새로운 국제질서를 만들 것을 주
장한다.

10 님투현상 ●●⊙
NIMTOO

□□□

Not In My Terms Of Office

'나의 공직 재임기간 중에는 안 된다'는 뜻이다. 공직자가
자신의 남은 임기 중 무리하게 일을 추진하지 않고 시간이
흐르기만을 안일하게 기다리는 현상을 말한다. 주로 대통
령 임기 말년에 레임덕과 함께 나타난다.

11 단순 다수 대표제 ●●⊙
單純多數代表制

□□□

여러 후보자 중 상대적으로 많은 표를 얻은 후보를 대표
로 선출하는 제도

전체 득표의 절반을 넘기지 못해도 다른 후보들보다 한 표
라도 많이 득표한 후보자가 당선된다. 결정 방식이 쉽고
간편하여 비용이 적게 든다는 장점이 있지만, 과반수 이하
로 당선될 경우 대표성이 떨어지며 사표(死票)가 많고 소수
의견이 반영되지 않을 수 있다는 단점이 있다.

12 딥 스테이트 ●●●
Deep State

□□□

법제도를 벗어난 권력 카르텔

권위주의 국가의 배후에서 활동하는 군부 세력, 정보기관
등의 권력 집단을 뜻한다. 주로 중동 권위주의 국가의 겉
으로 드러나지 않는 세력을 지칭할 때 쓰인다.

□□□

13 **뒤베르제의
법칙** ●●☺

Duverger's Law

**최다 득표자가 당선되는 소선구제를 채택한 국가에서는
양당체제 특성을 가진다는 법칙**

1954년 프랑스 정치학자 모리스 뒤베르제가 제시한 법칙
이다. 이 법칙에 따르면, 소선거구제는 양당체제를 낳으며,
비례대표제는 다수 정당체제를 낳는다. 즉, 최다득표제를
선거제도로 채택하는 국가에서는 소수정당은 의석을 얻을
수 없고 두 개의 주요 정당이 남는다는 뜻이다. 심리적으
로 소수정당을 지지하는 유권자는 사표를 만들지 않기 위
해서 당선 확률이 높은 당에 투표하는 경향이 있기 때문에
이와 같은 특징이 나타난다.

□□□

14 **레드라인** ●●☺

Redline

대북정책에 실정된 정책전환의 한계선

대북정책에서 포용정책이 실패할 경우 봉쇄정책으로 전환
하는 기준선을 의미한다. 북한과의 포괄협상을 1단계로 시
도하지만 이것이 실패할 경우에는 2단계 봉쇄정책으로 전
환을 검토해야 하며, 이때 정책전환을 위한 기준을 마련한
것이 레드라인이다.

□□□

15 **레임덕** ●●●

Lame Duck

정치 지도자의 집권 말기에 나타나는 지도력 공백 현상

임기 종료를 앞둔 대통령 등 지도자나 공직자를 일컫는다.
여기서 레임(Lame)은 '다리를 저는, 절름발이의' 라는 뜻으
로, 레임덕은 임기 만료를 앞둔 공직자의 통치력 저하를
기우뚱 걷는 절름발이 오리에 비유해 일컫는 말이다. 우리
나라에서는 '권력누수현상'이라고 표현하기도 한다. 레임덕
은 주요 현안에 대한 정책 결정이 늦어질 뿐만 아니라 공
조직 업무 능률을 저하시켜 국정 공백을 일으키는 등 나라
전체에 나쁜 영향을 끼칠 수 있는 위험한 현상이다.

┼상식더보기┃ 데드덕(Dead Duck)

레임덕보다 더 심각한 권력 공백현상을 나타내는 말로 '죽은 오리'를 뜻
한다. 정치 생명이 끝난 사람, 가망 없는 인사 또는 실패했거나 실패할
것이 확실한 정책을 의미한다.

□□□
16 **마키아벨리즘** ●☺☺
Machiavellism

목적 달성을 위해 도덕이나 윤리를 외면하고 수단과 방법을 가리지 않은 정치적 현실주의

이탈리아의 정치사상가 · 외교가 · 역사학자인 마키아벨리의 군주론에서 비롯되었다. 정치적인 목적 달성을 위해서라면 수단과 방법을 가리지 않고 어떠한 반도덕적 · 비논리적 수단이라도 허용된다는 권모수술의 의미이다. 이것은 근대 부르주아적 정치권력의 원리를 과학적으로 밝혀냈으며, 근대 정치학의 시조라 평가받고 있다.

□□□
17 **마타도어** ●☺☺
Matador

출처를 위장하거나 밝히지 않는 선전

흑색선전(黑色宣傳)의 의미로 정치권에서 널리 쓰이는 말이다. 근거 없는 사실을 조작해 상대를 중상모략하는 행위를 뜻한다. 원래 스페인어 'Matador(마따도르)'에서 유래한 용어로, 붉은 천으로 투우를 유인하여 마지막에 정수리를 찌르는 '투우사(Bullfighter)'를 지칭한다.

□□□
18 **매니페스토 운동** ●●☺
Manifesto Movement

공약의 실현 가능성을 구체적으로 따져보는 운동

'증거' 또는 '증거물'의 의미인 라틴어 '마니페스투(Manifestus)'에서 유래되어, 구체적인 예산과 추진 일정을 갖춘 선거 공약인 '매니페스토(Manifesto)'가 되었다. 과거행적을 설명하고 미래 행동의 동기를 밝히는 공적인 선언의 의미로 우리나라에서는 '참 공약 선택하기', '바른 공약 실천운동' 정도로 표현되며 2006년 5월 지방선거를 기점으로 발족되었다.

스마트지수(Smart)	셀프지수(Self)	파인지수(Fine)
• 공약의 구체성 (Specific) • 측정가능성 (Measurable) • 달성가능성 (Achievable) • 적절성 (Relevant) • 시간적 가능성 (Timed)	• 지속가능성 (Substantiality) • 자치역량 강화 (Empowerment) • 지역성의 반영 (Locality) • 이행 여부 (Follow Up)	• 공약의 실현가능성 (Feasibility) • 유권자의 반응 (Interactiveness) • 효율성 (Efficiency)

19 무정부주의 ●●●
Anarchism

모든 정치조직 · 권력 · 사회적 권위를 부정하는 사상 및 운동

국가와 법 또는 감옥 · 사제(司祭) · 재산 등이 없는 사회를 지칭한 것이다. 즉, 국가권력 및 사회적 권력 등을 부정하고 절대적인 자유가 행해지는 사회를 실현하고자 하는 정치이념으로, 개인의 자유를 최상의 가치로 모든 억압적인 힘을 부정하는 것이다.

20 민족자결주의 ●◌◌
民族自決主義

한 국가의 민족이 그들의 독립 문제를 스스로 결정짓게 하자는 원칙

1919년 제1차 세계대전 말기에 파리 강화회의에서 당시 미국 대통령이었던 윌슨이 주창하였다. 이 회의에서 핀란드 · 라트비아 · 에스토니아 · 폴란드 · 유고슬라비아 등이 독립하였다.

21 밴드왜건 효과 ●●●
Band - Wagon Effect

선거운동에서 우세를 보이는 후보 쪽으로 투표자가 가담하는 현상

'밴드왜건'은 서커스나 퍼레이드 행렬의 맨 앞에 선 밴드들이 탄 마차를 의미한다. '밴드왜건에 오른다'는 표현은 광대인 라이스(Dan Rice)가 선거운동에서 마차에 악대를 태웠던 것에서 기인한다. 소위 말하는 '대세론'으로 후보자가 일정 수준 이상의 지지율을 얻으면 그 후보를 따라가게 되는 것을 말한다. 경제학에서는 밴드왜건 효과를 다른 사람들이 어떤 상품을 소비하기 때문에 그 상품의 수요가 증가하는 현상을 의미한다.

†상식더보기 스놉효과(Snob Effect)

특정 상품에 대한 소비가 증가하면 그에 대한 수요가 줄어드는 소비 현상을 말한다.

□□□
22 **베일 보터** ●○○
Veil Voter

가려진 유권자

여론조사에서 좀처럼 잡히지 않는 '숨은 유권자', 투표하더라도 막판까지 저울질하는 '망설이는 유권자', 뚜렷한 지지자가 없어 투표를 포기하게 되는 '떠나는 유권자' 등이 이에 해당된다. '숨은 유권자'는 지지하는 후보는 있지만 침묵하고 있는 유권자로, 농어촌 표심이 대표적인 예로 꼽힌다. '망설이는 유권자'는 투표는 하지만 어떠한 후보에게 표를 던져야 할지 결정하지 못했거나 후보들의 추후 행보에 따라 결정 대상이 바뀔 수 있는 유권자를 말한다. 주로 젊은 층이 많은데, 이들은 정보 접근성이 높아 후보들의 과거 행적이나 TV토론 등을 통해 지지자를 결정한다. '떠나는 유권자'는 모든 후보가 다 맘에 들지 않아 투표를 하지 않겠다는 유권자를 가리킨다.

□□□
23 **뷰어태리어트** ●●●
Viewertariat

정치 담론을 다루는 TV 프로그램을 시청하며 SNS로 실시간 의견을 표출하는 사람들

2009년 10월 영국 토론 프로그램에 한 정치인이 출연하자, 일부 시청자들은 방송을 시청하면서 SNS로 의견을 교환하고 토론을 벌인 현상을 바탕으로 '시청자(Viewer)'와 '무산 계급(Proletariat)'의 합성어 뷰어태리어트가 되었다. 이후 방송사에서는 SNS와 연동하여 소규모 시청자 패널의 실시간 반응을 화면으로 전달했고, 2010년 영국 총선에 큰 영향력을 발휘했다.

□□□
24 **블루웨이브** ●○○
Blue Wave

백악관 및 상·하원 모두 민주당이 장악한 현상

푸른색을 상징하는 미국의 민주당이 대선과 상·하원 선거 모두 승리를 하여 백악관, 의회를 장악하는 현상을 의미한다. 반대로 공화당이 상·하원을 모두 차지하면 레드웨이브(Red Wave)라고 부른다.

□□□
25 **삼민주의** ●⊙⊙
　三民主義

민족주의 · 민권주의 · 민생주의

중화민국 쑨원에 의해 추진된 정치이념이다. 대외적으로 열강들로부터 해방과 국내 여러 민족의 융화, 국민의 참정권 확보 및 인권의 평등과 자본의 절제 등을 내용으로 하는 사회민주주의를 표방한다.

□□□
26 **섀도캐비닛** ●●⊙
　Shadow Cabinet

야당이 정권 획득에 대비하여 총리, 각료를 내정해두는 일

우리나라에서는 '그림자 내각'이라고도 한다. 1876년부터 영국에서 시행되어 온 제도로, 정부와 여당에서도 필요한 자료나 정보를 제공한다.

□□□
27 **선거공영제** ●⊙⊙
　選擧公營制

선거운동에서 발생하는 폐해를 방지하고 공정한 선거를 위해 국가나 공공단체가 선거비용을 부담하여 관리하는 제도

선거공영제는 재산이 없더라도 유능한 인물이면 누구나 국민의 대표자로 선출될 수 있는 기회를 주고, 선거운동의 과열방지와 선거의 공정을 확보하는 데 도움이 된다.

□□□
28 **숙의
민주주의** ●●◎
熟議民主主義

의사결정 시 숙의(熟議)가 중심이 되는 민주주의 형식

'심의 민주주의'라고도 하는데, 시민들이 특정 문제에 대해 깊이 생각하고 충분히 논의하여 의사결정하는 과정을 말한다. 숙의토론 과정은 전문가 중심의 공개토론과 달리, 일반 시민 중심으로 진행되며 참여자 간 동등한 기회가 부여되어야 한다.

□□□
29 **스핀닥터** ●◎◎
Spin Doctor

정부 수반이나 각료들의 측근에서 국민의 생각이나 여론을 수렴해 정책으로 구체화시키거나 정부 정책을 국민들에게 납득시키는 역할의 정치 전문가

'스핀'은 원래 '돌리거나 비틀어 왜곡한다'는 부정적인 뜻의 단어로, 정치적 목적을 위해 사건을 왜곡하거나 조작하는 사람이나 국민의 생각이나 여론을 정책으로 구체화시킴은 물론, 정부 수반의 생각을 국민들에게 납득시키는 역할까지 하는 정치 전문가, 홍보 전문가를 뜻한다.

□□□
30 **싱크탱크** ●●●
Think Tank

정부의 정책 또는 기업의 경영전략을 연구하는 집단

각 분야의 전문가가 책임지고 중립적·장기적인 관점에서 정책입안의 기초가 되는 각종 시스템을 개발·연구하는 독립기관이다. 정부에 의해 자금이 지원되고 운영되는 정부 산하의 싱크탱크, 개인이나 기업체에 의한 싱크탱크, 그리고 일반시민이나 독지가들에 의해 자금이 지원되고 공인을 위해 활동하는 비영리 싱크탱크 등이 있다. 시스템 분석 및 경영과학, OR 등의 근대적 수법 사용, 컴퓨터의 활용 및 소프트웨어 개발을 하는 등의 특징을 지닌다.

31 **앙시앵 레짐** ●●⊙
Ancien Régime

프랑스 혁명 이전의 구(舊)제도

프랑스 혁명 이전 루이 14 ~ 16세기 절대주의에서 왕이나 귀족 · 승려 등의 특권계급이 국민의 정당한 자유와 권리를 거리낌 없이 유린해 온 정치제도 및 봉건적 신분제도를 의미한다. 프랑스 혁명에 의해 타도되었으며 최근에는 새로운 체제와 비교해 이전의 낡은 제도의 특징을 일컫는 용어로도 사용된다.

□ □ □

32 **엽관제** ●●●
獵官制

선거에서 승리한 정당이 적극적 지지자 또는 선거운동원에게 정치적 보상을 제공하는 정치적 관행

자신을 지지한 사람들에게 관직을 임명하는 등 정치적 혜택을 준다. 정권의 정치적 방향이 맞는 사람들로 구성되어 정책 집행이 효율적이며, 지지층의 결집을 강화할 수 있으나 공직자 선정 기준이 능력보다 정치적 충성에 초점이 맞춰지기 때문에 전문성과 능력이 부족한 인사가 임명될 위험이 있다. 또한 정권 교체 시 공직자 교체도 대규모로 이루어지기 때문에 행정의 안정성이 저하되고, 정치적 보상으로 공직을 주기 때문에 부패와 비리가 발생할 가능성이 높다. 우리나라는 이승만 정권의 자유당 창당(1952)을 계기로 대두되었다.

┿상식더보기 실적제(Merit System)
공직자 임명 시 업무 능력, 실적, 전문성 등을 기준으로 삼는 제도이다.

□ □ □

33 **이원집정부제** ●●●
二元執政府制

대통령제와 내각책임제가 절충된 제도

대통령제와 의원내각제의 요소를 결합하여 행정부가 이분화되어 있는 절충식 정부형태이다. 평상시에는 국무총리가 행정권을 주도하지만 비상상황에서는 대통령이 행정권을 장악하여 단순한 국가원수로서의 지위뿐만 아니라 실질적인 행정수반의 역할을 담당하게 된다.

□□□
34 **주민소환제 ●●●**
住民召喚制

지방자치제도의 폐단을 막기 위한 통제 제도

주민들이 선거를 통하여 지방공직자에게 민주적인 정당성을 부여한다면, 민주적인 정당성을 배신한 공직자로부터 그 권한을 제한하거나 해임시킬 수 있어야 한다는 것이다. 주민들이 지방자치단체의 행정처분이나 결정에 심각한 문제점이 있다고 판단할 경우, 소정의 절차를 밟아 자치단체장이나 지방의원을 불러 그에 관한 설명을 들은 뒤 투표를 통해 단체장에 제재를 가할 수 있다. 주민소환제는 주요 현안에 대해 주민의사를 묻는 '주민투표제도', '주민발안제도'와 더불어 대의민주주의제도의 한계를 보완하는 직접민주주의 장치로 작용한다. 미국, 독일, 일본 등에서는 지방의원 · 교육위원 · 단체장 등 지방공직자에게 광범위하게 적용된다.

□□□
35 **추가경정**
예산 ●●●
追加更正豫算

정부가 이미 성립한 예산을 변경하여 다시 편성한 예산

사용 용도가 정해진 국가예산이 예산 부족이나 특별한 사유로 인해 부득이하게 필요하다고 판단되는 경우 추가 또는 변경하여 편성되는 예산이다. 정부는 1년 단위로 1월부터 12월까지 단위로 수입과 지출계획을 설정하여 재정활동을 한다. 연도 중에 계획 변경할 필요가 생긴 경우, 본예산을 편성을 변경해 다시 정한 예산을 국회에 제출하여 의결을 거친 후 집행한다.

□□□
36 **치킨게임 ●●●**
Game of Chicken

어느 한 쪽이 양보하지 않을 경우 양쪽 모두 파국으로 치닫게 되는 극단적인 게임

국제정치학에서 사용하는 게임이론 중 하나이다. 1950년대 미국 젊은이들 사이에서 유행하던 자동차 게임의 이름으로, 두 명의 경쟁자가 차를 몰고 정면으로 돌진하다가 충돌 직전에 핸들을 꺾는 사람이 지는 것을 말한다. 핸들을 꺾은 사람은 '치킨(겁쟁이를 뜻하는 속어)'으로 몰려 명예롭지 못한 사람으로 취급받지만 누구도 핸들을 꺾지 않을 경우 양쪽 모두 자멸하게 된다.

전쟁이나 분쟁 지역을 경험해보지 않고 군사 활동에 적극적인 정치인·고위 관료·평론가 등을 가리키는 속어

겁쟁이를 뜻하는 '치킨(Chicken, 닭)'과 강경파(매파)를 나타내는 '호크(Hawk, 매)'의 합성어로 '겁이 많은 매파'를 의미한다. 미국에서 사용되는 정치 관련 속어로, 본래 자신은 군대나 실전 경험이 없음에도 국민에게만 안보를 강조하거나 전쟁에 찬성하는 '미국 내 매파'를 가리키는 말로 사용됐다.

의회의 표결에 있어서 가부동수(可否同數)인 경우 의장이 가지는 결정권

양당의 세력이 거의 같을 때 그 승패를 결정하는 제3당의 투표를 말한다. 가부가 동수인 두 가지의 입법례 중에서 하나는 부결된 것으로 보는 제도이고, 다른 하나는 의장이 캐스팅보트를 가지는 제도이다. 우리나라 국회에서는 헌법에 따라 가부가 동수인 경우 그 의결은 부결된 것으로 본다.

대통령의 공직적인 자문기구가 아닌 비공식적 정책 자문 역할을 하는 그룹

대통령의 식사 자리에 초청받아 격의 없이 담소를 나누는 지인들로, 공식 조직이 아니며 구성원들도 공식 직책을 가지지 않는다. 정치적 권위 없이 대통령에게 조언을 나누는데, 행정부 안에서 정치적 영향력을 행사하는 실권자들과 다르게 공식적 직책 없이도 친밀도를 바탕으로 정치적 영향을 미친다.

╋상식더보기 키친 캐비닛의 예

미국의 7대 대통령 앤드루 잭슨 때 그의 집 부엌에서 만나 조언을 나누는 모습에서 유래되었다. 이후 부시 대통령이 키친 캐비닛 명단을 처음 공개하였다.

□□□
40 **킹메이커** ●●☺
King Maker

누군가를 권좌에 올릴 수 있을 정도의 실력을 갖춘 사람

15세기 장미전쟁 중 영국 귀족이자 백작 작위를 가진 리처드 네빌에게서 유래되었다. 네빌은 1455년부터 30년 동안 영국의 왕권을 두고 치러진 장미전쟁에서 헨리6세를 폐위시키고 요크 왕가의 에드워드 4세를 왕위에 올렸는데, 이후 사람들이 네빌을 킹메이커라 불렀다고 한다.

➕상식더보기 **'킹메이커'의 우리말 대체어**

'대권 인도자', '핵심 조력자'가 사용된다.

□□□
41 **파킨슨 법칙** ●☺☺
Parkinson's Law

업무량의 경중에 상관없이 공무원 수가 지속적으로 증가하는 현상

공직사회의 비대화를 논할 때 빠지지 않고 등장하는 이론이다. 통상적으로 관료조직의 인력, 예산, 하위조직 등이 업무량과 무관하게 점차 비대해지는 현상을 지칭한다.

□□□
42 **패스트트랙** ●●●
Fast Track

국회에서 발의된 안건의 신속처리를 위한 제도

사전적으로는 '목표를 달성하기 위한 지름길'을 의미한다. 정치에서는 법안이나 정책의 신속한 처리와 관련하여 사용한다. 패스트트랙은 긴급하고 중요한 안건을 신속하게 처리하기 위해 2015년 도입한 제도로, 일정 기간 내 해당 법안이 본회의에 상정되도록 만들었다.

➕상식더보기 **패스트트랙 절차**

① 1단계(패스트트랙 법안 지정) : 소관 상임위 재적위원 5분의 3 이상 찬성 시
② 2단계(해당 상임위 심사) : 최장 180일 → 90일(미의결 시 자동으로 법사위 회부)
③ 3단계(법사위 심사) : 최장 90일(미의결 시 본회의에 자동 부의)
④ 4단계(본회의 상정) : 최장 60일 → 생략 가능(국회의장 재량 따라 부의 기간 생략 가능)
⑤ 5단계(표결) : 재적의원 과반수의 출석, 출석 의원 과반수의 찬성

43 폴리터리안 ●●●
Politterian

SNS에 자신의 의견을 적어 정치인 등에게 영향력을 행사하는 사람

SNS에 자신이 옳다고 생각하는 정치 성향에 대해 적극 주장할 뿐만 아니라, 특정 후보를 지지 또는 비난하며 정책에 대해서 혹은 정치인 등에게 영향력을 행사한다. 우리나라에서는 공직선거법 개정 이후 인터넷 선거 운동이 전면 허용되면서 그 영향력은 더욱 커졌다.

44 플레비사이트 ●●●
Plebiscite

국민이 국가의 주요 의사결정에 직접 참여하는 직접민주제의 한 형태

정치적으로 중요한 특정사건을 국민투표로 결정하는 제도이다. 정치적인 문제인 영토의 변경이나 대통령의 신임 여부 등을 결정할 때 행한다. 고대 로마 공화국에서 처음 시행되었다. 근대에서는 1933년 독일의 국제 연맹 탈퇴, 한국에서는 1962년 박정희 전 대통령의 권력구조 개편, 1969년 3선 개헌 등이 플레비사이트에 의하여 결정되었다.

> **⁺상식더보기 레퍼렌덤(Referendum)**
> 법안에 대한 승인을 국민 투표로 결정하는 합법적이고 영구적인 제도를 말한다.

45 필리버스터 ●●●
Filibuster

합법적인 방법과 수단으로 국회에서 고의적으로 의사진행을 지연시키는 무제한 토론 행위

국회에서 다수파가 독단적으로 진행하는 의사진행에 반발하기 위하여 소수파 의원이 어떤 형태로든 의회의 정상적인 의사진행절차를 방해·지연시키려는 행위를 의미한다. 오랜 시간 연설을 하거나 규칙 발언 반복 등의 방법으로 무제한으로 토론을 진행하는 것이다. '다수당의 독주를 막는 최후의 보루' 또는 '다수결 원리를 약화시키는 독'으로 평가되고 있다.

□□□
46 **하마평** ●●⊙
下馬評

새롭게 관직에 오를 후보들에 대한 세간의 소문

정계 개편이나 개각, 인사이동 등이 있을 때마다 후보자에 관하여 떠도는 풍설을 말한다. '물망에 오르다'와 같은 뜻으로 사용된다.

□□□
47 **할거주의** ●●⊙
割據主義

조직 내에서 파벌을 조성하는 것

자기가 속한 기관 · 부서 · 국 · 과만을 생각하고 타부서에 대한 배려가 없거나 심지어 타부서에 대해서 적의를 가지는 것을 의미한다.

□□□
48 **행정각부** ●●●
行政各部

정부의 행정 사무를 나누어 맡고 있는 각 부서

정부의 구성단위로서 대통령 또는 국무총리의 지휘 또는 통솔하에 법률이 정하는 소관 사무를 담당하는 중앙행정기관을 말한다.

┼상식더보기 행정부서

기획재정부, 교육부, 과학기술정보통신부, 외교부, 통일부, 법무부, 국방부, 행정안전부, 국가보훈부, 문화체육관광부, 농림축산식품부, 산업통상자원부, 보건복지부, 환경부, 고용노동부, 여성가족부, 국토교통부, 해양수산부, 중소벤처기업부

□□□
49 **헝의회** ●●●
Hung Parliament

과반의석을 가지고 있는 절대 다수당이 없는 의회

'헝(Hung)'은 '대롱대롱 불안정하게 매달려 있는'을 의미한다. 다수당이 과반의석을 가지지 못해서 의회를 안정적으로 운영하지 못한다는 의미로 사용되는 부정적인 어감의 용어이다.

□□□
50 **회기계속의
원칙** ●☺☺
會期繼續－原則

회기 중에 국회 심의에서 의결되지 않은 안건을 다음 회기에 계속 심의하도록 하는 원칙

회기 중에 의결되지 않은 의안을 폐기하지 않고 다음 회기에도 인계하여 심의하는 원칙이다. 하지만 의원의 임기가 만료되거나 국회가 해산하면 적용되지 않는다.

□□□
51 **회기불계속의
원칙** ●☺☺
會期不繼續－原則

회기 중에 국회 심의에서 의결되지 않은 안건을 다음 회기에 폐기하는 원칙

회기 중에 의결되지 의안은 회기가 끝나면 소멸되어 다음 회기로 이월되지 않는 것을 의미한다. 회기 중에만 존재할 수 있다.

□□□
52 **10월의
서프라이즈** ●☺☺
October Surprise

역대 미국 대선에서 10월에 발생한 사건들

10월의 이변·충격이라고 불리는 '옥토버 서프라이즈'는 선거의 판도를 바꿀 수 있는 막판 이벤트들을 지칭한다. 1972년 미국 대선 당시 닉슨과 맥거번의 경합 때 처음 등장하였다. 대선 시기에 나오는 이슈에 흥미를 끌기 위한 방식이기도 하다. 미국에서 열띤 대선 분위기가 나타나는 10월에 선거 판도에 영향을 주기 위한 의도라는 의견도 있다.

□□□
53 **감형** ●⊙⊙
減刑

선고받은 형의 분량을 감소시켜주는 조치

사면(赦免)의 일종이다. 대통령이 행하는 것으로 일반감형과 특별감형으로 분류된다. 일반감형은 지정된 죄종의 범죄인들의 형량을 일률적으로 감소시키는 것이고, 특별감형은 특정한 사람에게 지정되어 형을 감소시키는 것이다.

□□□
54 **검·경**
수사권 조정 ●⊙⊙

형사소송법에 의해 부여된 수사권 · 수사지휘권 · 수사 종결권 등을 가진 검찰 권한을 경찰과 나누어 조정하는 것

검 · 경 수사권 조정안은 검찰 수사지휘권 폐기와 더불어 경찰의 1차 수사권 및 수사 종결권을 갖도록 하는 '형사소송법개정안'과 검찰이 수사개시의 범죄 범위는 대통령령으로 정하는 부패 · 선거 범죄 · 경제 등으로 제한하는 '검찰청법 개정안'을 포함한다. 즉, 검찰이 수사기소, 영장청구 등의 권한을 모두 독점하고 있는 상황에서 경찰과 수사권한을 나누는 방향으로 조정하는 것이다.

□□□
55 **공용수용** ●⊙⊙
公用收用

공공목적을 위해서 행정청에서 권리자의 의사에 상관없이 재산권을 강제적으로 취득하는 것

공익사업에 필요한 토지나 물건 등을 매매나 그 밖의 사법상 수단에 의해 취득할 수 있으나 그 목적 달성에 곤란한 경우 인정하는 제도로서 공용수용의 주체는 국가 · 공공단체 및 그로부터 특허받은 사인(私人)이 될 수 있으며, 부동산의 경우에도 등기 없이 효력이 발생한다.

2008년 1월 1일부터 시행된 한국형 배심원 재판제도

국민이 배심원으로 재판에 참여하는 형사재판제도이다. 배심원이 된 국민이 법정 공방을 참관하여 피고인의 유·무죄 평결을 토의하여 평결하면 재판부가 참고하여 선고하는 제도이다. 국민참여재판은 배심원을 선정하고, 공판절차, 평의절차를 거쳐 판결을 선고한다. 배심원은 만 20세 이상 대한민국 국민이면 누구나 배심원이 될 수 있고, 특별한 자격은 필요하지 않다. 다만, 범죄전력이 있다면 배심원이 될 수 없다.

부실 징후 기업의 기업개선이 신속하고 원활하게 추진될 수 있도록 필요한 사항을 규정한 법률

상시적 기업구조조정을 촉진하고 금융시장의 안정과 국민경제의 발전에 이바지하는 것을 목적으로 하는 법률이다. 이 법에 따르면 채권금융기관은 신용공여를 받고자 하는 기업에 대해 직전 2개 사업연도의 감사보고서를 제출하도록 요구할 수 있고, 기업신용위험의 상시평가기준 및 사후관리기준을 마련해 운용해야 한다. 기업에 부실 징후가 나타날 경우 주채권은행은 당해 기업에 대한 관리조치를 취해 외부전문기관으로부터 자산·부채실사 및 존속능력평가 등을 받도록 요구할 수 있다.

법안을 발의한 사람이나 피해자 및 가해자 등 특정 인물의 이름을 붙인 법안

법의 명칭은 따로 있지만 주목도나 홍보효과가 높아 복잡한 법률명을 대신하여 사용된다. 네이밍 법안은 사건을 공론화 시킬 수 있어 해당 사안을 확실하게 드러낼 수 있다는 이점이 있다. 그러나 피해자의 이름이 붙은 법안은 실질적인 내용이 전달되지 않고 감정에 호소할 수 있다는 점과 안타까운 마음에 선입견을 갖게 되어 부작용을 야기할 수 있다. 또한 피해자의 이름을 붙이게 될 때에는 유가족에게 상처가 될 수 있으므로 신중해야 한다.

상식더보기 네이밍 법안 종류

① **김영란법**(부정청탁 및 금품 등 수수의 금지에 관한 법률) : 당시 국민권익위원회 위원장 김영란 대법관이 발의하여 김영란법이라고 불린다. 공직자를 비롯한 언론인과 사립학교 교직원 등은 1회 100만 원을 초과하는 금품을 수수할 시 형사처벌(3년 이하의 징역 또는 3,000만 원 이하의 벌금)을 받도록 규정하고 있다. 김영란법이 허용하는 상한액은 명절에 주고받을 수 있는 농축수산물 30만 원, 선물 5만 원, 경조사비 5만 원(화환 대체 시 10만 원)이다.

② **민식이법**(도로교통법 일부개정안 및 특정범죄가중처벌 등에 관한 법률 일부 개정안) : 어린이 보호구역에서 차량에 치여 사망한 김민식 군 사건을 계기로 발의하여 민식이법이라고 불린다. 어린이 보호구역 내 무인 교통단속용 장비 및 안전시설을 설피하고 스쿨존에서 13세 미만 어린이에게 교통사고를 일으킬 경우 사망 시 무기징역 또는 3년 이상의 징역, 상해를 입혔을 경우 1년 이상 15년 이하의 징역 또는 500만 원 이상 3,000만 원 이하의 벌금이 부과된다.

③ **임세원법**(의료법 일부 개정안) : 환자가 휘두른 흉기에 찔려 숨진 정신건강병원인 임세원 교수 사건을 계기로 발의되어 임세원법이라고 불린다. 의료인에게 폭력을 휘둘렀을 경우 처벌이 가중되고 주취 감경 규정을 적용하지 않아 의료인과 환자를 법적으로 보장한다. 상해를 입혔을 경우 7년 이하의 징역 또는 1,000만 원 이상 7,000만 원 이하의 벌금이 부과되고, 중상해를 입혔을 경우 3년 이상 10년 이하의 징역, 사망에 이르게 한 경우 무기징역 또는 5년 이상의 징역에 처하게 된다.

④ **김용균법**(산업안전보건법 개정안) : 비정규직 청년 노동자 김용균 씨가 운송설비 점검 중 컨베이어 벨트에 끼어 사망한 사건을 계기로 발의하여 김용균법이라고 불린다. 사업주의 책임 범위를 확장하고 사업주가 안전조치를 위반하면 3년 이하의 징역 또는 3,000만 원 이하의 벌금에 처한다. 노동자가 사망할 시 7년 이하의 징역 또는 1억 원 이하의 벌금에 처한다.

⑤ **조두순법**(성폭력 범죄의 처벌 등에 관한 특례법) : 등교 중이었던 여아를 성폭행 하여 피해아동에게 중상해를 입힌 조두순 사건을 계기로 발의하여 조두순법이라고 불린다. 처음에는 피해아동의 이름으로 불리다가 후에 가해자 이름인 조두순법으로 변경되었다. 음주나 약물로 인한 심신미약 상태에도 형을 감경하지 않으며 미성년자에 대한 성폭력 공소시효는 피해자가 성년에 달한 날부터 진행한다.

⑥ **기타** : 신해철법(의료사고 피해구제 및 의료분쟁 조정법 개정안), 해인이법(어린이 안전관리에 관한 법률안), 하준이법(주차장법개정안, 도로교통법 개정안), 윤창호법(특정범죄 가중처벌 등에 관한 법률 개정안 및 도로교통법 개정안), 구하라법(부모가 부양의 의무를 게을리 하였을 경우 부모 상속권 박탈 개정안) 등

개인정보 보호법·정보통신망법(정보통신망 이용촉진 및 정보보호 등에 관한 법률)·신용정보법(신용 정보의 이용 및 보호에 관한 법률) 개정안

데이터 3법은 개인정보보호법이 소관 부처별로 나뉘어 있어 생긴 불필요한 중복 규제를 없애고 4차 산업혁명의 도래에 맞춰 개인과 기업이 정보 활용을 폭넓게 하기 위해 마련됐다. 빅데이터 3법, 데이터경제 3법이라고도 부른다.

┼상식더보기 데이터 3법의 주요 내용

① 개인정보보호법 개정안 : 개인정보 관련 개념을 개인정보, 가명정보, 익명정보로 구분한 후 가명정보를 통계 작성 연구, 공익적 기록보존 목적으로 처리할 수 있도록 허용한다.
② 정보통신망법 개정안 : 개인정보 관련 법령이 개인정보보호법, 정보통신망법 등 다수의 법에 중복돼 있고 감독기구도 행정안전부, 방송통신위원회, 개인정보보호위원회 등으로 나눠져 있어 따른 혼란을 해결하기 위해 마련됐다.
③ 신용정보보호법 개정안 : 은행, 카드사, 보험사 등 금융 분야에 축적된 방대한 데이터를 분석 및 이용해 금융상품을 개발하고 다른 산업 분야와의 융합을 통해 부가가치를 얻기 위해 마련됐다.

미국에서 성범죄자의 신상을 공개하는 법률

1994년 뉴저지 주에서 일어난 7세 여아의 성폭행 살해사건을 계기로 제정되었다. 성범죄자의 이름, 나이, 사진, 주소는 물론 직장과 자동차 번호도 공개된다. 미국 내 37개 주가 이러한 제도를 시행하고 있다.

┼상식더보기 전자감시제도

「특정 성폭력범죄자에 대한 위치 추적 전자장치 부착에 관한 법률」에 따라 추적 전자 장치를 특정 범죄자의 신체에 부착하여 재범을 방지하며 국민을 보호하기 위한 제도이다.

□□□
61 **무고죄** ●○○
誣告罪

타인으로 하여금 형사처분 또는 징계처분을 받게 할 목적으로 공무소 또는 공무원에 대한 허위의 사실을 신고하며 성립하는 범죄

신고의 방법은 자진하여 사실을 고지하는 한 구두나 서면, 고소(告訴)·고발(告發)의 형식 혹은 기명(記名), 익명(匿名) 또는 자기명의, 타인명의에 의하건 모두 불문한다.

□□□
62 **무과실
책임주의** ●○○
無過失責任主義

발생한 손해에 대하여 고의·과실의 유무를 가리지 않고 손해를 일으킨 사람에게 그 손해의 배상 책임을 지게 한다는 원칙

민법상의 책임에 있어서 고의 또는 과실이 없으면 손해배상의 책임이 없다는 것이 '과실 책임주의'로, 근대법은 이 이념에 입각하고 있다. 그러나 고도의 경제성장과 과학기술의 발달에 의해 개인의 주의능력을 넘어서서 고의나 과실이 없어도 사람들에게 손해를 끼치는 사례가 증가하면서 과실의 유무가 불확실하더라도 가해의 사실이 있으면 책임을 지우는 '무과실 책임주의'가 주장됐다.

□□□
63 **무죄추정의
원칙** ●●●
無罪推定－原則

모든 피의자나 피고인은 무죄의 가능성이 있기 때문에 가능한 한 시민의 권리가 보장되어야 한다는 원칙

수사기관에 의해 현행범으로 체포 및 구속된 사람이라 할지라도 법원에서 확정적으로 형을 선고받기 전까지는 무죄라는 원칙이다. 만약 제1심이나 제2심 판결에서 유죄의 판결이 선고되었어도 확정되기 전까지는 무죄의 추정을 받는다. 유죄판결이란 형 선고 판결뿐만 아니라 형 면제 판결과 선고유예 판결을 포함한다. 그러므로 면소, 공소기각 또는 관할위반 판결이 확정되어도 무죄의 추정이 유지된다.

□□□
64 **미란다 원칙** ●○○
Miranda Warning

피의자를 구속하기 전에 고시하는 피의자의 권리 원칙

1966년 미란다(E. Miranda)가 강간사건재판에서 미국 대법원의 판례로 확립된 피의자를 위해 정한 인권보호책이다. 피의자를 구속하기 전에 반드시 묵비권, 변호인 선임권 등 피의자의 권리를 고지해야 한다.

□□□
65 **미필적 고의** ●○○
未畢的 故意

자신이 한 행위에 범죄 가능성을 알면서도 하는 행동

범죄 발생 가능성을 인식하고도 개의치 않고 한 행동을 말한다. 이런 경우에는 과실범이 아니라 고의범으로서 처벌받는다.

□□□
66 **반독점법** ●○○
反獨占法

독점을 규제하거나 금지하는 법

물건과 서비스를 만들거나 파는 사람이 별로 없으면 독점상황은 물건을 사는 쪽이 불리해진다. 경쟁이 없기 때문에 파는 쪽에서 부르는 것이 값이며, 이득을 더 많이 가져가려하는 상황이 생긴다. 기업인수 및 합병(M&A) 등 독점을 강화하는 행위나 소비자 및 다른 기업 이익을 침해하는 각종 불공정 행위를 금지하는 법이다.

□□□
67 **반의사
불벌죄** ●○○
反意思不罰罪

피해자가 처벌할 의사가 없다면 가해자를 처벌하지 않는 것

피해자의 고소가 없어도 수사기관이 수사해서 재판을 받게 하는 등 처벌할 수 있는 죄이더라도 피해자가 처벌을 원치 않는다는 의사표시를 표명할 경우 가해자를 처벌하지 못하는 것을 말한다.

68 배심제도 ●●●
陪審制度

법률전문인이 아닌 일반 국민이 재판이나 기소과정에 참여하여 사실문제를 판단하는 사법제도

소송의 지휘, 증거조사, 법률의 해석 및 적용은 직업재판관이 한다. 정식 재판에서 피고의 유·무죄를 평결하는 소배심과 피고가 정식재판에 회부되어야 하는지 여부를 일반인(무작위)으로 구성된 배심원들이 결정하는 대배심이 있다. 우리나라에서도 2008년부터 「국민의 형사재판 참여에 관한 법률」에 따른 국민참여재판제도로 배심제도가 실시되고 있다.

69 배임죄 ●◌◌
背任罪

타인의 사무를 처리하는 자가 임무를 위배하는 행위를 하여 재산상의 이익을 취득하거나 제3자가 취득하게 하여 손해를 가한 것

이 죄를 범한 범인이 취득한 재물은 몰수하고, 그 재물을 몰수하기가 불능하거나 재산상의 이익을 취득한 때에는 그 가액(價額)을 추징(追徵)한다.

70 법률의 유보 ●◌◌
法律 – 留保

국민의 권리, 의무에 관한 사항은 반드시 법률로써 규정하여야 한다는 원칙

모든 행정은 법률에 근거해야 하며 기본권 제한을 최소화해야 한다는 내용이다. 오토 마이어(O. Mayer)가 행정 작용은 행정권의 고유한 권력에서 나오는 것으로 일일이 법률의 근거를 필요로 하지 않으나 일정한 사항에 관하여 자유가 배제되는 것을 법률의 유보라고 부른 데에서 유래되었다.

71 보증인 보호법 ●◌◌
保證人保護法

보증의 사회적 폐해가 심하여 합리적인 금전거래를 확립하기 위해 제정된 정책

우리나라 특유의 인정주의에 따라 호의로 이루어지는 보증이 만연하고 채무자의 파산이 연쇄적으로 보증인에게 이어져 보증의 사회적 폐해가 심각하다. 따라서 보증채무의 범위를 특정하고, 보증인에게 정신적 고통을 주는 불법적 채권추심행위를 금지하며, 금융기관과 보증계약을 체결할 때에는 채무자의 신용에 대한 정보를 보증인이 제공한다.

□□□
72 **보호감호**
제도 ●●⊕
保護監護所制度

재범 위험을 막기 위해 형 집행 후 교정시설에 재수용하여 일정 기간 동안 감호소에 머물도록 하는 제도

2010년 법무부 형사법 개정 특별분과위원회가 인권침해 논란을 불식시키고자 방화와 살인, 상해, 약취·유인, 강간 등 성폭력범죄 등으로 한정하여 재범 위험성 여부를 다시 판단하는 '중간심사제도'와 함께 재도입했다.

□□□
73 **복권** ●●●
復權

특정 권리·자격을 회복시키는 것

사면법(赦免法)상 대통령의 명에 의해, 형 선고의 효력으로 인해 상실 또는 정지된 자격을 회복시키는 것이다. 복권은 형의 집행을 종료하거나 집행면제를 받은 자에 한해서만 행한다. 형의 선고에 의한 기성(旣成)의 효과는 복권이 되어도 변경되지 않는다. 일반복권은 대통령령으로 하고, 특정한 자에 대한 복권은 대통령이 행하되 법무부장관의 상신(上申)과 국무회의의 심의를 거쳐야 한다. 특별복권은 검찰총장의 신청으로, 형의 집행종료일 또는 집행이 면제된 날로부터 3년이 경과된 자에 대해 행한다.

□□□
74 **불고불리의**
원칙 ●●●
不告不理 – 原則

법원은 검사가 공소를 제기한 사건에 한하여 심리한다는 원칙

법원은 검사의 기소가 없으면 재판을 할 수 없고, 검사가 기소한 사건에 한하여 재판하여야 한다는 원칙이다. 다만, 준기소절차는 예외다.

□□□
75 **불고지죄** ●●●
不告知罪

「국가보안법」 또는 「반공법」을 위반한 자를 고의로 수사기관에 신고하지 않을 경우 성립하는 죄

「국가보안법」 제10조에 의하여, 수사기관이나 정보기관에 반국가단체의 활동을 지지하거나 신고하지 않은 경우 5년 이하의 징역이나 200만 원 이하의 벌금을 받을 수 있다.

□□□
76 **불소추특권** ●●●
不訴追 特權

대통령은 재직기간 중에 내란 · 외환의 죄를 제외한 범죄에 대하여 형사상 소추(訴追)를 받지 않는 특권

「헌법」 제84조에서 보장하는 권리이다. 국가를 대표하는 지위에 있는 대통령의 신분과 권위를 유지하고 국가원수 직책의 원활한 수행을 보장하기 위함이다. 그러나 대통령에 재직 중이라도 민사상 · 행정상의 소추, 국회에 의한 탄핵소추는 받을 수 있다.

□□□
77 **사면** ●●⊙
赦免

대통령의 고유권한으로, 형의 집행을 면제해 주거나 형선고의 효력을 없애주는 조치

특정 죄목에 대해 일괄적으로 처벌을 면해 주는 '일반사면'과 사면의 대상을 정해 면제하는 '특별사면'이 있다. 특별사면은 잔형집행면제 또는 집행유예를 받은 사람에게 형의 선고를 없었던 일로 해주는 두 가지 방법이 있다. 행정처분취소는 경찰청과 같은 행정기관에서 받은 처분을 면해 주는 조치이며, 징계사면은 말 그대로 징계 받은 사실을 없던 일로 하는 것이다. 파면이나 해임을 뺀 정직 · 견책 · 감봉을 받은 전 · 현직 공무원들의 징계기록이 삭제, 호봉 승급 등 인사상 불이익을 받지 않게 된다.

┼상식더보기 잔형집형면제

가석방 또는 복역 중인 피고인의 남은 형 집행을 면제해주는 조치를 말한다.

□□□
78 **사법방해죄** ●⊙⊙
Obstruction of Justice

공식적인 수사 절차를 방해하는 행위

증인 살해, 증거 인멸 등의 명백한 사법방해 행위이다. 미연방법은 법 집행기관의 수사 절차를 부정하게 방해하여 영향을 주거나 지연시키는 등의 행위를 포괄적으로 사법방해에 포함된다고 본다.

79 사자명예 훼손죄 ●●●

死者名譽毀損罪

공연히 허위의 사실을 적시하여 사자(死者)의 명예를 훼손하는 범죄

「형법」제308조에 의해 허위의 사실을 적시할 것을 요하므로 사실을 적시한 때에는 성립하지 않는다. 사자를 생존자에 준하게 보아 사자의 명예라는 견해가 통설이다. 사자의 명예란 외부적 명예, 곧 사회적 평가를 의미한다. 이 죄를 범한 자는 2년 이하의 징역이나 금고 또는 500만 원 이하의 벌금에 처한다.

80 상고 ●●◦

上告

고등법원이나 지방법원 합의부의 제2심 판결에 대하여 억울하게 생각하는 당사자가 그 재판의 확정 전에 대법원에 다시 재판을 청구하는 것

상고심에서는 법심판의 심사대상으로 하기 때문에 당사자는 법적평가의 면에 한하여 불복을 신청할 수 있으므로 보통 상고심을 법률심이라고 한다. 상고를 할 수 있는 재판은 원칙적으로 항소심의 종국판결에 한하지만 불항소합의가 있을 때의 비약적 상고(민사소송법), 또는 특수한 사건에서 고등법원이 제1심이 되는 때(행정소송법)에는 예외가 인정되고 있다. 상고를 할 수 있는 자는 원판결의 파기로 이익이 있는 자에 한하며, 상고제소기간은 항소의 경우와 같은 제한이 있다.

81 상소 ●●◦

上訴

재판이 확정되기 전에 상급법원에 취소 · 변경을 구하는 불복신청

법관의 판단은 항상 정당하다고만 생각할 수 없으므로, 당사자에게 상급법원의 재판을 받을 기회를 주는 것이다. 상소는 미확정의 재판에 대하여 하는 것이므로, 미확정재판에 대한 것이 아닌 재심(再審)의 소(訴)나 형사소송에서의 비상상고는 상소가 아니다. 또 상급법원에 대한 것이므로 같은 심급(審級) 내에서의 이의(異議)는 상소가 아니다. 현행법상 종국판결에 대한 상소로는 항소 · 상고가 있고, 판결 이외의 재판(결정 및 명령)에 대해서는 항고 · 재항고 · 특별항고가 인정되고 있다.

□□□
82 **살찐
고양이법** ●●●

탐욕스러운 자본가를 비유하는 표현

2008년 세계 경제를 어려움에 빠트린 글로벌 금융 위기를
초래했지만, 세금 혜택과 보너스 등으로 큰 이익을 보는 은
행가와 기업인을 비난하는 말로 쓰이면서 널리 알려졌다.
2019년 7월 16일, 경기도의회에서 일명 '살찐 고양이법'이
통과됐다. 자치단체 산하 공공기관의 임원들이 지나치게 많
은 연봉을 받는 것을 제한하는 내용의 법령 또는 조례(지방
자치단체의 의회에서 제정한 자치법규)를 뜻한다. 부산
(2019년 5월 8일 공포)에 이어 두 번째 제정된 법이다.

□□□
83 **선고유예** ●◌◌
　宣告猶豫

정해진 기간 동안 형(形)의 선고를 유예하는 것

범죄의 정황이 경미한 범죄인에게 일정기간 유죄 판결하는
것을 유예하고 그 기간을 무사히 경과한 경우에는 유죄 판
결을 언도하지 않는 제도이다.

┼상식더보기┤ 집행유예

유죄의 형(形) 집행을 유예하는 것이다. 보호관찰·사회봉사 등을 명
령하여 정해진 기간 동안 잘 준수하는 범죄인에게 형(形) 집행을 하
지 않는 것이다.

□□□
84 **소멸시효** ●◌◌
　消滅時效

**권리를 행사할 수 있음에도 불구하고 권리를 행사하지 않
으면 권리소멸을 인정하는 제도**

점유권, 일정한 법률관계에 필연적으로 수반되는 상린권,
담보물권 등은 소멸시효가 없으나 채권의 소멸시효는 민사
는 10년, 상사는 5년, 그 이외의 재산권은 20년의 불행사
에 의하여 소멸한다.

85 **소액심판제** ●○○
少額審判制

개인 간 소액 민사 분쟁의 신속한 해결을 위한 제도

소송물 가액은 2,000만 원 이하(대여금, 물품대금, 손해배상청구 등)로 한다. 특별한 사유가 없는 한 항소나 상고가 제한되고 1회 변론으로 종결 처리되어 피고가 한 번 불출석하면 원고가 일방적으로 승소하게 된다. 할부판매회사나 백화점 등이 이를 악용해 교묘한 방법으로 소비자에게 구매계약을 유도하거나 하자가 있는 제품을 판 뒤 소비자가 교환 또는 해약을 요구해도 이를 묵살, 소액심판소송을 걸어 할부대금만 받아가는 사례가 흔하다.

□□□
86 **신의성실의
원칙** ●●●
信義誠實－原則

권리의 행사나 의무의 이행은 신의에 좇아 성실해야 한다는 근대 민법의 수정원리

인간이 법률생활을 함에 있어서 신의와 성실을 가지고 행동하여 상대방의 신뢰와 기대를 배반하여서는 안된다는 조리에 근거한 원칙으로서 「민법」 제2조에서는 '권리의 행사와 의무의 이행은 신의에 좇아 성실히 하여야 한다'고 규정하여 이를 선언하고 있다. 국세기본법에서는 '납세자가 그 의무를 이행할 때에는 신의에 따라 성실하게 하여야 한다. 세무공무원이 직무를 수행할 때에도 또한 같다'라고 규정하며 이러한 원리를 수용하여 조세법의 3대 기본원칙으로 채택하고 있다.

□□□
87 **액세스권** ●●○
Right of Access

매체접근법

국민이 자신의 사상이나 의견을 발표하기 위해 언론매체에 자유로이 접근하여 이용할 수 있는 권리이다.

88 옴브즈맨 제도 ●●○
Ombusman System

행정감찰전문인제도

행정이 합법적이고도 합목적적으로 수행되고 있는가를 직권 또는 신청에 따라 조사하여 감찰하는 행정감찰제도이다. 행정감찰 직책을 맡은 사람을 옴부즈맨이라 하며, 1809년 스웨덴에서 처음 도입되기 시작한 이래 널리 보급되어 있다. 우리나라에서도 1994년 국민고충처리위원회를 설립하여 이 제도를 도입하였고 이후 국민권익위원회로 변경되어 역할을 수행하고 있다.

89 유권해석 ●○○
有權解釋

국가 또는 법을 해석할 권한이 있는 권위 있는 기관이 행한 법의 해석 방법

공권해석 또는 강제적 해석이라고도 하며, 공적 구속력을 가진다. 유권해석은 해석기관에 따라 입법해석, 행정해석, 사법해석으로 구분된다.

┼상식더보기┤ 유권해석의 구분

① 입법해석 : 법조문 자체에 해석규정을 둠으로써 법규 또는 법문구의 의미를 해석하는 것으로 사법해석보다 강한 구속력을 갖는다.
② 행정해석 : 행정기관에 의한 법의 해석으로 최종적인 구속력은 없다.
③ 사법해석 : 구체적 소송 사건에 법을 적용함에 있어 법원에 의하여 행해지는 법의 해석이다.

90 유추해석 ●●●
類推解釋

직접적으로 규정된 법규가 없는 경우, 그와 비슷한 사항을 규정한 법규를 적용하는 법의 해석방법

형법에서는 죄형법정주의의 원칙상 금지된다.

91 **인정사망제도** ●☉☉
認定死亡制度

가족관계의 등록 등에 관한 법률

수재(水災)나 화재 등 사망 확률이 높은 사고의 경우, 시신이 발견되지 않더라도 이를 조사한 관공서가 사망으로 인정하면 별도의 재판 없이 사망신고를 할 수 있는 제도이다.

□□□
92 **일사부재리의
원칙** ●●☉
一事不再理 - 原則

처리된 사건은 다시 다루지 않는다는 법의 일반 원칙

판결이 확정된 사건에 관하여 다시 공소의 제기를 하지 않는다는 원칙이다. 이에 위배된 공소는 면소(免訴)판결을 받는다. 단, 민사소송법에서는 이 원칙이 적용되지 않는다.

□□□
93 **자유심증주의** ●●☉
自由心證主義

증거의 증명력에 관한 일체의 법률적 제한을 무시하고 전적으로 법관의 판단에 일임하는 것

법관의 자유로운 이성에 의하여 실체적 진실의 발견에 효과를 거두기 위한 것이다. 법관의 판단은 객관적이고 합리적이어야 한다.

□□□
94 **재정신청** ●●●
裁定申請

검사의 불기소처분에 불복하여 그 불기소처분의 당부를 가려 달라고 직접 법원에 신청하는 제도

고소나 고발이 있는 특정범죄사건을 검사가 불기소처분하였을 때, 고등법원이 고소인 또는 고발인의 재정신청(裁定申請)에 의하여 그 사건을 관할지방법원의 심판에 부하는 결정을 하면 그 사건에 대하여 공소가 제기된 것으로 보는 절차이다. 불기소처분의 통지를 받은 고소·고발인은 검찰항고를 거쳐 항고가 기각이 된 경우에, 10일 이내에 서면으로 그 검사소속의 지방검찰청 검사장 또는 지청장에게 재정신청서를 제출할 수 있다.

□□□
95 **저작권** ●●●
Copyright

저작자가 창작한 저작물에 대해서 갖는 권리

문학, 연극, 음악, 예술 및 기타 지적 · 정신적인 작품을 포함하는 저작물의 저작자에게 자신의 저작물을 사용 또는 수익처분하거나 타인에게 그러한 행위를 허락할 수 있는 독점적 · 배타적인 권리이다. 복제에 의한 저작권자의 저작 물판매 · 배포, 즉, 출판 또는 발행을 못하도록 보호하는 권리이다.

┼상식더보기 소니보노법

저작권 보호 기간을 20년 연장하는 새로운 저작권법을 말한다. 이전까지 미국의 저작권 보호 기간은 저작자 사후 50년이었지만, 소니보노 법안이 통과되면서 저작자 사후 70년으로 늘어났다. 이 법은 미키 마우스나 도널드 덕 등 다수 만화영화의 저작권을 상실하게 되는 디즈니사를 보호하는 효과가 매우 크다는 점에서 「디즈니 만기 연장법」, 「미키 마우스법」 등으로 불리기도 한다.

□□□
96 **죄형법정주의** ●●●
罪刑法定主義

범죄와 형벌을 미리 법률로써 규정하여야 한다는 근대형 법상의 기본원칙

아무리 사회적 비난을 받아야 할 행위라 할지라도 법률이 범죄로서 규정하지 않았다면 처벌할 수 없으며, 범죄에 대하여 법률이 규정한 형벌 이외의 처벌을 할 수 없다는 것을 의미한다. 죄형법정주의의 근본적인 의의는 국민 개인의 자유와 권리를 보장하기 위하여 승인되는 국가권력의 자기제한(自己制限)이다. 죄형법정주의에는 법률주의(관습형법금지의 원칙), 명확성의 원칙, 유추해석금지의 원칙, 소급효금지의 원칙 등이 있다.

┼상식더보기 죄형전단주의

권력자가 범죄와 형법을 마음대로 전단하는 것을 말한다.

자신의 이익만을 고려한 선택이 결국에는 자신뿐만 아니라 상대방에게도 불리한 결과를 일으키는 상황

증거 불충분의 공범자들이 협력해 숨기면 풀려날 수 있는 최선의 방법이 있음에도 불구하고 상대방을 믿지 못하고 자신의 이익만을 고려하여 상대방을 배신함으로 결국 둘 다 무거운 형량을 받게 되는 현상을 말한다. 게임이론의 하나이다.

인명 피해를 주는 산업재해가 발생했을 경우 사업주의 형사처벌을 강화하는 법

중대재해법은 사업주나 경영책임자의 의무 위반으로 사망 또는 중대재해에 이르게 되었을 때, 사업주와 경영책임자는 형사처벌을 받게 되며 해당 법인은 벌금을 부과 받는 등 처벌 수위가 명시되어 있다. 따라서 경영책임자 또는 사업주는 법인과는 별도로 법적인 책임을 갖는 것이다.

┼상식더보기] 산업안전보호법

산업 안전보호법의 법규 의무 준수 대상자가 법인이며, 사업주는 안전보건 규정 위반의 경우에만 처벌받는다.

동일한 피해를 입은 다수의 피해자가 일부 대표를 통해 공동으로 소송을 제기할 수 있는 제도

기업의 허위공시·분식결산 등으로 피해를 입은 투자자가 손해배상청구소송에서 승소하면 같은 피해를 입은 다른 사람들도 별도의 재판 절차 없이 동일한 배상을 받을 수 있도록 하는 제도다. 2005년 도입된 이후 실제 소송은 단한 건 밖에 없어 규제완화가 시급하다는 의견이 제기되고 있고 증권 외 다른 분야의 적용 역시 찬반의견이 첨예하게 대립해 도입이 이루어지지 않고 있다.

┼상식더보기] 대표소송제

단체 구성원이 그 단체를 대신해 소송을 제기하는 것을 말한다.

□□□
100 **포렌식** ●⊕⊖
Forensic

범죄를 밝혀내기 위해 수사에 쓰이는 과학적 수단 · 방법 ·
기술 등을 포괄하는 개념

포렌식 공청회를 뜻하는 라틴어 'Forensis'에서 유래했다.
공개적인 자리에서 누구나 인정할 수 있는 객관성을 가지는
것이 목적이다. 국내에선 '범죄과학'으로 알려져 있으며, 범
죄를 밝혀내기 위한 모든 과학적 수단 또는 방법이라 할 수
있다.

□□□
101 **플리 길티** ●●⊖
Plea Guilty

유죄를 인정하고 형량을 경감 받는 제도

사전형량조정제도를 의미한다. '플리 바겐(Plea Bargain)'
이라고도 하며, 미국에서 많이 행해지고 있는 제도다.

□□□
102 **피의사실
공표** ●⊕⊖
被疑事實公表

검찰, 경찰, 기타 범죄수사에 관한 직무를 행하는 자 또는
이를 감독하거나 보조하는 자가 그 직무를 행함에 있어서
알게된 피의사실을 공판청구 전에 공표하는 것

피의사실 공표죄는 상위법인 「헌법」 제27조 제4항에도 어
긋나는 행위이며, 「형사소송법」 제198조 제2항도 수사기
관 종사자에게 '피의자의 인권을 존중하고 수사 과정에서
취득한 비밀을 엄수'하도록 수사기관의 준수 사항을 명시하
고 있다. 사례를 보면 수사기관이 보도 자료를 배포하거나
기자회견을 하는 행위, 수사기관 종사자가 공식적 및 비공
식적으로 사실을 확인해주는 것도 포함되며, 성립하려면
피의자가 특정되어야 한다.

□□□
103 **항소** ●⊕⊖
抗訴

제1심 판결이 억울하다고 생각하는 당사자가 재판이 확정
되기 전에 고등법원 또는 지방법원 본원 합의부에 다시
재판을 청구하는 것

항소기간은 민사소송의 경우에는 2주일, 형사소송은 7일 이
내이다. 항소기일이 지나면 선고는 확정된다. 또한 보통 군법
회의 판결에 대한 고등군법회의에서의 상소도 항소라 한다.

□□□
104 **헌법불합치** ●●●
憲法不合致

헌법에 위반된 법률을 즉시 효력 정지시킬 때 법적 혼란
이 우려되어 개정을 요구하며 잠정적으로 효력을 유지시
키는 결정

법 규정의 위헌성이 드러나 위헌결정을 내릴 경우 그날부
터 해당 규정의 효력이 상실된다. 이에 생기는 법적 혼란
을 막기 위해 관련법이 개정될 때까지 한시적으로 법적 효
력을 인정해 주는 헌법재판소(헌재)의 변형결정 중 하나다.
헌법불합치 판결을 내리기 위해서는 재판관 6인 이상의 찬
성이 필요하다. 헌법불합치 결정이 내려지면 국회와 행정
부는 헌법재판소에서 제시한 기간에 해당 법률을 개정해야
한다. 만약 헌재의 제시 기한까지 법률 개정이 이뤄지지
않으면, 해당 법률의 효력은 사라진다.

┼상식더보기 헌재의 결정

합헌과 위헌 이외에 헌법불합치, 한정합헌, 한정위헌, 일부위헌, 입
법촉구 등 여러 가지 변형 결정이 있다.

□□□
105 **형사보상** ●○○
刑事補償

형사보상은 구속 재판을 받다 무죄가 확정된 경우 구금
일수만큼 보상해주는 제도

현행 「헌법」에서 규정하고 있는 형사보상의 청구권에는 형
사피의자까지도 포함시키고 있다. 「형사보상 및 명예회복
에 관한 법률」은 수사나 재판과정에서 구속 등으로 구금된
뒤 무죄가 확정되면 구금 일수에 따라 구금 연도의 최저임
금법에서 정한 일급 최저임금의 최대 5배까지 보상하도록
규정하고 있다.

□□□
106 **경제협력
개발기구** ●●◔
OECD :
Organization for
Economic Cooperation
and Development

시장경제와 다원적 민주주의, 인권존중을 기본가치로 회원국들의 경제성장과 인류의 복지증진을 도모하는 정부 간 정책 연구 협력기구

자유시장경제를 추구하는 나라들이 모여 세계 경제의 주요 현안들을 협의해 해결방안을 도출하는 기구이다. 제2차 세계대전 후 유럽의 부흥 및 경제협력을 추진해 온 유럽경제협력기구(OEEC)를 개편하여 1961년 발족되었다. 재정금융에서 안정 · 고용·생활수준의 향상 · 개발도상국의 경제발전 도모 · 세계무역의 다각적 확대 등을 목적으로 한다. 의사결정은 모든 회원국의 만장일치로 하며, 최고기관인 이사회와 각료 이사회 및 상주대표회의로 구성되어 있다. 우리나라는 1996년 7월 6일 심사를 통과해 10월 19일 29번째 회원국이 되었다.

□□□
107 **고노 담화** ●○○
河野談話

1993년 8월 당시 관방장관인 고노 요헤이(河野洋平)가 일본군 위안부와 일본군의 강제동원 사실을 인정한 담화문

고노 내각관방장관은 '위안소는 당시 군(軍) 당국의 요청에 의해 설치된 것이며, 위안소의 설치 · 관리 및 위안부 이송은 구 일본군이 직 · 간접적으로 관여하였다고 발표하며 이로 인해 고통을 당한 다수의 여성에게 사과와 반성의 마음 드린다'라고 사과하였다. 이는 일본 내 우익세력의 반발을 초래하였고 아베정부의 우경화가 강해지면서 교과서 왜곡 및 수정으로 현재까지도 고노 담화의 약속에서 멀어지고 있다.

국제연합(UN) 산하의 국제 금융기관

1944년 브레턴우즈협정(Bretton Woods Agreement)에 따라 국제연합의 전문기관으로서 제2차 세계대전 후 각국의 전쟁피해 복구와 개발을 위해 1946년에 설립되었다. 주요 목적은 가맹국의 정부 또는 기업에 융자하여 경제·사회 발전에 기여하고 국제무역의 확대와 국제수지의 균형을 도모하며 저개발국(개발도상국)에 대하여 기술원조를 제공하는 것이다. 우리나라는 1955년에 가입하였다.

1차 상품 가격의 불안정성을 제거하기 위한 국제 상품매매협정

특정 상품에 대하여 관계국이 생산·소비·가격 등의 조정을 위하여 약정한 국제협정을 말한다. 상품협정에 포함되는 가격안정책으로는 다국간 장기계약·수출 제한·완충 재고(緩衝在庫)의 세 종류가 있다.

┼상식더보기 국제상품협정의 내용

① **다국간 장기계약** : 미리 가격의 변동폭을 한정하고 최고가격일 때 생산국은 미리 계약한 수량만큼을 소비국에 판매하고, 최저가격일 때 소비국은 일정량을 구매하여야 한다고 규정한 것이다.
② **수출 제한** : 세계 가격수준의 변화에 따라 미리 규정한 방법으로 수출을 할당하여 공급을 규제하는 방법이다.
③ **완충 재고** : 당해 상품에 최고·최저 가격을 설정하고, 세계 시장 가격이 규정된 변동 폭의 하한선으로 내려간 경우에는 세계가격을 유지하기 위하여 상품을 구입하고 가격이 상한선을 넘어섰을 때는 재고품을 판매함으로써 가격을 규정된 폭 이내로 유지하려는 것이다.

각국의 정치사상범의 구제 목적으로 설치된 인권운동단체

언론 및 종교 탄압행위 등을 세계 여론에 고발하고 고문이나 실종, 사형 등 국가권력에 의해 억압받는 각국의 정치사상범들을 구제하기 위해 설치된 민간 국제인권기구다. 정치·경제체제를 초월하여 독립적이고 공평하게 운영된다.

□□□
111 **국제원자력
기구 ●●●**
IAEA :
International Atomic
Energy Agency

**원자력의 평화적 이용을 목적으로 1957년에 창설된 UN
의 전문기구**

주요 업무는 핵확산금지조약(NPT) 가맹국 중 비핵보유국
을 대상으로 핵물질의 군사적 이용방지를 위해 핵사찰을
하게 되는데, A · B · C급으로 분류해 통제한다. 본부는 빈
에 있으며, 창설회원국인 우리나라는 1956년에 가입했다.
북한은 1974년에 가입했으나 현재 탈퇴하였다.

□□□
112 **국제통화기금 ●●●**
IMF :
International
Monetary Fund

**통화에 관한 국제협력과 국제무역을 촉진하기 위해 설립
된 UN 전문기구**

1944년 브레튼우즈협정 가맹국의 출자로 설치된 국제금융
결제기관이다. 주로 단기자금을 융통하며 국제수지가 불균
형한 나라에 대해 외환자금을 공여함으로써 국제수지의 균
형을 유지한다. 환시세를 안정적인 다각적 결제에 의해서 환
거래의 자유를 확립한 국제무역의 균형적 성장이 목적이다.
본부는 워싱턴에 있으며, 우리나라는 1955년에 가입했다.

□□□
113 **논 제로 섬
게임 ●◐◐**
Non Zero Sum Game

**한 쪽의 이익과 다른 쪽의 손실을 합하면 제로(0)가 아닌
양쪽 다 이익이 되거나 손해가 나는 현상**

대립과 협력의 요소가 모두 포함되어 있다. 참여자들이 서
로 협력할 경우 양측의 이익을 모두 증가시킬 수 있는 반
면 대립할 경우에는 이득을 모두 감소시킨다. 이는 주권국
가와 주권국가의 관계로 이뤄지는 국제정치 분야에서도 자
주 언급된다. 하지만 실제로 국제정치에서는 자국의 이익
을 위해 조금의 양보도 하려하지 않는 '제로섬 게임'의 양
상이 나타난다.

╋**상식더보기** 제로섬 게임
승패를 합하면 0이 되는 경기이다.

□□□
114 **도미노이론** ●◎◎
Domino Theory

도미노 골패가 차례로 넘어지듯이 한 지역의 공산주의화가 차례로 인접지역에 파급되어 가는 논리

베트남이 공산화되면 타이·캄보디아 등 동남아시아의 국가들이 차례로 공산세력에 점령당하게 되고, 이는 결국 미국의 안보를 위태롭게 한다는 것이다. 미국이 베트남 내전에 개입한 것을 정당화하는 이론으로, 1960년대에 미국 델레스 국무장관에 의해 제창되었다.

□□□
115 **동남아시아 국가연합** ●◎◎
ASEAN :
Assosication of
South－East Asian Nation

동남아시아 국가 간 상호협력 증진을 위한 국제기구

1967년 방콕 선언에 의해 창설되었다. '아세안(ASEAN)'이라 부르며, 인도네시아 자카르타에 사무국을 가지고 있다. 초기 아세안은 경제·문화 등 비정치적인 분야에 대하여 협력했고, 이후에는 정치·경제 분야의 협력이 강화되며 거대 시장으로 부상하였다. 현재 회원국은 필리핀·싱가포르·말레이시아·인도네시아·브루나이·타이·베트남·라오스·미얀마·캄보디아로 10개국이다.

□□□
116 **디커플링** ●●●
Decoupling

국가와 국가, 또는 한 국가와 세계의 경제흐름이 탈동조화(脫同調化) 되는 현상

한 나라 또는 일정 국가의 경제가 인접한 다른 국가나 보편적인 세계 경제의 흐름과는 달리 독자적인 경제흐름을 보이는 현상을 말한다. 크게는 국가경제 전체, 작게는 주가나 금리 등 국가경제를 구성하는 일부 요소에서 나타나기도 한다. 수출과 소비, 주가 하락과 환율 상승 등과 같이 서로 관련있는 경제요소들이 탈동조화 현상을 포괄하는 개념이다.

□□□
117 **리커플링** ●●●
Recoupling

한 지역의 경기가 다른 지역의 경기 동향과 같은 방향으로 움직이는 현상

선진국과 신흥국의 경제가 다른 방향으로 움직이는 디커플 링에서 벗어나 다시 같은 방향으로 움직이는 재동조화 현 상을 말한다. 리커플링은 2007년 말부터 세계 경제가 미 국 경기침체의 영향으로 주춤하면서 주목 받기 시작했으 며, 미국 경제의 영향력이 크기 때문에 미국 경제가 하락 세를 보일 경우 다른 지역의 경제도 영향을 받을 수밖에 없다는 의미이다.

□□□
118 **모두스 비벤디** ●●●
Modus Vivendi

국제법상 분쟁 해결을 위해 당사자 간 편의적으로 체결되 는 잠정 협정

국제외교에서 후일 좀더 적극적이고 정밀한 회담을 통해서 다시 구체적인 합의사항을 도출할 것을 목적으로 행하여지 는 일시적인 합의를 말한다.

□□□
119 **믹타** ●●●
MIKTA

멕시코, 인도네시아, 한국, 터키, 오스트레일리아가 참여하 는 국가협의체

멕시코(Mexico), 인도네시아(Indonesia), 한국(Korea), 터 키(Turkey), 오스트레일리아(Australia)를 구성원으로 하 는 국가협의체로, 민주주의와 자유시장경제 등 핵심가치를 공유하며 국제사회의 공공이익 증대에 대한 기여 의지와 역량을 보유한 중견국들 간의 협력 매커니즘이다. 믹타 (MIKTA) 회원국은 G20 회원국 중 G7이나 브릭스 (BRICS)에 포함되지 않으면서도 UN 등의 국제 무대에서 활동하고 경제 규모가 세계 20위 안에 드는 건실한 국가라 는 공통점을 가진다.

□□□
120 **북대서양
조약기구 ●●●**
NATO
; North Atlantic
Treaty Organization

회원국에 자유와 안전을 보장하기 위한 목적으로 하는 집단방위기구

미국 워싱턴에서 북대서양조약을 토대로 발족한 집단방위기구이다. 최초에는 소련과 동유럽에 대항하기 위해 미국, 캐나다, 벨기에, 덴마크, 프랑스, 아이슬란드, 이탈리아, 룩셈부르크, 네덜란드, 노르웨이, 포르투칼, 영국 총 12개국이 참가하여 1949년에 창설되었다. 2020년에 북마케도니아가 가입하면서 총 30개국 회원국이 있다. 유럽과 북미 국가의 동맹관계를 위한 것으로 국방과 안보를 협의하고 함께 위기를 관리하고자 한다. NATO 회원국 중에 하나가 공격받으면 모두에 대한 공격으로 간주하는 집단방위의 원칙을 가지고 있다.

□□□
121 **브릭스 ●●●**
BRICS

2000년대 전후로 빠른 경제성장을 거듭하고 있는 브라질 · 러시아 · 인도 · 중국 · 남아프리카공화국

2001년 미국의 증권회사인 골드먼삭스그룹 보고서에서 처음 등장한 용어로, 당시 브릭스는 브라질(Brazil) · 러시아(Russia) · 인도(India) · 중국(China) 등 4국의 영문 머리 글자를 사용하였으며 현재의 경제성장 속도와 앞으로의 발전 가능성을 가진 4개국을 하나의 경제권으로 묶은 개념이다. 브릭스 4개국은 공통적으로 거대한 영토와 인구, 풍부한 지하자원 등 경제대국으로 성장할 수 있는 요인을 갖추고 있다. 2010년 12월에는 남아공이 공식 회원국으로 가입하면서, 브릭스는 기존 'BRICs'에서 'BRICS'로 의미가 확대되었다.

□□□
122 **브레튼우즈
체제 ●●●**
Bretton Woods System

**1944년 미국 뉴햄프셔 주 브레턴우즈에서 열린 44개국
연합 회의에서 탄생한 국제 통화제도**

세계 경제를 위기에서 구출하고 새로운 국제통화제도를 수
립해야 한다는 논의가 계속되던 중에 1943년 4월 영국정
부는 국제청산동맹안(Keynes안)을 발표했으며, 같은 해 7
월에는 미국정부가 연합국안정기금예비초안(White안)을 발
표함으로써 국제통화제도 수립을 위한 실질적인 논의가 시
작되었다. 1944년 7월 1일 미국 뉴햄프셔의 브레튼우즈에
서 연합국 44개 통화금융회의가 개최되어 IMF와 IBRD 설
립원안을 확정하고, 1945년 12월 27일에는 30개국이 서
명함으로써 IMF와 IBRD가 정식으로 설립되었다. 그러나
브레튼우즈 체제는 1960년대 이후 지속된 국제유동성 문
제와 기축통화인 달러화 신용의 계속적인 실추로 붕괴의
과정에 들어섰고 마침내 1971년 미국이 달러화의 금 태환
을 정지하자 와해되었다.

□□□
123 **브렉시트 ●ⵙⵙ**
Brexit

영국의 유럽연합(EU) 탈퇴를 뜻하는 용어

영국은 지난 2016년 6월 23일 유럽연합 탈퇴 여부를 결정
하기 위한 국민투표를 실시한 결과 영국 국민들은 'EU 탈퇴'
51.9%(1,741만742표), 'EU 잔류' 48.1%(1,614만1,241표)
의 결과인 126만 여표 차로 탈퇴를 가결함으로써 세계 5위
의 경제 대국인 영국은 1973년 EU의 전신인 유럽경제공동
체(EEC)에 가입한 지 43년 만에 유럽공동체에서 탈퇴를 결
정하였고 2021년 1월 1일에 탈퇴하였다.

□□□
124 **비정부기구 ●●ⵙ**
NGO :
Non - Governmental
Organization

지역, 국가, 국제적으로 조직된 자발적 비영리 시민 단체

개인이나 기업의 이익이 아닌 공공의 이익을 위해 조직된
시민 단체로, 권력이나 이윤 추구가 아닌 인간의 가치를
옹호하고 시민사회의 공공성을 지향하고 활동한다.

□□□
125 **석유**
수출국기구 ●●●
OPEC :
Organization of
Petroleum Exporting
Countries

국제석유자본에 대한 발언권을 강화하기 위하여 결성한 조직

1960년 9월 원유 가격 하락을 방지하기 위해 이라크 · 이란 · 사우디아라비아 · 쿠웨이트 · 베네수엘라의 5대 석유 생산 · 수출국 대표가 모여 결성한 협의체이다. 결성 당시에는 원유공시가격의 하락을 저지하고 산유국 간의 정책협조와 정보 수집 및 교환을 목적으로 하는 가격카르텔 성격의 기구였으나, 원유가격 계속적인 상승을 도모하기 위해 생산량을 조절하는 생산카르텔로 변질되었다.

□□□
126 **세계동물**
보건기구 ●○○
OIE :
Office International
des Épizooties

전 세계 가축 위생의 향상과 동물복지 증진을 위해 설립된 국제기구

전 세계 차원에서 가축 질병의 확산을 방지 및 근절하기 위해 1924년 프랑스 파리에 설립된 국제기구다. 설립 당시 국제수역사무국이었으나, 2003년에 현재의 이름으로 개칭되었다.

□□□
127 **세계무역**
기구 ●●●
WTO
: World Trade
Organization

국가 간 경제분쟁에 대한 판결권과 그 판결의 강제집행권 이용, 분쟁과 마찰조정 등을 목적으로 하는 단체

최고 의사결정기구인 각료회의는 최소 2년마다 개최된다. WTO 무역협정과 관련한 행정업무, 무역협상 포럼, 무역분쟁 조정, 국가별 무역정책 감독 등의 기능을 하는 국가 간 무역규범을 다룬다. 현재 WTO 회원국은 총 164개국이다. 사무국은 스위스 제네바에 위치하고 있다.

□□□
128 **세계
위안부의 날** ●◐◌

매년 8월 14일, 세계 각지에 있는 일본군 '위안부' 피해자를 기리기 위한 날

'세계 일본군 위안부 기림일', '일본군 위안부 피해자 기림의 날'이라고도 한다. 8월 14일은 1991년 김학순 할머니가 일본군 '위안부' 생존자 중 최초로 기자회견을 통해 피해 사실을 증언한 날로서 2012년 한국정신대문제대책협의회(정대협)가 타이베이에서 열린 '제11차 일본군 위안부 문제 해결을 위한 아시아연대회의'에서 매년 8월 14일을 '세계 위안부의 날'로 제정했다.

□□□
129 **세컨더리
보이콧** ●●◌
Secondary Boycott

제재국가(북한)와 경제적인 거래를 하는 제3국의 기업이나 금융기관까지 제재하는 조치

과거 미국이 이란에 적용했던 조치로 해당 국가와 거래하는 미국 기업뿐만 아니라 개인·단체·기관 등 이들과 거래하는 제3자까지 금융제재 대상에 포함시키는 포괄적인 제제를 의미한다.

□□□
130 **셍겐 조약** ●◌◌
Shengen Agreement

EU(유럽연합) 회원국 간 무비자 여행을 규정한 조약

독일, 프랑스, 스페인, 포르투갈, 벨기에, 이탈리아, 네덜란드, 룩셈부르크 등 25개 EU회원국과 스위스, 노르웨이, 아이슬란드의 비회원국이 조약 가입국으로 국경개방과 정보공유를 목적으로 통관·경찰·이민정책 등을 단일화한 조약이다. 1985년 룩셈부르크 셍겐에서 체결되어 1995년 3월 26일 발효되었다. 이 조약으로 셍겐 가입국 국민들은 내부영토(셍겐랜드)에서 자유롭게 이동할 수 있으나, 외부 국가들에 대한 국경통제는 강화된 실정이다.

미국 연방정부의 임시 예산안이 의회에서 부결돼 공공업무가 일부 정지되는 상태

미국 법률은 예산안이 의회를 통과하지 못하면 필수 서비스를 제외(치안, 국방, 의료, 교통)한 모든 공공프로그램을 중단하도록 규정하고 있다. 셧 다운에 돌입하면 연방 공무원의 보수가 지급되지 않고, 강제 무급휴가로 집에서 대기해야 한다.

아시아 및 태평양 연안국가들의 원활한 정책대화 협의를 주목적으로 하는 협의체

1989년 호주 캔버라에서 우리나라를 포함하여 12개국 간에 각료회의를 통해서 출범하였다. 장기적으로 아시아와 태평양의 공동체를 달성하는 것이 비전이다. 아시아와 태평양 지역의 경제 성장과 번영를 위해 1994년 정상회의에서는 보고르 목표(Bogor Goal)를 채택하였다. 2020년 푸트라자야 비전을 채택하여 3대 요소로 무역투자, 혁신·디지털 경제, 포용·지속적 성장을 축으로 운영하고 있다.

동서아시아를 포괄하는 아시아 전체의 협력을 달성하기 위한 대화

2000년 9월 태국의 탁신총리가 아시아 전체 협력을 달성하기 위해 협의체를 주창하였다. 이에 2022년 6월에 설립되었으며 자유로운 의견과 경험을 나누어 비 제도화된 환경을 조성하고, 아시아가 역외 지역과 긴밀한 관계를 가지도록 국가·지역적 능력 향상에 일조하며, 국제이슈 및 개발과 관련된 사항을 의견을 교환하는 목적의 포럼이다.

타국의 외교사절을 승인하는 일

파견국이 외교사절 장(長)을 파견하기 위해 사전에 얻어야 하는 동의를 말한다. 아그레망을 받는 개인을 '페르소나 그라타'라고 한다.

□□□
135 **엠바고** ●●●
Embargo

일정 국가와 직간접으로 교역·투자·금융거래 등 모든 부분의 경제교류를 중단하는 금수(禁輸) 조치

정치적인 목적으로 어떤 특정국을 경제적으로 고립시키기 위해 사용된다. 대상국과는 원칙적으로 모든 경제교류가 중단되나, 인도적 교류나 문화·체육 분야의 교류에는 예외가 인정되는 것이 보통이다. 이같은 국가 대 국가의 경우 이외에도 UN의 결의에 의해 여러 국가가 특정국에 경제봉쇄조치를 실시하는 경우도 넓은 의미에서 엠바고에 포함된다. 걸프전쟁 당시 이라크에 대한 제재조치가 대표적인 예이다. 한편, 언론에서 엠바고는 뉴스의 발표시간 제한을 뜻하기도 한다.

□□□
136 **오커스** ●●●
AUKUS

호주·영국·미국이 공식 출범한 외교 안보 삼각동맹

호주(Australia), 영국(UK), 미국(US)의 첫 글자 및 이니셜을 딴 명칭으로, 2021년 9월 15일 공식 출범한 외교안보 3자 협의체이다. 오커스를 통해 정기적인 고위급 협의를 가지면서 국방 및 외교 정책 교류, 외교안보와 관련된 사이버 공격 대응, 인공지능(AI) 같은 첨단기술 분야 협력, 해저능력 등 안보와 국방기술의 협력 강화, 정보 공유를 골자로 한다. 특히 오커스는 미·영 양국이 호주의 핵추진잠수함(핵잠) 개발을 공동 지원하고 18개월간 공동연구를 진행하기로 한 부분이 특징이다. 미국의 대 중국 포위망 강화와 영국의 브렉시트 전략에 따른 아태 지역에서의 역할 증대, 그리고 중국 팽창에 대비해 국방력 증가를 추진하고 있는 호주의 이해관계가 맞아 떨어져 출범하게 되었다.

입법 · 예산 및 감독기관으로 법안 공동결정권 · 예산확정권 등의 기능을 하는 EU 기구 중 하나

1979년부터 입법기구로 기능하기 시작하여 1992년 마스트리히트 조약, 1999년 암스테르담 조약을 거치면서 회원국 의회와 동일한 권한을 행사하게 되었다. 유럽 의회는 4억 5천만 유럽 연합 시민을 대표한다. 유럽 의회 의원은 751명으로 선거는 5년마다 성인 보통선거로 실시된다. 회원국 간 의석은 인구 비례로 각 회원국에 배정된다.

┗상식더보기┛ EU의 기구

① **EU이사회** : 각 국의 정상 및 각료 등으로 구성되어 EU 최고 입법 및 주요 정책을 결정하는 기구이다.
② **집행위원회** : 집행기관으로 EU 법안을 제안하거나 공동체 이익을 대변한다.
③ **유럽사법재판소** : EU 법규 해석권 및 EU 조치에 적법성을 판결한다.
④ **유럽회계감사원** : EU 회계감사를 하는 기능이 있다.

1947년 인도와 파키스탄의 분리독립 이후 카슈미르 지역에서 일어나는 영유권 싸움

카슈미르 지역은 한반도의 넓이와 비슷한 인도의 북부와 파키스탄의 북동부, 중국의 서부와 경계를 이루고 있는 분쟁지역으로 고급 양모의 생산과 히말라야 산맥의 고산 지대를 끼고 있어 관광지로도 유명한 지역이다. 영국의 식민 통치가 끝나면서 카슈미르는 인도와 파키스탄 간의 정치적 알력과 종교적 갈등으로 분쟁이 발생하게 되었다. 양국은 1947, 1965, 1971년 카슈미르를 둘러싸고 세 차례의 전쟁을 하였으며, 인도는 잠무, 라다크, 시아첸 빙하 대부분 지역을 실효지배하고 있으며, 중국은 1963년에 카라코람 회랑을 통치하에 두고 있다.

□□□
139 **재외 공관** ●○○
在外公館

외교 및 재외국민의 보호와 계도 업무 등을 위해 설치된 기관

대사관, (총)영사관, 대표부가 있으며, 대사관 및 대표부에는 특명전권대사를, 총영사관에는 총영사를 재외 공관의 장으로 두고 있다.

□□□
140 **커플링** ●●●
Coupling

한 국가의 경제 현황이 다른 국가의 경제 현황에 큰 영향을 미치는 현상

동조화라는 의미이다. 한 국가의 경제 현황이 다른 국가의 경제 현황에 큰 영향을 미치는 현상을 가리키는 경제 용어다. 예컨대 한 국가의 주가 · 환율 · 금리 등이 상승 · 하락할 때 다른 국가도 이와 비슷한 현상을 보이면 '두 국가가 커플링한다'고 표현한다. 특정 국가에 수출입을 많이 의존할수록 커플링 현상이 발생할 가능성이 높아지며 한 국가가 세계 경기와 동일한 흐름을 보일 때도 커플링이라는 용어를 사용한다.

□□□
141 **페르소나 논 그라타** ●●○
Persona Non Grata

외교상의 기피인물

외교관계를 맺고 있는 나라가 수교국에서 파견된 특정 외교관의 전력 또는 정상적인 외교활동을 벗어난 행위를 문제 삼아 비우호적 인물 또는 기피인물로 선언하는 것을 의미하는 외교용어이며, 줄여서 'PNG'라고도 한다.

백색국가

블랙리스트에 반대되는 개념으로 일반적으로 적용되는 조건이나 규제, 장벽, 제한 등에 대하여, 특정한 대상에 한정하여 차별적으로 접근을 허용하거나 특혜를 제공하기 위해 만든 목록을 말한다. 국제적으로는 일반적으로 적용되는 규제나 조건을 면제하기 위해 만든 대상 국가의 목록을 뜻한다. 일본은 이를 '백색국가'라고 부르며, 이는 '안전 보장 우호국'을 뜻한다. 안전 보장에 위협이 될 수 있는 첨단 기술이나 물품 및 전자 부품을 수출할 때, 허가신청이 면제되는 국가를 의미한다.

세계 주요 20개국을 회원으로 하는 국제기구

G7을 확대개편한 세계경제협의기구로, 주요 국제 금융현안을 비롯하여 특정 지역의 경제위기 재발방지책 등을 논의하기 위한 선진·신흥경제 20개국 재무장관 및 중앙은행 총재 회의의 모임을 말한다. G7과 한국, 중국, 인도, 아르헨티나, 브라질, 멕시코, 러시아, 터키, 호주, 남아프리카공화국, 사우디아라비아 등 11개 주요 신흥 시장국이 첫 회의 때 회원국으로 결정되었고 이후 인도네시아, 유럽연합(EU) 의장국이 들어가 모두 20개국이 되었다.

┌─────────┐
│**상식더보기** **G7**
└─────────┘

서방선진 7개국 간에 매년 정기적으로 개최되는 국제회담으로, 세계경제향방과 각국 간의 경제정책협조·조정문제를 논의한다. 회원국은 '미국·독일·영국·프랑스·이탈리아·캐나다·일본'으로 7개국이다.

팔레스타인 해방기구

1964년 비밀저항운동을 하던 팔레스타인조직 지도부를 모두 통일하며 결성되었다. PLO는 팔레스타인 독립을 위한 외교활동과 정치활동으로 민주적인 팔레스타인 국가 건설에 총력을 기울이고 있다.

□□□
145 **군사정보
보호협정** ●●●

GSOMIA :
General Security
of Military Information
Agreement

국가 간에 공동 이익을 위해서 군사 기밀 정보를 공유할
수 있도록 맺은 협정

군사정보 제공과 보호, 이용 등을 규정하며 국제법적 구속
력을 가지고 있다. 한국은 현재 미국, 캐나다, 프랑스, 일
본, 러시아, 태국 및 NATO(북대서양조약기구) 등과 군사
정보보호협정(GISOMIA)을 맺고 있다.

□□□
146 **레드 팀** ●○○

Red Team

약점을 공격해 개선 방안을 찾아내는 역할을 부여받은 팀

군사용어로 아군인 블루 팀의 약점을 파악하기 위해 편성
하는 가상의 적군(敵軍)을 일컫는다. 기존 조직의 시각에서
만 판단해서 생기는 오류와 피해를 막기 위해 운용된다.

□□□
147 **북방
한계선** ●●○

NLL :
Northern Limit Line

1953년 7월 27일 정전협정 직후 주한 유엔군 사령관 클
라크(M.W.Clark)가 일방적으로 설정한 해상경계선

서해5도의 북단과 북한 측에서 관할하는 옹진반도 사이의
중간선으로 북위 37°35′ 와 38°03′ 사이에 해당된다.
1973년에 북한이 서해5도 주변수역이 북한 연해라고 주장
하며 북방한계선을 넘어오다 충돌을 일으키기도 했다.

┼**상식더보기** 서해5도

인천광역시 옹진군에 위치한 백령도, 대청도, 소청도, 연평도, 우도
를 가리킨다. 우리나라 해병대가 상시 주둔하고 있으며, 북한의 공격
등 유사시에는 5도 주민들에게도 화기를 지급한다.

148 브레이크아웃 타임 ●◌◌
Breakout Time

특정 국가가 핵무기를 제조하고자 결심한 시점부터 '무기급 핵물질'을 확보하는 데까지 걸리는 시간

핵무기 제조에는 핵분열을 잘 일으키는 우라늄235, 플루토늄239의 핵물질을 사용한다. 핵무기 1개를 제조할 때 90% 이상 고농축 된 우라늄235 25kg과 93% 이상 고농축된 플로토늄239 8kg 정도가 필요하다.

149 세종대왕함 ●◌◌

한국 최초의 이지스함

주요 제원은 길이 165m, 너비 21.4m, 배수량 7,650t(만재 시 1만 t), 최대 항속거리 약 9,900km, 최대 탐지 및 추적거리 1,054km, 탄도미사일 추적거리 925km, 승무원 300여 명이다.

＋상식더보기 이지스함(AEGIS)

위상 단열(段列) 레이더를 중심으로 한 센서·시스템과 수직발사장치에 설치된 대공 미사일이나 포탄 등의 무기 시스템이 컴퓨터에 의해 연결된 이지스 시스템을 탑재한 함정을 말한다.

150 앤더슨 공군기지 ●◌◌
Andersen Air Force Base

괌에 위치한 미국 공군기지

미 공군 태평양사령부 산하 제36비행단이 배치되어 있으며, 한반도 돌발사태 시 대북 선제공격 핵심기지로서의 역할을 한다. 동아시아 미군 군사력의 핵심 허브로, 중국·북한의 군사력 확장에 대응하여 미국의 전략적 이익을 지키는 역할을 하고 있다.

151 억지 이론 ●●◌
Deterrence Theory

국가가 군대와 무기를 충분히 보유할 때 다른 국가가 공격하거나 이해관계를 해치지 못한다는 이론

국가가 전쟁을 치를 가능성이 없기를 바라면서 지출하는 막대한 국방비를 정당화한다.

152 **이란**
핵합의 ●⊙⊙
JCPOA :
Joint Comprehensive
Plan Of Action

국제원자력기구의 핵문제 해결을 위한 포괄적 공동행동계획

2015년 7월 14일 오스트리아 빈에서 이란과 유엔 안전보장이상임이사국(미국 · 영국 · 프랑스 · 러시아 · 중국)과 독일이 향후 10년 이상 이란의 핵무기 개발을 동결하는 대신 2016년부터 이란에 대한 경제 제재를 단계적으로 해제하는 내용의 합의이다. 2018년 도널드 트럼프 행정부 시절 핵 합의 탈퇴를 선언하였다.

153 **전술핵** ●⊙⊙
Tactical Nuclear Weapon

전술 목적을 달성하기 위해 만들어진 소형 핵무기

효율성과 경제성이 높은 핵무기로, 야포와 단거리 미사일로 발사할 수 있다. 포탄, 핵배낭, 핵 어뢰, 핵 기뢰 등의 다양한 형태가 존재하며 국지전 등의 전술적인 목적에 활용한다.

154 **전시작전**
통제권 ●●●
戰時作戰統制權

한반도 유사시 한국군의 작전 통제 권리

평시에는 우리가 독자적으로 행사하나 유사시 대북정보태세인 '데프콘'이 3단계(적의 도발징후 포착상황)로 발령되면 한미연합사령관에게 통제권이 넘어간다. 일부 부대는 한국군이 독자적 작전권을 행사할 수 있다.

155 **중거리**
핵전력조약 ●●●
INF :
Intermediate − Range
Nuclear Forces Treaty

1987년 미국과 소련의 핵무기 감축 조약

INF는 미국과 소련, 양국이 보유하고 있는 중 · 단거리 지상발사 미사일 폐기를 합의한 핵무기 감축 조약이다. 중거리미사일(1,000 ~ 5,500km)과 준중거리미사일(500 ~ 1,000km)를 폐기하며 실험 · 보유 · 생산 금지와 미사일발사기 및 각종 장비 또한 파괴하는 것이다. 조약 3년 후인 1991년 폐기가 모두 종료되었다.

□□□
156 **태스크포스** ●☺☺
TF : Task Force

전문가로 구성된 문제해결을 위한 유기한의 임시조직

'특수임무가 부여된 특별 편제의 기동부대'란 뜻의 군사용어에서 유래됐다. 태스크포스팀은 직위의 권한보다도 능력이나 지식의 권한으로 과제에 대응하며, 성과 달성 후에는 팀이 해체되고 구성원들은 기존조직으로 복귀하는 유연성이 부가된다.

□□□
157 **한미상호
방위조약** ●☺☺
韓美相互防衛條約

대한민국과 미합중국 간의 상호방위조약

1953년 체결되어 1954년 정식 발효되었다. 집단방위를 위한 노력, 국제적 분쟁의 평화적 수단에 의한 해결, 외부로부터의 무력공격에 상호 협의하고 각자 헌법상의 절차에 따라 행동하는 규정, 미국 육해공군의 한국 주둔을 인정한다는 규정, 기간은 무기한이나 1년 전의 예고에 따라 폐기시킬 수 있다는 규정 등이 있다.

□□□
158 **한미주둔군
지위 협정** ●☺☺
SOFA :
Status of
Agreement
In Korea

대한민국 내에 있는 주한미군의 지위와 관련한 협정

1966년 7월 한국 외무장관과 미국의 국무장관의 만남으로 1967년 2월 9일에 발효된 협정이다. 정식 명칭은 '대한민국과 아메리카합중국 간의 상호 방위조약 제4조에 의한 시설과 구역 및 대한민국에서의 군대의 지위에 관한 협정'이다. 대한민국에서 주둔하며 특수한 임무를 효율적으로 수행하기 위해서 미군에게 일정한 편의와 배려를 제공하는 것이다.

□□□
159 **핵무기
보유국** ●●●

핵확산금지조약(NPT)이 인정한 핵보유국

국가적인 핵무기 개발 또는 핵무기 소유 국가를 말한다. 현재 핵 보유국은 미국, 프랑스, 영국, 중국, 러시아 5개국이다. 비공식적으로 핵무기 보유를 하고 있는 나라는 인도, 파키스탄, 이스라엘 3개국이며 NPT에 가입하지 않았다. 북한은 NPT 가입 후, 일방적으로 탈퇴를 선언했으나, 인정되지 않았다.

01. 정치·법률 QUIZ

다음 문제를 보고 옳고 그른 것에 따라 O, X를 고르세요.

01. 피해자가 가해자 처벌을 원치않는 경우 처벌하지 못하는 것은 <u>반의사 불벌죄</u>이다. O X

02. 부정청탁 및 금품 등 수수의 금지에 관한 법은 다른 말로 <u>민식이법</u>이라 부른다.   O X

03. 투표를 통해 문제가 있는 선거직 공무원을 해직시키는 제도는 <u>엽관제</u>이다.   O X

04. 정치 지도자의 집권 말기에 나타나는 지도력 공백 현상은 레임덕이다.   O X

05. 숨은 유권자, 망설이는 유권자, 떠나는 유권자를 <u>베일 보터</u>라고 부른다.   O X

문장에 맞는 단어를 고르세요.

> ㉠ 감자칩 민주주의   ㉡ 치킨게임   ㉢ 엠바고   ㉣ 그리드락   ㉤ 숙의 민주주의

06. 모든 경제교류를 중단하는 금수조치라는 뜻의 [   ] (은)는 언론용어로 뉴스의 발표시간 제한을 의미하기도 한다.

07. 텔레비전과 인터넷을 통하여 정치참여가 가능해진 것은 [   ] (이)다.

08. [   ] (은)는 양측 의견이 팽팽하여 업무나 정책이 진행되지 못하는 상황이다.

09. [   ] (은)는 일반시민들이 특정 문제에 대해 깊이 생각하고 충분히 논의하여 의사결정하는 과정을 말한다.

10. 국제정치학에서 사용하는 이론 중 하나인 [   ] (은)는 어느 한 쪽도 양보하지 않고 극단적으로 대결하는 것을 의미한다.

답 1.O 2.X(김영란법) 3.X(주민소환제) 4.O 5.O 6.㉢ 7.㉠ 8.㉣ 9.㉤ 10.㉡

CROSS WORD

					5				
		1							
		6		7				8	
9		2							
					3				
4									

Across

1. 수출입 허용품목 표시제
2. 기업 총자산에서 부채를 뺀 순 자산을 발행 주식으로 나눈 것으로 '주당순자산가치'를 의미
3. 가계 총지출에서 취학 전후 아이들을 위한 지출비용의 비율
4. 소비재 가격 상승이 실질임금 저하로 나타 나 기계로 노동력을 대신하려는 현상

Down

5. 경상수지가 악화되다가 어느 정도의 시간이 지난 후 개선되는 효과
6. 주가를 주당 순자산으로 나눈 비율로 '주가순자산비율'을 의미
7. 개인대출평가시스템
8. 가계 소득비 중 주거비용의 비율
9. 기업이 은행을 소유하지 못하도록 만든 제도

Across | 1.포지티브 시스템 2.BPS 3.엔젤지수 4.리카도효과
Down | 5.J커브 6.PBR 7.CSS 8.슈바베지수 9.은산분리

PART

02

경제

경제 | 금융 | 무역

| Chapter **01** | 경제 |

□□□
160 **가격상한제** ●●⊙
Price Ceiling

특정한 목적을 위해 정부가 시장가격보다 낮은 가격의 상한선을 정하고 규제된 가격으로 거래하도록 하는 제도

아파트 분양가 상한제, 대출 최고 이자율 제한 등이 해당한다. 시장가격보다 규제 가격이 낮으므로 초과 수요가 발생하게 되고 거래량이 줄어들어 자중후생손실(Deadweight Loss)이 발생한다. 이때 공급이 증가하게 되면 거래량이 늘어나면서 소비자·공급자잉여가 모두 증가한다.

□□□
161 **가마우지 경제** ●●⊙
Cormorant Economy

일본에 의존적인 수출 구조로 우리나라가 수출할수록 일본이 이득을 얻는 것

중국과 일본의 일부 지방에서 낚시꾼이 가마우지의 목에 끈을 매어 두고 가마우지가 고기를 잡으면 그 끈을 당겨 고기를 가로채는 데서 나온 말이다. 일본에서 수출품의 원자재를 수입하기 때문에 수출로 얻는 이익의 대부분이 일본에게 돌아가는 우리나라 수출구조의 취약점을 빗댄 용어다. 1980년대 말 일본 경제 평론가 고무로 나오키가 저서 「한국의 붕괴」에서 처음 사용하였다.

조세를 부담하는 사람과 납세하는 사람이 서로 다른 조세

상품이나 서비스에 포함되어 최종 소비자에게 전가된다. 간접세는 상품의 단위당 과세하기 때문에 비례세율이 적용되고 보통 상품에 추가적으로 징수하는 경우가 많다. 소비자 입장에서 상품의 가격 증가 효과로 물가가 상승한다. 간접세는 직접세에 비해 조세 저항이 약하며 정책적 · 공공 목적의 조세가 쉽고 조세의 규모와 대상이 확실히 밝혀지는 장점이 있지만, 저소득자일수록 소득 대비 세금 부담이 상대적으로 높아지고 조세의 목적 중 하나인 소득 재분배가 잘 이루어지지 않는다는 단점이 있다.

╋상식더보기 간접세의 종류

주세, 전화세, 담배세, 부가가치세, 증권거래세, 인지세 등이 있다.

가격변동에 대해 수요 · 공급이 시간차를 가지고 대응하는 과정을 나타낸 이론

균형가격은 완전경쟁 시 수요와 공급이 일치하는 점에서 결정된다. 그러나 가격의 변동에 대응하여 수요량은 대체로 즉각적인 반응을 보이지만 공급량은 반응에 일정한 시간을 필요하여 시간차로 인해 시행착오가 행해진 후 균형가격이 성립된다는 것을 설명한 것이다.

╋상식더보기 거미집 이론 그래프

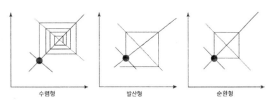

수렴형   발산형   순환형

□□□
164 **골디락스
경제** ●●●
Goldilocks Economy

경제성장률이 높지만 물가상승은 없는 상태

영국 전래동화 '골디락스와 곰 세 마리'에서 유래된 용어로, 소녀 골디락스가 뜨겁지도 차갑지도 않은 적당한 수프로 배를 채우고 기뻐한 데서 비롯되어 뜨겁지도 차갑지도 않은 이상적인 경제상황을 일컫는다. 경제학자 슐먼이 인플레이션을 우려할 만큼 과열되지도 않고 경기 침체를 우려할 만큼 냉각되지도 않은 경제 상태를 골디락스에 비유하면서 널리 알려졌다.

상식더보기 골디락스 경제 그래프

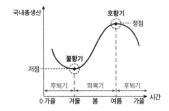

□□□
165 **공매도** ●●●
空賣渡

주식을 보유하지 않고 빌려서 매도하는 것

주가의 하락을 예상하는 종목의 주식을 빌려서 매도한 후, 주가가 실제로 떨어지게 되면 싼 값에 다시 사서 빌린 주식을 갚음으로써, 차익을 얻을 수 있는 매매 기법을 말한다. 이 전략은 초단기에 매매차익을 노릴 때 주로 사용되며, 하락장에서 수익을 낼 때 주로 사용한다.

상식더보기 공매도의 예

나는 S회사의 주식이 하락할 것이라는 소식을 들었다. 현재 S회사의 주식이 주당 1,000원이다. 나는 S회사의 주식을 갖고 있지 않지만 신용으로 1,000원에 1주를 사고, 현재가로 판다(이때, 나는 S회사 1주와 1,000원이라는 현금이 생겼다). 일주일 후, 실제로 S전자의 주식이 500원으로 하락했다. 이때, S회사의 주식 1주(500원)를 사서 빌렸던 1주를 갚고 500원이라는 시세차익을 가진다.

166 공유경제 ●●●
Sharing Economy

집이나 자동차 등 자산은 물론 지식이나 경험을 공유하며 합리적 소비 · 새로운 가치 창출을 구현하는 신개념 경제

개인 소유를 기본 개념으로 하는 전통 경제와 대비된다. 공유경제는 소유자들이 많이 이용하지 않는 물건으로부터 수익을 창출할 수 있으며, 대여하는 사람은 물건을 직접 구매하거나 전통적인 서비스업체를 이용할 때보다 적은 비용으로 서비스를 이용할 수 있다.

167 구매력 평가지수 ●◠◠
PPP :
Purchasing
Power Parity

국가별 같은 상품이나 서비스를 구매하는 데 드는 비용에 대하여 각국의 통화로 나타낸 가격비율

일물일가의 법칙(Law of Indifference)에 입각한 환율결정이론이다. 경제협력개발기구(OECD)가 매년 한 번씩 조사결과를 발표한다.

168 규모의 경제 ●●●
Economy of Scale

생산요소 투입량의 증대(생산규모의 확대)에 따른 생산비 절약 또는 수익향상의 이익

일반적으로 대량 생산으로 1단위당 비용을 줄이고 이익을 늘리지만 최근에는 설비의 증강으로써 생산비를 낮추고 있다. 생산 조직이나 생산의 규모가 커질수록 생산과 판매를 위한 비용이 줄어드는 것을 규모의 경제라고 한다. 규모의 경제는 생산규모와 관련된 것으로 경제규모가 커진다고 해서 반드시 규모의 경제가 발생하는 것은 아니다.

┼상식더보기 범위의 경제(Economies of Scope)
한 기업이 여러 재화나 서비스를 생산할 때 발생하는 총 비용이 별도의 기업으로 하나씩 생산했을 때 발생하는 총비용보다 작아지는 경우를 말한다.

□□□
**그레셤
법칙 ●●●**
Gresham's Law

그레셤이 제창한 화폐유통에 관한 법칙

'악화(惡貨)가 양화(良貨)를 구축(驅逐)한다'는 뜻으로, 가치가 낮은 것이 가치가 높은 것을 몰아냄을 말한다. 예를 들어, 귀금속으로서는 가치가 다른 금화와 은화가 동일한 화폐가치로 통용되면 사람들은 귀금속 가치가 높은 금화(良貨)는 소장해 두고, 대신 가치가 낮은 은화(惡貨)만 사용하게 된다. 오늘날 그레셤 법칙은 불량한 것이 좋은 것을 압도할 경우를 지칭한다. 악화가 양화를 몰아내면 사회적으로 큰 문제가 발생하게 된다. 상품의 가치가 떨어져 사람들은 제대로 된 상품과 서비스를 받을 수 없을 뿐만 아니라 질 좋은 상품들을 만드는 사람들은 어려움을 겪거나 망하기 때문이다.

□□□
그린북 ●●●
Green Book

기획재정부에서 발표하는 최근 경제 동향

기획재정부가 통계청의 조사를 기초로 경기흐름을 분석하여 발행하는 경제동향보고서를 말한다. 미국 연방준비제도이사회(FRB)가 내놓는 베이지 북(Beige Book)과 유사한 성격이다. 2005년 3월 4일 처음으로 발행되었다. 고용, 물가, 재정, 해외경제, 민간소비, 설비투자, 건설투자, 수출입, 국제수지, 광공업 생산, 서비스업 생산, 전산업 생산 및 경기종합지수, 금융·외환 시장, 부동산시장의 동향을 수록한다.

＋상식더보기) 베이지북(Beige Book)
미 연방준비제도이사회(FRB)가 연간 8차례 발표하는 미국경제동향 종합보고서이다.

□□□
**기대
인플레이션 ●●●**
Expected Inflation

기업 및 가계 등의 경제주체들이 현재 알고 있는 정보를 바탕으로 예상하는 미래의 물가상승률

기업 및 가계 등의 경제주체들이 현재 보유한 정보하에서 예상하는 미래의 물가상승률을 의미한다. 기대 인플레이션은 임금 협상, 가격 설정 및 투자 결정 등에 영향을 미치면서 최종적으로는 실제 인플레이션에 영향을 주기 때문에 주요한 경제 지표 중의 하나로 취급한다.

172 기펜재 ●●●
Giffen Goods

가격의 하락(상승)이 오히려 수요량의 하락(증가)을 가져오는 재화

기펜재의 경우 가격과 수요량이 같은 방향으로 이동함으로써 가격과 수요량 사이의 역의 관계를 나타내는 수요의 법칙이 적용되지 않는다. 19세기 아일랜드 지방에서 감자가격이 하락하여 구매력이 증가하자 그동안 주식으로 먹던 감자에 신물이 나서 감자 소비를 줄이고 고기 소비를 늘린 사례가 있다.

173 긱 이코노미 ●●●
Gig Economy

기업들이 정규직보다 필요에 따라 계약직 혹은 임시직으로 사람을 고용하는 경향이 커지는 경제

1920년대 미국 재즈클럽에서 단기적으로 섭외한 연주자를 '긱'이라고 부른 데서 유래하였다. 여기서 긱(Gig)은 프리랜서, 1일 영업자를 의미했다. 최근 온디맨드 경제(기업이 수요자의 요구에 즉각적으로 대응하여 서비스 및 제품을 제공하는 경제)가 등장하기 시작하면서 긱(Gig)은 '디지털 장터에서 거래되는 기간제 근로'라고 2015년 맥킨지 컨설팅사에서 정의했다. 대표적인 예로 미국 우버(Uber)와 아마존(Amazon)을 들 수 있다. 개인 차량을 소유한 사람들과 계약을 하여 아마존은 더 빠른 배송을, 우버는 더 많은 손님을 태울 수 있으며, 시간을 자유롭게 쓸 수 있는 것이다.

174 내쉬균형 ●●●
Nash Equilibrium

상대의 전략을 예상할 수 있을 때 자신의 이익을 최대화하는 전략을 선택하여 형성된 균형 상태

각자가 상대방의 대응에 따라 최선의 선택을 하고, 자신의 선택을 바꾸지 않는 균형 상태를 말한다. 상대방이 현재 전략을 유지한다는 전제하에 자신도 현재 전략을 바꿀 유인이 존재하지 않는 상태를 말하는 것이다.

175 낙수 효과 ●●●
Trickle Down Effect

부유층의 소득이 증가하면 저소득층까지 혜택이 내려가는
현상

정부가 경제정책으로 대기업, 고소득층 또는 부유층의 소
득과 부를 먼저 증가시키면 소비와 투자 증가로 이어져 중
소기업과 저소득층도 혜택을 볼 수 있다는 주장이다. 이는
분배와 형평성보다는 성장과 효율성을 중시하는 논리에 근
거한다.

176 내국신용장 ●●⊙
Local Credit

해외에서 발급된 신용장을 담보로 국내에서 개설해주는
제2의 신용장

국내 외국환은행이 수출업자의 의뢰에 따라 수출업자 앞
국제 신용장을 담보로 하는 등의 방식으로 국내 제조업자
또는 공급업자 앞으로 발행하는 신용장을 말한다. 즉, 수
출신용장을 확보한 수출업자가 수출을 목적으로 국내에서
자재를 구매할 때 은행이 대금 지급을 보증하는 것이다.

177 넛 크래커 ●●⊙
Nutcracker

우리나라가 선진국과 개발도상국 사이에서 힘을 발휘하지
못하는 현상을 일컫는 말

우리나라가 선진국에서는 기술과 품질 경쟁에서 밀리고 개
발도상국에서는 가격경쟁에서 밀리는 현상을 호두를 양쪽
에서 눌러 까는 호두까기 기계에 비유한 용어이다. 그러나
이러한 위기에서도 우리나라는 IT 분야에서 급속한 발전을
이루어 역(逆) 넛 크래커 현상을 만들었다.

178 노동소득 분배율 ●●○
Labor's Relative Share

국민소득에서 노동소득(피용자 보수)이 차지하는 비율

노동의 대가의 피용자 보수를 영업잉여의 합계로 나누어 얻어지는 값을 백분율로 나타낸 것이다. 즉, 노동소득분배율=(피용자 보수+국외 순수취 피용자 보수)/국민소득×100이다. 노동소득분배율은 노동 가격이 자본 가격보다 높을수록, 한 국가의 산업이 노동집약적일수록 그 값이 커진다.

179 노르딕 모델 ●○○
Nordic Model

북유럽의 덴마크, 핀란드, 스웨덴, 노르웨이, 아이슬란드 등 5개국의 경제 · 사회 정책 모델을 일반화한 표현

북유럽 국가의 공공지출은 국내총생산(GDP)의 50 ~ 60%에 이를 정도로 전체 경제에서 국가가 차지하는 비중이 높고, 사회적 대타협을 통해 실업률을 낮추고 노동생산성은 높였다. 1930년대 대공황 이후 최악의 경제난을 겪고 있는 세계 경제해법으로 부상한 노르딕 모델은 분배 및 조정자로서 국가 역할의 확대를 가장 큰 특징으로 한다. 높은 과세를 통한 재분배 강화, 의료 · 실업 혜택을 축으로 한 사회안전망 확충, 교육 평등, 노조의 경영 참여 확대 등 사회주의적 요소가 가미된 시장경제 모델이다.

180 뉴노멀 ●●●
New Normal

시대 변화에 따라 새롭게 떠오르는 기준을 뜻하는 말

글로벌 경제위기 이후 자리 잡고 있는 새로운 경제 질서를 일컫는다. 저성장, 소비위축, 저탄소 경제와 녹색생활 확대, 세계 경제의 다극화, 제조업의 서비스화, 모바일 빅뱅, 금융에 대한 규제와 감독강화, 정부의 역할확대 등의 특징이 향후 세계 경제의 새로운 기준이 될 것이라고 한 예측을 말한다.

> **[상식더보기] 올드노멀(Old Normal)**
> 경제 변화에 따른 기준이 새롭게 된 '뉴노멀'과 반대로 기존의 기준을 뜻한다.

□□□
181 **닥터 둠** ●⊙⊙
Dr. Doom

경제를 비관적으로 전망하는 사람들

'둠(Doom)'은 죽음이나 파멸을 의미한다. 미국의 투자전략가 마크 파버가 1987년 뉴욕증시 대폭락을 예고하면서 사용되었다. 그 이후에는 국제금융계에서 경제 전망을 부정적으로 예견하는 사람을 이르는 용어로 사용되고 있다.

□□□
182 **대체재** ●●⊙
代替財

재화 중에서 동종의 효용을 얻을 수 있는 재화

경쟁재라고도 한다. 대체관계에 있는 두 재화는 하나의 수요가 증가하면 다른 하나는 감소하고, 소득이 증대되면 상급재의 수요가 증가하고 하급재의 수요는 감소한다. 예를 들어, 버터(상급재) – 마가린(하급재), 쌀(상급재) – 보리(하급재), 쇠고기(상급재) – 돼지고기(하급재) 등이다.

□□□
183 **디플레이션** ●●●
Deflation

상품거래에 비하여 통화량이 지나치게 적어 물가는 떨어지고 화폐가치가 오르는 현상

지나친 통화량 수축, 저축된 화폐의 재투자 부진, 금융활동의 침체, 구매력 저하 등이 원인이다. 생산 위축, 실업자 증가, 실질 임금 증가 등의 결과가 나타난다. 타개하기 위해서는 유효 수요 확대, 통화량 증대, 저금리 정책, 조세 인하, 사회보장, 실업자 구제 등의 정책이 필요하다.

□□□
184 **레몬마켓** ●●●
Lemon Market

시고 맛없는 레몬만 있는 시장처럼 저급품만 유통되는 시장

레몬은 '시큼하고 맛없는 과일'이라는 뜻에서 미국 속어로 불량품을 의미한다. 경제 분야에서는 쓸모없는 재화나 서비스가 거래되는 시장, 구매자와 판매자 간 거래대상 제품에 대한 정보가 비대칭적으로 주어진 상황에서 거래가 이루어지면서 우량품은 자취를 감추고 불량품만 남아도는 시장을 말한다. 이는 불량품이 넘치게 되면서 결과적으로 소비자도 외면하게 되는 시장이 된다.

□□□
185 **로렌츠
곡선** ●●●
Lorenz Curve

소득분포의 불평등도(不平等度)를 측정하는 방법

미국의 경제학자 로렌츠(M.O. Lorenz)가 소득분포의 상태를 나타내기 위하여 작성한 도표로, 소득이 사회계층에 어떤 비율로 분배되는가를 알아보기 위한 것이다. 가로축에 저소득인구로부터 소득인구를 누적하여 그 백분율을 표시한 결과 45°선의 균등분포선과는 다른 소득불평등곡선이 나타났다.

상식더보기 로렌츠 곡선 그래프

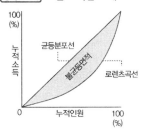

□□□
186 **리디노미네이션** ●●●
Redenomination

화폐 단위를 변경하는 일

한 나라에서 통용되는 통화의 액면을 동일한 비율의 낮은 숫자로 변경하는 것을 말한다. 인플레이션으로 경제량을 화폐적으로 표현하는 숫자가 커지면서 초래되는 국민들의 계산, 회계기장(記帳) 또는 지급상의 불편을 해소할 목적으로 실시한다. 모든 지폐나 동전에 대해 실질가치는 그대로 두고 액면을 동일한 비율의 낮은 숫자로 변경하는 조치를 말한다. 즉, 화폐 단위를 100대 1, 또는 1,000대 1 등으로 하향 조정하는 것이다.

상식더보기 디노미네이션(Denomination)

한 국가 내에서 통용되는 모든 화폐를 말하며 채권, 주식 등의 액면금액 그 자체를 의미한다.

187 리니언시 제도 ●☺☺
Leniency Institution

자진 신고자 감면 제도

담합행위를 가장 먼저 신고한 기업에게 과징금을 감면해줌으로써 불공정행위를 한 기업들의 자진신고를 유도하기 위해 1987년 미국에서 처음 만들어진 리니언시 제도다. 하지만, 불공정 담합 행위 조사의 효율성이 증진되는 긍정적인 면 외에 담합으로 가장 많은 이익을 낸 회사가 이 제도를 악용하여 과징금을 면제 받는 사례가 많기에 면죄부를 준다는 부정적인 비판도 있다.

188 리카도 효과 ●●☺
Ricardo Effect

노동자를 대신하여 기계로 노동력을 사용하려는 경향

일반적으로 호경기 때에는 소비재의 수요 증가와 더불어 상품의 가격 상승이 노동자의 화폐임금보다 급격히 상승하게 되므로 노동자의 임금이 상대적으로 저렴해진다. 이 경우 기업은 기계를 대신하여 노동력을 사용하려는 경향이 발생하는데, 이를 리카도 효과라 한다. 특히 호황 후기에 소비재 가격이 큰 폭으로 상승하여 리카도 효과가 강하게 나타난다.

189 립스틱 효과 ●●●
Lipstick Effect

경기불황임에도 저가 제품의 매출이 증가하는 현상

1930년대 미국 대공황기에 만들어진 용어로 경기불황에도 립스틱과 같은 저가 제품의 매출이 오히려 증가하는 현상을 말한다. 불황기 때, 저렴한 립스틱의 구입만으로도 만족을 느끼며 품위를 유지하려는 심리가 저가 제품 소비의 증가로 산출되었다고 한다. 이는 기업이 경기불황일 때 초저가전략을 구사하는 마케팅 전략으로 활용된다.

□□□
190 **메디컬 푸어** ●⊙⊙
Medical Poor

의료 빈곤층

과도한 의료비로 경제적 어려움에 처하거나 반대로 경제적
인 여력이 부족하여 치료를 포기하는 상황을 일컫는다.

□□□
191 **박스피** ●●⊙
BOXPI

일정한 폭 안에서만 지속적으로 주가가 오르내리는 코스피

'박스(Box)'와 '코스피(KOSPI : Korea Composite Stock
Price Index)'의 합성어로 주가가 상승할 경우에도 일정
수치 이상 상승하지 않고, 하락할 경우에도 일정 수치 이
하로 하락하지 않는 코스피를 가리킨다.

□□□
192 **버핏세** ●●⊙
Buffet Rule

워런 버핏이 부유층에 대한 세금 증세를 주장한 방안

워런 버핏은 뉴욕 타임스의 칼럼을 통해 '연소득 100만 달
러 이상을 버는 고소득자들이 낮은 세율로 세금을 내고 있
다'며 '부자 증세를 통해 그 세금을 복지 분야에 사용하여
부의 재분배를 추구하자'고 주장하였다.

□□□
193 **베블런 효과** ●●●
Veblen Effect

가격이 오르는데도 일부 계층의 과시욕이나 허영심 등으
로 인해 수요가 줄어들지 않는 현상

가격이 상승한 소비재의 수요가 오히려 증가하는 현상이
다. 타인의 소비 성향을 무조건 좇아 한다는 뜻에서 소비
'편승 효과'라고도 부른다. 예를 들어, 값비싼 귀금속류나
고가의 가전제품, 고급 자동차 등은 경제상황이 악화되어
도 수요가 줄어들지 않는 경향이 있다. 이는 꼭 필요해서
구입하는 경우도 있지만, 단지 자신의 부를 과시하거나
허영심을 채우기 위해 구입하는 사람들이 많기 때문이다.

□□□
194 **베어 마켓** ●☺☹
Bear Market

주식시장의 약세장

주식시장에서 주가 하락 또는 하락이 예상되는 약세장을 뜻한다. 베어마켓은 곰이 아래로 내려찍는 방법으로 싸우는 모습에 빗대어 표현한 것이다. 반대로 앞으로 강세가 예상되는 시장을 '불 마켓(Bull Market)'이라고 한다.

╋상식더보기 베어 마켓 랠리(Bear Market Rally)
장기간의 약세장에서 일시적인 주가 상승한 현상을 말한다.

□□□
195 **베지플레이션** ●☺☹
Vegeflation

'채소(Vegetable)'와 '인플레이션(Inflation)'의 합성어

최근 채소값이 폭등하며 새롭게 등장한 용어로 채소류 가격 급등에 따른 물가 상승을 의미한다.

□□□
196 **보완재** ●☺☹
Complement Good

두 재화를 동시 소비할 경우 효용이 증가하는 재화

어떤 두 가지 재화를 따로 소비했을 경우보다 함께 소비할 경우 그 효용이 증가하는 재화를 말한다. 한 재화의 수요가 크게 증가할 경우에는 다른 재화의 수요도 증가하며, 한 재화의 가격이 상승할 경우에는 두 재화 모두 수요가 감소한다. 예를 들면, '컴퓨터 – 소프트웨어', '버터 – 빵' 등이 있다.

□□□
197 **부메랑 효과** ●☺☹
Boomerang Effect

행위자의 의도를 벗어나 불리한 결과물로 되돌아오는 것

선진국이 후진국에 대하여 제공한 경제원조나 자본투자결과 그 생산제품이 현지 시장수요를 초과하게 되어 선진국에 역수출됨으로써 선진국의 당해 산업과 경합하게 되는 것을 말한다.

□□□
198 **분수 효과** ●●●
Fountain Effect

저소득층의 소비 증가가 생산 투자로 이어져 경기 호황 효과를 이르는 말

정부가 경제정책으로 저소득층과 중산층의 소득을 먼저 늘려주면 이들의 소비가 확대되고, 이는 생산과 투자로 이어지면서 전체 경제활동이 되살아나고 고소득층의 소득도 늘어날 수 있다는 주장이다.

□□□
199 **브이노믹스** ●☺☺
Coming of V − nomics

바이러스가 바꿔놓았으며 바이러스로 변화될 경제

'바이러스(Virus)'와 '경제(Economics)'의 합성어로 바이러스로 인해 바뀐 경제형태를 말한다. 코로나19로 해외여행이 불가피해지자 국내 여행 시장과 화상 커뮤니케이션 산업은 호황이었다. 또한, 집 안에서 머무는 시간이 늘어난 만큼 홈웨어 시장도 주목받기 시작하였다. 집 안에도 삶의 질을 높이기 위한 방법으로 시간과 비용을 아깝지 않게 투자하는 것이다. 배달업계, 캠핑업계 등 이 모든 것이 코로나19의 영향으로 변화하고 있는 경제 패러다임이라고 할 수 있다.

□□□
200 **세이의 법칙** ●☺☺
Say's Law

'공급은 스스로 수요를 창조한다'를 의미

프랑스 경제학자 세이(J.S. Say)가 주장한 이론으로 자유경쟁의 경제에서는 일반적 생산과잉은 있을 수 없으며, 공급은 언제나 그만큼의 수요를 만들어낸다는 주장이다. 이 이론은 고전학파 경제학의 기본명제가 되었던 것으로, 공황발생 이후부터는 설득력을 잃고 케인즈의 유효수요원리가 그 위치를 대신하였다. 판매와 구매의 통일면만 보고 화폐의 유동성을 무시한 것이라는 비판을 받는다.

╋상식더보기 유효수요원리

고용과 소득 수준은 소비와 투자로 이뤄지는 유효수요의 크기에 따라 결정된다.

가격은 유지하면서 제품 크기나 수량을 줄이거나 품질을
낮춰 사실상 값을 올리는 효과를 거두는 전략

기업이 제품 가격은 그대로 유지하면서 수량이나 무게, 제
품 크기, 용량 등을 줄여 사실상 값을 올리는 전략으로 '패
키지 다운사이징(Package Downsizing)'이라고도 한다. 영
국 경제학자 피파 맘그렌이 만든 용어로, '줄어들다'라는
뜻의 '슈링크'와 '물가 상승'을 나타내는 '인플레이션'의 합성
어이다. 주로 가공식품 제조업계에서 가격인상의 대안으로
사용하는 전략으로, 원자재 가격이 상승하여 가격인상을
하거나 가격이 낮은 원재료 변경, 용량 축소 등의 대안 가
운데 가장 위험부담이 적은 것으로 알려져 있다. 대표적으
로 이른바 '질소과자'처럼 가격 인상대신 과자 용량을 줄인
사례가 있다.

장기적인 물품 가격 상승세

보통 원유, 가스, 금, 커피, 옥수수 등과 같은 원자재의 지
속적인 가격 상승 추세를 뜻한다. 원자재의 수요가 폭발적
으로 늘면 공급이 그에 따라가지 못해 가격이 오르는 경우
가 많다.

가계 소득비 중 주거비용이 차지하는 비율

슈바베 지수는 1868년 독일 통계학자 슈바베가 베를린 시
의 가계조사를 통해 이론화한 것이다. 그는 소득이 낮을수
록 주거비 비중이 커지고, 소득이 높을수록 주거비 비중이
낮아진다는 것을 발견했다.

□□□
204 **스킴
플레이션** ●●◎
Skimpflation

원자재, 부품 등의 수급에 차질이 생겨 발생하는 현상

'(음식·돈 등에) 인색하게 굴다', '찔끔주다' 등의 뜻을 지 닌 '스킴프(Skimp)'와 '인플레이션(Inflation)'의 합성어로, 팬데믹으로 글로벌 공급망이 불안해지면서 생겨난 현상이 다. 수급이 원활하지 못하다보니, 물가는 상승하고 비용이 증가하면서 기업은 인건비를 줄이거나 상품이나 서비스 질 이 저하를 부추긴다. 대표적인 예로 패스트푸드 업체에서 수급 문제로 인해 양상추 대신 양배추를 제공하기도 했다.

□□□
205 **스태그
플레이션** ●●●
Stagflation

경기 침체 속 인플레이션

1970년대 석유 파동 때 등장한 '경기 침체(Stagnation)'와 '인플레이션(Inflation)'의 합성어로, 인플레이션의 원인을 생산비의 증가로 설명하고 있다. 높은 인플레이션을 가진 상황에서 정부가 여러 가지 긴축 정책을 써도 물가가 계속 높은 수준을 유지하는 특수한 현상으로 어떠한 경제 정책 을 써도 실패하는 상황을 말한다.

□□□
206 **스필오버
효과** ●●●
Spillover Effect

다른 요소의 생산성을 증가시켜 경기 전체의 생산성을 올 리는 현상

물이 넘쳐 인근의 메마른 논까지 전해지듯, 특정 지역에 나타나는 혜택현상이 다른 지역까지 퍼지거나 영향을 미치 는 것을 의미한다. 예를 들면, 원화 대비 엔화의 가치가 상승하였을 때 한국을 방문하는 일본 관광객들이 급증하였 다. 이때, 명동 일대에서 호텔 방을 구할 수 없게 된 관광 객들이 서울 강남으로 흘러넘치는 이른바 '명동 스필오버' 현상이 나타났다.

┼**상식더보기** 스필오버 효과의 단점

유명 체인의 입점 이후 건물 값 상승과 상권의 활성화로 그 지대의 스 필오버 효과가 나타나게 되는데 이는 젠트리피케이션과 유사한 현상이 라 할 수 있다.

□□□
207 **승수이론** ●●◉
乘數理論

정부지출 또는 투자 증가가 경제 전체에서 그보다 더 큰
총수요 증가를 유발하는 과정을 설명하는 이론

경제현상에 있어서 최초의 경제량의 변화에 의한 계속적인
파급관계를 분석하여 최종적으로 생겨난 총효과를 밝히는
경제이론이다. 케인즈 경제학체계의 기본을 이루는 것으로,
투자가 파급효과를 통하여 결국은 같은 액수의 저축을 낳
는다고 하였다.

□□□
208 **시티노믹스** ●●●
Citinomics

자연과 상상력을 동원해 도시의 경제와 가치를 높이는 것

'도시(City)'와 '경제(Economics)'의 합성어로 경제성, 문화
성, 예술성, 친환경성을 골고루 구비한 도시만이 살아남고
각광받는다는 것을 반영하며 국가 간 장벽이 점점 허물어
지면서 풍부한 상상력, 문화, 친환경 등으로 평가된 도시
경쟁력을 강조하는 신개념의 도시 경제학이다. 도시경쟁력
이 곧 국가경쟁력이 되는 시대라고 인식되며 세계 곳곳의
도시들이 '시티노믹스'를 추구하고 있다.

□□□
209 **식스포켓** ●◉◉
Six Pocket

한 자녀를 위한 돈이 부모, 친조부모, 외조부모 등 6명의
주머니로부터 나온다는 의미

저출산 · 고령화 사회로 접어들면서 한 가구의 자녀가 1명
또는 2명으로 줄어들고, 자금력 있는 조부모들이 생존해 있
게 되자 부모가 자녀에게 전폭적인 경제적 지원을 하며 정성
과 사랑을 쏟는 것은 물론 조부모들 또한 집안의 귀한 손주
를 챙기기 위한 지출을 아끼지 않는 현상이 생겨났다. 아이
들이 식스포켓의 혜택을 받을 수 있는 것은 조부모 세대가
여전히 건강하고 재산과 연금 등으로 인해 경제력을 갖추고
있는 경우가 많기 때문이다.

□□□
210 **애그플레이션** ●●●
Agflation

곡물가격의 상승으로 일반 물가가 상승하는 현상

'농업(Agriculture)'과 '인플레이션(Inflation)'의 합성어로 곡물가격 상승이 식품가격 전반을 상승시켜 결국 농산물가격이 인플레이션을 유발하는 현상을 말한다. 애그플레이션은 세계적인 추세로 생산·공급·소비 전 과정에 걸쳐 대응책을 마련해야 하는 특징이 있다.

□□□
211 **에고노믹스** ●●●
Egonomics

남과 차별을 두는 개인 중심 경제

이전에는 남과 다르면 불안했지만 현재는 남과 비슷해지는 것에 불안하며 개성을 잃는 것을 두려워한다. 사람들마다 자신의 취향을 가지고 있으며, 자신의 것이 유일하기를 원하는 개인화 현상이 두드러지는 것이다. 따라서 이러한 현상으로 개성을 나타낼 수 있는 제품과 서비스를 선호할 것이며, 맞춤 주문, 맞춤 서비스 등의 마케팅 활동이 집중될 것으로 보인다. 예를 들면, 가전제품이 다 같은 색이 아닌 주문자가 원하는 색으로 바꿀 수 있는 것과 자동차 색도 원하는 색으로 바꿀 수 있는 것이다.

□□□
212 **엔젤지수** ●●●
Angel Coefficient

가계총지출에서 미취학 아동에게 지출하는 비용의 비율

아이에게 들어가는 교육비, 장난감 구입비, 옷, 용돈 등 모든 비용을 엔젤 비용이라고 한다. 가장 많은 비용을 차지하는 것은 교육비로 부모들은 미래에 대한 투자라고 생각한다. 경제 불황이 심할수록 교육비 지출이 늘어나 엔젤지수가 더 높아진다. 엔젤지수가 높다는 것은 한 나라의 선진화 지표이기도 하다.

**엣킨슨
지수 ●●●**

Atkinson Index

사회 구성원의 주관적인 가치판단을 반영해 소득 분배의
불평등도를 관측하는 지수

영국의 경제학자 앳킨슨이 고안해낸 지수로서 기존의 로렌
츠 곡선이나 지니계수 등 불평등도를 나타내는 지수가 가
치 판단에 문제가 있을 수 있다고 보았다. 소득의 완전한
균등 분배란 전제하에서 현재의 사회후생 수준을 가져다
줄 수 있는 평균 소득이 얼마인지를 주관적으로 판단하고,
이를 한 나라의 1인당 평균 소득과 비교해 그 비율을 따지
는 지수를 개발하였다. 평가자는 소득 분배가 불평등하다
고 여길수록 앳킨슨 지수는 커진다.

□□□
214 **엥겔지수 ●●●**

Engel Coefficient

가계 소비지출 중 식료품비가 차지하는 비율

독일 통계학자 에른스트 엥겔이 발표한 이론으로, 가계 소
득이 높아질수록 식료품비의 비중이 감소한다는 주장이다.
엥겔지수＝(식료품비/총 생계비)×100로, 일반적으로 20%
이하면 상류, 25 ~ 30% 중류, 30 ~ 50% 하류, 50% 이상
은 최저 생활로 분류된다.

□□□
215 **역 선택 ●●●**

Adverse Selection

정보의 불균형으로 부족한 정보를 가진 사람이 불리한 선
택을 하게 되는 상황

정보력을 가진 한 쪽은 정상 이상의 이득을 챙기며, 정보력
이 없는 한 쪽은 정상 이상의 손해와 비용이 드는 문제가 생
긴다. 예를 들면 중고차시장이 있다. 중고차 판매자는 구매
자보다 많은 정보를 가진다. 판매자는 평균 중고차 가격에
맞지 않는 품질 좋은 차는 중고차 시장에 내놓지 않을 것이
다. 따라서 중고차 시장에 내놓은 차들은 중고차가격에 맞거
나 그보다 더 떨어지는 차를 내놓는다. 중고차 시장에는 상
대적으로 품질이 좋지 않은 차가 많아지므로 구매자는 낮은
품질의 차를 구매할 가능성이 높아지게 되는 것이다.

□□□
216 **우머노믹스** ●○○
Womenomics

여성의 경제활동 참여를 확대해 경제성장을 촉진하는 정책

'여성(Women)'과 '경제학(Economics)'의 합성어로, 여성이 소비의 주력으로 떠오르며 생긴 용어이다. 결혼 연령이 높아지고, 경제력이 있는 비혼 여성이 늘어나면서 여성의 소비가 크게 늘어났다. 자동차는 물론 주택, 가전제품의 경우도 여성 소비자가 구매결정권을 가지게 되면서 많은 상품들이 감각적이면서 섬세한 경향을 보이고 있다.

□□□
217 **인플레이션** ●●●
Inflation

상품거래량에 비해 통화량이 과잉 증가함으로써 물가가 오르고 화폐가치는 떨어지는 현상

과잉 투자 · 적자 재정 · 과소 생산 · 화폐 남발 · 수출 초과 · 생산비 증가 · 유효 수요의 확대 등이 그 원인이며, 기업이윤의 증가 · 수출 위축 · 자본 부족 · 실질 임금의 감소 등의 결과가 온다. 타개책으로는 소비 억제, 저축 장려, 통화량 수축, 생산 증가, 투자 억제, 폭리단속 등이 있다.

□□□
218 **일물일가의 법칙** ●○○
Law of Indifference

무차별의 법칙

동일한 시점일 경우, 완전경쟁이 행해지는 시장에서 판매하는 동일 상품에 대해서는 하나의 가격만 성립하는 법칙이다. 만약, 어떤 한 곳이 다른 곳보다 가격이 비쌀 경우, 해당 상품을 싼 곳에서 사고, 비싼 곳에서 판매하는 사람들이 생겨나 가격은 결국 같아지게 되는 것이다.

□□□
219 **일코노미** ●○○
1conomy

1인 가구로 인해 나타난 경제 현상을 가리키는 개념

'1인 가구'에 '경제(Economy)'가 합성된 신조어이다. 1인 가구가 급증하면서 혼밥(혼자 밥 먹기), 혼술(혼자 술 먹기), 혼놀(혼자 놀기)등이 보편화되는 등 일코노미가 부상하였다. 예컨대 1인 가구를 위한 먹거리(반조리 식품과 편의점업계)부터 가전(소형 가전), 가구(조립식 가구), 빌딩(공간 효율성을 극대화한 주택)에까지 1인 가구의 영향력은 사회 전반적으로 큰 변화를 일으키고 있다.

금리를 단번에 0.75%p 인상하는 조치

경제 영향을 줄이기 위해 일반적으로 0.25%p 올리지만, 급격한 인플레이션과 물가상승률을 잡기 위해서 대폭 금리를 올리는 것을 의미한다.

상식더보기 금리 인상

① 빅 스텝 : 금리를 단번에 0.5%p 올리는 것을 의미한다.
② 베이비 스텝 : 금리를 단번에 0.25%p 올리는 것을 의미한다.
③ 울트라 스텝 : 금리를 단번에 1%p 올리는 것을 의미한다.
④ 점보 스텝 : 빅 스텝을 두 번 연속 단행하는 조치이다.

소득분배의 불균형 수치

한 국가 가계소득의 계층별 분배 상태를 측정하는 계수를 말하는데 이 값이 클수록 소득분배 불평등이 심하다는 것을 알 수 있다. 지니계수는 코라도 지니(Corrado Gini)가 1912년 개발하였다. 한 나라 안에서 마이너스 소득인 가구가 없다는 가정을 전제로 지니계수는 0과 1사이에서 산출된다. 지니계수가 0에 가까울수록 소득분배가 균등한 것이고, 1과 가까울수록 소득분배가 불균등하게 이루어졌다는 것을 알 수 있다.

상식더보기 지니계수 수식

$$지니계수 = \frac{불평등면적}{삼각형 ABC} = 0 \sim 1$$

물건 가격이 일정선 이하로 떨어지지 않도록 하여 생산자를 보호하기 위한 제도

'가격 하한제'라고도 하며 최저 가격제의 예로 최저임금제가 있다. 최저가격은 시장 균형가격보다 높은 수준에 설정돼 있기 때문에 초과 공급이 발생해 공급량은 늘지만 수요량은 감소해 거래량은 감소한다. 가격에 따른 수요 부족으로 남는 공급량을 국가가 수매하지 않는다면 헐값이라도 처분하기 때문에 가격의 이중 구조가 발생하게 된다.

223 최고가격제 ●●●
Maximum Price System

정부가 시장가격보다 낮은 수준으로 가격 통제를 해서 그 이상의 가격으로 거래가 이루어지는 것을 제한하는 제도

물가상승이 강하게 나타날 때 물가를 일정 가격이상 올라가지 않도록 하는 정부 정책으로 일정가격 이상으로는 판매할 수 없게 하는 것이다. 특정 상품이나 서비스뿐만 아니라 공공요금이나 이자율 등도 적용 대상이 된다. 예를 들면, 정부가 시행하는 아파트분양가상한제, 이자율상한제 등이 있다. 그러나 최고가격제도에서는 초과 수요가 발생함으로써, 정상 가격수준보다 높은 암시장 가격이 발생할 가능성이 높다.

224 최저생계비 ●◎◎
Minimum Cost
of Living

국민이 건강하고 문화생활 유지를 위해 필요한 최소한의 비용

기초생활수급자 등 각종 복지사업 대상자 선정과 급여 수준을 결정할 때 기준이 된다. 최저생계비는 전년도 최저생계비를 반영, 계산된다.

225 캐즘 ●●◎
Chasm

첨단기술 수용론

훌륭한 제품이더라도 사람들이 사용하기 전에 있는 침체기를 가리키는 경제용어이다. 캐즘은 원래 지각변동 등의 이유로 인해 지층 사이에 큰 틈이 생겨 서로 단절되어 있다는 것을 뜻하는 지질학 용어다. 혁신적 제품이 개발·출시되어 초기의 적극적 소비자가 구매한 이후 일반 대중적 시장 영역으로 도약에 나서는 경우, 초기에는 혁신성을 중시하는 소수의 소비자(도입기)가 생기지만, 이후 실용성을 중시하는 소비자가 중심이 되는 주류시장(성장기)으로 옮아가는 과정에서 초기시장과 주류시장 사이에 매출이 급격히 감소하거나 정체되는데 이를 캐즘이라 한다. 이 시기를 극복하지 못하면 많은 기술과 상품들이 도태되고 이 지점을 넘어서는 경우 수요층이 다수로 확장될 수 있다.

□ □ □
226 **코즈의 정리** ●●⊕
Coase's Theorem

소유권이 잘 확립되고 거래비용이 없을 때 시장 참여자가 자발적인 협상을 통해 외부효과(Externality)의 문제를 해결할 수 있다는 이론

분명하게 확립된 재산권과 충분히 낮은 협상비용을 전제할 경우, 정부의 개입 없이도 민간 이해당사자들이 협상을 통해 외부 효과(Externality) 문제를 효과적으로 해결할 수 있다는 것을 의미한다.

┼**상식더보기** 외부 효과(Externality)

개인, 기업 등 어떤 경제주체의 행위가 다른 경제주체들에게 기대되지 않은 혜택이나 손해를 발생시키는 효과. 혜택을 줄 경우의 긍정적(Positive) 외부 효과, 손해를 줄 경우의 부정적(Negative) 외부 효과로 구분한다.

□ □ □
227 **톱니 효과** ●●●
Ratchet Effect

소비 · 생산이 일정 수준에 도달하면 원 상태로 되돌리기 힘든 현상

한번 상승된 소비 수준은 소득이 감소하더라도 과거 최고 소득의 영향으로 소득이 감소한 만큼 소비가 줄지 않는 것을 말한다. 소비시장에서의 톱니 효과는 경기 하락을 억제하는 역할을 하기도 한다. 경기 하락 등으로 소득이 줄어든다고 하더라도 일정 수준에 도달한 소비는 그만큼 줄어들지 않기 때문에 소득의 하락에도 불구하고 소비의 감소 폭은 크지 않아 경기 하락의 폭도 깊이지지 않는 경향을 보인다.

□ □ □
228 **테이퍼링** ●●●
Tapering

정부가 경제 위기에 대처하기 위해 취했던 양적 완화의 규모를 점진적으로 축소해 나아가는 것

'Taper'는 폭이 점점 가늘어진다는 의미로, 중앙은행이 경기 부양을 위해 국채를 매입하거나 통화를 시장에 푸는 '양적완화' 정책을 점진적으로 축소하겠다는 의미이다.

□ □ □
229 **투자은행** ●●◐
Investment Bank

장기 산업자금 공급을 주목적으로 하는 은행

예금을 바탕으로 기업에 자금을 공급하는 상업은행과 달리 유가증권 인수를 통해 자금을 공급한다. 우리나라는 2011년 자본시장통합법 제정 이후 금융투자회사의 대형화를 추진해왔는데 2017년 11월 자기자본이 4조 원을 넘는 5개를 초대형 투자은행으로 지정하고 제한적으로 일부 단기금융업무를 허용하는 조치를 취하였다. 초대형투자은행으로 지정되고 단기금융업 인가를 받으면 자기자본의 2배 한도 내에서 발행어음 업무를 할 수 있다.

□ □ □
230 **트릴레마** ●●●
Trilemma

세 가지 문제가 서로 얽혀 있어 옴짝달싹하지 못하는 상황

트릴레마란 그리스어로 숫자 3을 가리키는 '트리(Tri)'와 정리를 증명하기 위해 사용되는 보조적인 명제라는 뜻을 가진 그리스어 '레마(Lemma)'의 합성어로, 세 가지 레마(명제)가 서로 상충되어 나아가지도 물러서지도 못하는 진퇴양난의 상황을 가리킨다. 예를 들어 저성장, 고물가, 재정적자의 트릴레마에 빠져서 저성장의 문제에 직면했을 때 성장률을 높이기 위한 긴축정책 완화는 재정적자가 늘어나 국가신용이 떨어지게 할 수 있고, 금리를 올려 물가를 안정시키려면 경기침체가 염려되는 곤란한 상황에 처하는 것을 의미한다.

╋상식더보기 딜레마(Dilemma)

두 가지 선택 중 어떤 것을 선택해도 나쁜 결과가 초래되는 상황을 말한다.

□□□

231 **팝업스토어** ●◎◎
Pop - up Store

하루 또는 한두 달 정도로 짧은 기간만 운영하는 상점

미국의 대형할인점 타깃(Target)이 2002년에 신규 매장을 설치할 공간을 마련하지 못하자 단기간 임대한 임시 매장을 열었는데 의외의 인기를 끌었고, 이를 기업들이 벤치마킹하면서 생겨난 개념이다. 웹페이지의 떴다 사라지는 팝업창과 비슷하다고 해서 팝업이라는 이름을 붙였다. 팝업스토어는 입소문 마케팅에 유리하고, 매장의 형태는 가건물이나 컨테이너 박스를 설치하거나, 임시로 다른 매장을 빌려 사용하는 등 다양하다.

□□□

232 **패리티 가격** ●◎◎
Parity Price

정부가 다른 물가와 균형을 이루게 결정하는 농산물의 가격

농산물 생산자의 소득을 다른 생산자의 소득과 균등하게 보장하기 위해 책정한다. 농산물 가격을 결정함에 있어서 생활비로부터 산출해 내지 않고 공산가격과 서로 균형을 유지하도록 뒷받침해주는 가격이다.

상식더보기 패리티지수 계산식

$$패리티지수 = \frac{농산물가격지수(농가수취\ 가격지수)}{공산가격지수(농가구입\ 가격지수)}$$

□□□

233 **퍼펙트 스톰** ●●●
Perfect Storm

초대형 경제위기

크고 작은 두 가지 이상의 악재가 동시에 발생하여 영향력이 더욱 커지는 현상을 말한다. 본래 크지 않은 태풍이 특이한 자연현상을 만나서 큰 파괴력을 가진 재해로 발전하는 현상의 기상용어이다. 이를 빗대어 경제와 금융위기가 동시에 발생한 현상을 나타내는 경제용어로도 사용한다.

□□□
**234 펠리컨
경제 ●●●**
Pelican Economy

핵심 부품 등의 수출 의존도를 낮추고 산업구조에 대한 자립도를 높여 한국 산업이 발전하는 경제

펠리컨 경제는 가마우지처럼 먹이를 삼키지 못해서 다른 사람에게 주는 것이 아니라 펠리컨이 입에 있던 먹이를 꺼내 새끼를 키우듯, 국내 대기업과 중소기업이 함께 긴밀하게 협력해 산업에서 부가가치를 창출하고 파급 효과를 만들어내겠다는 의미이다.

□□□
**235 풍요 속의
빈곤 ●●●**

저축의 역설(Paradox of Thrift)

영국의 경제학자 케인즈는 '저축은 소비지출을 감소시키고 총 수요를 위축하며, 마지막에는 국민소득을 떨어뜨린다'고 주장했다. 사회가 부유해졌지만 저축만 하려다 빈곤해지는 상황을 말한다. 일반적으로 빈곤은 자원의 부족, 재난, 불평등한 소득분배 등의 정치경제적 의미를 가지지만, 풍요 속의 빈곤은 국민경제가 가지는 자원과 생산설비를 충분하게 가동시키지 못하여 발생하는 것이다. 풍요 속의 빈곤을 경험한 시기는 세계공황이다.

□□□
236 피구 효과 ●☺☹
Pigou Effect

'임금의 하락이 고용의 증대를 가져온다'는 피구(A.C. Pigou)의 이론

기업의 임금인하는 사람들이 보유하고 있는 현금이나 예금 잔고의 실질가치를 인상하는 결과가 되어 일반물가수준이 하락하게 된다. 이러한 실질현금잔고의 증가는 소득에 변화가 없더라도 소비지출을 증가시키므로 결과적으로 고용을 증대시킨다.

고품질 재화 및 서비스 거래 시장

레몬마켓과 반대로 정보의 비대칭이 사라져 가격 대비 고품질 상품이 거래되는 시장을 말한다. 정보화 시대가 되면서 상품에 대한 정보 공유가 활발해지며 판매자들은 소비자를 모으기 위하여 더 나은 제품, 낮은 가격을 제공한다. 시장의 경쟁이 치열해지며 소비자가 원하는 가격보다 더 저렴한 가격으로 좋은 상품을 구할 수 있게 되는 것이다.

임금상승률과 실업률과의 사이의 역 상관관계를 나타낸 곡선

경제 성장과 물가 안정 사이에는 어느 정도 상충 관계가 존재하기 때문에 성장과 안정의 동시 달성이 어렵다. 실업을 줄이기 위해 확장 정책을 시행하면 어느 정도의 인플레이션을 감수해야하고, 인플레이션을 진정시키기 위해 긴축 정책을 시행하면 어느 정도의 실업률 증가를 피할 수 없다. 이처럼 인플레이션율과 실업률 사이의 상충관계를 그래프로 표시한 것이 필립스 곡선이다.

⁺상식더보기 필립스 곡선의 형태

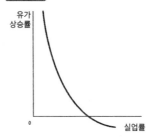

□□□
239 **간접 금융** ●⊙⊙
Indirect Financing

은행 등 제3자를 통해서 돈을 빌리는 방법

금융기관이 예금 · 적금, 금융채, 보험 · 신탁 · 투자신탁 등을 통하여 개인투자가들로부터 자금을 모아 최종 자금수요자에게 대출하거나, 주식 · 채권을 매입함으로써 자금을 공급하는 것이다. 즉, 금융기관이 일반 대중으로부터 예금을 받아 이를 자신의 명의로 필요한 기업에게 대출해 주는 방식이다. 간접금융은 경제 전체의 자금효율을 높이고 고도성장을 유지하는 역할을 하는 반면 기업재무의 악화, 계열융자의 추진, 금융의 이중구조 등의 문제도 발생시킬 수 있다.

□□□
240 **개인신용회복**
지원제도 ●⊙⊙

'신용회복지원협약'에 따른 신용불량자 구제제도

최저생계비 이상의 소득이 있는 개인 또는 개인사업자가 채무과다로 현재의 소득으로는 채무상환을 할 수 없어 신용불량자로 등재되어 있는 경우 신용회복지원위원회에 개인워크아웃신청을 하면, 신용회복지원위원회가 금융기관의 채무를 일정 부분 조정하여 신용불량자가 경제적으로 회생할 수 있도록 도와주는 제도이다.

□□□
241 **거대복합**
금융기관 ●⊙⊙
CLFI :
Complex and
Large Financial Institution

다국적 금융지주회사가 전 세계를 대상으로 은행, 증권, 보험 등 금융관련 모든 업무를 담당하는 기관

한 나라의 국경을 전제로 고유 업무를 중시하던 때와는 대조가 되는 금융기관이다.

242 경기동향지수 ●●●⊖
DI :
Diffusion Index

제품 · 자금 · 노동 등 많은 통계를 통합하여 작성한 지수

경기변동의 변화방향만을 파악하는 것으로 경기국면 및 전환점을 판단할 때 유용하게 사용된다. 과거의 경기동향과 실적을 토대로 산출된 주요 경제지표 추세를 분석해서 현재의 경기상태가 과열, 안정, 침체 중 어디에 해당하는지를 나타내는 종합경기지표이다. 경기순환에 따르는 경기침체를 방지하고, 지속적인 성장정책을 추구하기 위해 개발되었으며, 이 지수가 50을 초과하면 경기확장을, 50 미만이면 경기수축을 나타내며, 50이면 경기가 전환점에 있는 것으로 간주된다.

□□□
243 골드만삭스 ●●●
Goldman Sachs Group

글로벌 종합금융회사

국제 금융 시장을 주도하는 대표적인 투자은행 겸 증권회사로 1869년 독일계 유대인 마르쿠스 골드만이 뉴욕에 차린 약속어음 거래 회사를 모체로 시작됐다. 뉴욕에 본부를 두고 있다.

□□□
244 그림자 금융 ●⊖⊖
Shadow Banking System

은행과 비슷한 기능을 하면서도 은행과 같은 엄격한 건전성 규제를 받지 않는 금융기관

예를 들어, 투자은행이나 사모펀드 · 헤지펀드처럼 은행과 비슷하게 자금을 조달하거나 공급하면서도 중앙은행이나 금융당국의 엄격한 건전성 규제를 받지 않는다.

245 금융소득 종합과세 ●●◎
金融所得綜合課稅

개인의 이자 · 배당 소득이 일정액이 넘어갈 경우 다른 소득과 금융소득을 합산하여 종합소득세율로 과세하는 것

2013년에 기준금액이 2천만 원으로 하향 조정되었다. 금융소득이 2천만 원 이하인 경우는 원천과세로 납세의무가 종결되며, 금융소득이 2천만 원을 초과할 경우 초과금액에 대해서는 근로소득 · 사업소득 · 부동산임대소득 등 다른 종합소득과 합산해 6 ~ 38%의 누진세율로 종합 과세한다. 과세의 대상은 비과세소득과 분리과세대상 금융소득을 제외한 나머지 금융소득이다. 사채이자, 상장사 및 장외등록 법인의 대주주가 받는 배당소득, 비상장사의 주주가 받는 배당소득, 국외에서 받는 이자의 배당소득 등에 대해서는 금융소득이 2천만 원 이하이더라도 다른 소득과 합산해 종합 과세한다.

246 금융통화 위원회 ●◎◎
Monetary Policy Board

한국은행 기준금리를 결정하는 곳

통화신용정책을 수립하고 한국은행의 운영에 관한 주요사항을 결정하는 정책결정기구이다. 한국은행법과 은행법에 따른 권한을 부여 받은 독립적인 기구이다. 한국은행 총재가 금융통화위원회 의장을 겸하며 한국은행 부총재를 포함한 총 7명의 위원으로 구성된다.

247 기펜의 역설 ●●◎
Giffen's Paradox

가격 하락에도 불구하고 수요가 감소하는 '수요의 법칙'의 예외적 현상

보통 한 재화에 대한 가격이 하락하면 소비자의 실질소득이 높아진 것과 같은 효과가 나타나 그 재화의 수요를 증가시킨다. 그러나 마가린과 같은 특수한 재화인 하급재에서는 소비자가 부유해짐에 따라 마가린의 수요는 감소하고 마가린보다 상급재의 관계에 있는 버터로 대체되어 버터의 수요가 증가된다. 이때 마가린의 가격이 하락해도 소득이 늘어났기 때문에 마가린의 수요는 감소하게 된다. 따라서 기펜의 역설은 일반적으로 한 재화의 가격이 하락하면 그 재화에 대한 수요는 증가하고 가격이 상승하면 수요가 줄어든다는 수요법칙의 '예외현상'이라 할 수 있다. 이때, 마가린과 같은 재화를 기펜재(Giffen's Goods)라고 한다.

경기가 하강하지 않을 것이라는 낙관론

2023년 미국의 1월 실업률은 3.4%로 1969년 5월 이후 54년 만의 최저치를 기록했다. 기술기업을 중심으로 한 해고가 이어지는 와중에도 미국의 일자리는 충분했다. 이처럼 미국의 노동시장과 미국 GDP의 70%를 차지하는 소비가 견고하다는 부분에서 경제학자들 사이에서는 노 랜딩의 기대가 퍼졌다.

세계의 저명한 기업인, 경제학자, 저널리스트, 정치인 등이 모여 세계 경제에 대해 토론하고 연구하는 국제민간회의

1971년 하버드대 클라우스 슈바브(Klaus Schwab)에 의해 창립되었으며, 정식 명칭은 세계경제포럼이지만 스위스 다보스에서 매년 초 총회가 열려 '다보스 포럼'으로 더 잘 알려져 있다. 세계 1,000대 대기업의 기부금으로 운영되어 대기업 위주이고 참가자격도 까다로워 '영리적이고 폐쇄적인 사교모임'이라는 비난을 받고 있다.

연속적인 경기 침체 현상

경기가 두 번 떨어진다는 뜻으로 경기침체가 발생한 후 잠시 경기가 호전되다가 다시 경기침체로 접어드는 연속적인 침체 현상을 의미한다. 이는 미국 모건스탠리사의 이코노미스트였던 로치(S. Roach)가 미국 경제를 진단하면서 2011년에 처음 사용했다. 경기순환 모습이 'W'를 닮았다고 해서 'W자형 경기변동'이라고도 한다.

원리금 상환이 불가능한 상태

채무자의 사정(경영부진, 도산)으로 공·사채, 은행융자 등의 이자 지불 또는 원리금 상환을 계약대로 이행할 수 없는 상황을 말하며 이를 채무불이행이라고도 한다. 이는 개인이 아닌 국가 간 빌려온 빚을 상환기간 내에 갚지 못하는 경우에도 해당되며 전쟁, 내란, 외환 준비의 고갈 등이 원인으로 본다.

□□□
252 **롤링 효과** ●●●
Rolling Effect

장기채의 경우 만기가 짧아질수록 수익률이 완만하게 하락하고 가격이 완만하게 상승하는 현상

채권의 금리수준이 일정하더라도 잔존기간이 짧아지면 그만큼 수익률이 떨어진다. 잔존기간이 단축되면서 수익률은 하락하고, 가격은 상승한다.

⁺상식더보기 롤링효과의 예시

10년 만기 액면가 10,000원, 이자 10%의 채권이 만기 8년이 남았을 때는 9,000원으로 거래되다가 만기 5년이 남았을 때는 9,300원으로 거래되어 가격은 계속 상승하고 수익률은 계속 떨어진다.

□□□
253 **리베이트** ●◌◌
Rebate

일정 금액의 환급 방식으로 지급한 상품이나 용역의 대가 일부를 지급자에게 되돌려주는 행위 또는 금액

리베이트는 오랫동안 묵인되어온 거래관행으로 원래는 메이커가 판매처에 격려금을 주면서 판로를 유지할 목적으로 생긴 것이다. 최근에는 물품의 고가 또는 대량 거래 시 수수하는 거래장려금 또는 할인금으로 고액거래에 따른 위험성에 대한 보상적 성격을 갖고 있으며, 신규 거래처에 대한 개척 비용·가격 담합·조작에 의한 이면약정으로 수수하는 커미션 내지 수수료의 성격도 가지고 있다.

□□□
254 **레인지**
포워드 ●◌◌

유리한 방향의 옵션 매도로 기회이익을 포기하는 전략

불리한 방향의 리스크를 헤지하기 위해 옵션을 매입하고 그에 따른 지급 프리미엄을 얻기 위해 유리한 방향의 옵션을 매도하여 환율변동에 따른 기회이익을 포기하는 전략이다. 환율 변동으로 인해 발생할 수 있는 이익과 손실을 모두 일정 수준으로 제한함으로서 환 리스크는 일정 범위 내로 제한된다.

255 **모라토리엄** ●●◌
Moratorium

공권력에 의해서 일정기간 채무의 이행을 연기 또는 유예하는 일

경제 환경이 극도로 불리해 대외채무의 정상적인 이행이 불가능할 때 파산 또는 신용의 파탄을 방지하기 위해 취해지는 긴급적인 조치로 일정 기간 동안 채무의 상환을 연기시키는 조치를 말한다. 모라토리엄은 상환할 의사가 있는 것으로 지급거절과는 다르며, 원리금을 지불할 수 없는 상황인 디폴트(Default)와도 다르다.

□□□
256 **뮤추얼펀드** ●●●
Mutual Fund

미국 투자신탁의 주류를 이루고 있는 펀드형태

개방형 · 회사형의 성격을 띤다. 개방형이란 투자자들의 펀드 가입 · 탈퇴가 자유로운 것을 의미하며, 회사형이란 투자자들이 증권투자를 목적으로 하는 회사의 주식을 소유하는 형태를 말한다. 즉, 뮤추얼펀드는 증권투자자들이 이 펀드의 주식을 매입해 주주로서 참여하는 한편 원할 때는 언제든지 주식의 추가발행환매가 가능한 투자신탁이다. 투자방법에 따라 보통주펀드, 균형펀드, 수익펀드, 채권 및 우선주펀드 등이 있으며, 보통주펀드의 규모가 가장 크다.

□□□
257 **무상증자** ●●●
無償增資

주식대금을 받지 않고 기존의 주식을 보유하는 사람 또는 주주에게 주식을 나눠주는 것

무상증자는 회사의 주가 관리를 위하여 자본금과 발행 주식수를 늘리고 주주에게 무료로 나눠주는 것이다. 무상증자는 회사 내부의 잉여금이 많고, 기업의 재무구조 또한 건전하다는 뜻으로 해석할 수 있다. 따라서 주주들은 주식 수가 늘어나서 좋고, 증시는 회사 주식의 인기가 더욱 높아진다. 하지만 일부 소규모 기업에서 이를 악용하는 경우가 있으므로 주의해야 한다.

┼**상식**더보기 **유상증자(有償增資)**

증자(增資)란 기업이 자본금을 늘리는 것으로 유상증자, 무상증자 두 가지 방법이 있다. 유상증자는 새로운 주식을 발행하여 기존의 주주나 새로운 주주에게 판매하는 것을 말한다.

□□□
258 **민스키 모멘트** ●⊙⊙
Minsky Moment

부채의 확대에 기대어 경기호황이 이어지다 호황이 끝나면서 금융위기가 도래하는 시점

경기호황이 끝난 후, 은행 채무자의 부채 상환 능력이 악화되어 채무자가 결국 건전한 자산마저 팔게 되는 금융위기 시점이다. 금융시장이 호황기에 있으면 투자자들은 고위험 상품에 투자하고 이에 금융시장은 탄력을 받아 규모가 확대된다. 그러나 투자자들이 원하는 만큼의 수익을 얻지 못하면 부채 상환에 대한 불안이 커지면서 금융시장은 위축되고 금융위기가 도래하게 된다.

□□□
259 **방카슈랑스** ●⊙⊙
Bancassurance

은행이나 보험사가 다른 금융부문의 판매채널을 이용하여 자사상품을 판매하는 마케팅 전략

좁은 의미로 은행과 보험사가 업무제휴협정을 체결하거나 은행이 자회사로 보험사를 세워 은행 업무와 보험 업무를 한 곳에서 제공하는 것을 말하며, 큰 의미에서는 은행과 보험 나아가서 증권까지를 종합적으로 판매·관리하는 유니버셜뱅킹 시스템을 말한다. 고객은 한 번의 금융기관 방문으로 다양한 금융 서비스를 받을 수 있고, 은행을 통해 보다 싼 보험 상품을 구입할 수 있으며, 은행 상품과 보험 상품을 이상적으로 조합해 효율적인 리스크관리가 가능하다는 장점이 있다.

□□□
260 **버블 현상** ●●●
Bubble Phenomenon

실체가 없는 가격상승이 투기를 유발, 가격이 급등했다가 거품이 꺼지듯 급격히 원상태로 돌아가는 현상

겉보기에는 일반적인 경기과열과 비슷하지만 돈이 생산적인 기업으로 몰리지 않고, 투기나 사치성 소비 부문에 몰리는 것이 특징이다. 경제에 버블 현상이 일어나면 일시적으로 경제가 활기를 띠는 것처럼 보이나 실제로는 기업생산이 위축되고 국민경제의 전체적인 부가 축적되지 않는 현상이다.

□ □ □
261 **본원통화** ●●◌
本源通貨

중앙은행이 공급하는 현금통화.

중앙은행 창구를 통해 시중 은행에 공급된 현금성 통화이다. 은행이 보유하는 현금은 민간으로부터 받은 예금을 대출하고 남은 것이거나, 예금을 찾으러 오는 사람들에게 돌려주기 위한 지급준비금이다. 은행이 보유한 현금을 자신의 금고에 직접 넣어두는 것을 시재금(Vault Cash)이라 하고, 중앙은행에 다시 예치하는 것을 중앙은행 예치금이라고 한다.

> **⁺상식더보기** **본원통화 계산식**
>
> ① 본원통화 = 화폐 발행 잔액 + 중앙은행 예치금
> ② 화폐 발행 잔액 = 비은행 민간 보유 현금 + 은행 보유 시재금

□ □ □
262 **비트코인** ●●◌
Bitcoin

2009년 나카모토 사토시에 의해 개발된 가상 디지털 화폐

기존 화폐와 달리 다른 금융기관을 거치지 않고 인터넷의 프로그램을 통해 인터넷 뱅킹으로 계좌이체하듯 주고받을 수 있는 화폐를 말한다. 개인 정보가 필요하지 않고 국가나 발행 주체의 관리도 받지 않으므로 자유로운 거래가 가능하나 이런 익명성 때문에 기업의 불법 비자금, 불법 정치 자금 등에 악용될 우려가 있다.

□ □ □
263 **빅맥지수** ●●●
Bic Mac Index

미국 맥도날드 대표 상품인 빅맥의 판매가격을 기준으로 하여 각국의 상대적 물가수준과 통화가치를 비교하는 지수

세계 각국에 체인점이 있는 맥도널드의 빅맥 햄버거는 크기, 재료, 품질 면에서 표준화된 제품으로 전 세계 매장에서 각각 다른 가격에 팔리고 있어 각국의 통화가치를 가늠할 수 있다. 햄버거 경제학이라고도 불리는 이 지수는 세계 물가와 구매력을 평가·비교하여 각국 환율의 적정성을 측정한다.

□ □ □
264 **사모펀드** ●●●

PEF :
Private Equity Fund

소수의 투자자로부터 모은 자금을 운용하는 펀드

금융기관이 관리하는 일반 펀드와는 달리 '사인(私人) 간 계약'의 형태를 띠고 있다. 금융감독기관의 감시를 받지 않으며, 공모펀드와는 달리 운용에 제한이 없는 만큼 자유로운 운용이 가능하다. 「투자신탁업법」에서는 100인 이하의 투자자, 「증권투자회사법」은 49인 이하(50인 미만)의 특정한 소수로부터 자금을 모아 운용하는 펀드로 정의하고 있다. 사모펀드는 절대 수익을 추구하는 전문투자형 사모펀드(헤지펀드)와 회사 경영에 직접 참여하거나 경영·재무 자문 등을 통해 기업 가치를 높이는 경영참여형으로 구분한다.

□ □ □
265 **사이드카** ●●⊖

Side Car

선물시장을 안정적으로 운용하기 위해 도입한 프로그램 매매호가 관리제도의 일종

주가지수 선물시장을 개설하면서 도입하였는데, 지수선물 가격이 전일종가 대비 5% 이상 상승 또는 하락해 1분간 지속될 때 발동한다. 발동 시부터 주식시장 프로그램 매매호가의 효력이 5분간 정지된다. 그러나 5분이 지나면 자동적으로 해제되어 매매체결이 재개되고, 주식시장 후장 매매 종료 40분 전(14시 20분) 이후에는 발동할 수 없으며, 또 1일 1회에 한해서만 발동할 수 있도록 되어 있다.

┼상식더보기 서킷 브레이커(Circuit Breakers)
주가 급등 또는 하락 시 주식매매를 일시 정지하는 제도이다.

주식처럼 거래가 가능하고, 특정 주가지수의 움직임에 따라 수익률이 결정되는 펀드

인덱스 펀드를 거래소에 상장시켜 투자자들이 주식처럼 편리하게 거래할 수 있도록 만든 상품이다. 투자자들이 개별 주식을 고르는데 수고를 하지 않아도 되는 펀드투자의 장점과, 언제든지 시장에서 원하는 가격에 매매할 수 있는 주식투자의 장점을 모두 가지고 있는 상품으로 인덱스 펀드와 주식을 합쳐놓은 것과 같다. 최근에는 시장지수를 추종하는 ETF외에도 배당주나 거치주 등 다양한 스타일을 추종하는 ETF들이 상장되어 인기를 얻고 있다.

상식더보기 인덱스 펀드(Index Fund)

일반 주식형 펀드와 달리 KOSPI 200과 같은 시장 지수의 수익률을 그대로 좇아가도록 구성한 펀드를 말한다.

포스트케인지언(Post – Keynesian) 경제학자들이 주장한 임금주도성장론(Wage – Led Growth) 바탕의 이론

가계의 임금과 소득을 늘리면 소비도 늘어나 경제성장이 이루어진다는 경제정책이다. 이 정책은 대기업의 성장에 따른 임금 인상 등의 낙수 효과보다 인위적으로 근로자의 소득을 높여서 경제성장을 유도한다는 내용이다.

무화환 신용장

무역상사의 해외지점이 현지의 외국은행으로부터 융자를 받을 때 외환은행이 보증을 서는 것 또는 국제통화기금(IMF)이 포괄적인 신용공여를 행하여 실제의 자금인출은 그 한도 내에서 언제라도 인정하는 방식을 취하는 것을 말한다.

269 **스캘퍼** ●●⊙
Scalper

데이 트레이더(Day Trader)보다 빈번히 주식을 매매하는 초단기 투자자

포지션 보유 기간이 1 ~ 2분에 불과하여 주식시장에서 초단기 투자를 하는 투자자이다. 기관투자자들은 그들이 포지션을 보유하고 있는 시간의 길이에 따라 스캘퍼, 일일거래자(Day Trader), 포지션거래자(Position Trader)로 나눈다. 스캘퍼가 포지션을 보유한 이후 수 분 동안 자기가 예상한 방향으로 가격이 움직이지 않으면 그는 포지션을 정리하고 새로운 포지션 기회를 찾는다. 스캘퍼는 많은 양의 거래를 함으로써 시장의 유동성을 제공하며 그들의 거래활동은 다른 시장참여자들의 매매를 용이하게 해준다.

┼상식더보기 포지션거래자(Position Trader)
몇 주나 몇 개월 동안 지속되는 가격 변동에 관심을 갖고 거래하는 비회원거래자를 말한다.

270 **스튜어드십 코드** ●●●
Stewardship Code

기관투자가들이 투자를 할 때 맡은 돈을 자기 돈처럼 소중히 여기고 최선을 다해 운용해야 한다는 행동지침

주식을 보유하는 데 그치지 않고 기관투자가가 기업의 의사결정에 참여해 기업의 이익 추구와 성장 등을 이끌어내겠다는 취지에서 나온 것이다. 서양의 큰 저택에서 주인 대신 집안일을 맡는 집사(Steward)의 모습에서 비롯되었다.

271 **신용장** ●●⊙
L/C :
Letter of Credit

신용보증을 위해 은행에서 발행하는 증서

은행이 특정인에게 일정한 기간·범위 안에서의 금액을 자기은행이나 자기가 지정한 은행 앞으로 어음을 발행하는 권한을 부여하는 보증장이다. 여행신용장과 상업신용장이 있으며, 상업신용장에는 클린신용장과 화환신용장이 있다. 화환신용장에는 취소가능신용장과 취소불능신용장, 확인신용장, 무확인신용장이 있다.

□□□
272 **신파일러** ●●◌
Thin Filer

금융이력 부족자

개인 신용을 평가할 금융정보가 부족하여 금융거래에서 소외되는 계층을 의미한다. 금융 이력이 부족하다는 이유로 대출과 신용카드 발급에 제재를 받은 계층이다. 소득과 상환능력이 있더라도 신용점수에 불리하게 작용하는 것이다. 신파일러는 금융 거래 기록이 거의 없어서 신용평가가 어려운 주부, 사회초년생 등이 대상이라는 점에서 낮은 소득, 신용이력 부족 등으로 금융서비스(대출, 신용카드, 은행 계좌 등)에 접근하기 어려운 저소득층, 실직자, 무직자 등이 대상인 금융소외자와 다르다.

□□□
273 **알트코인** ●●●
Altcoin

비트코인을 제외한 모든 가상화폐(암호화폐)

비트코인을 대안으로 하여 도입한 가상화폐(암호화폐)로 이더리움, 리플, 라이트코인을 대표적으로 의미한다.

상식더보기 스테이블 코인

가격변동성을 최소화하여 설계한 가상화폐(암호화폐)이다. 1코인에 1달러의 가치를 갖도록 설계된 가상화폐(암호화폐)이다. 대표적으로 테더(Tether, USDT) 코인이 있다. 비변동성 암호화폐로 안정성이 떨어지는 기존의 암호화폐의 단점을 보완한다. 가격변동성이 적고 법정화폐와 같이 가치를 저장할 수 있다.

274 **양적완화** ●●●
Quantitative Easing

중앙은행이 통화를 시중에 직접 공급해 경기를 부양하는 통화정책

양적 완화는 정책 금리가 0에 가까운 초저금리 상태여서 더 이상 금리를 내릴 수도 없고, 재정도 부실할 때 경기 부양을 위해 사용된다. 이는 중앙은행이 기준금리를 조절하여 간접적으로 유동성을 조절하던 기존 방식과 다르게 직접적인 방법으로 시장에 통화량 자체를 늘리는 통화 정책이다. 한 나라의 양적 완화는 다른 나라 경제에도 영향을 미칠 수 있다. 예를 들면, 미국에서 양적 완화가 시행되어 달러 통화량이 증가하면 달러 가치는 하락하게 돼 미국 상품의 수출 경쟁력이 커지게 된다. 또한 원자재 가격이 상승하여 물가는 상승하고, 달러 가치와 반대로 원화 가치(평가 절상, 환율 하락)는 상승한다.

275 **오퍼레이션 트위스트** ●●●
Operation Twist

중앙은행이 장기채권을 매입하고 단기채권을 매도하여 경제를 활성화 시키려는 통화정책

중앙은행이 장기채권을 매입하고 단기채권을 매도하여 경제를 활성화 하려는 정책으로, 채권매매를 통해 장기금리를 끌어내리고 단기금리는 올리는 통화량을 조절하는 통화정책인 공개시장운영의 일종이다. 미국이 2008년 글로벌 금융위기를 극복하는 과정에서 이 정책을 활용하면서 널리 알려졌다. 오퍼레이션 트위스트는 장기 채권을 매입하는 동시에 단기 채권을 팔기 때문에 연방준비제도의 보유채권의 구성만 변화시키면서 유동성 확보가 가능하다. 오퍼레이션 트위스트를 시행하면, 중앙은행이 장기 국채를 매입해 장기 금리가 하락하게 되고, 이는 기업의 투자를 촉진시키고 가계는 주택 매입에 적극성으로 내수가 활성화 되는 효과가 발생한다. 단기 국채 매도는 동시에 이루어지는 장기 국채 매입으로 인한 증가 통화량에 대해 억제 효과를 가지게 된다.

은행의 송금 · 결제망을 표준화시키고 개방해서 하나의 애플리케이션으로 모든 은행의 계좌 조회, 결제, 송금 등을 할 수 있는 금융 서비스

핀테크 기업과 은행권이 공동으로 이용할 수 있는 공동결제시스템으로, 스마트폰에 설치한 응용프로그램(앱)을 통해 모든 은행 계좌에서 결제를 비롯해 잔액 조회, 거래내역 조회, 계좌실명 조회, 송금인 정보조회, 입금입체, 출금이체 등의 금융서비스를 실시간으로 이용할 수 있다. 2019년 10월 30일부터 10개 대형 은행이 시범 운영을 시작했고, 2019년 12월 18일에 정식 운영되면서 은행 16곳과 31개 핀테크 기업에서 접근이 가능해졌다.

재정적으로 어려움에 처한 기업이 법정관리 없이 채권자들과 협의해 부채를 조정하고 경영을 정상화하는 절차

일시적인 유동성 부족 등으로 외부기관의 도움만 받으면 쉽게 회생할 수 있을 때 유리하고, 법정관리에 비해 의사결정이 빨리 이루어지는 것이 장점이다. 채권단이 원리금 탕감 · 상환유예, 출자전환 등을 포함한 기업개선 계획안을 마련, 총채권액 기준 75% 이상 승인을 받으면 효력이 발생한다. 해당 기업도 고통분담차원에서 인원 · 조직축소와 유휴자산매각, 감자(減資), 부실경영진 퇴진 등의 조치를 취한다.

국제유동성의 증가와 통화의 신용과는 양립하기 힘든 것

민간 경제주체들이 극단적으로 현금화폐를 선호하기 때문에 발생하며 이들은 수중에 현금이 들어오더라도 주식이나 채권에 투자하거나 소비하지 않는다. 따라서 중앙은행이 아무리 통화량을 늘려도 민간이 그 돈을 사용하지 않고 갖고만 있다면, 정상적인 상황에서 기대되는 여러 가지 경제적인 파급효과가 일어나지 않아 왜곡현상이 발생하는 것이다.

□ □ □
279 **유동성
함정** ●●●
Liquidity Trap

금리를 아무리 낮추어도 투자나 소비 등의 실물경제에 아무런 영향을 미치지 못하는 상태

시장에 현금이 흘러 넘쳐 구하기 쉬운데도 기업의 생산, 투자와 가계의 소비가 늘지 않아 경기가 나아지지 않는 것을 마치 경제가 함정(Trap)에 빠진 것처럼 보이는 상태를 말하는 것이다. 금리가 계속 떨어지는데도 돈이 돌지 않는 이유는 경기가 극도로 위축되면서 주식이나 채권에 투자를 하여도 손해를 볼 수 있기 때문에 가계를 비롯한 경제 주체들은 현금을 금고에만 쌓아놓으려고 하기 때문이다.

□ □ □
280 **은산분리** ●●●
銀産分離

산업자본의 금융시장 잠식을 막기 위하여 은행 지분을 제한한 규정

금융과 산업자본을 분리하여 기업이 은행을 소유하지 못하도록 법적으로 막아놓은 제도로 기업은 은행 지분의 4% 이상을 보유할 수 없도록 지정한 것이다.

□ □ □
281 **이슬람
금융** ●●⊙

이슬람 율법(샤리아)을 준수하는 금융 행위

이자 금지, 도박 금지, 불확실 거래 금지 등을 명시하고 있어서 이슬람 금융은 그 운용방식이 일반 금융과는 다르다. 이슬람 금융의 상품거래 형태로는 무라바하(Murabahah), 이스티스나(Istisna), 이자라(Ijarah) 등이 있고, 투자 형태로는 무다라바(Mudharabah), 무샤라카(Musyarakah) 등이 있다. 이 외의 응용 형태 금융거래로서 보험과 유사한 타카풀(Takaful), 금융 투자 상품으로 수쿠크(Sukuk, 이슬람 채권) 등이 있다.

일일거래자 ●◌◌
Day Trader

포지션을 익일까지 보유함으로써 부담하는 위험을 회피하기 위하여 당일 개장시간 동안에만 보유하는 거래자

스캘퍼보다는 포지션을 장시간 보유하면서 일중 가격변동을 이용하여 매매차익을 실현하고자 하는 투기 거래자이다.

□ □ □
283 **자산
유동화증권** ●●●
ABS :
Asset Backed Securities

부동산, 매출채권, 유가증권, 주택저당채권 및 기타 재산권 등과 같은 기업이나 은행이 보유한 유·무형의 유동화 자산(Underlying Asset)을 기초로 하여 발행한 증권

유동성이 없는 자산을 증권으로 전환하여 자본시장에서 현금화하는 일련의 행위를 일반적 의미에서 자산유동화라고 한다. 자산유동화증권(ABS)은 자산 자체의 현금흐름에 착안하여 이를 자산의 소유자로부터 분리하여 특수목적회사(SPV)에 양도하고, 그 자산을 담보로 특수목적회사(SPV)가 증권을 발행하여 원소유자가 자금을 조달하는 금융기법을 말한다.

□ □ □
284 **장발장
은행** ●●◌
Jeanval Jean Bank

장발장 은행은 절도(훔치는 행위) 범죄로 인해 벌금형을 선고받은 사람들에게 벌금을 낼 돈을 빌려주는 기관

절도죄를 저지른 사람들에게는 보통 벌금형이 내려지는데, 돈이 없어 절도를 저지른 사람들이다보니 벌금을 내지 못하는 경우가 많다. 장발장 은행은 벌금을 낼 수 없어 강제노동 위기에 처해 있는 사람에게 돈을 빌려 주는 곳이다. 이자나 담보가 없으며 1인당 최대 3백 만 원까지 대출 받을 수 있다. 하지만 정식 은행이 아니라 기부와 같은 방법으로 기금이 형성되었을 때 운영이 가능하기 때문에 기금이 모두 떨어지면 신청을 해도 대출 받을 수 없다.

□□□
285 **재정
팽창지수** ●⊙⊙
Fiscal Impulse Indicator

경기변동에서 재정이 어떤 영향을 미치는지 분석하기 위한 지표

1970년대 중반에 국제통화기금(IMF)이 개발하여 현재 미국과 독일 등에서 정책판단자료로 활용하고 있다. 정부의 재량적 재정운용에 따라 발생하는 재정수지의 변동분이 국민총생산(GNP)에서 차지하는 비중이 얼마나 되는가의 계산으로, 재정팽창지수가 플러스면 팽창재정, 마이너스면 긴축재정, 0이면 재정이 경기에 중립적임을 나타낸다.

□□□
286 **전대차관** ●●⊙
轉貸借款

외국환은행이 국내거주자에게 수입자금 등으로 전대할 것을 조건으로 외국의 금융기관으로부터 외화자금을 차입하는 것

차관공여국 또는 특정 지역으로부터 물자수입자금에의 사용 등 차입자금의 용도에 대해 조건이 따른다. 또한 뱅크론의 차관공여주는 주로 외국의 일반상업은행인데 비해 전대차관의 공여주는 외국의 특수정책금융기관 혹은 국제금융기관인 것이 일반적이다.

□□□
287 **주가연계증권** ●●●
ELS :
Equity Linked
Securties

개별 주식의 가격이나 주가지수와 연계하여 수익률을 결정하는 파생상품

금융기관과 금융기관, 금융기관과 일반기업 간의 맞춤 거래를 기본으로 하는 '장외파생상품'이다. 거래의 결제 이행을 보증해주는 거래소가 없기 때문에 일정한 자격을 갖춘 투자매매업자만이 발행이 가능하다. 즉, 영업용순자본비율이 300% 이상이며, 장외파생상품 전문 인력을 확보하고, 금융위원회가 정하는 '위험관리 및 내부통제 등에 관한 기준'을 충족하는 투자매매업자가 발행할 수 있다.

288 **주식워런트 증권 ●⊖⊖**

ELW :
Equity Linked Warrant

주식이나 주가지수를 미래의 특정 시기가 되면 사전에 설정한 가격으로 사고(콜 워런트) 팔 수 있는(풋 워런트) 권리를 갖는 증권

발행주체에 따라 발행조건이 다양하고, 상품의 특성이 종목별로 다르기 때문에 손익구조도 다르게 나타난다. 현재의 가용 자금이 적더라도 원하는 주식이나 주가지수에 투자가 가능하다는 장점이 있지만 최종 거래일까지 예측이 맞지 않는다면 가치가 점점 하락하게 되고 수익이 높은 만큼 손실도 크다는 단점이 있다.

289 **중앙은행 디지털화폐 ●●●**

CBDC :
Central Bank
Digital Currency

중앙은행에서 블록체인 기술을 활용하여 발행하는 화폐

1985년 미국 예일대 교수 제임스 토빈이 제안한 것으로 현물 화폐 대신에 사용하자고 제안한 화폐이다. 중앙은행을 의미하는 'Central Bank'와 디지털 화폐가 합쳐진 용어로 중앙은행에서 발행한다. 법화와 일대일 교환이 보장된다는 점에서 내재가치를 규정하기 어려운 민간 암호자산과 구분된다. 전자적인 형태로 단일원장방식과 분산원장방식을 기반으로 발행이 가능하다. 이용목적에 따라서 모든 경제주체가 이용할 수 있는 소액결제용, 금융기관들만 이용할 수 있는 거액결제용으로 구분된다. CBDC가 발행되면 신용리스크가 감축되고 현금에 비해 거래 투명성이 높아지며 통화정책의 여력이 확충되는 등의 장점이 있을 수 있으나, 은행의 자금중개기능이 약화되고 금융시장의 신용배분 기능이 축소되는 부작용이 발생할 수 있다.

†상식더보기 CBDC 분류

① 단일원장방식 : 개인 · 기업에게 허용한 CBDC계좌 및 관련거래정보를 신뢰할 수 있는 중앙관리자(예: 중앙은행)가 보관 · 관리한다.
② 복수원장방식 : 거래참가자 또는 일부 제한된 참가자 각자가 원장을 갖고 신규 거래 발생시 합의절차를 거쳐 각자가 관리하는 원장에 해당 거래를 기록함으로써, 동일한 거래기록을 가진 복수의 원장을 관리한다.

□□□
290 **직접 금융** ●○○
Direct Financing

최종적인 자금수요자(기업)가 금융기관을 개입시키지 않고, 주식·채권 등을 발행함으로써 자금공급자(개인투자가)로부터 자금을 직접 조달하는 것

직접금융은 증권시장에서 기업이 주식 또는 회사채를 발행하여 직접 자금을 조달한다. 주식발행 등의 직접금융을 이용하게 되면 이자부담 없이 자금을 조달할 수 있고, 이후 사업이 잘 되면 이익만큼의 배당만 해주면 되기 때문이다.

□□□
291 **카니발
리제이션** ●●○
Cannibalization

한 기업의 신제품이 기존 주력제품의 시장을 잠식하는 현상

자기잠식을 뜻하는 경제용어이다. 한 기업이 새로운 제품을 출시함으로 인해 그 기업에서 기존에 판매하던 다른 제품의 시장 점유율과 수익이 감소하는 현상을 말한다. 이러한 현상을 효율적으로 이용하기 위해서는 새로움 제품의 예상되는 이익 발생이 기존 시장에서의 이익의 감소보다 커야한다.

□□□
292 **케이뱅크** ●○○
Kbank

국내 최초의 인터넷전문은행

인터넷전문은행은 온라인, 현금자동지급기(CD), 현금자동입출금기(ATM) 등을 통해 영업하기 때문에 점포 운영비, 인건비 등을 최소화하는 대신 기존 일반은행보다 예금 금리를 높이거나 대출 금리를 낮출 수 있다. 일반은행이 핵심 채널을 지점에 두고 있지만, 인터넷전문은행은 인터넷이나 모바일을 통해 영업망을 구축한다. 영업시간도 연중무휴이며 주로 소액 위주의 금융에 특화된다.

293 코요테 모멘트 ●●●
Coyote Moment

갑작스러운 증권시장의 붕괴

코요테가 먹잇감을 쫓는 데 정신이 팔려 낭떠러지 쪽으로 뛰어가다 문득 정신을 차려 아래를 보면 허공에 떠 있고, 이를 알아차리는 순간 추락하는 것을 일컫는다. 두렵고 피하고 싶었던 상황에 처해 있다는 것을 갑자기 깨닫게 되는 순간을 증권시장에서는 '코요테 모멘트'라고 한다. 2006년 노벨경제학상 수상자인 폴 크루그먼(Paul Krugman)이 코요테 모멘트를 거론하며 세계 경제의 큰 타격을 경고한 바 있으며, 2020년에는 대표적인 경제 비관론자로 꼽히는 스티븐 로치가 코로나19 쇼크가 전형적인 코요테 모멘트가 됐다며 향후 경기 침체를 전망한 바 있다.

294 콜 ●○○
Call Loan, Call Money

금융기관이나 증권회사 상호 간의 단기대부·차입

'부르면 대답한다'고 해서 극히 단기에 회수할 수 있는 대차여서 콜이라고 부른다. 공급자측에서 볼 때 콜론(Call Loan), 수요자측에서 볼 때 콜머니(Call Money)가 된다. 언제나 회수할 수 있는 단기대부이므로 은행으로서는 유휴자금을 운용하는 데 최적의 방법이다.

295 콜금리 ●●○
Call Rate

금융기관끼리 남거나 모자라는 자금을 서로 주고받을 때 적용되는 금리

금융기관들도 예금을 받고 기업에 대출을 해주는 등 영업활동을 하다 보면 자금이 남을 수도 있고 급하게 필요한 경우도 생기게 된다. 콜금리는 1일물(Overnight) 금리를 의미하여 금융기관 단기 자금의 수요와 공급에 의하여 결정되며, 이러한 금융기관 상호 간에 과부족 자금을 거래하는 시장이 바로 콜시장이다. 콜금리는 금융시장의 수급사정에 따라 민감하게 변동하기 때문에 시중의 자금사정을 반영하고 다른 금리들의 변동을 예측하는 지표 역할을 한다.

296 콜시장 ●●●
Call Market

금융기관들이 일시적인 자금 과부족을 조절하기 위해 상호 간 초단기로 자금을 차입 및 대여하는 시장

은행 및 종합투자금융회사, 투자신탁, 보험, 증권금융, 신용관리기금 등의 금융기관이 이용 가능한 자금(흔히 중앙은행 예치금에 대한 당좌예금)을 하루 또는 수일 동안 단기적으로 거래하는 시장이다. 금융기관은 고객을 상대로 예금을 받고 대출을 하는 과정에서 수시로 자금이 남기도 하고 모자라기도 하는데, 이러한 자금 과부족을 콜시장에서 금융기관 간 자금거래를 통하여 조절한다.

297 통화스와프 ●●●
Currency Swap

서로 다른 통화를 미리 약정된 환율에 따라 일정한 시점에 상호 교환하는 외환거래

통화스와프는 말 그대로 통화를 교환(Swap)한다는 뜻으로, 기업은 물론 국가도 환율과 금리 변동에 따른 위험(리스크)을 헤지하거나 외화 유동성 확충을 위해 사용한다. 예를 들어, 한국과 중국 간에 통화스와프 계약이 체결돼 있으면 한·중 양국은 필요할 때 자국 통화를 상대방 중앙은행에 맡기고 그에 상응하는 외화를 빌려와 쓸 수 있다.

298 통화전쟁 ●●⊙
Currency War

수출 경쟁력을 높이기 위해 경쟁적으로 외환시장에 개입해 평가절하를 의도적으로 유도하는 현상

환율은 수출입 규모의 변동을 초래해 경상수지는 물론 경제성장 등에 큰 영향을 미치는데, 각국이 수출의 가격 경쟁력 제고를 위해 경쟁적으로 평가절하(환율 상승)을 도모하는 경우를 일컫는다. 각국 간 극단적인 분쟁으로 비화될 경우 보호무역조치의 확산은 물론 국제금융시장에 부정적인 영향을 초래할 수 있다.

돈의 흐름을 파악하는 기준

통화지표는 정부의 통화 관련 정책에 활용한다. 우리나라는 통화지표로 협의통화(M1), 광의통화(M2), 금융기관유동성(Lf), 광의유동성(L) 등 네 가지를 작성하고 있다.

유가증권과 파생금융계약이 결합된 증권

기초자산의 가치변동과 연계한 증권, 금리, 주가지수, 통화(환율)뿐만 아니라 원유, 금, 설탕, 철강, 곡물, 부동산 같은 실물자산들도 기초자산의 대상이 된다. 자산의 가치 변동에 따라 일정 수익을 얻을 수 있게 설계한 상품. 자산 가격에 큰 변동이 없으면 약속한 수익률을 보장받지만, 미리 정해둔 원금 손실 구간(Knock − In)에 들어가면 원금 전액을 손실 입을 수도 있다.

기초금융자산의 가치변동에 의해 결정되는 금융상품

금리 또는 환율, 주가 등의 변동으로 인한 손실 위험을 헤지하거나 위험을 최소화한 상태에서 수익을 확보할 수 있도록 거래자의 특수한 조건에 맞게 각종 금융상품을 결합시켜 고안한 새로운 금융상품이다. 국제통화체제가 변동환율제로 전환되면서 환차손을 피하기 위해 1972년 미국에서 처음 도입되었다. 계약 형태에 따라 크게 선도계약(Forward Contracts), 선물(Futures), 옵션(Options), 스왑(Swaps) 등으로 구분된다.

□□□
302 **포트폴리오 투자 ●●●**
Portfolio Investment

소액의 주식, 채권 및 기타 다른 유가증권 등을 여러 종류에 분할해 투자하는 방법

국제자본의 이동형태는 크게 직접투자와 포트폴리오 투자로 구분할 수 있다. 기업의 경영권을 획득할 목적으로 투자하는 것이 직접투자인 데 반해, 경영참가에는 관심이 없이 투자수익획득을 위하여 각종 유가증권 등에 투자하는 것을 포트폴리오 투자라고 한다.

상식더보기 **포트폴리오 투자의 특징**

투자대상자산의 수익성에 직접적으로 영향을 미치는 투자 대상국 통화의 환율, 금리, 세율 등의 추이뿐만 아니라 투자자의 수익-위험(Riskreturn)에 대한 선호도에 따른 포트폴리오 조정으로 크게 좌우된다.

□□□
303 **햇살론 ●●☺**
Sunshine Loan

신용등급이나 소득이 낮아서 금융 이용이 어려운 서민에게 자금 대출해주는 제도

고금리 대출을 이용할 수밖에 없는 신용도가 낮은 사람들에게 생계자금을 지원해주는 대출제도이다. 최소한의 요건만 심사하여 최대 2,000만 원까지 대출이 가능하나 신용도, 상한 능력 등에 따라 상품 및 한도가 달라진다.

□□□
304 **헤지펀드 ●●☺**
Hedge Fund

국제증권 및 외환시장에 투자해 단기이익을 올리는 민간 투자기금

대표적인 것으로는 소로스의 퀀텀펀드, 로버트슨의 타이거펀드 등이 있다. 모집은 물론이고 투자대상과 실적 등이 베일에 싸여 있다. 언제 어디서 투기를 할지 모른다는 점에서 복병으로 인식된다.

환율이나 금리, 주가지수 등의 급격한 변동으로 인한 손실을 막기 위해 행하는 거래

선물환거래가 대표적이다. 환위험 헤징에는 선물시장이나 금융시장을 이용하는 방법이 있다. 선물시장을 이용하는 방법으로 선물환을 비롯하여 통화선물·통화옵션 등이 있고, 금융시장을 이용하는 방법으로 통화스와프가 있다. 급격한 금리변동으로 인한 손실을 막는 방법으로 금리선물·금리옵션·금리스와프 등이 있다.

┼상식더보기 선물환(Forward Exchange)

매매계약일로부터 일정기간 후에 수도할 것을 약속한 외환을 말한다.

외화채권의 재고량

환율에 의하여 매매거래를 한 뒤 파악하는 외화채권의 재고량을 말한다. 외화채권 합계액에서 외화채무액을 감한 것으로 기업이나 은행의 환위험관리에 중요한 기준이다.

┼상식더보기

① 환 위험 : 외화채권과 채무가 균형을 이루지 못할 때 발생된다.
② 매입초과포지션(Over – Bought Position) : 채권이 채무보다 큰 경우, 매입포지션(Long Position)이라고도 한다.
③ 매도초과포지션(Over – Sold Position) : 채무가 채권보다 큰 경우, 매도포지션(Short Position)이라고도 한다.
④ 균형포지션(Square Position) : 채권과 채무가 일치하는 경우, 상태수평포지션(Flat Position)이라고도 한다.

주당순자산가치

기업 활동 중단 후, 모든 자산을 주주들에게 분배할 경우 배분되는 1주당 금액을 나타내는 것이다. BPS가 높으면 높을수록 투자가치가 높은 기업이라 할 수 있다. BPS는 기업 총 자산에서 부채를 뺀 순자산을 발행주식수로 나눈 것을 말한다.

┼상식더보기 BPS 계산식

$$BPS = \frac{순자산}{발행주식수} = \frac{기업총자산 - 부채}{발행주식수}$$

□□□
308 **CSS** ●⊙⊙
Credit Scoring System

개인대출평가시스템

개인의 신상, 직장, 자산, 신용, 금융기관거래정보 등을 종합평가해 대출여부를 결정해 주는 자동전산시스템이다. 각각의 개인대출신청은 CSS 결과에 따라 자동승인, 재심사 대상, 승인거절 등으로 분류된다. 예금 또는 거래 실적이 많은지 보다는 돈을 제대로 갚을 수 있는 능력이 있는지의 여부를 이 지표로 확인할 수 있으며, 이는 고객의 신용도를 가늠하는 가장 큰 고려사항이다.

□□□
309 **MMF** ●⊙⊙
Money Market Fund

투자자금을 모아 금리가 높은 단기 금융상품에 투자하는 상품

주로 양도성 예금증서(CD)나 기업어음(CP) 등 단기 금융 자산에 집중 투자하여 얻은 수익을 고객들에게 되돌려주는 상품이다. 가입금액의 제한이 없고 시중실세금리를 잘 반영해 서민들이 쉽게 이용할 수 있는 대중적 상품이다.

□□□
310 **PBR** ●●●
Price Bookvalue Ratio

주가를 주당순자산으로 나눈 비율

BPS(Bookvalue Per Share)는 주가 정보가 고려되어 있지 않으므로, 자산가치에 비하여 주가가 어떻게 평가되어 있는지 확인하기 위해서 PBR(Price Bookvalue Ratio)을 사용한다. 만약 PBR이 1인 경우, 주가 및 기업의 1주당 순자산이 같은 경우이며 수치가 낮아질수록 해당기업의 자산가치는 저평가되고 있다는 의미이다.

┼상식더보기] PBR 계산식

$$PBR = \frac{주가}{주당순자산}$$

주가수익비율(PER)을 보완하는 보조지표

주가를 주당 이익금으로 나눈 수치인 PER은 과거 수치를 기준으로 하기 때문에 현재의 가치를 반영하기 힘든 부분이 있다. PER을 보완할 수 있는 여러 가지 보조지표가 필요해졌는데 PCR이 그 대표적인 지표이다. PCR은 주가를 주당 현금흐름(이익에 감가상각비를 합한 것)으로 나눈 비율로 위기상황을 얼마나 유연하게 대처할 수 있는가를 알아보는데 유용하다. PSR은 주가를 1주당 매출액으로 나눈 지표이다.

상식더보기 **주가수익비율(PER : Price Earning Ratio)**
특정 회사 주식 가격을 주당 순 이익으로 나눈 값으로 현재 주식의 가치가 얼마나 되는지 고평가되지는 않았는지 가늠할 수 있다.

□□□
312 **경제협력
기본협정** ●○○

ECFA :
Economic Cooperation
Framework Agreement

상품무역(관세 및 비관세장벽 철폐), 서비스 무역, 투자보
장, 보호조치, 경제협력 등을 포함하는 광범위한 무역협정
협상을 위한 큰 틀(Framework)을 먼저 정하고 세부적인
논의는 나중에 하는 방식의 자유무역협정이다. 하지만 양
측이 시급하다고 인식하여 상호 합의한 품목에 대해 우선
관세율을 폐지해나가는 '조기수확(Early Harvest)프로그램'
에 합의하여 협상의 추진력을 확보하고 가시적 효과를 높
일 수 있도록 하였다.

┼**상식**더보기 **조기수확(Eealy Harvest)**

일부 사항에 대하여 공식적인 협상종결 또는 당초 계획을 앞당겨 합
의·시행하는 경우를 말한다.

□□□
313 **네거티브
시스템** ●○○

Negative System

원칙적으로는 수출입을 자유화하고 예외적으로 수출입을
제한하여 금지하는 품목만을 규정하는 무역제도

수출입 금지하는 품목을 네거티브 리스트(Negative List)
라 한다. 무역자유화의 폭을 넓히고 국내산업의 체질을 개
선하며 일반인의 소비생활 향상이 목적이다.

□□□
314 **덤핑 관세** ●●○

Anti Dumping Tariff

덤핑 방지를 목적으로 하는 관세

어느 나라가 어떤 상품의 값을 크게 내려 수출함으로써 이
것을 수입한 나라의 산업이 큰 타격을 받을 경우, 수입국
정부는 국내산업보호책으로 그 품목의 관세율을 인상하게
되는데 덤핑상품에 대해 정상가격과 수출가격의 차액만큼
부과한다.

315 보복 관세 ●●●
Retaliatory Duties

차별 관세 중 하나

외국이 자국의 수출품에 대해 부당한 차별관세나 차별대우를 취하는 경우 또는 자국이나 자국산업에 취하는 고율의 차별관세로, 각국이 국내법에 의해 정하고 있다. 관세무역 일반협정(GATT)에서는 '보복관세'란 말 대신에 보조금 상계관세와 세이프가드(긴급수입제한조치)가 있다.

316 본선인도 조건 ●●●
FOB : Free On Board

무역거래조건의 하나로 계약상품의 인도가 수출항의 본선 선상에서 이루어지는 계약

목적항까지 물품의 운송을 담당하는 선박의 본선에 적재되어야만 매도인이 의무를 이행하는 것이 되는 운송조건이다. 본선적재란 목적항으로 가는 본선에 적재되는 것을 의미하는 것이다. 따라서 본선적재에 사용되는 부선적재는 포함되지 않는다. 물품이 본선난간을 통과한 때를 본선적재가 이행된 때로 간주된다. 매도인은 수출지에서 물품이 본선적재 되기까지의 비용과 위험을 부담하면 되므로 본선적재 이후의 비용과 위험은 매수인이 부담한다.

317 비관세 장벽 ●○○
NTB : Non Tariff Barrier

관세 이외의 방법으로 외국물품 수입을 억제하기 위한 정부의 정책

관세부과(관세장벽)를 제외한 인위적인 모든 규제를 말한다. 예를 들면 수입수량제한, 국내산업 보호정책, 수출에 대한 금융지원과 세제상의 감면 등 우대조치, 반덤핑정책 등으로 정부의 국내산업보호와 수출장려정책의 수단 등이다.

□□□
318 **상계 관세** ●●⊖
相計關稅

수출국이 수출품에 장려금이나 보조금을 지급하는 경우 수입국이 경쟁력을 상쇄시키기 위해 부과하는 누진관세

국제무역에서 일종의 차별관이다. 수출국에게 장려금이나 보조금을 지원 받아 가격경쟁력이 높아진 물품이 수입되어 국내 산업이 피해를 입을 경우, 불공정한 무역행위로 보아 이를 억제하기 위해 부과한다. 수출국은 수출 증대 효과를 거둘 수 있지만, 수입국은 해당 산업의 시장을 잠식당하는 타격을 받게 되어 국내 산업을 보호하기 위한 무역 구제 조치이다.

□□□
319 **세이프가드** ●●●
Safeguard

수입 급증으로 국내 산업에 피해를 주거나 큰 피해 우려가 있을 경우 특정 수입품을 규제를 할 수 있는 무역 장벽 중 하나

특정 품목의 수입이 급격한 증가로 국내 업계에 큰 손실을 야기할 경우 GATT가맹국에서 발동하는 긴급 수입제한 조치이다. 세이프가드 유형은 관세율 조정, 수입품 수량 제한, 구조조정을 위한 금융 지원이 있다. 외환시장에서의 세이프가드는 외환위기가 닥쳤거나 예상될 경우, 일시적인 외환거래나 자본 이동의 통제조치를 말한다.

□□□
320 **스파게티볼 효과** ●●●
Spaghetti Bowl Effect

여러 국가와 FTA를 동시다발적으로 체결할 경우, 각 국가의 복잡한 절차와 규정으로 인하여 FTA 활용률이 저하되는 상황

여러 국가와 동시다발적으로 FTA(자유무역협정)를 체결하면 각 국가마다 서로 다른 원산지규정, 통관절차, 표준 등의 복잡하고 난해한 규정과 활용절차를 이해하고 대처해야 하는데 이는 FTA를 활용하려는 기업에게 지나친 부담이 되기 때문에 FTA 활성화에 걸림돌이 될 수 있다. 이런 상황을 스파게티 접시 속에 담긴 스파게티 가락들이 서로 복잡하게 엉켜 있는 모습과 비슷하다 하여 '누들볼 효과(Noodle Bowl Effect)'라고도 부른다.

□□□
321 **양허 관세** ●◐◑
亮許關稅

다자간 협상을 통해 국제적으로 공인된 관세

일단 관세를 양허하면 그 이하로 낮출 수 있어도 더 이상의 관세를 부과할 수는 없다. 그러나 해당 산업을 보호하기 위한 목적으로 재협상할 여지는 있다. 다만, 양허관세를 올리려 할 경우 해당 품목의 주요 수출국의 양해가 필요하며, 이때 양국 간 이에 상응하는 보상수단 등을 논의한다.

□□□
322 **외화가득률** ●◐◑
外貨稼得率

외화수취율로 수출품이 실제로 외화를 획득하는 비율

특정한 수출상품에 관하여 그 수출가격으로부터 생산에 사용한 수입원료의 가격을 차감하고 그 잔액을 수출가격으로 나눈 것이다. 따라서 외화가득률을 높이기 위해서는 원료수입을 경감해야 한다.

ᐩ상식더보기 외화가득률 계산식

$$외화가득률 = \frac{수출품\,대금 - 원재료\,수입액}{수출품\,대금} \times 10$$

□□□
323 **자유무역
협정** ●●◑
FTA :
Free Trade Agreement

양국 간 무역장벽을 완화 또는 철폐하여 무역자유화를 실현하기 위해서 체결하는 특혜무역협정

각 나라가 무역을 자유화함으로써 무역거래와 분업이 확대돼 서로의 이익이 증대될 것이라는 자유주의 경제이론에서 출발한다. FTA는 상품분야의 무역자유화와 관세인하에 중점을 두었으나, WTO 체제 이후 상품의 관세철폐 이외에도 서비스 및 투자 자유화까지 영역이 확대되었다. 다자간 무역 협상 등을 통해 관세 수준이 낮아지면서 지적재산권, 정부조달, 무역구제제도 등 정책의 조화부문까지 협정의 대상 범위가 확대되었다.

□ □ □
324 **절충교역** ●⊙⊙
Offset Orders

국외로부터 무기 또는 장비 등을 구매할 때 계약상대방으로부터 관련지식이나 기술 이전, 국산품 구매 등을 조건으로 일정한 반대급부를 제공받는 교역

절충교역은 보통 구매국이 자국에 도움이 될 수 있는 항목들을 판매국과 상호 협상을 통해 도출한다. 절충교역 비율이 높을수록 구매국은 판매국으로부터 다양한 기술을 이전받고 자국이 생산하는 부품도 더 많이 수출할 수 있다.

□ □ □
325 **포지티브
시스템** ●●⊙
Positive System

가능품목을 공고하고, 공고에 포함되지 않은 품목은 원칙적으로 수출입을 제한하는 제도

'수출입 허용품목 표시제'라고도 한다. 점진적인 자유화 추진방식의 하나로 개방이 가능한 부문 및 사항만을 열거하고 점차적으로 협상을 통해 개방 가능한 부문 및 사항을 확대하는 방식이다.

□ □ □
326 **환율관찰
대상국** ●●●
Currency Watch List

환율에 개입하는지를 지속적으로 모니터링해야 하는 국가

미국 재무장관은 종합무역법, 교역촉진법에 의해 반기별로 주요 교역국에 대한 경제 및 환율 정책 보고서를 의회에 제출한다. 이 보고서에서는 대미 무역 흑자 200억 달러 초과, 국내총생산(GDP) 대비 경상흑자 비율 3% 초과, 지속적인 일방향 시장 개입(연간 GDP 대비 2% 초과 달러 순매수) 등 세 가지 요건에 해당하면 환율조작국으로 지정한다고 명시되어 있다. 그중 두 가지 요건에 해당할 경우는 환율관찰대상국으로 분류된다. 환율조작국으로 지정되면 미 정부의 개발자금 지원과 공공 입찰에서 배제되고 국제통화기금(IMF)의 감시를 받는다. 환율관찰대상국으로 분류되면 미국 재무부의 모니터링 대상이 된다.

환율이 변동해도 조정효과가 나타나기까지 시간이 걸려 당분간의 무역수지가 본래의 조정과정으로 들어가는 현상

무역수지개선을 위해 환율 상승을 유도하더라도 그 초기에는 무역수지가 오히려 악화되다가 상당기간이 지난 후에야 개선된다. 그래프로 표시할 때 'J'를 거꾸로 한 모양이 되어 J커브라 한다.

□□□
328 **20의 규칙** ●●⊙
Rule of 20

주가 밸류에이션을 평가하는 지표 중 하나

소비자물가지수(CPI) 연간 상승률과 주식 시장의 평균 주가수익비율(PER)의 합이 20 미만이 되면 시장이 바닥이라고 판단한다. 두 수치의 합이 20 미만이면 주식시장은 저평가된 것이지만, 20을 초과할 경우에는 증시가 고평가된 것으로, 물가상승률과 평균 PER 합이 20과 같다면 주가는 적정 가치에 있다는 것을 시사한다.

① < 20 : 주식시장 저평가
② > 20 : 주식시장 고평가
③ = 20 : 주가가 적정 가치에 있음

+상식더보기 **밸류에이션**

애널리스트가 기업의 현재 가치를 판단하여 적정한 주가를 산정하는 일(기업의 매출과 이익, 현금 흐름, 증자, 배당, 대주주의 성향 등 다양한 지표 반영)

02. 경제 QUIZ

다음 문제를 보고 옳고 그른 것에 따라 O, X를 고르세요.

01. 원자재, 부품 등의 수급에 차질이 생겨 발생하는 현상을 <u>스킴플레이션</u>이라고 한다. O X

02. 금융거래 실적이 없는 고객은 <u>스캘퍼</u>라고 한다.   O X

03. 부유층의 소득이 증가하면 저소득층까지 혜택이 내려가는 현상은 <u>분수 효과</u>다.   O X

04. 경기침체와 물가상승이 동시에 일어나는 현상을 의미하는 것은 <u>스태그플레이션</u>
    이다.   O X

05. <u>퍼펙트 스톰</u>은 경제와 금융위기가 동시에 발생한 현상을 말하는 용어이다.   O X

문장에 맞는 단어를 고르세요.

> ㉠ 기펜재   ㉡ 롤링 효과   ㉢ 자이언트 스텝   ㉣ 펠리컨 경제   ㉤ 가마우지 경제

06. [　　　] (은)는 우리나라 구조적 특성상 수출을 할수록 이득은 일본으로 돌아간다는 뜻
    이다.

07. 가격이 하락하면 수요량도 함께 하락하는 재화는 [　　　] (이)다.

08. 기준금리를 0.75%p 인상하는 것은 [　　　] (이)다.

09. 장기채의 경우 만기가 짧아질수록 수익률이 완만하게 하락하고 가격이 완만하게 상승하
    는 것은 [　　　] (이)다.

10. 수출 의존도를 낮추고 산업구조에 대한 자립도를 높여 한국 산업이 발전하는 경제는
    [　　　] (이)다.

답 1.O 2.X(신파일러) 3.X(낙수 효과) 4.O 5.O 6.㉤ 7.㉠ 8.㉢ 9.㉡ 10.㉣

CROSS WORD

			⁶	²				
¹								
							⁸	
			³	⁷				
⁵								
		⁴						

Across

1. 아이디어를 도출하기 위해 의도적으로 시험할 수 있는 7가지 규칙
2. 낭비 없이 필요한 물건을 필요한 양만큼만 빨리, 싸게 생산하기 위한 목적으로 활용되는 수단
3. 재화의 생산과 판매에 이르는 과정을 네트워크를 이용하여 운영하는 조직
4. 구조조정 또는 사업 재구축
5. 회사 내 경영진과 임직원 중심의 기업 인수

Down

6. 회생 가능성이 크지 않으나 정부나 채권단으로부터 지원금을 받아 연명하는 기업
7. 자본 결합을 축으로 한 독점적 기업 결합
8. 재화나 용역의 구매·생산·판매 등을 협동으로 영위하며 지역사회에 공헌하고자 하는 사업 조직

Across | 1.스캠퍼 기법 2.칸반 시스템 3.네트워크조직 4.리스트럭처링 5.MBO
Down | 6.좀비기업 7.트러스트 8.협동조합

03

경영

경영 | 산업 | 마케팅

checkpoint

- ✓ 게임체인저
- ✓ 넛지 마케팅
- ✓ 서번트 리더십
- ✓ 어닝쇼크
- ✓ M&A
- ✓ 그린메일
- ✓ 레버리지 효과
- ✓ 스캠퍼 기법
- ✓ BCG매트릭스
- ✓ POS 시스템
- ✓ 기업공개
- ✓ 사일로 효과
- ✓ 승자의 저주
- ✓ 황금낙하산
- ✓ SWOT분석

Chapter 01 경영

329 가젤형 기업 ●●☺
Gazelles Company

매출이나 고용자 수가 3년 연속 평균 20% 이상 고성장하는 기업

점프력이 좋은 영양류의 일종인 '가젤(Gazelles)'과 닮아서 붙여진 이름이다. 가젤형 기업 중에서도 매출액이 1,000억 원이 넘는 기업을 '슈퍼 가젤형 기업'이라고 한다.

330 게임체인저 ●●●
Game Changer

결과나 흐름의 판도를 뒤바꿔 놓을 만한 중요한 역할을 한 인물이나 사건 또는 제품

경영분야 등에서 독특한 아이디어나 사회에 큰 충격을 줄 만한 사건, 충격으로 상황을 변화시키는 것을 의미한다.

331 그린메일 ●●●
Green Mail

경영권을 담보로 보유주식을 시가보다 비싸게 되파는 행위

미국달러지폐 색깔인 '녹색(Green)'과 공갈 등을 뜻하는 '블랙메일(Blackmail)'의 합성어로 실제로 상대방 회사에 대한 인수의사나 인수능력이 전혀 없는 자가 상대방 회사의 주식을 일정비율 매수한 후, 경영진을 위협해서 인수를 포기하는 대가로 주식을 상대방 회사에 고액의 프리미엄을 붙여 다시 매도하는 행위를 말한다. 돈을 요구하는 메일이기 때문에 달러 지폐색인 녹색(Green)을 넣어서 만든 용어이다.

□□□
332 **글로보보스** ●●●
Globoboss

세계화 감각을 갖춘 최고경영자(CEO)

기업경영자는 조직구성원들의 국제화 마인드만을 요구할 것이 아니라 스스로 의식개혁에 나서 변화된 모습을 보여야 한다는 것이다. 21세기 경쟁력 있는 CEO는 창의적인 사고 아래 지구촌을 시장으로 생각하고 자신의 앞마당처럼 자유자재로 누비는 코스모폴리탄(Cosmopolitan)이 될 것으로 본다.

□□□
333 **기업공개** ●●●
IPO :
Initial Public Offering

기업의 주식 및 경영 내용을 공개하는 것

비상장기업이 유가증권시장 또는 코스닥에 상장하기 위해 자사의 주식과 경영 내용을 공개하는 것이다. 기업공개는 주식회사 체제를 갖추는 것으로 상장을 목적으로 50인 이상의 여러 사람들을 대상으로 주식을 파는 행위이다. 기업 공개는 기업의 주식 및 경영내용을 공개함과 동시에 상장 법인이 된다.

□□□
334 **네트워크
조직** ●●◐
Network Organization

독립된 부서들이 제품 생산 등을 위한 상호 협력적인 네트워크를 지닌 조직 구조

재화의 생산과 판매 등 프로젝트 수행 과정을 네트워크를 이용하여 운영하는 조직을 일컫는다. 경영자가 조직 구조의 장벽을 최소화하고 부서 간 활발한 교류를 촉진하기 위해 선택하는 조직 구조 중 하나이다.

□□□
335 **다운사이징** ●●●
Downsizing

기업의 업무나 조직의 크기를 줄이는 것

업무축소 또는 감원, 원가 절감이 목표로 경영을 하는 것이다. 단기적 비용 절약이 아닌 장기적인 경영 전략으로 수익성이 없거나 비생산적인 부서 또는 지점을 축소·제거하고 기구를 단순화한다. 관료주의적 경영체제를 지양하고 의사소통을 원활히 하여 신속한 의사결정을 도모하는 것이다.

336 대차대조표 ●●●
.□□□
B/S : Blance Sheet

일정한 시점에 있어서 기업의 재정상태를 명백히 나타내기 위하여 작성하는 자산·부채 및 자본상태의 일람표

차변(왼쪽)에 자산을, 대변(오른쪽)에 부채와 자본을 기록한다. 재무상태표는 일정 시점에 있어서 재정상태의 일단면이며, 이러한 의미에서 정태(情態)표라고도 한다. 반면 손익계산서는 일정 기간의 경영활동을 파악하는 것이므로 동태(動態)표라 하며, 양자는 재무제표의 중심부분이다.

337 데카콘 기업 ●●⊙
□□□
Decacorn Company

기업공개 전 기업 가치 100억 원을 넘어선 스타트업

데카콘은 미국 블룸버그통신이 '에어비앤비(Airbnb)', '드롭박스(Dropbox)', '핀터레스트(Pinterest)', '스냅챗(Snapchat)', '우버(Uber)' 등 기업 가치가 100억 달러가 넘는 거대 스타트업들을 유니콘 기업과 구분 지어 표현하면서 쓰이기 시작했다.

338 레버리지 효과 ●●⊙
□□□
Leverage Effect

타인의 자본으로 이익을 내는 효과

차입금, 대출금과 같은 타인의 자본으로 자기자본이익률을 높이는 것이다. 금리 비용보다 높은 수익률이 기대될 때에는 타인자본을 적극적으로 활용해서 투자하는 것이 유리하나, 과도하게 타인자본을 도입하면 불황 시에 금리부담 등으로 도산할 우려가 있다.

339 레이더스 ●●⊙
□□□
Raiders

기업 약탈자 또는 사냥꾼

자신이 매입한 주식을 배경으로 회사경영에 압력을 넣어 기존 경영진을 교란시키고 매입주식을 비싼 값에 되파는 등 부당이득을 취하는 집단이다. 여러 기업을 대상으로 적대적 M&A를 되풀이하는 경우를 말한다.

구조조정 또는 사업 재구축

발전가능성이 있는 방향으로 사업구조를 바꾸거나 비교우
위가 있는 사업에 집중적으로 투자하는 경영전략이다. 사
양사업에서 고부가가치의 유망사업으로 조직구조를 전환하
므로 불경기 극복에 효과적이다. 채산성이 낮은 사업은 과
감히 철수·매각하여 광범위해진 사업영역을 축소시키므
로, 재무상태도 호전시킬 수 있다.

□ □ □
341 **리엔지니어링** ●●●

Re - engineering

기업의 체질 및 구조와 경영 방식을 재설계하는 경영기법

비용, 품질, 서비스, 속도 등 경영성과 핵심 지표를 향상시
킬 수 있는 사업 활동에 대하여 근본적인 조직구조와 업무
방법을 혁신시키는 재설계방법이다. 리엔지니어링은 인원
감소, 권한이양, 노동자 재교육, 조직재편 등이 포괄적으로
포함되지만 기업 전략에 맞춰 업무진행을 재설계한다.

□ □ □
342 **린 스타트업** ●●●

Lean Startup

**아이디어를 빠르게 최소요건제품(시제품)으로 제조한 뒤
시장의 반응을 통해 다음 제품 개선에 반영하는 전략**

단기간 동안 제품을 만들고 성과를 측정한 후, 다음 제품
개선에 반영하는 것을 반복하여 성공 확률을 높이는 경영
방법론의 일종이다. 시제품을 제조하여 시장에 내놓고 반
응을 살피며 수정하는 것이 핵심이다. 일본 도요타 자동차
의 린 제조(Lean Manufacturing) 방식을 본 뜬 것으로,
미국 실리콘밸리의 벤처기업가 에릭 리스가 개발했다. 린
스타트업은 '만들기 → 측정 → 학습'의 과정을 반복하면서
꾸준히 혁신해가는 것을 목표로 한다.

03

경영

□□□
343 **분권관리** ●○○
分權管理

기업전체조직을 부문단위로 편성하고, 최고경영자는 각 부문의 관리자에게 권한과 책임을 위임하여 자주성과 결정권을 갖게 하는 관리조직의 형태

분권관리에는 구매, 생산, 판매 등의 직능에 권한을 위임하여 단일 제품의 경우 예산통제방식으로 활용되는 직능적 분권관리와 사업별, 제품별, 지역별로 독립된 기업과 같이 부문 관리자에게 권한을 위임하여 독립채산제에 의해 운영되는 연방적 분권관리가 있다.

□□□
344 **사일로 효과** ●●○

조직의 부서들이 서로 다른 부서와 교류하지 않고 자기 부서의 이익만을 추구하는 현상

조직의 부서들이 다른 부서와 소통하지 않고 내부의 이익만을 추구하는 부서 간 이기주의 현상을 뜻하는 용어로 사용된다. 사일로(Silo)는 원래 곡식 및 사료를 저장해 두는 굴뚝 모양의 창고를 뜻한다. 사일로처럼 서로 담을 쌓고, 자기 부서의 이익만 추구하는 것을 말하며, 성과주의의 심화로 부서 간 경쟁이 지나치게 과열되면서 발생하는 현상이다. 서로 간의 의사소통이 이루어지지 않아 개별 부서의 효율을 커지지만 회사 전체의 경쟁력을 잃어버리는 결과를 초래한다.

□□□
345 **서번트
리더십** ●●●
Servant Leadership

타인을 위한 봉사에 초점을 두고 자신보다 구성원들의 이익을 우선시하는 리더십

미국의 학자 그린리프(Greenleaf, R)는 '리더란 구성원에게 명령과 통제로 일관하는 자기중심적 리더가 아닌 신뢰와 믿음을 바탕으로 개방적인 가치관을 지닌 것'이라고 보았다. 따라서 이타주의에 초점을 두면서 리더십에 대한 새로운 접근법을 제시하였다. 서번트 리더십을 발휘하는 리더들은 인내, 친절, 겸손, 존중, 무욕, 용서, 정직, 헌신, 타인의 욕구 충족, 권위와 같은 특성을 지닌다.

상식더보기 전통적 리더십과 서번트 리더십의 비교

범주	전통적 리더십	서번트 리더십
관심영역	일의 결과	일 추진 시 장애요인
가치관	자기중심적	개방적
인재	여러 자원 중 하나	가장 중요한 자원
우선사항	과제가 먼저	사람이 우선
관계	상명 하복	존중과 관심
추진 방식	자기 방식 강조	아이디어를 구함
생산성	시간과 경비, 생산량	부하들의 자발성 정도
시간 관념	부족	창출
경쟁의 시각	내부 경쟁 조장	지나친 개인 경쟁 경계
평가	최종 결과 중심	노력 정도에 대한 평가

□□□
346 **서비사이징** ●●●
Servicizing

제품 생산 및 공급에만 집중하던 제조업체가 서비스 중심
으로 사업방향을 변경하는 것

제품과 서비스를 결합한 판매, 제품 관련 서비스 판매하는
모델로 지속가능경영을 위한 수단이다. 환경문제 관련 화
학 산업에 적극 활용중이다.

□□□
347 **손익분기점** ●◐◐
BEP :
Break Even Point

일정 기간의 총수익과 총비용이 일치되는 점

이익도 손실도 발생하지 않는 점이다. 총수익선이 이 점을
상회하면 그만큼의 이익이 발생하고 하회하면 그만큼의 손
실이 발생됨을 의미한다.

상식더보기 손익분기점 계산식

$$손익분기점 = \frac{고정비}{1-(변동비/매출액)}$$

□□□
348 **스톡옵션** ●●●
Stock Option

기업이 임직원에게 일정수량의 회사 주식을 일정한 가격으로 매수할 수 있는 권리를 부여한 제도

주식 매입 선택권 및 주식매수선택권이라고 한다. 스톡옵션은 그 대상이 되는 임직원에게 함께 열심히 일하도록 유도할 수 있는 효과적인 제도로 여겨지며 새로운 경영전략이다. 이 제도는 철저하게 능력 중심으로 제공되기 때문에 직급 또는 근속연수를 바탕으로 하는 제도와 다르다. 그리고 자사의 주식을 매입하는 임직원에게 그 비율에 따라 일정 주식을 무상으로 지급하는 스톡퍼처스(Stock Purchase) 제도와도 다르다.

┼상식더보기 스톡퍼처스(Stock Purchase)

임직원이 자사주(自社株)를 매입하면 회사에서 일정비율만큼 무상으로 주식을 지급하는 제도이다.

□□□
349 **스캠퍼 기법** ●●◌
Scamper 技法

아이디어를 도출하기 위해 의도적으로 시험할 수 있는 7가지 규칙

체크리스트 기법을 보완한 것으로 사고의 출발점이나 문제 해결의 착안점을 7가지 질문 형태로 정해놓고 그에 따라 사고를 전개한다. 새롭고 독특한 아이디어 또는 대안을 생산하는 기법으로 브레인스토밍보다 구체적이고 실행 가능한 대안을 도출할 수 있다.

□□□
350 **스핀오프** ●◌◌
Spin - Off

정부출연연구기관의 연구원이 자신이 참여한 연구결과를 가지고 별도의 창업을 할 경우 정부보유의 기술을 사용한 데 따른 로열티를 면제해주는 제도

기술을 사업화하는 데 성공하면 국가에서 신기술연구기금을 출연토록 의무화하고 있다. 스핀오프제의 다른 형태로 기업체의 연구원이 사내창업(社內創業)을 하는 경우도 있다.

□□□
351 **승자의 저주** ●●●
Winner's Curse

경쟁에서는 이겼지만 과도한 비용을 치름으로써 후유증을 겪는 상황

'승자의 재앙'이라고도 한다. 1950년대에 미국 석유기업들은 멕시코만의 석유 시추권 공개입찰이 있었다. 당시에는 석유매장량을 정확히 측정할 수 있는 기술이 부족하였기 때문에 2,000만 달러로 입찰가격을 써낸 기업이 시추권을 땄지만 후에 측량된 석유매장량의 가치는 1,000만 달러에 불과하였고, 결국 낙찰자는 1,000만 달러의 손해를 보게 되었다. 이때의 상황을 '승자의 저주'라고 한다. 이러한 사례는 경매 시장뿐만 아니라 기업의 M&A 과정에서도 발생한다. 인수 희망 기업은 매물로 나온 기업의 성장잠재력이 인수자금을 능가할 만큼 충분하다고 생각하면 비싼 값이어도 대상 기업을 인수하는 경우가 생긴다. 이때 인수한 기업의 주가급락 등 각종 예기치 못한 상황의 변화로 위험에 빠지는 경우도 '승자의 저주'에 해당한다.

□□□
352 **시너지 효과** ●◐◐
Synergy Effect

기업의 합병으로 얻은 경영상의 효과

합병 전에 각 기업이 가졌던 능력의 단순한 결합 이상으로 새로운 능력을 갖게 되는 결과를 말한다. 각종 제품에 대해 공통의 유통경로 · 판매조직 · 판매창고 · 수송시설 등을 이용함으로써 생기는 판매시너지, 투자시너지, 생산시너지, 경영관리시너지 등이 있다. 시너지란 본래 인체의 근육이나 신경이 서로 결합하여 나타내는 활동, 혹은 그 결합작용을 의미한다.

□□□
353 **아웃소싱** ●◐◐
Outsourcing

기관이나 기업이 업무일부를 경영 효율의 극대화를 위해 외부의 전문 업체에 위탁해서 처리하는 경영전략

미국 기업이 제조업분야에서 활용하기 시작해서 경리, 인사, 신제품개발, 영업 등 모든 분야로 확대되고 있다. 급속한 시장변화와 치열한 경쟁에서 살아남기 위해 기업은 핵심 사업에 집중하고, 나머지 부수적인 업무는 외주에 의존함으로써 비용 · 인원절감과 생산성 향상의 효과를 노리고 있다.

03
경영

특별임시조직

미래학자 앨빈 토플러(A. Toffler)가 관료조직(Bureaucracy) 을 대체할 미래 조직으로 사용한 용어이다. 관료조직처럼 지 위나 역할에 따라 조직된 것이 아니라 기능별로 분화된 횡적 조직을 일컫는다. 또한 애드호크라시는 목적달성을 위해 조직 이 편성되었다가 일이 끝나면 해산하게 되는 일시적인 조직을 말한다. 예를 들면, 프로젝트팀(Project Team)이나 태스크 포스(Task Force) 등이다.

□□□
355 **어닝
서프라이즈** ●●●
Earning Surprise

영업 실적이 예상보다 높은 경우에 주가가 큰 폭으로 상 승하는 현상

기업이 실적 발표 시 시장에서 예상했던 실적과 다른 발표 를 말한다. 시장의 예상치보다 실적이 저조하면 기업이 아 무리 좋은 실적을 발표해도 주가가 떨어지기도 하고 반대 로 저조한 실적을 발표해도 예상치보다 높거나 낮은 두 가 지 경우 모두를 나타낼 수 있지만, 통상 서프라이즈의 의 미가 좋은 것을 나타내는 의미로 실적이 예상치보다 높은 경우에 해당한다.

□□□
356 **어닝쇼크** ●●●
Earning Shock

기업이 시장에서 예상했던 것보다 저조한 실적을 발표하 여 주가에 영향을 미치는 현상

주식시장에서 '어닝(Earning)'은 기업의 실적을 뜻하며, 분 기 또는 반기별로 기업들이 집중적으로 그동안의 영업 실 적을 발표하는 시기를 '어닝 시즌(Earning Season)'이라 한다. 영업 실적은 해당 기업의 주가와 직결되기 때문에 투자자들은 이에 민감할 수밖에 없는데, '어닝 쇼크'란 이 처럼 어닝 시즌에 기업이 발표한 영업 실적이 시장의 예상 치보다 훨씬 저조하여 주가에 충격을 준다는 의미에서 붙 여진 용어이다. 영업 실적이 시장의 예상치보다 저조한 경 우에는 주가 하락으로 이어지는 경우가 일반적이며, 영업 실적이 좋더라도 예상했던 것보다 저조하면 주가가 하락하 기도 한다.

357 **윈윈전략** ●⊙⊙
Win Win Strategy

경쟁관계에 있는 기업이라도 공조하지 않으면 모두 위태로울 수 있다는 점에서 서로가 모두 승리하는데 주안점을 둔 경영전략

단순한 전략적 제휴와는 달리 기업 간 경쟁관계를 유지하면서 서로 손잡고 새로운 시장 및 수요를 창출하는 것으로 전략적 제휴를 포함하는 개념이다.

358 **유니콘 기업** ●⊙⊙
Unicorn

기업가치 10억 달러(약 1조 원) 이상, 설립한지 10년 이하의 스타트업

스타트업이 상장하기도 전에 기업 가치가 1조 원 이상 되는 것을 '유니콘처럼 상상 속에서나 존재할 수 있다'는 의미로 사용됐다. 2013년 여성 벤처 투자자인 '에일린 리(Aileen Lee)'가 처음 사용했다.

359 **좀비 기업** ●●●
Zombie Company

회생 가능성이 크지 않으나 정부나 채권단으로부터 지원금을 받아 연명하는 기업

회생 가능성이 없어 시장 원리에 따라 퇴출되어야 하나 정부나 채권단의 지원으로 간신히 파산을 면하고 있는 부실 기업이다.

360 **지주회사** ●⊙⊙
持株會社

타회사의 주식을 많이 보유함으로써 그 기업의 지배를 목적으로 하는 회사

모회사의 한 형태로 주식을 보유함으로써 자회사를 지배한다. 즉, 자회사를 소유하고 관리하는 역할을 하지만 자회사의 경영에 직접 관여하지 않고 주식 소유를 통해 지배력을 행사한다. 따라서 지주회사는 일정 비율 이상의 자회사 지분을 보유해야 하며 공정거래법에 따라 규제를 받는다.

□ □ □
361 **카르텔** ●●●
Cartel

같은 업종에 종사하는 기업끼리 서로 독립적이면서 제조나 판매, 가격 등의 부분에서 협정을 맺는 것

담합이라고도 한다. 기업의 입장에서는 무리하게 경쟁하지 않고도 이윤을 추구할 수 있고, 경쟁자의 침투도 함께 막아낼 수 있다. 이러한 기업들의 카르텔을 사적 카르텔이라고 하며, 정부가 특정 산업보호나 산업구조 합리화 등을 위해 가격이나 산출량 등을 대놓고 규제하는 경우를 공공 카르텔이라 한다. 국가 간의 카르텔로 석유수출국기구(OPEC)나 설탕, 커피 등 국제적인 상품거래와 관련한 카르텔도 있다.

362 **콘체른** ●☺☺
Konzern

기업 결합 또는 기업 집중

법률상으로는 독립되어 있으나, 경제적으로는 동일한 경영지배를 받는 기업결합 형태를 말한다. 카르텔이 개개의 기업의 독립성을 보장하고, 트러스트가 동일산업 내의 기업 합동인 점과는 대조적으로, 각종 산업에 걸쳐 다각적으로 독점력을 발휘하는 거대한 기업집단이다. 이는 자본의 유효한 활용을 목적으로 하는 금융자본형 콘체른과 생산·판매상의 필요에서 이루어진 산업자본형 콘체른이 있다.

363 **콤비나트** ●●☺
Combinat

국내의 독립된 기업이 생산공정에 있어서 낭비축소, 부산물의 공동이용 등 기술합리화를 위해 지역적·다각적으로 결합하여 기업을 경영하는 기업집단의 형태

콤비나트는 원재료의 확보, 생산의 집중화, 유통과정의 합리화 등으로 원가절감을 기하는 것에 목적을 두고 있다.

단기간에 비약적으로 성장하는 것

기업이 사업구조나 사업방식 등의 혁신을 통해 단기간에 비약적으로 실적이 호전되는 경우에 퀀텀 점프라는 용어를 사용하고 있다. 원자에 에너지를 가하면 전자의 회전 속도가 빨라지다가 임계점 이상의 에너지가 쌓이면 한 단계 더 높은 궤도로 뛰어오르게 되는 현상을 경제학에서 차용하였다.

자본의 결합을 축으로 한 독점적 기업 결합

기업결합의 결과 개별기업의 경제적·법적 지위의 소멸은 물론 별개의 새로운 대기업을 탄생시키는 강한 기업결합을 말한다. 카르텔이나 신디케이트와는 달리 기존의 기업이 최종적으로 독립성을 상실한다는 의미에서 트러스트는 수평적 결합의 가장 강력한 형태라고 할 수 있다. 트러스트의 효시는 1879년 미국에서 최초로 형성된 스탠다드 오일 트러스트(Standard Oil Trust)이다.

적대적 M&A(인수·합병)의 방어 수단

기존의 주주들이 회사의 주식을 싸게 살 수 있는 권리 또는 회사에 주식을 비싼 값에 팔 수 있는 권리를 줌으로써, 적대적 M&A에 나선 기업이 부담을 가져 M&A를 방어 할 수 있다. 이 제도는 경영자들이 경영권을 안정적으로 확보하여 기업경영에 집중할 수 있으나, 지나친 경영권 보호는 정상적 M&A까지 가로막아 자본시장의 발전을 저해하고 경영의 비효율성을 초래할 수 있다.

□□□

367 **풀필먼트** ●●◐
Fulfillment

판매자 대신 물류 전문업체가 배송, 보관, 재고관리, 교환 등 모든 과정을 담당하는 서비스

물류 일괄 대행 서비스로 이커머스 시장이 확대되면서 주목받고 있다. 풀필먼트는 '이행'이라는 뜻으로 물류사이트 등의 유통기업이 자사 사이트에서 물건을 사는 고객에게 제공하는 자체 고객 주문 처리 과정으로, 상품 입고뿐만 아니라 보관, 포장, 출하, 배송 등 모든 과정을 통합해서 운영한다.

□□□

368 **한계기업** ●◐◌
限界企業

미래 경쟁력을 상실하여 앞으로의 성장이 어려운 기업

임금 상승, 기술개발 등 여러 경제 여건의 변화에 적절히 대응하지 못하면서 나타난다. 한계기업들은 재무구조가 부실해 회사가 영업활동을 통해 벌어들인 이익으로 이자비용조차 감당하지 못한다.

□□□

369 **합명회사** ●●●
合名會社

무한책임(無限責任) 사원만으로 구성되는 회사

합명회사는 각 사원이 회사의 채권자에 대하여 직접 책임을 지는 데에서 대외적으로 인적 신용이 중시되고, 사원의 책임강도는 내부적으로 사원 상호 간의 신뢰관계를 필요로 한다. 동시에 사원의 기업경영에 대한 참가를 강화함으로써 회사는 마치 개인기업의 공동경영과 같은 인상을 주게 되며, 사단법인이면서도 실질적으로는 조합적 성격을 띤다.

□□□

370 **합자회사** ●◌◌
合資會社

무한책임사원과 유한책임사원으로 구성된 회사

무한책임사원이 기업경영을 하고, 유한책임사원은 자본을 제공하여 사업에서 생기는 이익을 분배 받는다.

□□□
371 **헥토콘
기업** ●●●
Hectocon

기업 가치가 1,000억 달러(약 100조 원) 이상의 스타트
업 기업

기업 가치 10억 달러 이상인 비상장 스타트업 기업(유니콘
기업)의 100배(Hecto) 규모라는 뜻으로 지어졌다. 대표적
인 헥토콘 기업은 중국의 바이트댄스이다.

□□□
372 **협동조합** ●●●
協同組合

재화나 용역의 구매 · 생산 · 판매 등을 협동으로 영위하며
지역사회에 공헌하고자 하는 사업 조직

공통의 전체 이익을 갖고 있는 사람들이 설립하여 운영하
고 있는 경제 조직이다. 뜻을 한데 모아 자발적이고 민주
적으로 운영된다.

□□□
373 **황금낙하산** ●●☺
Golden Parachute

적대적 M&A를 방어하는 전략의 하나

1980년대에 기업다각화 전략의 일환으로 활발하게 전개된
M&A와 관련하여 미국에서 유래했다. 기업의 입장에서는
M&A 비용을 높이는 효과가 있으므로 적대적 M&A를 방
어하는 전략으로 활용된다. 인수대상 기업의 CEO(최고경
영자)가 인수로 인하여 임기 전에 사임하게 될 경우를 대
비하여 거액의 퇴직금, 스톡옵션, 일정 기간 동안의 보수
와 보너스 등을 받을 권리를 고용계약에 기재 안정성을 확
보하고 기업의 인수비용을 높이는 방법이다.

□□□
374 **BCG
매트릭스** ●●●
BCG Matrix

기업의 경영전략 수립에 있어 하나의 기본적인 분석도구로
활용되는 사업포트폴리오 분석기법

미국의 보스턴 컨설팅 그룹(BCG)이 1970년대 초반에 개발하
였다. BCG 매트릭스는 시장 성장률과 상대적 시장 점유율이
란 기준을 활용한다. 두 축을 기준으로 네 개의 영역으로 나눠
사업의 상대적인 위치를 파악할 수 있도록 하고 해당 사업에
대한 추가 투자, 철수의 여부를 결정할 수 있도록 돕는다.

높음 ◄─────────► 낮음
상대적 시장점유율

	스타	물음표
	캐시카우	도그

(세로축: 시장성장률, 높음 ↑ 낮음)

① 스타(Stars) : 성공사업. 수익성과 성장성이 크므로 지속적인 투자가 필요하다.
② 캐시카우(Cash Cows) : 수익창출원. 기존의 투자에 의해 수익이 계속적으로 실현되므로 자금의 원천사업이 된다.
③ 물음표(Question Marks) : 신규사업. 상대적으로 낮은 시장점유율과 높은 시장성장률을 가진 사업으로 기업의 행동에 따라서는 차후 스타사업이 되거나, 도그사업으로 전락할 수 있는 위치에 있다.
④ 도그(Dogs) : 사양사업. 성장성과 수익성이 없는 사업으로 철수해야 한다. 만약 기존의 투자에 매달리다가 기회를 잃으면 더 많은 대가를 치를 수도 있다.

□ □ □
375 **CI** ●●●
Corporate Identity

기업의 이미지를 통합하는 작업

CIP(Corporate Identity Program)라고도 한다. 사원들로 하여금 기업이 추구하는 가치를 공유하게 하고 외부로 표현하는 동시에 미래 경영환경에 대응하기 위한 경영전략 중 하나로 1950년대 미국에서 처음 시작되었다. 정보화시대로 바뀌면서 기업의 정체성 표현뿐만 아니라 적극적인 마케팅 활동 및 경영환경을 개선하여 나가는 데 꼭 필요한 작업으로 인식되고 있다.

□ □ □
376 **ESG** ●●●
Environmental,
Social and Governance

환경보호, 사회공헌, 법과 윤리를 준수하는 경영 방식

친환경, 사회적 책임 경영, 지배구조를 개선하는 기업 활동을 투명하게 경영해야만 기업 발전이 지속이 가능하다는 것을 의미한다. 기업의 재무적인 성과만 판단하던 이전 방식과는 다르게 장기적 관점에서 기업 가치, 지속가능성에 영향을 주는 ESG 등의 비재무적 요소에 무게를 두고 평가한다. 기업 ESG를 활용한 투자 방식은 투자자들이 장기적인 수익을 추구할 수 있도록 하며, 기업의 행동은 사회에 이익이 되는 방향으로 향한다.

□ □ □
377 **EVA** ●☺☺
Economic Value Added

기업의 영업이익에서 세금과 자본비용을 차감한 금액

기업의 실제 수익성이 얼마나 되는가를 산출하는 경영지표이다. EVA가 '플러스'라는 것은 투하 자본비용보다 이익을 많이 발생시킨 것이며, '마이너스'라는 것은 투하 자본비용이 이익을 감소시켜 기업의 요구수익에 미치지 못하는 것을 의미한다. 따라서 EVA값이 클수록 기업의 투자가치는 높다.

□ □ □
378 **MBO** ●●☺
Management Buy Out

고용안정을 기하면서 조직을 슬림화시키는 구조조정 기법

기업 구조조정 과정에서 현(現) 경영진과 구성원이 중심이 되어 자신들이 속해 있는 기업이나 사업부를 매수하는 것을 말한다. MBO에 참여하는 은행이나 벤처캐피털은 자금 지원 외에 MBO 대상 기업에 대한 지속적인 감시와 모니터링을 수행하므로 성패를 좌우하는 중요한 역할을 담당한다. MBO는 대기업이 계열사나 사업부를 분리할 때 주로 사용되며, 자회사분리 또는 신설(Spin Off), 모기업 소멸분할(Split Up), 기업분할(Split Off), 자회사분리 및 공개상장(Equity Carve Out), 지분매각, 영업양도 등의 형태로 이루어진다. 기존 경영자가 그대로 사업을 인수함으로써 경영의 일관성을 유지할 수 있고, 고용안정과 기업의 효율성을 동시에 추구할 수 있다는 이점을 가진다.

□ □ □

379 **M&A** ●●●

Mergers and Acquisitions

기업 인수 합병

둘 이상의 기업이 하나로 통합하는 기업합병과 기업의 자산이나 주식획득을 통해 경영권을 확보하는 기업인수의 개념이다. M&A는 주로 주식확보를 통해 이루어지며, 주식확보에 쉬운 방법은 기존의 대주주가 가지고 있는 주식을 사들이는 것이다. 우리나라는 1997년 4월 1일부터 주식소유 한도가 완전 폐지되어 본격적인 M&A 시대로 접어들었다.

□ □ □

380 **MIS** ●⊙⊙

Management
Information
System

경영정보시스템

기업의 경영에 있어서 경영진에게 투자·생산·판매·경리·인사 등 경영관리에 필요한 각종정보를 신속하고 정확하게 공급함으로써 생산성과 수익성을 높이고자 하는 정보시스템으로 종합경영정보시스템이라고 한다.

□ □ □

381 **OR** ●●⊙

Operation Research

과학적인 기업경영법

제2차 세계대전 중에 작전계획의 과학적 연구를 바탕으로 발전하였으며, 전후(戰後)에는 기업경영에 도입·활용되었다. 생산계획, 재고관리, 수송문제, 설비계획 등 여러 경영정책의 결정을 수학적·통계학적으로 구하는 방법이다. OR의 목적은 경영 전반의 관점에서 최적의 정책을 발견하는 것으로 선형계획법, 시뮬레이션, PERT, 게임이론 등이 대표적으로 이용된다.

□ □ □

382 **ZD운동** ●●⊙

Zero Defects

무결점 운동

QC(품질관리)기법을 제조부문에만 한정하지 않고 일반 관리사무까지 확대 적용하여 전사적(全社的)으로 결점이 없는 일을 하자는 것이다. 전(全) 구성원이 경영참가의식을 가질 수 있도록 사기를 높임으로써, 전원이 결점을 없애는 데 협력해 나가도록 하는 운동이다.

□□□
3C ●○○

발상(Concepts), 능력(Competence), 관계(Connections)

하버드대 경영대학원의 캔터 교수가 자신의 저서 「세계정상급」에서 제시한 것으로, 첫 번째 '발상'은 최신의 지식과 아이디어를 습득해야 하며 기술을 계속 향상시켜야 하고, 두 번째 '능력'은 가장 높은 수준에서 일할 수 있는 능력을 갖춰야 하며, 세 번째 '관계'는 전 세계에 걸쳐 적합한 인물들과 교류를 갖는 관계를 유지해야 한다는 것이다.

□□□
384 **6시그마** ●●●
Six Sigma

고객 초점의 데이터 기반 경영 전략

시그마라는 통계척도를 사용하여 제품이나 서비스, 거래 및 공정과정 전 분야의 모든 품질을 정량적으로 평가하고 분석하여 불량을 제거하는 무결점의 작업을 수행하는 것이다. 최고 품질의 제품을 만들 뿐만 아니라 그 제품의 완벽한 품질을 유지하여 고객만족이 실현되게 하는 프로그램이다.

□□□
385 **7C** ●●●

21세기 경쟁력 강화에 필요한 7가지 요소

미국 교육부와 상무부가 발표한 21세기 지식 산업시대에 필요한 7가지 요소이다. 연결(Connectivity), 집단(Community), 수용성(Capacity), 내용(Contents), 협력(Collaboration), 자금(Cash), 창의성(Creativity)이다. 각 단어는 컴퓨터 네트워크간의 연결성, 지역 단위 기반의 집단, 주도적으로 사회를 이끄는 인적기반 수용성, 웹을 구성하는 콘텐츠, 지역사회 협동, 혁신에 필요한 자금력, 창의성을 의미한다.

□□□
386 **그린오션** ●㊀㊀
Green Ocean

친환경 가치를 경쟁요소로 새로운 시장과 부가가치를 창출하는 산업

경제, 환경, 사회적으로 '지속가능한 성장'을 달성하기 위한 핵심개념이다. 그린오션의 개념에 대해서 기업의 사회적 책임과 연대 의무까지 포함되어야 한다는 주장이 있으나, 일반적으로 산업계 내부에서는 주로 친환경 산업에 국한하여 정의된다.

□□□
387 **딥 스로트** ●㊀㊀
Deep Throat

익명의 제보자

워터게이트 사건 때 익명의 제보자를 「워싱턴포스트」의 밥 우드워드 기자가 '딥 스로트(Deep Throat)'라고 별명 붙인 데서 유래된 말이다. 기업이나 정부기관 내에 근무하는 내부자로서 조직의 불법이나 부정거래에 관한 정보를 신고하는 사람을 말한다.

□□□
388 **리스산업** ●㊀㊀
Lease Industry

일정한 자산을 구입하여 일정 기간 동안 이용자에게 대여하고 그 대가로 사용료를 받는 산업

시설임대산업이라고도 한다. 산업구조의 고도화에 따른 부채비율의 악화, 기술혁신의 급진전으로 경제적 진부화를 방지하기 위해 중소기업과 대기업에서 널리 이용하고 있다.

□□□
389 **리콜** ●●㊀
Recall

제조업체가 판매한 제품의 부품에 문제가 발생할 소지가 있을 때 무상으로 점검·교환해주는 제도

애프터서비스제가 전혀 예기치 못한 개별적인 결함에 대한 보상임에 비해 리콜제는 결함을 생산자측이 발견하고 스스로 또는 정부의 명령에 의해 공개적으로 생산일련번호를 추적·소환하여 해당 부품을 점검·교환·수리해 주는 것이다. 리콜은 반드시 소비자에게 신문·방송 등을 통해 공표하고 우편으로도 연락해 특별점검을 받도록 해야 한다.

390 머천다이징 ●☺☹
Merchandising

적당한 상품을 알맞은 값으로 적당한 시기에 적당량을 제공하기 위한 상품화 계획

상품을 생산하기 위해서는 제품의 품질, 디자인, 제품의 개량, 새로운 용도 발견, 제품라인의 확장 등에 관한 철저한 시장조사가 행해져야 한다.

391 빅뱅 디스럽션 ●☺☹
Big - Bang Disruption

새로운 기술에 의해 시장이 순식간에 재편되는 현상

스마트폰·자율 주행차처럼 새로운 기술을 채택한 제품이나 서비스가 시장에서 대폭발하듯 등장하여 경계의 구분 없이 해당 산업을 포함하여 비관련 산업까지 재편해버리는 현상을 의미한다.

392 서비타이 제이션 ●☺☹
Servitization

제품의 차별화가 힘들어짐에 따라 제품의 제조만으로는 더 이상 큰 수익을 내지 못하는 상황에서 더 많은 이익을 창출하고 다양한 수익구조를 취하는 방안

제품과 서비스의 결합이나 서비스의 상품화, 기존 서비스와 신규 서비스의 결합을 포괄하는 개념이다. 산업단계의 고도화 과정에서 나타나는 현상으로 비즈니스 모델이 추진되고 있다.

393 서핑 포인트 ●☺☹
Surfing Point

4차 산업혁명에서 성장에 적합한 산업 분야

직역하면 파도타기 좋은 곳이라는 의미이지만, 경제용어로는 성장가능성이 큰 산업을 뜻한다. 서핑 포인트는 지금까지의 경제·기업운영 방식을 바꿔놓을 핵심 변수이다.

농축산물이나 백신 유통을 위한 초저온 유통망 기술

콜드체인은 농축수산물, 의약품 등 온도 관리가 필요한 제품의 유통과정 전반에서 온도를 낮게 유지하여 최종 소비지까지 제품의 품질과 안전을 보장하는 저온유통 시스템이다. 기존 콜드 체인은 일반적으로 영하 $20°C$ ~ 영상 $10°C$ 사이 온도에서 수송하는 반면 슈퍼 콜드 체인은 영하 $70°C$ 온도에서 수송한다.

⁺상식더보기 │ 슈퍼콜드체인 vs 콜드체인

구분	기존 콜드 체인	슈퍼 콜드 체인
온도	영하 $20°C$ ~ 영상 $10°C$	영하 $70°C$
냉동방식	전기 냉동고, 아이스팩과 드라이아이스 사용	LNG 냉동고, 드라이아이스와 액체질소 사용
포장용기	스티로폼	특수 재질 상자
기술	온도 기록 장치	위치 추적, 실시간 온도 감시 및 기록

제품 생산의 전 과정이 무선통신으로 연결되어 자동으로 이뤄지는 공장

모든 설비와 장치가 무선통신으로 연결되어 있기 때문에 실시간으로 전 공정을 모니터링하고 분석이 가능한 공장이다. 공장 곳곳에는 사물인터넷(IoT) 센서와 카메라를 부착시켜 데이터를 수집하고 플랫폼에 저장해 분석할 수 있다. 이렇게 분석된 데이터를 기반으로 인공지능이 불량품은 어디서 발생하였는지, 이상 징후가 보이는 설비가 있는지 등을 파악하여 전체적인 공정을 제어한다.

□□□
396 **오픈
프라이스** ●●⊙
Open Price

권장소비자가격 표시 금지제도

제조업체가 '권장소비자가격'을 제품에 표시하지 않고 유통 업체가 실제 판매가격을 결정해 표시하는 제도이다. 제조 업체가 적정치 못한 권장소비자가격을 정하고 또 그 기준 에 따라 할인율이 적용되기 때문에 그 할인율이 지나치게 큰 것처럼 소비자들을 현혹시키는 문제점과 한편에서는 가 격경쟁을 제한하는 문제점이 제기됨에 따라 제품가격의 투 명성을 높이고 소비자의 합리적인 구매 선택을 돕기 위해 도입된 제도이다.

□□□
397 **인프라** ●●⊙
Infrastructure

기간시설 또는 인프라스트럭처(Infrastructure)

경제 활동의 기반을 형성하는 기초적인 시설들을 말한다. 도로나 하천·항만·공항 등과 같이 경제활동에 밀접한 사 회 자본이다. 최근에는 학교나 병원, 공원과 같은 사회복 지, 생활환경 시설 등도 포함된다.

□□□
398 **칸반 시스템** ●●⊙
Kanban System

낭비 없이 필요한 물건을 필요한 양만큼만 빨리, 싸게 생 산하기 위한 목적으로 활용되는 수단

칸반은 생산 시스템의 생산흐름을 통제하기 위해 사용되는 카드로, 부품 정보가 기록된다. 낭비를 줄이고 필요한 물 건은 필요한 만큼만 빠르고 싸게 생산하기 위한 목적으로 활용된다.

□□□
399 **컨셉트카** ●⊙⊙
Concept Car

자동차 메이커에서 계획 중인 모델을 일종의 샘플로 만들 어 보여주는 것

4 ~ 5년 후의 구매 경향을 미리 탐지하고 생산에 반영하 여 이러한 스타일링과 성능을 가진 차를 내놓고 싶다는 메 이커 측의 의지를 담은 차이다. 주로 미래의 자동차 모델 을 미리 보여주고, 자동차산업의 발전을 도모하는 역할을 한다.

400 턴키방식 ●●⊙
Turn Key

플랜트 수출이나 해외건설공사 등에서 이루어지는 계약방식

일괄수주계약이라고도 한다. 키를 돌리면 모든 설비가 가동되는 상태로 인도된다는 뜻으로 조사 · 설계 · 기기조달 · 건설 · 시운전까지 행하는 방식이다.

401 파운드리 ●⊙⊙
Foundry

반도체 제품을 위탁받아 제조하는 사업 방식

보통은 공장 없이 반도체 개발만을 전문으로 하는 팹리스(Fabless) 업체들을 대상으로 제품의 위탁 생산을 담당하게 된다. 1980년 후반부터 제품화 기간을 단축하기 위한 방안으로 종합 반도체 제조사들도 외주 제조를 늘리고 있는 추세에 따라 파운드리 산업이 급성장하고 있다. 최근에는 대형 파운드리 업체들이 대규모의 공정 투자를 통해 반도체 제조사 혹은 팹리스 업체들이 개발한 제품을 위탁 제조하고 있다.

402 포디즘 ●⊙⊙
Fordism

표준화된 제품의 대량 생산체제

헨리 포드의 자동차 생산 공장의 컨베이어벨트 시스템에서 유래한 것이다. 포디즘에 의한 대량 생산으로 자원이 고갈되고 산업폐기물이 넘쳐났으며 대량 소비로 인해 생활폐기물이 쌓여 결국 에너지와 환경의 위기가 자본주의의 핵심 위기로 나타나고 있다.

403 JIT ●●⊙
Just In Time

입하된 재료를 재고로 남겨두지 않고 그대로 사용하는 상품관리 방식

적기공급생산 또는 적시생산방식으로 불린다. 재고를 제로로 두고 적기에 제품을 공급하는 생산방식이다. 이는 재고비용을 최대한 줄이기 위한 방식으로 재료가 제조라인에 투입될 때에 맞춰서 납품업자로부터 재료가 반입되는 이상적인 상태에 접근하려는 것이다. 이 방식은 일본의 도요타 자동차의 생산방식으로 유명하다.

□□□
404 **OSMU** ●●●
One Source Multi Use

하나의 소재를 서로 다른 장르에 적용하여 파급효과를 노리는 산업 전략

하나의 원형 콘텐츠를 활용해 영화, 게임, 음반, 애니메이션, 캐릭터 상품, 장난감, 출판 등 다양한 장르로 변용하여 판매해 부가가치를 극대화하는 원소스 멀티유스는 문화 산업의 기본 전략이 되고 있다. 이는 하나의 인기 소재만 있으면 원작의 명성에 힘입어 비용 추가 부담을 최소화하면서 다른 상품으로 전환해 높은 부가가치를 얻을 수 있다는 점에서 각광받고 있다.

□□□
405 **PB 상품** ●○○
Private Brand

유통업체에서 직접 만든 자체브랜드 상품

유통업체는 상품을 직접 판매하기 때문에 판매와 관련된 정보를 많이 가지고 있고, 고객이 어떤 상품을 원하는지를 잘 알고 있다는 점을 이용해 제조업체에 생산을 의뢰해서 만든다. 이러한 PB는 '유통업자 주도형 상표'라고 할 수 있으며, 유통업자가 상표의 소유권과 판매책임을 모두 갖게 된다. 하위 브랜드 업체의 경우 자체브랜드의 영업력이 떨어지기 때문에 자체브랜드 생산보다는 많은 상품을 판매하는 유통업체의 생산의뢰에 응함으로써 마케팅 비용이나 유통비용이 들지 않아 싼 값으로 판매할 수 있는 특징이 있다.

□□□
406 **POS시스템** ●○○
Point of Sales System

판매시점정보관리체계

판매시점의 판매활동을 종합적으로 파악하는 시스템이다. 본사와 각 점포의 단말을 연결함으로써 판매시점에서의 매출관리, 재고관리, 상품관리 등이 쉬워진다. 또한 유통업체는 이 정보를 활용해서 매출동향을 파악하고, 물품의 재고를 적정수준으로 유지하고, 잘 팔리는 상품의 진열을 확대하는 등 상품관리의 업무자동화를 추진할 수 있다.

□ □ □
407 **VE** ●◌◌
Value Engineering

가치공학(價値工學)

최저의 비용으로 필요한 기능을 확실히 달성하기 위하여 조직적으로 제품 또는 서비스의 기능을 연구하는 방법이다. VE의 궁극적 목표는 이러한 연구를 통하여 고객의 입장에서 제품이나 서비스의 가치에 관한 문제를 분석하여 가치를 높이는 일이다.

□ □ □
408 **1인
창조기업** ●◌◌

지식서비스 분야에서 독특한 아이디어를 갖고 있는 개인이 창업을 통해 매출·이익을 창출하는 것

2 ~ 3인 규모의 가족기업이나 스승·제자 관계로 운영되는 도제기업도 1인 창조기업에 포함된다. 다만, 아이디어나 기술로 도전해야 하는 만큼 식당이나 슈퍼마켓 같은 생계형 분야와는 명백히 구별된다.

□ □ □
409 **4차
산업혁명** ●●●

정보통신기술(ICT)의 융합으로 이뤄지는 차세대 산업혁명

인공지능, 로봇기술, 생명과학이 주도하는 차세대 산업혁명을 말한다. 4차 산업혁명은 경제와 사회의 모든 영역에 영향을 미치게 하는 새로운 산업시대라고 할 수 있다. 1차 산업혁명의 기계화, 2차 산업혁명의 대량생산화, 인터넷으로 대표되는 3차 산업혁명의 정보화에 이은 4차 산업혁명은 사물인터넷(IoT), 로봇공학, 가상현실(VR) 및 인공지능(AI)과 같은 혁신적인 기술이 우리가 살고 일하는 방식을 변화시키는 현재 및 미래를 의미한다.

□□□
410 **게릴라
마케팅 ●●●**
Guerilla Marketing

마케팅 전략으로 게릴라 전술을 응용한 것

잠재적 고객이 모인 장소에서 불특정 다수에게 상품 판매를
촉진하는 마케팅 방법이다. 후발 기업이 시장에서 살아남기
위하여 이전에 기업들이 진입하지 않은 곳을 공략하거나 저
비용의 고객밀착형 마케팅을 펼치기 위해 사용하는 방법이다.
기존의 매체를 이용한 마케팅보다 고객의 호응을 이끌어 내기
좋다. 세부적으로는 스텔스 마케팅(Stealth Marketing), 앰
부시 마케팅(Ambush Marketing) 등이 있다.

┼상식더보기 │ 스텔스 마케팅(Stealth Marketing)
레이더에 잡히지 않는 스텔스 전투기처럼 소비자가 눈치 채지 못하도
록 소비자 생활에 파고들어 구매 욕구를 자극하는 제품 홍보 방식이다.

□□□
411 **광고총량제 ●●⊖**
廣告總量制

방송광고의 전체 허용량을 제한하고 시간 · 횟수 · 방법 에 관한 사항은 방송사 자율로 정하는 제도

방송 광고는 프로그램 전후에 하는 프로그램 광고, 프로그
램과 프로그램 사이에 하는 토막광고, 방송 프로그램과 관
계없이 자막으로 노출하는 자막광고와 시보광고가 있다.
광고총량제는 이 네 가지 형태별로 제한했던 광고시간 규
제를 없애고 형태와 관련없이 광고 총량을 계산하는 것이
다. 광고 총량제 내에서는 전체 시간 범위 내에서 방송사
가 자율적으로 광고를 편성할 수 있다.

그린워시 ●⊖⊖
Green Wash

기업이 실제로는 환경에 악영향을 끼치는 제품을 생산하면서도 광고 등을 통해 친환경적인 이미지를 내세우는 행위

환경에 대한 대중의 관심이 늘고, 친환경 제품에 대한 선호가 높아지면서 생겼다. 환경친화적인 이미지를 상품 제작에서부터 광고, 판매 등 전 과정에 걸쳐 적용·홍보하는 그린 마케팅이 기업의 필수 마케팅 전략 중 하나로 떠오르면서, 실제로는 친환경적이지 않은 제품을 생산하는 기업들이 기업 이미지를 좋게 포장하는 경우가 생겨나고 있는 것이다. 이러한 기업들의 이율배반적인 행태를 고발하기위해 미국의 다국적기업 감시단체 기업감시(Corpwatch)는 매년 지구의 날, 대표적인 그린워시 기업을 선정하고 있다.

┼상식더보기 지구의 날

매년 4월 22일, 환경오염문제의 심각함을 알리기 위해 지정한 지구 환경보호의 날을 말한다.

넛지 마케팅 ●●●
Nudge Marketing

흥미를 유발하여 소비자의 관심을 끌되, 선택은 소비자 스스로가 할 수 있게 하는 마케팅 전략

'팔꿈치로 슬쩍 찌른다'는 뜻처럼 원하는 방향으로 유도하되 선택의 자유는 개인에게 있다는 것이다. 즉, 특정 행동을 유도하지만 직접적인 명령이나 지시를 동반하진 않는 것이다.

네거티브 광고 ●⊖⊖
Negative Advertising

소재의 금기를 허물며 강한 시각적 충격을 던지는 광고

죽음, 성, 혐오동물, 범죄, 화재 등 부정적이거나 터부시된 소재를 활용하는 광고기법이다.

□□□
415 **니치 마케팅** ●●●
Niche Marketing

특정한 성격을 가진 소규모의 소비자를 대상으로 판매목표를 설정하는 것

특정한 성격을 가진 소규모의 소비자를 대상으로 판매목표를 설정한다. 식품업계의 유가공 제품 분야에서 우유, 식용유, 조미료를 비롯하여 세제에 이르기까지 그 기능과 용도를 달리하는 세분화한 다양한 제품들을 생산하여 특정 소비계층을 상대로 활발한 판촉활동을 벌이고 있다.

□□□
416 **래핑버스** ●◦◦
Wrapping Bus

대형버스에 광고물을 덧씌워 홍보효과를 극대화하는 옥외광고 마케팅

2002년 월드컵에서 TV 프로그램에서 등장하면서 활용되기 시작했다. 주로 영화, 공연홍보, 학원광고 등의 이벤트성 광고에 이용되며, 광고비가 지상파방송보다 싸고, 단기간에 높은 광고효과를 거둘 수 있어 광고주들이 선호하고 있으나, 현행법상 광고물은 차량의 창문을 제외한 부분의 절반을 넘을 수 없게 되어 있어 래핑버스 광고는 불법으로 되어 있다.

□□□
417 **레트로 광고** ●◦◦
Retrospective Advertising

회고 광고 또는 추억 광고

과거 혹은 그와 유사한 정감을 일으키는 상황을 적절히 구성하여 고객에게 추억의 향수를 불러일으킴으로써 상품에 대한 이미지를 높이는 방법이다.

□□□
418 **바이럴
마케팅 ●●☺**
Viral Marketing

누리꾼이 SNS, 블로그, 카페 등을 통해 자발적으로 기업이나 제품을 홍보하도록 만든 마케팅 기법

컴퓨터 바이러스처럼 확산된다고 하여 이러한 이름이 붙었다. 매스컴을 통한 광고보다는 저비용으로 고객들의 흥미와 신뢰를 높이고 빠른 속도의 광고 효과를 누릴 수 있기에 기업들이 선호한다.

□□□
419 **버즈
마케팅 ●●●**
Buzz Marketing

입소문 마케팅 또는 구전 마케팅(Word of Mouth)

꿀벌이 윙윙거리는(Buzz) 것처럼 소비자들이 상품에 대한 소문을 전하는 마케팅 방법이다. '특정 제품에 대한 긍정적 반응을 퍼트리도록 하다'는 점에서 기존의 입소문과 같다고 할 수 있으나 최근에는 인터넷과 포드캐스트 같은 기술을 이용하여 순식간에 퍼트릴 수 있으며, 매스미디어를 통한 마케팅보다 비용이 저렴하고 기존의 채널로 도달하기 어려운 소비자들에게 까지 접근할 수 있다는 장점을 지닌다.

□□□
420 **시즐 ●●●**
Sizzle

광고 효과를 위해 판매 제품의 포인트가 될 만한 소리를 활용하는 기법

시즐은 고기를 구울 때 나는 소리인 지글지글의 서양식 표현으로, 소비자들이 정육점에서 쇠고기를 살 때 실상은 프라이팬에서 구워지는 모습을 연상하므로 광고에서는 구울 때 나는 소리를 키포인트로 해야 한다는 데서 개념화한 것이다.

□□□
421 **애드버토리얼** ●●●
Advertorial

논설식 광고

'광고(Advertisement)'와 '편집기사(Editorial)'의 합성어로, 신문·잡지에 기사형태로 실리는 PR광고이다. 일반대중과 관계가 있는 부분은 물론 어떤 기업에 관한 주장이나 식견 등을 소개한다.

□□□
422 **엠부시
마케팅** ●●○
Ambush Marketing

규제를 피해서 진행하는 매복 마케팅기법

2002년 한·일 월드컵을 계기로 주목받기 시작한 엠부시 마케팅은 '매복'이란 본래 뜻처럼 숨어서 교묘히 규제를 피해가는 마케팅 기법으로 스포츠 이벤트에서 공식적인 후원업체가 아니면서도 광고 문구 등을 통해 스포츠 이벤트와 관련이 있는 업체라는 인상을 주어 고객의 시선을 모으고 마케팅 효과를 극대화하는 판촉 전략을 말한다.

□□□
423 **인포머셜** ●●○
Informercial

구체적 정보를 제공하는 상업광고

'정보(Information)'와 '광고(Advertisement)'의 합성어로, 뉴미디어를 통해 상품에 관한 자세한 정보를 제공하여 소비자의 이해를 돕는 광고수법이다. 1분 이상 30분 이하의 TV 광고로 상품의 기능과 품질을 상세히 설명한 후 구매 전화번호를 알려주는 형식이다.

□□□
424 **타이업
광고** ●●○
Tie - Up Advertisement

영화의 명장면을 이용해 인지도를 높이는 광고

외국영화의 국내 개봉시점에 맞춰 영화의 명장면으로 만든 것이다. 광고업계에서는 모델료를 들이지 않고 광고인지도를 높일 수 있고, 영화배급업체는 별도의 홍보전략을 펴지 않아도 관객을 끌 수 있는 효과를 얻는다.

□□□
425 **티저 광고** ●○○
Teaser Advertising

상품을 발표 전까지 약간의 정보 이외에 비밀로 하여 호기심을 갖게 만드는 광고기법

신제품 도입 시에 많이 쓰는 방법으로, 발표되기 전부터 상품 자체는 감추어 놓고 어떤 상품인가에 대해 호기심을 갖게 함으로써 상품에 대한 관심이나 지명도를 높이는 광고기법을 말한다.

□□□
426 **프리코노믹스** ●●●
Freeconomics

기업이 특정상품을 소비자에게 무료로 제공해주고 실제수익은 다른 방법으로 얻는 방식

'무료(Free)'와 '경제학(Economics)'의 합성어로, 인프라가 구축되면 상품·서비스의 생산원가는 급속도로 감소하게 되어 '0'에 가까워지므로 서비스를 무료로 제공할 수 있다는 개념에서 나왔다. 예를 들어, 한 면도기 회사는 면도기를 무료로 제공하고, 면도날을 구매하게 만듦으로써 수익을 얻는다. 이는 소비자에게 다양한 혜택을 부여하면 그 이후 발생되는 소비도 재구매로 이어질 수 있다는 것을 보여준다.

□□□
427 **힙 트래디션** ●●●
Hip Tradition

우리나라 전통문화를 현대적으로 재해석한 일종의 마케팅

'유행에 밝다(Hip)'과 '전통(Tradition)'의 합성어다. 힙 트래디션의 대표로는 약과·개성주악 같은 전통 한식 디저트와 반가사유상 미니어처, 고려청자 무선이어폰 케이스, 나전칠기 스마트톡 등이 있으며, MZ세대 특유의 힙한 감성으로 소셜네트워크서비스(SNS)를 중심으로 빠르게 입소문이 퍼지며 인기를 끌고 있다. 최근에는 외국인 관광객들뿐만 아니라, 전통 시장을 찾는 MZ세대가 4년 전에 비해 10배가량 늘어났다. 이와같은 힙 트래디션의 열풍으로 업계는 힙 트래디션에 더욱 주목하고 있으며, 궁궐 문화 체험을 위한 티케팅, 이른 바 '궁케팅' 현상도 전통을 힙하게 즐기는 힙 트래디션의 하나로 해석할 수 있다.

□□□
428 **AE제도** ●⊙⊖
Account Executive

광고주의 광고활동을 전문 대행업체가 맡아 하는 제도

광고계획의 입안·문안 및 도안작성·제작기술의 표현·효과의 측량까지 모두 담당한다.

□□□
429 **IR** ●⊙⊖
Investor Relations

기업설명회

기업설명회(IR)는 기관투자가, 펀드매니저 등의 주식투자자들에게 기업에 대한 정보를 제공하여 투자자들의 의사결정을 돕는 마케팅활동이다. 기업입장에서는 자사주가가 높은 평가를 받도록 함으로써 기업의 이미지를 높이고 유상증자 등 증시에서의 자금조달이 쉬워지는 효과를 거둘 수 있다.

□□□
430 **MOT
마케팅** ●●●
Moment of Truth Marketing

소비자의 일상생활을 파고드는 마케팅 전략

소비자 일상생활 어느 곳에서나 제품의 이미지를 심어주는 마케팅 전략이다. 'Moment De La Ver dad'라는 스페인어를 영어로 옮긴 것으로 스페인의 투우에서 투우사와 소가 일 대 일로 대결하는 최후의 순간을 가리킨다. 즉, 소비자에게 있어 MOT(결정적 순간)는 제품 또는 서비스를 제공하는 조직과 어떤 형태로 접촉하든 발생하는데, 이런 결정적 순간들이 모여 소비자는 품질에 대한 만족도와 기업에 대한 이미지를 평가하게 된다는 뜻에서 이런 명칭이 붙었다.

□□□
431 **PPL 광고** ●●●
Products In Placement

영화나 드라마 등에서 특정 제품을 노출시켜 광고 효과를 노리는 간접광고

1970년대부터 할리우드 영화를 중심으로 유행하기 시작해 세계로 확산되었다. PPL 광고는 영화나 드라마에 사용되는 소품을 특정 회사의 제품으로 대체함으로써 회사 측에서는 거부감 없이 관객(소비자)들에게 자연스러운 브랜드 이미지를 인지시킬 수 있고, 영화사 측에서는 영화 제작에 들어가는 협찬금이나 협찬상품을 제공받을 수 있는 장점을 가진다.

SWOT
분석 ●●●

SWOT Analysis

기업의 환경분석을 통해 마케팅 전략을 수립하는 기법

기업의 내부환경을 분석하여 강점과 약점을 발견하고, 외부환경을 분석하여 기회와 위협을 찾아내어 강점은 살리고 약점은 없애며 기회는 활용하고 위협은 억제하는 마케팅 전략을 수립하는 것을 말한다. 이때 사용되는 4요소를 강점·약점·기회·위협(SWOT)이라고 한다.

+상식더보기 SWOT분석에 의한 마케팅 전략

① SO전략 : 시장의 기회를 활용하기 위해 강점을 사용하는 전략
② ST전략 : 시장의 위협을 회피하기 위해 강점을 사용하는 전략
③ WO전략 : 약점을 극복함으로써 시장의 기회를 활용하는 전략
④ WT전략 : 시장의 위협을 회피하고 약점을 최소화하는 전략

□ □ □
433 **4P ●●●**

Product, Place,
Price, Promotion

마케팅에서 경영자가 통제할 수 있는 네 가지 요소

제품(Product), 유통경로(Place), 판매가격(Price), 판매촉진(Pro motion)등을 말한다. 여기에 마케팅을 위한 협상력 또는 로비력를 뜻하는 '힘(Power)'을 합해 5P라고도 한다.

□ □ □
434 **5I의 법칙 ●●●**

5I's Rule

광고 카피 제작 시 카피라이팅 룰 중 하나

광고는 멋진 아이디어(Idea)에서 시작하며, 직접적인 임팩트(Immediate Impact)라는 관점에서 제작되어야 한다는 점, 메시지는 계속 흥미(Incessant Interest)를 가지고 읽도록 구성되어야 한다는 점, 예상고객에서 필요한 정보(Information)가 충분하고 정확하게 제시되어야 한다는 점, 충동을 불러일으키는 힘(Impulsion)을 갖추고 있어야 한다는 것을 의미한다.

03. 경영 QUIZ

다음 문제를 보고 옳고 그른 것에 따라 O, X를 고르세요.

01. 자신보다 구성원들의 이익을 우선시하는 리더십은 변혁적 리더십이다.　　　O X

02. 어닝쇼크는 영업실적이 예상한 것보다 높아 주가가 큰 폭으로 상승하는 것이다.　O X

03. 부정거래나 불법에 관한 정보를 신고하는 기업의 내부자는 딥 스로트이다.　　O X

04. 불특정 다수가 모인 곳에서 상품 판매를 촉진하는 방법은 게릴라 마케팅이다.　O X

05. 어떤 문제의 흐름을 바꾸는 제품은 그린메일이다.　　　　　　　　　　O X

문장에 맞는 단어를 고르세요.

> ㉠ M&A　　㉡ 엠부시　　㉢ 승자의 저주　　㉣ 2D 운동　　㉤ 스톡옵션

06. 기업이 경영권을 확보하기 위해 합병하는 것은 [　　　] (이)다.

07. 임직원에게 일정수량의 회사 주식을 매수할 권리를 부여한 제도는 [　　　] (이)다.

08. 경쟁에서는 이기지만 과도한 비용으로 후유증을 겪는 상황을 [　　　] (이)라 부른다.

09. [　　　] 마케팅은 교묘히 규제를 피해가며 기업의 성과를 올리는 것이다.

10. [　　　] (은)는 품질관리 기법을 일반 관리사무까지 확대 적용하여 전사적으로 결점이 없이 하자는 것이다.

정답 1.X(서번트 리더십) 2.X(어닝서프라이즈) 3.O 4.O 5.X(게임체인저) 6.㉠ 7.㉤ 8.㉢ 9.㉡ 10.㉣

CROSS WORD

		5		7				
						3		
1	6							
							8	
						4		
			2					

Across

1. 15세 이상 인구 중 수입이 있는 일에 종사하고 있거나 취업을 하기 위하여 구직활동 중에 있는 사람
2. 게임 출시 전 완성도를 높이기 위한 집중 근무 형태, ○○○ 모드
3. 벽 하나를 공유하여 단독주택 두 채 이상을 나란히 지은 집
4. 개성, 지성, 전문성을 지향하는 젊은이들
5. 스마트폰 화면을 보느라 길거리에서 고개를 숙이고 걷는 사람들

Down

6. 생산가능인구가 급속도로 줄어드는 현상
7. 부부끼리 독립적으로 생활하는 노인세대
8. 개인생활 공간을 다용도로 꾸며 자신만의 삶을 즐기는 사람

Across | 1.경제활동인구 2.크런치 3.타운하우스 4.시피족 5.스몸비
Down | 6.인구절벽 7.통크족 8.인스피리언스

PART

04

사회

사회 | 노동 | 부동산

Chapter **01** 사회

〈族〉

□□□
435 **니트족** ●●●
NEET : Not In Education,
Employment or Training

일하지 않으며 일에 의지가 없는 무직자

1990년대 영국과 유럽 등에서 경기침체기에 나타난 형태로 아르바이트로 생활하는 프리터족과는 구별되며, 일을 하지도 않거나 구직활동도 하지 않는 젊은이들을 말한다. 이러한 경우는 실업자와 구분해 무업자(無業者)라고도 하며, 결과적으로 니트족의 증가는 경제의 잠재성장력과 국내총생산의 감소로 이어질 것이라는 전망이다.

〈族〉

□□□
436 **다운시프트족** ●●●
Down Shift

저소득이어도 여유로운 직장 생활을 즐기며 만족스러운 삶을 찾으려는 사람

빨리 달리는 자동차의 속도를 내릴 때 저속 기어로 바꾸는 것처럼 삶의 속도를 늦추자는 뜻을 가진다. 다운시프트 족은 숨 가쁘게 돌아가는 일상에서 벗어나 자신의 마음에 맞는 일을 느긋하게 즐기며 하는 사람들을 말한다.

〈族〉

□□□
437 **듀크족** ●○○
DEWKS :
Dual Employed
With Kids

부부가 맞벌이를 하면서 자녀의 행복과 교육에 최우선으로 투자하는 가족 형태

부부가 경제활동을 하면서 안정적인 소득과 경제적 여유를 바탕으로 자녀 교육에 집중하며 자신들의 생활수준도 유지하려고 한다.

□ □ □
438 **로하스족** ●●●
LOHAS : Lifestyles of Health
and Sustainability

〈族〉
건강과 성장을 추구하는 생활방식을 실천하려는 사람들

개인의 정신적 · 육체적 건강뿐만 아니라 환경까지 생각하는 친환경적인 소비 형태를 보인다. 자신의 건강 외에도 후대에게 물려줄 미래의 소비 기반의 지속가능성까지 고려한다. 로하스의 대표적인 활동으로는 장바구니 사용, 천으로 만든 기저귀나 생리대 사용, 일회용품 사용 줄이기, 프린터의 카트리지 재활용 등이 있다.

□ □ □
439 **스마드족** ●●●
SMAD

〈族〉
각종 디지털 기기를 활용하여 신속하게 얻은 정보를 분석하여 현명하게 구매하는 소비자

여러 가지 정보를 조합하여 물품을 구입하는 '스마트족'과 시간과 장소에 구애받지 않고 새로운 곳으로 옮겨다니는 '노마드족'의 합성어다. 이들은 첨단기술이 접목되어 편리하고 실용적인 기능성 제품을 선호한다.

□ □ □
440 **슬로비족** ●○○
Slobbie

〈族〉
천천히, 그러나 훌륭하게(Slow But Better) 일하는 사람

1990년대 미국에서 처음 등장한 젊은 세대를 일컫는다. 일확천금에 집착하지 않고 성실하고 안정적인 생활에 삶의 가치를 더 부여하는 사람들로 이들은 벤처 붐과 주식 열풍으로 억대 연봉을 받는 직장인과 주식벼락부자가 속출하는 최근의 상황에서 '내 직장, 내 가정'에 충실하여 신선함을 일으키고 있다. 슬로비족들이 고집하는 원칙은 직장을 옮기지 않고 현재 맡은 일을 충실히 하며 주식투자 대신 저축에 힘쓰고 하루 2시간 이상 가정에 투자하는 등 한 마디로 눈앞의 돈에 조급증을 내기보다 맡은 일에 충실하며 가정적으로 살아간다는 것이다.

□ □ □
441 **시피족** ●●○
CIPIE

〈族〉
개성(Character), 지성(Intelligence), 전문성(Professional)을 지닌 세대

오렌지족의 소비지향적이고 감각적인 문화 행태에 반발하여 생겨난 것이다. 지적 개성을 강조하고 심플 라이프를 추구하는 젊은이들을 말한다.

□ □ □
442 **싱커즈족 ●●●**
Thinkers

〈族〉
자녀출산을 원하지 않는 맞벌이 신세대 부부

결혼한 뒤 맞벌이를 하면서 아이를 낳지 않고 일찍 정년 퇴직해 노후생활을 즐기는 계층이다. 자녀양육에 뺏기는 시간과 비용을 모두 부부생활에 투자하겠다는 경향을 보인다. 미국, 유럽 등에서는 이미 폭넓게 자리잡아 인구증가율 저하, 고령화 사회에 대한 우려가 높아지고 있다.

□ □ □
443 **요노족 ●●●**
YONO, You Only Need One

〈族〉
최소한의 물건과 자원으로 생활하는 사람들

꼭 필요한 것만 구매하는 실용적인 소비라는 부분이 현재를 즐기고 경험을 중시하는 소비인 욜로(YOLO)와 다르다. 과거 '미니멀리즘' 유사하지만 이에 '지속가능성'이 더해졌다. 고물가·고금리시대에 가치관 변화, 환경문제로 인한 지속가능한 소비에 관심이 증가하면서 요노족이 확산되고 있다.

□ □ □
444 **유미족 ●●●**
YUMMY : Young Upwardly
Mobile Mummy

〈族〉
상향 지향적이고 활동적인 젊은 어머니

'이들은 자기 자신의 개발(가사노동 외에 가능한 직장생활이나 여가선용) 외에도 가족, 특히 자녀의 출산·육아·교육문제에 많은 열정을 쏟는다. 이들은 자녀들이 성장한 다음에는 자녀들에 대해 자부심을 느끼고 성숙한 어머니상인 머미(Mummy)가 된다.

□ □ □
445 **인스피리언
스족 ●●●**
Insperience

〈族〉
외부의 경험을 집 안으로 들여와 삶을 영위하는 사람들

'집안(Indoor)'과 '경험(Experience)'의 합성어로, 이들은 개인생활 공간을 다양하게 꾸며 자신만의 삶을 즐기는 것을 목적으로 한다. 이들은 집 안에 헬스룸, 게임룸, 영화룸 등을 갖추어 기존에 정해진 공간이 아닌 자신에게 알맞은 공간으로 재탄생 시키는 것이다. 삶을 즐기고 행복하다는 점에서 웰빙족과 비슷하지만, 인스피리언스족이 웰빙족과 구분되는 점은 폐쇄적이며 지나치게 개인적이라는 점이다.

〈族〉

통상 2 ~ 3년을 단위로 직장을 자주 옮기는 사람들을 지칭하는 신조어

고액 연봉이나 경력 개발을 위해 직장을 2 ~ 3년 단위로 자주 옮기는 사람을 이르는 말이다. 이들은 이직을 위해 끊임없는 역량 개발과 체계적인 계획을 수립한다는 점에서 조직에 대한 불만과 부적응, 단순 변심 등으로 이직을 하는 사람들과는 차이가 있다. 과거에는 이러한 잦은 이직에 대해 이기적이고 조직에 대한 충성심이 부족하다는 등의 부정적인 평가나 인식이 많았으나 최근에는 급여 인상, 역량 개발, 경력 업그레이드 등을 목적으로 하는 계획적 이직을 준비해 실행에 옮기는 경우가 많다. 따라서 잡홉핑족이 성취욕구와 도전정신이 강하며 자신의 역량 개발을 위해 끊임없이 노력하는 '능력 있는 인재'라는 평가를 가진다.

□ □ □
447 **코쿠닝족** ●●●
Cocooning

〈族〉

자신만의 공간에 머물며 모든 일을 해결하는 사람

누에고치(Cocoon)가 고치를 짓는 것처럼 자신의 활동반경을 축소시키는 현상을 '코쿠닝(Cocooning) 트렌드'라고 하며, 자신만의 안식처에 숨어 여가시간과 휴식을 적극적으로 보내는 사람들을 코쿠닝족이라고 한다. 식재료, 옷, 가전제품 등 많은 생활용품을 방안에서 클릭하면 살 수 있기 때문에 코쿠닝족들은 직접 발품을 팔지 않고 쉽게 일을 해결할 수 있다.

⁺상식더보기 디지털 코쿠닝(Digital Cocooning)
편안한 안식처인 집에서 디지털기기를 갖고 자신만의 여가를 즐기는 문화를 말한다.

448 **통크족** ●●⊙
TONK

〈族〉

자녀에게 부양받기를 거부하고 부부끼리 독립적으로 생활하는 노인세대

'Two Only No Kids'의 약칭으로, 사회적 · 경제적 활동을 그만둔 뒤 자녀의 부양을 거절하고 두 부부가 독립적으로 생활하는 것을 말한다. 이전의 노년의 삶이 손자, 손녀를 돌보느라 개인적 시간을 없는 삶이었다면 그것을 거부하고 정신적 · 육체적으로 자신들의 인생을 여유롭게 살아가는 것을 추구한다.

□□□
449 **파이어족** ●●⊙
FIRE

〈族〉

경제적 자립을 통해 조기 은퇴하려는 사람들

'경제적 자립(Financial Independence)'을 토대로 자발적 '조기 은퇴(Retire Early)'를 추진하는 사람들을 말한다. 이들은 일반적인 은퇴 연령인 50 ~ 60대가 아닌 30대 말이나 늦어도 40대 초반까지는 조기 은퇴의 목표를 가진다. 따라서 20대부터 소비를 줄이고 수입의 70 ~ 80% 이상을 저축하는 등의 극단적 절약을 선택하기도 한다. 파이어족들은 원하는 목표액을 달성해서 부자가 되는 것이 목표가 아니라, 조금 덜 쓰고 덜 먹더라도 자신이 하고 싶은 일을 하면서 사는 것을 목표로 한다.

□□□
450 **NATO** ●●●
No Action Talking Only

〈族〉

'말만 하고 행동은 하지 않는다'

사석에서는 회사를 그만두고 다른 직장으로 옮기거나 사업으로 독립하겠다는 의사를 밝히면서도 실제로는 사표를 내지 못하는 직장인을 일컫는다.

451 베이비부머 세대 ●⊖⊖
Babyboomer
Generation

〈세대별 분류〉

2차 대전이 끝난 후 힘든 불경기를 겪고 나면서 사회적이나 경제적으로 안정되어가는 과정에서 태어난 세대

국가마다 사정에 따라 연령대가 다르다. 미국의 경우에는 1946년부터 1965년 사이에 출생한 세대를 말하며, 우리나라의 경우에는 1955년부터 1963년 사이에 출생한 세대이다.

452 캥거루 세대 ●●⊖
Kangaroo
Generation

〈세대별 분류〉

경제적 · 정신적으로 부모에 의존해 생활하는 젊은 세대

어미 캥거루의 배 주머니 안에서 자라는 캥거루처럼 성인이 되어서도 독립하지 못하고 부모에게 의지하며 살아가는 젊은 세대를 말한다. 부모 곁을 떠나려 하지 않기 때문에 '자라 증후군'이라고도 한다.

453 코스파 세대 ●⊖⊖
COSPA

〈세대별 분류〉

비용 대비 효과를 중시하는 젊은 세대

'코스트(Cost)'와 '퍼포먼스(Performance)'의 합성어로 영수증을 챙기며, 가성비를 따지고 포인트나 쿠폰제도를 매우 잘 활용하는 세대를 일컫는다.

454 A세대 ●⊖⊖
Generation A

〈세대별 분류〉

아시아, 아프리카, 라틴 아메리카 등 신흥 개발도상국의 중산층

A세대는 'Aspirations(열망, 포부, 꿈)'이라는 단어의 첫머리를 따서 만들어진 단어이다. 이들은 신흥 경제국가의 도시에 살면서 소득이 빠르게 증가하고 있는 30 ~ 40대의 중산층으로 부자가 되고 싶은 열망이 강하고 나라마다 소득은 각기 달라도 소비욕, 성취욕, 과시욕이 강하다는 공통점을 갖고 있다. 이들은 20년 이내에 10억 명으로 증가하여 경제력이 이들로 이동하는 조용한 혁명(Silent Revolution)이 일어날 것으로 예상되고 있다.

455 IDI세대 ●○○
I Deserve Its Generation

내 몫 챙기기에 철저한 미국의 젊은 세대를 가리키는 말

산업화 · 현대화 이후 개인주의적 태도와 함께 드러나기 시작한 이기적 사고가 극심해진 형태로 개인적인 요구와 욕망, 자기 권리만 내세운다.

456 MZ세대 ●●●

1980년대 초 ~ 2000년대 초 출생한 밀레니얼 세대와 1990년대 중반 ~ 2000년대 초반 출생한 Z세대

밀레니얼 세대와 Z세대를 통칭하여 MZ세대라고 하며 이는 전 세계적으로 사용되고 있다. MZ세대는 국내 인구의 25.6%를 차지하고 있으며 오프라인보다 온라인이, 사람과 대면하는 것보다 스마트폰 화면이 익숙한 세대이다. SNS를 기반으로 유통시장에서 강력한 영향력을 발휘하는 소비 주체로 부상하고 있다.

457 OPAL세대 ●●○
Old People
With Active Life

경제력을 갖춘 5060세대를 일컫는 말

새로운 소비층으로 부각되고 있는 5060세대를 일컫는다. 베이비부머 세대인 58년생을 뜻하기도 한다. 이들은 은퇴를 한 후 새로운 일자리를 찾고, 여가 활동을 즐기면서 젊은이들처럼 소비하며 자신을 가꾸는 일에 많은 시간과 돈을 투자한다.

458 알파세대 ●●●
Generation Alpha

어려서부터 기술적 진보를 경험하며 자라나는 세대

2010 ~ 2024년 출생자를 통칭한다. 태어날 때부터 온라인 네트워크가 구축된 디지털 환경에서 자라, 기계와의 소통이 자유롭다.

□ □ □
459 **바이슈머** ●●●
Buyer Consumer

중간에 제3자의 개입 없이 다른 나라 물품을 직접 사들이는 소비자

'바이어(Buyer)'와 '소비자(Consumer)'의 합성어로 소비자가 바이어처럼 직접 해외유통업체에서 제품을 구매하는 것을 말한다. 과거의 소비자들은 국내 수입업자가 해외에서 들여온 제품을 백화점 등에 납품하면 정해진 가격에 수입제품을 구매해 왔다. 그러나 컴퓨터, 스마트폰의 발달로 해외 쇼핑몰에서 직접 제품을 구매하거나, 구매대행 사이트를 통한 구매가 훨씬 저렴하다는 사실을 알게 된 소비자들은 현명한 소비를 위해 해외 쇼핑몰에서 제품을 구매하게 되면서 바이슈머가 생겨난 것이다.

□ □ □
460 **블랙
컨슈머** ●●●
Black Consumer

제품을 구매한 후 고의적으로 악성 민원을 제기하는 사람

구매상품에 하자가 있다면 그것을 문제 삼아 기업을 상대로 과도한 피해보상금을 요구하거나 거짓으로 피해를 본 것처럼 꾸며 보상을 요구하는 사람들을 블랙 컨슈머라고 한다. 대부분의 블랙 컨슈머는 소비자관련 기관을 거치지 않고 기업에 직접적으로 문제를 제기하며 제품 교환보다는 금전적 보상을 요구하는 경우가 대부분이다.

상식더보기 블랙 컨슈머 유형

① 상품 구입 후, 일정 기간 동안 사용하고 상품의 하자를 주장하며 제품교환 또는 환불을 요구하는 유형
② 상품으로 인한 근거 없는 신체적·정신적 피해를 호소하면서 반품·환불을 넘어 보상금을 요구하는 유형
③ 거액의 보상금을 수령할 목적을 가지고 일부러 식료품 등에 이물질을 넣어 악의적인 민원을 제기하는 유형

□□□
461 **트라이슈머** ●●●
Trysumer

제품을 직접 체험한 후 구매를 원하는 소비자층

'시도(Try)'와 '소비자(Consumer)'의 합성어이다. 완제품을 체험하고 결정하는 소비자를 뜻한다. 트라이슈머의 증가로 기업 상품을 직접 체험할 수 있는 공간을 제공하는 플래그쉽 스토어가 등장했다. 화장품 업계의 샘플존·체험존 또한 트라이슈머를 공략하기 위한 마케팅의 일종이라고 할 수 있다.

상식더보기 **모디슈머(Modisumer)**
제조업체에서 제시하는 방식이 아닌 사용자가 개발한 방식으로 제품을 활용하는 소비자

□□□
462 **팬슈머** ●●●
Fansumer

브랜드 생산 과정에 참여하는 소비자

직접 투자 및 제조 과정에 참여해 상품, 브랜드를 키워내는 소비자를 일컫는 용어로 '팬(Fan)'과 '컨슈머(Consumer)'의 합성어이다. 팬슈머들은 생산 과정에 참여해 자신이 상품이나 브랜드를 키워냈다는 경험과 즐거움을 느끼면서 소비에 뛰어든다. 이들은 적극적인 소비와 함께 제품에 대한 비판, 간섭, 견제도 아끼지 않는다는 특징을 가진다. 예를 들어, 여러 사람들이 소액으로 아이디어를 가진 사람에게 투자하는 방식의 크라우드 펀딩, 좋아하는 연예인이 서바이벌 프로그램에 나오면 투표와 홍보 등의 지원을 통해 1위를 할 수 있게 돕는 것 등이 해당된다.

□□□
463 **프로슈머** ●●●
Prosumer

직접 제품 생산 · 개발에 참여하는 생산적인 소비자

'생산자(Producer)'와 '소비자(Consumer)'의 합성어로 수동적인 소비자를 벗어나 직접 제품 생산과 개발에 참여하는 소비자를 말한다. 기업은 인터넷 발달로 빠르게 소비자의 요구를 전달할 수 있는 프로슈머 마케팅 기법을 사용한다. 공모전을 통하여 소비자의 아이디어를 반영한 신상품 개발, 소비자들의 불만을 수용한 개선된 상품을 개발한다. 상품만이 아닌 문화적인 측면에서도 반영하는데, 예를 들어 드라마 결말이 바뀌는 경우도 프로슈머의 영향력이라고 할 수 있다.

04
사
회

□□□
464 **골드칼라** ●●●
Gold Collar

두뇌와 정보로 새로운 가치를 창조하여 정보화시대를 이끌어가는 능력 위주의 전문직 종사자

황금처럼 반짝거리는 기발한 아이디어와 창조적 사고로 새로운 질서를 주도하는 전문직 종사를 이른다. 정보통신, 금융, 광고, 서비스, 첨단기술 관련 분야에서 최근 들어 급부상하고 있는 신 직업인들이 바로 골드칼라에 해당된다.

□□□
465 **그로서란트** ●●●
Grocerant

마트에서 구입한 식재료를 마트에서 바로 조리해 먹을 수 있는 복합공간

'식재료(Grocery)'와 '레스토랑(Restaurant)'의 합성어이다. 장보기와 식사를 한 번에 해결할 수 있으며, 자신이 구입한 식재료에 일부 조리비만 내면 즉석에서 바로 조리한 요리를 먹을 수 있어 편리하다.

대마초(마리화나)가 합법화된 캐나다와 미국 일부 지역이나 대마초 관련 주식 등으로 자금이 몰려드는 현상

19세기 금광이 발견된 지역으로 사람들이 몰려들던 현상인 '골드 러시(Gold Rush)'에서 나온 단어이다. 2018년 기준 미국 52개 주에서 30개 주가 의료용 대마를 합법화하며 이 중 워싱턴DC와 9개 주는 성인에 한해 기호용 대마를 허용하고 있다. 캐나다는 2001년 의료용 대마 합법화에 이어 2018년 10월에는 기호용 대마를 전면 합법화했다. 우루과이 다음으로 전 세계에서 두 번째로 대마를 전면 합법화한 사례다. 대마 시장 성장이 활발할 것으로 예상한 투자자들이 '그린 러시'에 뛰어들고 있다.

□ □ □
467 **글램핑** ●◐◌
Glamping

고급편의시설을 갖춘 캠핑

'화려(Glamorous)'와 '야영(Camping)'의 합성어로, 고가의 장비나 고급 음식 등 비교적 비용이 많이 들어가는 고급화된 야영을 의미한다. 비용이 더 들더라도 번거로움 없이 간편하게 캠핑을 즐길 수 있도록 한 것으로 북미·유럽 등에선 부유층의 여가 트렌드로 인기를 끌고 있다.

□ □ □
468 **낭떠러지 효과** ●◐◌

특정 분야에서는 뛰어나지만 그 영역을 벗어나면 성과가 급격히 무너지는 현상

자신의 전문 분야에 대해서는 임무수행능력이 탁월하지만 그 분야를 조금이라도 벗어나면 낭떠러지에서 떨어지듯 일시에 모든 것이 붕괴되는 현상이다. 낭떠러지 효과는 기계 문명에 대한 맹신에서 벗어날 것을 인류에게 촉구하는 미래 학자들의 경고이기도 하다.

□□□
469 **다크 투어리즘** ●⊙⊙
Dark Tourism

전쟁 · 학살 등 비극적 역사의 현장이나 엄청난 재난과 재해가 일어났던 곳을 돌아보며 교훈을 얻는 여행

블랙 투어리즘(Black Tourism), 그리프 투어리즘(Grief Tourism)이라고도 불린다. 국립국어원에서는 '역사교훈여행'으로 우리말 다듬기를 하였다. 한국의 대표적 다크 투어리즘 장소는 제주4 · 3평화공원, 국립5 · 18민주묘지, 거제 포로수용소, 서대문형무소역사관 등이 있다.

□□□
470 **데마고기** ●⊙⊙
Demagogy

아무 근거 없는 유언비어

민중의식을 조작하기 위해 날조나 허위의 정보 등으로 특정한 집단 및 인물에 대해 중상모략을 하는 것을 말한다. 매스컴이 발달되면서 확대 생산의 위험성이 커지고 도달의 폭이 넓어 국가 전체에 영향을 미칠 수 있으므로 대중조작의 위험성을 조심해야 한다.

□□□
471 **디지털 네이티브** ●●●
Digital Native

태어날 때부터 디지털 기기에 둘러싸여 성장한 세대

미국교육학자 마크 프렌스키가 2001년 처음 사용한 용어로 1980년에서 2000년 사이에 태어난 세대를 말한다. 프렌스키는 특정 지역 원주민들이 그곳 언어와 문화를 태어나면서 배우듯이 현재 아이들은 디지털 습성을 타고난다는 의미를 가진다. 반면에 이전 세대는 아무리 애써도 아날로그 취향을 없애지 못하여 이주민으로 전락한다는 뜻을 가진 '디지털 이주민(Digital Immigrants)'이라는 용어도 함께 등장하였다.

□□□
472 **디지털**
디바이드 ●●●
Digital Divide

디지털 사회에서 계층 간 정보 불균형을 나타내는 말

디지털이 보편화되면서 이를 제대로 활용하는 계층과 이용하지 못하는 사람들 사이의 격차가 커지고 이러한 정보격차는 소득격차에까지 영향을 주어 계층 간의 갈등을 유발하고 사회 안정을 해친다고 보았다. 이에 문제 해결을 위해 2001년 「정보격차 해소에 관한 법률」이 제정되었으며, '한국정보문화진흥원'이 설립되었다.

□□□
473 **디지털**
루덴스 ●●●
Digital Ludens

디지털 자료들을 적극적으로 활용해 예술이나 기타 창조활동을 하는 사람

'디지털(Digital)'과 놀이하는 인간을 의미하는 '호모 루덴스 (Homo Ludens)'의 합성어이다. 이들은 인터넷을 놀이 공간 삼아 새로운 글이나 영상을 만들기도 하고, 때론 가져온 자료를 재가공해 색다른 정보를 제공하기도 한다. 디지털 루덴스는 정보의 일방적인 수용자에서 벗어나 사회문제를 적극적으로 제시하는 등 다양한 역할을 수행하고 있다.

□□□
474 **디지털**
유목민 ●●●
Digital Nomad

원격 통신 기술을 적극 활용하며 단일한 고정 사무실 없이 근무하고 살아가는 인간형

인터넷과 업무에 필요한 각종 기기, 제한되지 않은 작업공간만 있으면 시간과 장소에 구애받지 않고 일을 할 수 있는 사람들을 말한다. 한 곳에 정착하기를 거부하는 자유로운 기질의 유목민에 비유한 말이다. 예를 들면, 하루는 일하는 중간에 서핑을 즐기기도 하고, 비가 내리는 날에는 창 밖 풍경을 보면서 작업을 하기도 하고, 또 다른 날은 파리 에펠탑 근처에서 관광객들을 바라보며 일하는 것이다.

개인이 원하지 않는 인터넷 기록이나 사망한 사람의 디지털 흔적을 찾아 지워 주는 전문업체

인터넷상의 인생을 지운다고 하여 디지털 장의사라고 불린다. 개인 혹은 유족들이 디지털 장의사에게 고인이 인터넷에 남긴 흔적의 완전 제거를 의뢰하면 디지털 세탁소는 삭제 대상 정보들의 위치(URL)를 파악한 뒤 찾아낸 정보들 중 명예훼손이나 사생활 침해 소지가 있다고 판단되는 정보를 추려낸 뒤 의뢰인을 대신하여 삭제 요청을 한다.

□□□
476 **르네상스
칼라 ●●●**
Renaissance Collar

정치 · 경제 · 문화 등 다양한 분야에 정통하며, 컴퓨터 작업에도 뛰어난 사람

르네상스 시대의 레오나르도 다 빈치와 같이 정치 · 경제 · 문화뿐만 아니라 예술까지 섭렵한 다양한 경험을 가진 사람으로서 컴퓨터를 다루는 데에도 뛰어나 정보화 시대에 새로운 지배계급으로 떠오른 사람들을 말한다. 유선 · 무선 통신망이 급속히 확산되면서 과거 산업사회의 주역인 육체노동자를 일컫던 블루칼라와 사무직 종사자를 가리키는 화이트칼라 그리고 정보화 시대를 이끌어가는 능력 위주의 전문직 종사자인 골드칼라의 뒤를 이어 인터넷 경제사회에서 새로운 주역으로 자리매김하고 있다.

□□□
477 **마태효과 ●○○**
Mattew Effect

부익부 빈익빈 현상

미국 사회학자 로버트 머튼이 성경 마태복음 25장 29절의 '무릇 있는 자는 받아 충족하게 되고 없는 자는 그 있는 것까지 빼앗기리라'는 구절을 인용한 데서 유래되었다. '가진 자는 더 많이 갖게 되고 덜 가진 자는 점점 더 적게 가지게 된다'는 의미를 가지고 있어 사회과학자들이 부익부 빈익빈 현상을 설명하기 위해 자주 인용하며 많은 분야에서 마태효과와 관련된 연구가 활발히 진행되고 있다.

04
사
회

□□□
478 **멜팅팟** ●●⊖
Melting Pot

다양한 민족과 문화 등이 융합하고 동화되는 현상

용광로라는 뜻으로, 다양한 인종과 문화가 어우러져 살아
가는 미국, 캐나다. 호주 등 이민사회를 가리켜 쓰이던 용
어다. 즉, 이질적인 것들이 동질적으로 변해 가면서 공통
의 문화를 만들어 낸다는 의미를 가지고 있다.

□□□
479 **미투 운동** ●⊖⊖
Me Too
Movement

자신의 성폭력 피해경험을 소셜 네트워크 서비스(SNS) 상
에 공유하는 고발 캠페인

주로 권력층, 군대, 공직사회 등의 성폭력 피해를 드러내
고 문제 해결을 촉구하는 사회 운동으로 2017년 미국 할
리우드에서 처음 시작되었다.

□□□
480 **배리어 프리** ●●⊖
Barrier Free

장애인들도 편하게 살아갈 수 있는 도시를 만들기 위해
물리적 · 제도적 장벽을 제거하자는 운동

본래 건물이나 거주 환경에서 층을 없애는 등 장애가 있는 사
람이 사회생활을 하는 데에 물리적인 장애를 제거한다는 의미
로 건축계에서 사용되었다. 최근에는 물리적 장벽뿐만 아니라
제도적이고 법률적인 장벽까지 제거하자는 움직임으로, 문화
예술에서도 수어통역, 음성해설 등을 통해 장벽을 없애려는
시도를 배리어 프리라고 한다. 배리어 프리 영화제, 배리어 프
리 한국어교육실습, 배리어 프리 스포츠, 배리어 프리 키오
스크, 배리어 프리 아동권리 교육 진행 등 여러 분야에서 차
별 없이 동등한 사회를 위한 배리어 프리가 진행되고 있다.

□□□
481 **발롱데세** ●⊖⊖
Ballon D'essai

여론 동향을 살피기 위해 시험적으로 흘려보내는 의견이나
정보

원래는 기상 상태를 관측하기 위해 띄우는 시험기구나 관
측기구를 뜻하지만, 의미를 확장해 시험적으로 특정 정보
를 언론에 흘려 여론의 동향을 탐색하는 수단으로 쓰이기
도 한다.

□□□
482 **버티컬 플랫폼** ●●●
Vertical Platform

특정한 관심사를 가진 고객층에게 특화된 서비스를 제공하는 플랫폼

특정 분야에 대해 관심을 가지고 있는 사람들을 대상으로 음악·쇼핑·패션·교육 등 세부 분야로 나눠 서비스를 제공하는 등 하나의 집중적인 서비스 제공 방식이다. 한 분야에 대한 전문성과 깊이를 강조하고 특정 고객층의 니즈를 충족시킨다.

□□□
483 **베이퍼웨어** ●●●
Vaporware

아직 개발되지 않은 가상의 제품

'증기제품'이라는 뜻으로 글자 그대로 증기처럼 발매 일자를 정확히 알 수 없거나 아직 개발되지 않은 제품을 말한다. 판매 계획이나 배포 계획은 발표되었으나 실제로 고객에게는 판매, 배포되지 않는 기존의 하드웨어, 소프트웨어가 아닌 미래의 제품을 따로 지칭하기 위해 만든 신조어이다. 베이퍼웨어는 사용자들이 경쟁사의 제품을 손쉽게 구입하지 못하도록 하기위해서 공식적으로 발표하기도 한다. 베이퍼웨어를 마케팅 전략으로 사용하는 회사도 있다. 경쟁사의 비슷한 신제품 개발을 단념시키거나, 비슷한 제품 판매를 방해할 수 있어서 앞으로 더 좋은 제품이 나온다는 소식을 들은 소비자들은 현재 상품 구매를 미루는 특성을 이용한 것이다. 하지만 이는 공정 경쟁을 방해한다는 문제점을 가진다.

□□□
484 **브레인 포그** ●●●
Brain Fog

안개가 낀 것처럼 머리가 멍한 상태

희뿌연 안개가 머리에 낀 것처럼 생각과 표현이 불분명한 상태를 말한다. 멍한 상태가 지속되며 집중력 감소와 기억력 저하, 우울, 피로감 등의 증상이 나타난다. 스트레스, 수면 부족 등을 원인으로 들 수 있으며 방치할 경우 치매 발병 위험이 높아진다.

□ □ □

블랙스완 ●●●

Black Swan

통념에 빠져 전혀 예측할 수 없었던 일이 발생한 것

18세기 호주에서 흑조가 발견되기 전까지 모든 백조는 희다고 믿었고, 블랙스완을 '실제로 존재하지 않는 어떤 것'으로 표현되었다. 하지만 실제 흑조가 발견되면서 블랙스완은 '과거의 경험으로는 아무리 분석하더라도 미래를 예측할 수 없을 때', '통념에 빠져 전혀 예측할 수 없었던 일이 일어나는 것' 등을 지칭하는 용어로 사용된다. 경제공황, 9·11테러, 구글의 성공을 예로 들 수 있다.

486 □ □ □

비거니즘 ●☺☺

Veganism

육류와 생선은 물론 우유와 동물의 알, 꿀 등 동물로부터 얻은 식품을 일절 거부하고, 식물성 식품만 먹는 채식주의

비거니즘을 실천하는 비건(Vegan)은 육식뿐만 아니라 동물이 사용된 옷이나 액세서리를 거부하고, 동물 실험을 하는 화장품도 사용하지 않는다. 비거니즘은 유럽 청년층에서 트렌드로 자리 잡고 있으며 특히 독일에서 가장 유행하고 있다.

487 □ □ □

빅블러 ●●●

Big Blur

경계융화가 일어나는 현상

빠른 변화로 기존에 존재하던 경계가 모호해지는 현상을 말한다. 하나의 시대적 흐름으로 비즈니스영역에서 주요 경계가 사라지고 있으며 이에 따라 구매자와 판매자, 소규모와 대규모, 서비스와 제품, 오프라인과 온라인의 경계에서 다양하고 혁신적인 흐름이 일어나고 있다.

빅블러 시대의 차이점

구분	과거	오늘
소비자 역할	상품 구매, 제한적인 기업 활동 보조	기업 활동의 주요 영역 참여
기업 관심사	고객과의 거래	고객과의 지속적 관계
서비스 역할	고객 서비스 차원	지속 성장 모델
비즈니스 모델	동일 시장, 유사한 가치 및 접근 방식	시장 재정의, 차별화된 가치와 접근방식
산업 장벽	고유 영역의 업무 존재	산업간 경계 초월
경쟁 범위	단일 기업, 가치사슬 간	생태계 중심으로 확대

□□□
488 **세계 아동학대 예방의 날 (11월 19일)** ●●●

아동학대 문제의 심각성과 예방 프로그램의 필요성을 알리기 위한 날

여성과 아동을 위한 비정부 국제기구인 WWSF(Women's World Summit Foundation)가 2000년 11월 19일에 제정하였으며 한국에서는 2007년부터 시행되고 있다. 아동학대 예방의 날에는 국제 NGO와 함께 '노란 리본 달기 캠페인'을 전개하는데 노란 리본 스티커를 곳곳에 부착해 아동학대 문제에 대한 관심을 끌어내는 것이다. 여기서 노란 리본은 학대로부터 아동을 지켜주겠다는 약속을 상징한다.

□□□
489 **셰어하우스** ●●●
Share House

한 집에 다수가 살면서 개인 공간 외에 거실 · 화장실 · 욕실은 공유하는 생활방식

주거공간을 효율적으로 사용할 수 있으며 미니멀 라이프의 추구, 1인 가구의 증가, 공유경제 개념의 확산으로 셰어하우스의 수요는 늘어나고 있다.

+상식더보기 **코리빙 하우스(Co – Living House)**
셰어하우스의 다른 형태로 주거 공간뿐만이 아니라 헬스장, 서재, 영화관 등 다양한 서비스를 제공하는 특징을 가지는 복합 건물이다.

□□□
490 **소셜워커** ●○○
Social Worker

복지대상자를 선별하여 이들에게 도움을 주는 사회복지사

수용시설의 현장에서 시설운영자와 수용자 사이에 제도적으로 개입해 예산지원당국의 감독을 대신하고 수용자의 인권과 법적 불이익을 대변·옹호하는 사회복지사를 말한다.

□□□
491 **수정핵가족** ●●●
Modified Nuclear Family

결혼한 자녀 가족과 부모가 같은 집의 분리된 공간에서 생활하는 가족형태

자식 세대의 맞벌이 부부가 많아지면서 증가한 가족 형태로, 부모와 기혼 자식의 가족이 한집에 동거하지만 각기 독립적으로 생활하는 가족을 가리킨다. 각 세대의 생활공간은 안채, 바깥채 혹은 윗층, 아래층으로 분리되어 있고, 가계운영은 물론 가사노동도 분리되어 있는 경우가 많다. 부모, 자녀 세대가 서로 간섭하지 않고 각자의 사생활을 유지하는 독립적인 생활을 하지만, 필요한 경우에는 서로 도움을 주고받는다.

□□□
492 **슈퍼오디너리** ●●○
Superordinary

단순함, 간편함, 간소화로의 가치 지향적 삶을 추구하는 소비자 트렌드

물질적 풍요와 권력을 추구하기 보다는 평범함과 도덕적 신념을 앞세우는 신세대 소비자를 말한다. 보보스(Bobos)나 다운시프트족(Down Shift)은 개인적인 취향을 우선시하지만 슈퍼오디너리는 사회적 책임을 중요시한다는 점에서 다르다.

□□□
493 **스낵컬쳐** ●●◌
Snack Culture

시간과 장소에 구애받지 않고 즐길 수 있는 스낵처럼 출퇴근 시간이나 점심시간 등 짧은 시간에 간편하게 문화생활을 즐기는 새로운 문화 트렌드

과자를 먹듯 5 ~ 15분의 짧은 시간에 문화 콘텐츠를 소비한다는 뜻이다. 큰 맘 먹고 음악회나 공연장을 찾거나, 두꺼운 책을 읽지 않고도 가볍게 문화생활을 즐기고자 하는 욕구가 커지면서 생겨났다. 지하철역이나 병원 등에서 이루어지는 작은 음악회, 직장인의 점심시간 등과 같은 자투리 시간에 즐길 수 있는 문화 공연 등을 시작으로 생겨났으며 현재에는 스마트 기기를 활용한 웹, 영상 콘텐츠를 즐기는 방식으로 늘어났다. 웹툰, 웹 소설, 웹 드라마가 그 예이다.

□□□
494 **스몸비** ●●◌
Smombie

스마트폰을 들여다보며 길을 걷는 사람들

'스마트폰(Smart Phone)'과 '좀비(Zombie)'의 합성어이다. 이들은 스마트폰 사용에 몰입해 주변 환경을 인지하지 못하고 걷기에 사고 위험도가 높다. 전문가들은 미국에서 발생한 보행자 사고의 약 10%가 주위를 살피지 않고 스마트폰을 보며 걷다 일어난 것으로 추정했다. 그중 매년 6명이 사망한다는 분석이다.

□□□
495 **슬로건패션** ●◌◌
Slogan Fashion

옷이나 가방 등에 메시지가 담긴 문구나 문양을 넣은 것

1960 ~ 1970년대 히피 문화의 일종으로 등장했다. 'Make Love'나 'No War' 등과 같이 반전, 평화, 환경보호 등의 저항 정신을 티셔츠에 담아내는 것이 그 시작이었다. 많은 사람들의 동참과 공감을 얻기 위해 시작된 것이 이제는 각자의 개성을 살리는 독창적인 패션으로 인기를 모으고 있다. 특정 정치인을 지지하는 문구가 적힌 티셔츠나 특별한 의미가 담긴 무늬의 소품까지, 모두 슬로건 패션이다.

04

사
회

학업, 운동, 리더십 모든 면에 능력이 뛰어나고 높은 성취욕과 자신감을 가진 여성

미국 하버드대 아동심리학 교수 댄 킨들러의 2006년 그의 저서 「새로운 여자의 탄생 – 알파걸」에서 처음으로 사용된 말이다. 알파걸은 성실하고, 낙천적이고, 실용적이고, 이상주의적이며, 개인주의자이면서 동시에 평등주의자인, 그러면서 관심영역이 광범위해 인생의 모든 가능성에 열린 마음을 갖고 있는 유능한 여성을 의미한다.

╋상식더보기 알파메일(Alpha Male)

'알파맨(Alpha Man)'이라고도 한다. 리더십이 있고 강한 자신감, 지배력을 가진 남성을 지칭한다.

아이가 어른처럼 화장을 하고, 성숙한 옷을 입는 문화

'성인(Adult)'와 '아이(Kids)'의 합성어로, 어른 같은 아이를 뜻하는 신조어다. 어덜키즈 소품이나 패션은 어린이에게 하나의 놀이로 받아들여지는 것이다. 그러나 어린이용 화장품 등 어덜키즈 제품의 안전성 우려와 함께 어덜키즈 문화가 아이들에게 어른스러운 모습이 더 예쁘다는 왜곡된 생각을 심어줄 수 있다는 우려가 나오고 있다.

╋상식더보기 어덜키즈 반대어

① **피터팬 신드롬(Peter Pan Syndrome)** : 성장을 거부하고 어린아이 같은 생활방식이나 사고방식을 고수하는 성인이다.
② **키덜트(Kidult)** : 아이 같은 취미나 관심사를 가진 성인이다.
③ **영포에버(Young Forever)** : 정신적으로나 취향적으로 늘 젊고 아이 같은 면모를 유지하려는 성인이다.
④ **차일드 어덜트(Child Adult)** : 성인이 되었으나 행동이나 사고방식이 어린아이 같은 사람이다.

**양심적
병역거부** ●○○

Conscientious
Objector

종교적 신앙이나 가치관에 따라 병역 의무를 양심적으로
거부하고 대체복무로 병역을 대체하는 것

전쟁이나 집총(執銃)행위가 종교적 신앙이나 가치관, 신념
등에 위배된다 생각하여 병역을 거부하는 것이다. 2019년
12월 27일 대체복무역과 관련한 병역법이 통과되어 「대체
역의 편입 및 복무 등에 관한 법률」에 따라 양심의 자유를
이유로 현역, 예비역 또는 보충역의 복무를 대신하여 병역
을 이행하기 위한 대체역의 편입 및 복무 등에 관한 사항
을 규정하였다. 「헌법」이 보장하는 양심의 자유를 이유로
현역, 예비역 또는 보충역의 복무를 대신하여 병역을 이행
하려는 사람은 입영일 또는 소집일의 5일 전까지 대체역
심사위원회에 대체역으로 편입을 신청할 수 있다.

□ □ □
499 **업사이클링** ●●●

Up - Cycling

재활용품에 디자인 또는 활용도를 더해 그 가치를 높인
제품으로 재탄생시키는 것

디자인을 새롭게 하거나 활용 방법을 바꿔 재고품을 새로운
가치를 지닌 제품으로 만드는 행위를 말한다. 업사이클링의
우리말 표현은 '새활용'이다. 원래 있던 제품에 새로운 가치
를 입힌다는 점에서 쓰던 것을 다시 사용하는 리사이클링
(Recycleling)과는 다르다.

┼상식더보기 업사이클링의 예

버려진 현수막을 재활용하여 만든 장바구니, 플라스틱 병뚜껑으로 만
든 키링, 음식물쓰레기를 지렁이 먹이로 활용하여 얻은 지렁이 배설
물 비료 등이 있다.

젊은 노인층인 욜드 세대가 주도하는 경제 성장

1946~1964년 베이비붐 세대에 태어나 이제 막 노년층에 접어든 젊은 노인층을 의미하는 욜드(YOLD, Yong Old)와 이상적인 경제상황을 의미하는 골디락스(Goldilocks)의 합성어다. 우리말로 '청로(清老)경제'라고 한다. 이들은 2025년 쯤이면 은퇴 연령에 도달하는 세대로, 과거와 달리 노인으로 취급받기를 거부하며 '액티브 시니어(활동적인 고령층)'로 평가받기도 한다. 건강과 경제력을 바탕으로 생산과 소비 생활에 적극적이며, 은퇴 후에도 사회 · 경제활동을 계속할 것으로 전망되는 등, 실제로 최근 새로운 핵심 소비층으로 자리 잡고 기업체 마케팅의 집중 타깃이 되고 있다. 통계청에 따르면, 우리나라 65세 이상 고령 인구 비율이 지속적으로 상승함에 따라, 욜드 세대의 규모는 점차 확대되어 가고 있다. 1 · 2차 베이비붐 세대의 은퇴로 인해 많은 은퇴자가 발생하면서 그 규모의 증가 속도는 더욱 빨라질 것으로 전망된다. 한국의 욜드 세대는 2020년에 600만 명을 돌파하였는데, 2040년에는 대한민국 인구 4명 중 1명이 욜드 세대가 될 것으로 추정된다. 욜드 세대가 차지하는 비중이 확대됨에 따라 관련 욜드 산업 또한 수요와 성장 가능성이 커지고 있다. 욜디락스는 '실버 이코노미'보다 더욱 적극적이고 능동적인 의미를 포함한 개념으로, 욜드 세대가 더욱 오래, 또 건강하게 일할 수 있도록 사회적 시스템을 강화하여 숙련된 노동인구를 경제 성장의 밑거름으로 활용하자는 의지가 담겨있다. 또한 욜드 세대가 직접 본인의 경력과 역량을 활용하여 경제활동에 참여할 수 있는 가능성이 충분한 점에서 의의가 있다. 한편, 욜드 세대는 학력과 문화적 개방도가 높은 세대로, 고도의 성장기를 겪으며 부를 축적했다. 역사상 가장 건강한 노인에 속하며, 의학 기술의 도움을 받아 건강 수명을 늘려가기도 하며 디지털 IT기기에도 친숙하다는 특징을 갖는다.

□ □ □
501 **온택트** ●●●
Ontact

온라인 대면

비대면을 뜻하는 언택트(Untact)에 온라인을 통하여 외부
와의 활동을 이어간다는 개념으로 팬데믹 장기화로 집안
생활에 지친 사람들이 온라인으로 외부와 연결하고 소통,
활동하는 트렌드를 말한다. 예를 들면, 온라인 전시회, 온
라인 트레이닝, 온라인 개학 등이 있다.

⁺상식더보기 언택트(Untact)
접촉을 하지 않고 대면하는 방식을 말하며 대표적으로 키오스크, 식
권 자판기, 간편 결제 앱, 챗봇 사용 등이 있다.

□ □ □
502 **욜로** ●●☺
YOLO : You Only Live Once

현재 자신의 행복을 가장 중시하여 소비하는 태도

미래 또는 남을 위해 희생하지 않고 현재의 행복을 위해
소비하는 라이프스타일이다. 욜로족은 내 집 마련, 노후
준비보다 지금 당장 삶의 질을 높여줄 수 있는 취미생활,
자기계발 등에 돈을 아낌없이 쓴다. 이들의 소비는 단순히
물욕을 채우는 것을 넘어 자신의 이상을 실현하는 과정에
있다는 점에서 충동구매와 구별된다. 예컨대 모아둔 목돈
으로 전셋집을 얻는 대신 세계 여행을 떠나거나 취미생활
에 한 달 월급 만큼을 소비하는 것 등이 해당된다.

□□□
503 **워라밸** ●◌◌
Work and Life Balance

개인의 일(Work)과 생활(Life)이 조화롭게 균형을 유지하고 있는 상태

워라밸은 원래 일하는 여성들의 일과 가정의 양립에 한정되어 사용되다가 노동관의 변화와 라이프스타일의 다양화를 배경으로 남녀, 기혼·미혼을 불문하고 모든 노동자를 대상으로 하는 워크 라이프 밸런스라고 하는 개념으로 발전하였다. 기업의 워크 라이프 밸런스 지원에는 탄력적 근로시간제도나 보육이나 간호에 대한 지원, 건강촉진, 교육 지원, 장기휴가 제도 등이 있다.

┌─────┐
│**상식더보기**│ 워라블(Work − Life Blending)
└─────┘

일과 삶의 적절한 블렌딩을 뜻하는 말로 업무시간을 포함한 일상생활 속에서 일과 관련된 영감을 얻고 업무로 이어지는 것을 의미한다.

□□□
504 **인구
오너스** ●●◌
Demographic Onus

전체인구 중에서 생산가능인구의 비중이 하락하면서 경제성장이 지체되는 현상

생산 가능 인구는 15세에서 64세까지로 경제활동을 할 수 있는 연령대로 해당 국가 경제의 중추로 본다. 생산연령인구가 줄어들게 되면 경제 성장세는 둔화되고 경제는 침체에 빠지게 된다.

□□□
505 **인구 절벽** ●●◌
Demographic Cliff

생산 가능 인구(15 ~ 64세)가 급속도로 줄어드는 현상

미국의 저명한 경제학자 해리 덴트가 제시한 개념으로 소비를 가장 많이 하는 40대 중후반 인구가 줄어 대대적인 소비 위축 현상이 발생하는 것을 말한다. 인구절벽 현상이 발생하면 생산과 소비가 주는 등 경제활동이 위축돼 심각한 경제위기가 발생할 수 있다.

506 **젠트리
피케이션** ●●●

Gentrification

낙후된 구도심 지역이 활성화되어 중산층 이상의 계층이
유입됨으로써 기존의 저소득층 원주민을 대체하는 현상

지주계급 또는 신사계급을 뜻하는 젠트리(Gentry)에서 파
생된 용어이다. 런던의 하층계급 주거지역에 중산층의 유
입으로 그 지역이 고급 주거지역으로 탈바꿈하였고, 이에
따라 기존의 하층계급 주민들은 치솟는 주거비용을 감당하
지 못해 살던 곳에서 쫓겨나게 되어 그 지역 전체의 구성
과 성격이 변하는 현상을 말하는 것이다.

상식더보기 **젠트리피케이션의 예**

경리단길을 시작으로 망리단길, 송리단길, 객리단길, 황리단길 등, '
~ 길'에 독특한 분위기의 핫 플레이스가 SNS 공유로 유동인구가 늘
어나며 그 지역 임대료가 늘어나 기존의 소규모 상인들이 자리를 떠
나게 되었다.

04

사
회

507 **졸혼** ●☺☹

卒婚

이혼하지 않고 혼인 관계는 그대로 유지한 채, 남편과 아내
로서의 의무와 책임에서 벗어나 각자 자유롭게 사는 것

나이 든 부부가 이혼하지 않으면서도 각자 자신의 여생을
자유롭게 살며 즐기기 위해 등장한 신풍속이다. 결혼의 의
무에서는 벗어나지만, 부부 관계는 유지한다는 점에서 이
혼, 별거와는 차이가 있다. 졸혼을 결정한 부부들은 서로
간섭하지 않고 그동안 자녀 양육과 경제 활동 등으로 누리
지 못했던 자신만의 시간을 갖는다.

□□□
508 **주변인** ●⊖⊖
周邊人

둘 이상의 이질적 사회집단이나 문화에 속해 있으면서도 그 경계에 위치하여 어느 쪽에도 귀속할 수 없는 사람

경계인, 한계인이라고도 한다. 이러한 사람들은 심한 내적 갈등·정서적 불안정·강한 자기의식·열등감 등의 특성을 가지고 있으나, 주변적 상황에서 다른 새로운 생활양식이나 문화를 창출할 가능성도 가지고 있다. 자아와 타자 사이에서 방황하며 정체감이 확산되고, 이문화나 타문화와의 접촉이 많은 현대인은 이러한 주변인적 상황에 크게 노출되어 있다고 할 수 있다.

□□□
509 **체리피커** ●⊖⊖
Cherry Picker

자신의 실속만 차리는 소비자를 일컫는 말

'신포도는 먹지 않고 단맛 나는 체리만 골라 먹는 사람'이라는 뜻으로 카드사의 특별이벤트 기간에 가입해 제공되는 서비스 혜택만 누리고, 그 이후부터 카드사용이 전무한 고객을 말한다. 즉, 기업의 제품이나 서비스를 구매하지 않으면서 자신의 실속만을 차리는 소비자를 말한다.

□□□
510 **캐시리스 사회** ●●●
Cashless Society

경제주체 사이의 거래에서 현금을 이용하지 않는 사회

현금을 가지고 다닐 필요 없이 신용카드, 모바일 카드 등을 이용해 소비·상업 활동을 할 수 있는 사회를 말한다. IT산업의 발달로 컴퓨터와 전상망이 잘 갖춰지고, 금융기관 업무가 EDPS화(전자 데이터 처리 시스템화)되면서 캐시리스 사회가 가능해졌다.

□□□
511 **컨슈머리즘** ●⊙⊙
Consumerism

소비자 주권운동

1960년대 후반 기술혁신에 의한 신제품의 대규모 개발, 대량소비 붐과 함께 불량품, 과대광고, 부당한 가격인상 및 유해식품 등의 부작용이 세계적으로 확대되면서 컨슈머리즘은 소비자들이 힘을 모아 이러한 왜곡된 현상을 시정하고 자신들의 권리를 지키려는 운동이다. 구체적으로는 대규모 불매운동과 생산업자가 상품의 안정성을 보장할 의무를 법제화시키는 방법 등이 있다. 우리나라는 1980년대 이래 소비자보호원을 중심으로 활발한 소비자운동을 전개하고 있다.

□□□
512 **코하우징** ●⊙⊙
Co – Housing

입주자들이 사생활을 존중하며 공용 공간에선 공동체 생활을 하는 협동 주거 형태

30가구 안팎의 입주자들이 마을이나 주택에 모여 살고 각자의 생활에 맞게 주택과 공용 공간을 설계하는 것이 특징이다. '셰어하우스'와 같은 개념으로 볼 수 있으며 1970년 덴마크에서 시작으로 네덜란드, 스웨덴, 영국, 독일, 일본 등으로 확대되었다.

□□□
513 **쿼터리즘** ●⊙⊙
Quarterism

인내심을 잃어버린 요즘 청소년의 사고 · 행동양식

4분의 1을 뜻하는 영어 쿼터(Quarter)에서 나온 말이다. 최근의 10대들은 자극에는 즉각 반응을 하지만 금세 관심이 바뀌는 감각적 찰나주의가 한 특징이다. 이는 순간적 적응력을 요구하는 고속정보통신과 영상매체의 급격한 팽창이 한 가지 일에 진지하게 접근하고 집중하는 능력을 잃게 한 원인으로 지적되고 있다. 그러나 쿼터리즘이 꼭 부정적인 결과만을 가져오는 것은 아니라는 의견도 있는데, 이는 직관적 사고나 감각적이고 순발력이 필요한 아이디어를 창안해내는 것에 천재적이기 때문이다.

□□□
514 **트위너** ●☺☺
Tweener

부유층과 빈곤층 사이에서 인생을 즐기는 사람

부유층과 빈곤층의 중간에 속하며 안정된 생활을 추구하면서도 금전 본위보다 마음의 평안을 중히 여기는 사람들로 인생을 즐길 줄 아는 사람들을 말한다. 농구에서는 두가지 포지션을 수행하는 선수를 말한다.

□□□
515 **패션폴리틱스** ●☺☺
Fashion Politics

정치적 의미를 지닌 패션

패션을 통해 사회적 지위나 전하고 싶은 정치적 메시지를 전달하는 것을 뜻하는 말이다. 이미지를 통한 정치적 전략 중 하나이다. 자국의 정치적 성향을 드러내보였던 서울 G20 정상회의에서의 각국 정상 옷차림이 패션폴리틱스의 예라고 볼 수 있다.

□□□
516 **패스트 패션** ●●☺
Fast Fashion

최신 유행을 즉각 반영한 디자인·비교적 저렴한 가격·빠른 상품 회전율로 승부하는 패션 또는 패션사업

'SPA(Speciality Store Retailer of Private Label Apparel, 제조 및 직매 브랜드)'로도 불리는 패스트 패션은 트렌드를 재빨리 파악하여 제품을 제작·판매하고, 1~2주일 단위로 신제품을 소량 생산한 후 남은 것은 폐기 처분하는 전략을 쓰기 때문에 상품의 희소성도 있다. 패스트 패션의 대표주자는 자라, 망고, 유니클로 등이 있다.

□□□
517 **퍼스트 펭귄** ●●●
The First Penguin

불확실성을 감수하고 용감하게 도전하는 '선구자'

무리 중에서 처음 바다에 뛰어든 펭귄을 뜻하는데, 남극 펭귄들이 먹이 사냥을 위해 바다로 뛰어드는 것을 두려워하지만 펭귄 한 마리가 먼저 용기를 내 뛰어들면 나머지 펭귄들도 이를 따른다는 데에서 유래하였다. 이는 불확실하고 위험한 상황에서 용기를 내 먼저 도전함으로써 다른 이들에게도 참여의 동기를 유발하는 선구자를 뜻한다.

518 **퍼피워킹** ●◐◌
Puppy Walking

시각 · 청각장애인의 안내견이 될 강아지를 생후 7주부터 1년 동안 자신의 집에서 돌봐주는 자원봉사활동

예비견들은 1년 동안 안내견학교 담당자가 월 1회 정규적으로 방문해 훈련과 건강관리 등을 도와주며 사육에 드는 경비도 안내견학교에서 부담하고 있다. 퍼피워킹는 초보자들이 하기는 힘들고 개를 키워본 경험이 풍부한 애견인들이 하는 것이 좋다.

519 **포노 사피엔스** ●●●
Phono Sapiens

스마트폰을 가까이 두고 모든 일에 활용하는 세대

스마트폰을 신체 일부라 여길 정도로 현대인들은 스마트폰을 하루종일 가지고 다니면서, 스마트 폰이 없을 경우 생활하기 힘들어지는 사람이 증가하며 생긴 용어이다.

520 **폴리시드 맨** ●●◌
Polished Man

아동학대 근절 캠페인

오스트레일리아의 비영리 단체 YGAP의 대표가 캄보디아에서 아동 학대에서 구조된 아이를 돌보며 겪은 경험을 바탕으로 시작된 아동학대 근절 캠페인이다. 이 캠페인은 아동 5명 중 1명이 아동 폭력의 피해자라는 호주의 통계에 기반하여 다섯 손가락 중 한 손가락에만 매니큐어를 바른 사진을 인증하는 것이다.

521 프라우드 보이스 ●●●
Proud Boys

백인 우월주의 단체이자 극우단체

2016년 조직된 극우단체로 반이민, 반페미니즘을 주장하며 '서구의 남성 우월주의자(Western Chauvinists)'를 표방한다. 이들은 반대 정치 성향을 가진 사람들에게 폭력을 행사하였으며, 2020년 인종차별 반대 시위(BLM : Black Lives Matters)에서 맞불 집회를 열었다. 한편, 도널드 트럼프 지지단체인 프라우드 보이스는 2021년 1월 6일 미 워싱턴 의회 난입 사태를 주도한 단체 중 하나이다.

[상식더보기] 미국 워싱턴 의회 난입사건(2021)
2021년 1월 6일 도널드 트럼프 대통령 지지자들이 대선 결과에 불복하며 의회 의사당에 난입한 사건이다. 큐아논, NSC – 131, 스트리퍼센터스, 오스키퍼스 등 주요 극우 단체들이 주도하였다.

522 프레너미 ●●⊙
Frenemy

이해관계로 인한 전략적 협력관계이지만 동시에 경쟁관계에 있는 것

'친구(Friend)'와 '적(Enemy)'의 합성어이다. 삼성과 구글의 관계를 예로 들 수 있는데, 삼성전자와 구글은 2007년 애플이 아이폰을 출시하면서 단말기와 운영체제 IOS를 독자적으로 개발하자 이에 대응하기 위해 전략적 협력관계를 결성하였다. 양사는 삼성전자의 단말기와 구글의 운영체제(OS)를 결합하여 애플에 맞섰고, 이후 구글 안드로이드의 점유율이 크게 상승하면서 성공을 거두었다.

523 프레이밍 효과 ●●●
Framing Effect

문제를 해석하는 방법에 따라서 사람의 선택이 달라지는 효과

행동 경제학자인 다니엘 카네만에 의해 정의된 용어이다. 물이 반쯤 담긴 컵을 보고 어느 누구는 '물이 반이나 남았네'라고 하고 다른 누구는 '물이 반 밖에 안 남았네'라고 해석한다. 이와 같이 똑같은 현상을 두고서도 어떤 관점을 가지고 있느냐에 따라서 그 해석은 전혀 다른 것이 될 수도 있는 것을 프레이밍 효과라고 한다.

524 프레퍼 ●●◎
Prepper

세상을 멸망시킬 재난이나 언제 닥칠지 알 수 없는 위기를 대비해 생존 준비를 하는 사람

미국·영국에서 종말론의 확산과 함께 경제 대공황이 전개되면서 1929년을 전후로 처음 등장하기 시작했다. 미·소 냉전시기였던 1950 ~ 60년대. 당시 핵전쟁의 발발 위기가 고조되면서 사람들이 각종 대피시설을 짓고 식량을 비축해 두었다. 현재에는 2019년 말에 시작된 코로나바이러스로 늘어난 불안감은 사재기 현상으로 이어졌으며 프레퍼족이 늘어나며 생존가방의 매출도 늘어나고 있다.

525 프렌디 ●◎☺
Friendy

육아에 활발하게 참여하는 아빠

'친구(Friend)'와 '아빠(Daddy)'의 합성어로 친구 같은 아빠를 말한다. 사회 복지의 원조인 북유럽에서 가장 먼저 나타났으며, 우리나라에서는 2011년 주5일제 시행과 여성의 활발한 사회활동으로 프렌디가 늘어나기 시작했다. 특히 아이의 사회성 형성이나 성 역할 인지에 엄마의 양육효과만큼이나 아빠의 양육도 교육효과가 높다고 알려지면서 관심이 높아지고 있다.

526 프로보노 ●☺☺
Pro Bono

사회적 약자를 위한 법률서비스

라틴어 'Pro Bono Publico(공익을 위하여)'의 줄임말이다. 노블레스 오블리주와 유사한 개념으로 자신의 전문적인 지식이나 서비스를 사회적 약자와 소외계층을 위해 공익 차원에서 무료로 제공하는 것을 말한다. 그 예로는 저소득층을 위한 의료봉사, 변호사의 무료 법률 상담 등이 있다.

527 헤이트 스피치 ●●●
Hate Speech

증오 언설 또는 혐오 발언

특정 인종이나 국적, 종교, 성별 등을 기준으로 일부 사람들에게 증오를 선동하는 발언을 말한다. 이런 발언들은 소규모 공간을 넘어 보다 공공적인 공간에서 행해지기 시작하면서 사람들을 선동하는 효과를 낳게 되는데, 국제 사회에서는 이미 헤이트 스피치를 범죄로 규정하고 있다. 과거 1994년 아프리카 르완다에서 발생한 대학살 사건이 대표적이다.

528 헬리콥터 부모 ●☺☹
Helicopter Parents

자녀 주변을 헬리콥터처럼 맴돌며 과잉보호하는 학부모

헬리콥터 부모는 자녀들의 성적 및 교우관계 뿐만 아니라 학교의 행정이나 교육에까지 간섭하고 심지어 자녀가 독립성을 가진 성인이 된 이후에도 취업, 결혼 등을 조정하려는 부모를 말한다.

529 ASMR ●●●
Autonomous Sensory Meridian Response

자율감각 쾌락반응

시각적, 청각적, 촉각적, 후각적, 혹은 인지적 자극에 반응하여 형언하기 어려운 심리적 안정감이나 쾌감 따위의 감각적 경험을 일컫는 말이다. ASMR은 트리거로 작용해 팅글을 느끼게 한다.

□□□
530 **SPO** ●●●
School Police Officer

학교전담경찰관

학교폭력 예방대책의 일환으로 2012년, 전국에 배치되어 1인당 10개교를 담당하고 있다. 학교전담 경찰관은 학생, 학부모, 교사 등을 대상으로 범죄예방교육을 실시하고 있으며, 학교폭력과 청소년 선도 관련 업무를 전담한다.

사
회

□□□
531 **FOMO** ●●●
Fear of Missing Out

흐름을 놓치거나 소외되는 것에 대한 불안 증상

FOMO는 세상의 흐름에 자신만 제외되고 있다는 공포를 나타내는 일종의 고립공포감이다. 소셜 미디어 사용자들이 다른 사람들과 네트워킹을 하지 못하는 경우에 심리적으로 불안해하며 과도한 집착과 의존으로 고립공포감이 심화될 수 있다.

□□□
532 **JOMO** ●●☺
Joy of Missing Out

혼자 있는 시간을 즐기는 현상

자신과 밀접하게 연결되어있는 관계들을 잠시 중단하고 자신에게 유익한 경험 자체를 즐기는 자발적 고립을 지칭한다. 최근 SNS가 일상화되면서 타인의 일상과 자신의 게시물에 집중하며 실시간으로 타인의 반응을 살피는 것에 대한 피로감이 높아지고 있다. 따라서 자발적으로 SNS, 인터넷 등을 끊고 스스로에게 집중할 수 있는 여행이나 취미생활에 몰두하는 사람들이 늘어나고 있다.

□□□
533 **감정노동** ●●●
感情勞動

자신이 느끼는 실제 감정과 무관하게 직무를 해야 하는 감정적인 노동

고도의 산업화로 서비스업이 활발해지며 등장한 노동 형태이다. 자신의 감정은 숨기고 서비스를 제공하는 직업종사자들이 해당된다. 승무원 · 전화상담원 등 고객을 직접 응대하는 직종들을 예로 들 수 있다. 감정노동을 오래 한 근로자 대부분은 스마일마스크 증후군(Smile Mask Syndrome)에 걸리는 경우가 많다.

□□□
534 **경제활동인구** ●●●
經濟活動人口

15세 이상 생산가능 연령인구 중 취업자와 실업자

15세 이상의 인구는 '생산활동가능인구'라고 하며, 만15세 이상의 사람들 중 구직을 한 사람, 구직 의사가 있으며 취업이 가능한 인구를 '경제활동인구'라고 한다. 그 외를 '비경제활동인구'라고 하며 일할 능력은 있지만 구직활동을 하지 않는 사람, 일할 능력이 없는 사람을 말한다.

□□□
535 **국민기초생활 보장법** ●●●
國民基礎生活保障法

종래 단순보호차원의 생활보호법을 대체하여 국가의 보호를 필요로 하는 절대빈곤가구의 기초생활 보장법

근로능력이 있는 수급자에 대한 종합적인 자활 · 자립 지원을 목적으로 1999년 9월 7일에 제정되어 2000년 10월 1일부터 시행되고 있는 법률이다. 「국민기초생활보장법」에서는 국가로부터 생계지원을 받더라도 일할 능력이 있으면 자활관련 사업에 참여한다는 조건 아래 매달 생계비를 지급받도록 하고 있다.

□□□
536 **국제노동**
기구 ●●●

ILO :
International
Labour OrganiZaTion

사회정의의 실현과 노동조건의 개선을 목적으로 1919년
베르사유조약에 의해 국제연맹의 한 기관

1946년 12월 제네바에서 UN 최초의 전문기관으로 발족하
였으며 각국의 노동입법, 적절한 노동시간, 임금노동자의 보
건·위생에 관한 권고나 그 밖의 지도를 하고 있다. 우리나
라는 1991년 12월 9일에 가입했다.

□□□
537 **그린 잡 ●●●**

Green Job

화석에너지 부족, 온실가스 규제 강화 등 변화하는 에너지
환경에서 새롭게 생겨난 일자리

태양열·풍력 등 재생에너지 기술자, 바이오 디젤(식물에
서 추출하는 연료)용 옥수수를 재배하는 농부 같은 직업이
해당한다.

□□□
538 **그림자 노동 ●●●**

Shadow Work

노동을 했지만 보수를 얻지 못하는 무급 활동

오스트리아 철학자 이반 일리치(Ivan Illich)가 동명의 저
서에서 처음 언급한 개념이다. 직접 주유를 하는 셀프 주
유소, 비대면 거래를 위해 각종 인증 절차를 거쳐야 하는
모바일 뱅킹, 주기적인 소프트웨어 업그레이드, 저렴한 상
품을 사기 위해 정보 수집을 하는 행위 등이 그림자 노동
에 해당한다. 셀프서비스라는 명목하에 이뤄지며, 비용을
아낄 수 있지만 시간을 할애해야 한다는 단점이 있다.

□□□
539 **근로자**
파견제 ●○○

勤勞者派遣制

한 회사가 다른 회사에 고용된 근로자를 정해진 기간(보
통 1년 미만) 동안 이용하는 제도

특정한 계절이나 시간에 몰리는 일시적인 일에 적용한다.
어느 회사가 사무자동화를 위해 컴퓨터를 구입하고 업무전
산화 프로그램을 개발하는 경우 초기 작업이 완결될 동안
에만 컴퓨터 전문인력 용역회사의 도움을 받으면 공연히
불필요한 인원을 평생 고용하지 않아도 되기 때문에 인건
비 부담이 줄어들 수 있다.

04

사
회

540 근로장려금 ●●●
勤勞獎勵金

일은 하지만 소득이 적어 생활이 어려운 근로자 또는 사업자(전문직 제외) 가구에 장려금을 지급하여 근로를 장려하고 실질소득을 지원하는 근로연계형 소득지원제도

근로의욕을 고취시켜 일을 통한 빈곤탈출과 빈곤층의 경제적 자립을 지원하고 저소득 근로자의 실질소득을 증가시켜 극빈층으로 추락을 사전에 예방하는 것이 목적이다.

541 명예퇴직제 ●◎◎
名譽退職制

공무원이나 회사원을 정년이 되기 전에 퇴직시키는 제도

보통 정년을 5 ~ 10년에 앞둔 사람 중 희망자에 한해 적용한다. 명예퇴직자는 여유를 가지고 정년 이후를 준비할 수 있고, 회사는 인건비를 절감하고 조직을 활성화시켜 경영합리화를 꾀할 수 있다. 명예퇴직 시 받게 되는 급여는 정상적인 퇴직금에 정년퇴직 때까지 남은 급여의 일정부분이 가산된다.

542 보이콧 ●●◎
Boycott

불매운동

노동조합에 의한 쟁의의 한 방법으로 어떤 특정한 요구를 들어주지 않는 기업의 제품을 노동자들, 나아가 일반대중까지 단결하여 구매하지 않음으로써 상대방이 요구를 들어주도록 하는 행위를 말한다. 아일랜드의 지주 대리인인 보이콧(Boycott)이란 사람의 이름에서 나온 말로 1880년 영국의 영지 관리인이었던 보이콧이 소작료를 내지 않은 소작인들을 추방하려다가 단합한 소작인들의 배척을 받고 물러난 데서 유래한 말이다.

□ □ □
543 **블라인드
채용** ●●◎
Blind Hiring

편견요인을 제거한 직무능력중심평가

채용과정인 입사지원서 또는 면접 등에서 편견이 개입되어 불합리한 차별을 유발할 수 있는 출신지, 가족관계, 학력, 신체적 조건(키, 체중, 사진), 외모 등 항목을 기재하지 않는다. 따라서 지원자들의 개인적 배경이 심사위원들에게 영향을 미치지 않고, 편견에서 벗어나 실력인 직무능력을 평가하여 인재를 채용할 수 있도록 시스템을 구축하여 지원하는 채용 제도이다.

□ □ □
544 **블루라운드** ●◎◎
BR :
Blue Round

개도국들의 저임노동력에 의한 공산품 가격경쟁력이 선진국 입장에서는 불공정한 것인 만큼 이를 적절히 시정하는 방안

1994년부터 국제노동기구(ILO)를 중심으로 본격 논의되기 시작했다. 1991년 게파트 미하원 원내총무가 개도국들에 대한 무역공세강화를 골자로 하는 법안을 제출하면서 처음 사용했다. 국제통상무대에서 사용하는 공식용어는 '사회조항(Social Clause)'이나 '노동력 덤핑(Labor Dumping)'이다.

□ □ □
545 **워케이션** ●◎◎
Worcation

휴가지에서의 업무를 인정하는 근무 형태

'일(Work)'과 '휴가(Vacation)'의 합성어이다. 직원들의 장기휴가 사용을 보다 쉽게 만드는 새로운 형태의 근무제도이다.

□ □ □
546 **워크셰어링** ●◎◎
Work Sharing

불황기의 고용문제 해결방법

노동자 1인당 노동시간을 단축함으로써 전체고용지수를 유지·증대하려는 형태의 업무분담이다. 구체적으로 노동시간 단축, 작업량 삭감, 휴일·휴가 증가, 퇴직연령 인하, 교육·직업훈련기간 연장 등이 있다.

547 **의도적 언보싱** ●●●
Conscious Unbossing

관리자로 승진하는 것을 최대한 늦추려는 경향

이들은 과거 성공의 지표로 여겨진 승진보다는 개인의 성장에 관심이 높다. 글로벌 채용 컨설팅 기업에서 영국 1990년대 중후반 ~ 2010년대 초반 출생자를 중심으로 승진 관련 조사를 한 결과, 약 52%가 중간 관리자가 되길 원치 않는다고 답했으며, 중간 관리자가 되면 스트레스는 많지만 보상은 낮다는 인식을 가지고 있었다.

□□□
548 **임금피크제** ●○○
Salary Peak

일정 연령이 된 근로자의 임금을 삭감하는 대신 정년까지 고용을 보장하는 제도

워크 셰어링(Work Sharing)의 한 형태로, 임금피크제의 장점은 고령층의 실업 완화, 기업의 인건비 감소, 전문화된 인력의 경험을 살릴 수 있다는 것이나 일률적인 임금피크제의 적용으로 인한 임금수준 하락의 편법작용, 공기업의 노령자 구제수단의 일환으로 악용될 수 있다는 단점이 있다.

□□□
549 **조용한 사직** ●●○
Quiet Quitting

직장에서 최소한의 일만 하겠다는 의미를 담은 신조어

미국 뉴욕의 20대 엔지니어 틱톡 영상이 화제가 되면서 전 세계로 확산된 신조어로, 직장에서 최소한의 일(정시 출퇴근, 업무 시간 외 전화 및 메신저 응대 거부, 회사와 일상 구분 등)만 하겠다는 의미를 담는다. 그는 영상에서, "일이 곧 삶이 아니며, 당신의 가치는 당신의 성과로 결정되는 게 아니다"라고 하면서 많은 직장인들의 공감을 얻었다. 실제로 직장을 그만두는 것은 아니지만, 정해진 시간과 업무 범위 내에서만 일을 하고 초과근무를 거부하는 노동 방식을 뜻하는 '조용한 사직'에 대해 워싱턴포스트(WP)는 직장인이 허슬 컬처를 포기하고 주어진 것 이상을 해야 한다는 압박과 그런 생각을 중단하고 있다는 것을 보여준다고 분석했다.

□□□
550 **주휴수당** ●●◉
週休手當

주휴일에 하루치 임금을 별도 산정하여 지급하는 수당

주휴일은 상시근로자 또는 단기간 근로자에 관계없이 일주일에 15시간 이상 근무한 모든 근로자가 적용대상이 된다. 「근로기준법」 제55조에 따르면 사용자는 1주일 동안 소정의 근로일수를 개근한 노동자에게 1주일에 평균 1회 이상의 유급휴일을 주어야 하며, 이를 주휴일이라 한다.

□□□
551 **직장 내 괴롭힘 금지법** ●●●

직장에서의 괴롭힘의 개념을 명시하고 이를 금지하여, 근로자의 인권과 노동권을 보호하고자 만든 법적 제도

2019년 7월 16일부터 시행된 법으로 근로자가 직장에서의 지위 또는 관계 우위를 이용해 다른 근로자에게 신체적·정신적 고통을 주는 행위 등을 금지하는 법이다.

□□□
552 **최저임금제도** ●●●
最低賃金制

국가가 정한 최저임금을 근로자에게 지불하도록 법적으로 강제한 제도

국가가 근로자의 생활 안정을 위하여 최소한의 임금을 정한 것이 최저임금이다. 따라서 최저임금제는 회사가 최저임금 이상의 임금을 근로자에게 지불해야 함을 뜻한다. 최저임금제는 임금생활자의 소득을 증가시키고 수준 이하의 노동조건과 빈곤을 없애며 노동력 착취 방지, 소득재분배 등을 실현하는 것을 목표로 한다.

게임 출시 전 완성도를 높이기 위한 집중 근무 형태

업계 용어로 자주 쓰였으나, 잦은 야근과 혹독한 업무 강도, 일상적인 수당 미지급 행태 등 게임 업계의 열악한 노동 환경을 대변하는 단어로 부상하고 있다. 전문가들은 게임 산업 성장의 역사와 제품 특성에서 원인을 찾는다. 1990년대 한국 게임 산업을 태동시킨 1세대 개발자들이 부족한 자본과 인력으로 개발을 진행하다 보니 잦은 야근과 촉박한 개발 일정이 일상화 되었다는 것을 의미한다. 이런 분위기가 20년이 지난 지금도 크게 달라지지 않으면서 개발자들의 희생을 강요하는 조직 문화가 형성됐다.

유급근로시간 면제제도

원칙적으로 노조 전임자에 대한 사용자의 임금지급을 금지하되 노사교섭·산업안전·고충처리 등 노무관리적 성격이 있는 업무에 한해서만 근무시간으로 인정하고 이에 대한 임금을 지급하는 제도를 말한다. 2009년 말에 노사정(勞使政)의 합의에 의해 도입, 2010년 7월 1일부터 시행됐다. 근로자 고충처리·산업안전보건에 관한 활동·단체교섭 준비 및 체결에 관한 활동 등이 근무시간으로 인정되는 노조 활동이다.

유연근무제, 퍼플칼라

일정한 시간이나 장소 형태를 요구하는 정형화된 근무 제도에서 탈피해 근로자의 여건에 따라 특성에 맞는 근무 형태를 신축적으로 조절하는 것이다. 여성과 남성을 상징하는 빨강과 파랑을 섞으면 보라색이 나오는 것처럼 일과 가정의 조화와 남녀평등을 표방하며 기존의 정규직, 비정규직이란 이분법적 사고를 뛰어 넘는 다양성을 지향한다. 유연 출퇴근 시간제, 재택근무제, 일자리 공유제, 한시적 시간근무제 등이 있다.

□□□
556 **포괄임금제** ●☺☺
包括賃金制

시간외근로 등에 대한 수당을 급여에 포함시켜 일괄지급하는 임금제도

근로계약 체결 시 근로형태나 업무 성질상 법정기준 근로시간을 초과한 연장·야간·휴일 근로 등이 당연히 예정되어 있는 경우나 계산의 편의를 위해 노사 당사자 간 약정으로 연장·야간·휴일 근로 등을 미리 정한 후 매월 일정액의 제수당을 기본임금에 포함해 지급하는 것을 말한다. 「근로기준법」은 근로계약을 체결할 때 소정근로시간 및 임금의 구성항목·계산방법·지급방법 등을 서면으로 명시하도록 하는 한편, 연장근로수당, 야간근로수당, 휴일근로수당, 연차휴가수당, 주휴수당 등을 통상임금에 기초하여 산정하도록 규정하고 있다.

□□□
557 **프레카리아트** ●●●
Precariat

안정된 직업 없이 저임금·저숙련 노동을 하며 힘겹게 살아가는 계층

경계적, 사회적으로 불안정한 고용 상태에 있는 노동계층, 즉 비정규직이나 임시직 또는 프리랜서 등 고용안정성이 낮고 복지 혜택이 부족한 노동자들이다. 고용 구조가 유연화되면서 비정규직이 증가하고 팬데믹뿐만 아니라 기업의 비용 절감 및 리스크 분산을 위한 아웃소싱, 계약직 고용이 확대되었다.

□□□
558 **플랫폼 노동** ●●●
Flatform Work

스마트폰 사용이 일상화되면서 등장한 노동 형태

앱이나 소셜 네트워크 서비스(SNS) 등의 디지털 플랫폼에 소속되어 일하는 것을 말한다. 즉, 고객이 스마트폰 앱 등 플랫폼에 서비스를 요청하면 이 정보를 노동 제공자가 보고 고객에게 서비스를 한다. 플랫폼 노동은 노무 제공자가 사용자에게 종속된 노동자가 아닌 자영업자이므로 특수고용노동자와 유사하다는 이유로 '디지털 특고'로도 불린다. 예컨대 배달대행앱, 대리운전앱, 우버 택시 등이 이에 속한다.

□□□
559 **갭 투자** ●◌◌
　Gap 投資

시세차익을 목적으로 주택의 매매 가격과 전세금 간의 차액이 적은 집을 전세를 끼고 매입하는 투자 방식

매매가격과 전세가격 간 격차가 작을 때 그 차이(갭)만큼의 돈만 갖고 집을 매수한 후 직접 살지는 않고 임대주택으로 공급하다가 집값이 오르면 매도해 차익을 실현하는 투자법이다. 예를 들어, 매매 가격이 5억 원인 주택을 5,000만 원만 있어도 살 수 있다. 부족한 4억 5,000만 원을 대출받아 집을 산 후에, 4억 5,000만 원에 그 집을 전세로 내놓는 것이다. 전세금 4억 5,000만 원을 받아 그 돈으로 은행 대출을 갚으면 5,000만 원으로 은행 빚 없이 집 주인이 될 수 있다. 전세 계약이 종료되면 전세금을 올리거나 매매 가격이 오른 만큼의 차익을 얻을 수 있어 저금리, 주택 경기 호황 시기에 유행하였다.

□□□
560 **건폐율** ●●◌
　建蔽率

대지면적에 대한 건축면적의 비율

대지면적에 대한 건축면적(대지에 두 채 이상의 건축물이 있는 경우에는 그 건축면적의 합계)의 비율을 말한다. 즉, 수평적 건축밀도를 말한다. 건폐율은 토지에 대한 시설량과 인구수의 적부(適否)를 판정하거나, 시가지의 토지이용효과를 판정하고, 도시계획의 관점에서는 건축규제의 지표이다.

┼상식더보기 건폐율 계산식

$$건폐율 = \frac{건축면적}{대지면적} \times 100$$

□ □ □
561 **공시지가** ●●⊖

公示地價

국토교통부 장관이 조사·평가하여 공시한 토지의 단위면적(㎡)당 가격

「지가공시 및 토지 등의 평가에 관한 법률」에 근거해 국토교통부장관이 토지 이용 상황이나 주변 환경, 기타 자연적·사회적 조건이 일반적으로 유사하다고 인정되는 토지 중에서 대표적인 표준지를 선정하고 적정가격을 조사·평가해 결정·공시하는 지가를 말한다. 공시지가는 양도세, 상속세, 증여세, 토지초과이득세, 개발부담금(착수시점), 택지초과소유부담금 등 각종 토지관련 세금의 과세기준이 된다. 공시지가가 산정되면 이를 기준으로 개별지가가 산출된다. 공시지가 열람은 해당 표준지가 속한 시·군·구에서 가능하며, 공시된 지가에 이의가 있는 토지소유자는 공시일로부터 60일 이내 국토교통부 장관에게 서면으로 이의를 신청할 수 있다.

□ □ □
562 **공시의 원칙** ●⊖⊖

公示 – 原則

물권 변동을 한 사실을 외부에서 인식할 수 있도록 일정한 상징적인 형식을 수반해야 한다는 원칙

물권의 배타성 때문에 발생한 원칙이다. 물권은 배타성을 지니고 있어서 그 내용에 대해 제3자가 식별할 수 있는 수단이 없다면 일반인에게 손해를 주어 거래안전에 해가 된다. 이를 예방하기 위한 조치가 공시제도인 것이다. 물권변동이 있다면 외부에 공시해야 한다.

563 **공신의 원칙** ●◐◌
公信 — 原則

실제로는 권리관계가 존재하지 않더라도 추측할 만한 외형적 표상(등기·점유)이 있는 경우에 이 외형을 신뢰하고 거래한 자를 보호하여 진실로 권리관계가 존재하는 것과 같은 법률효과를 인정하려고 하는 원칙

공신의 원칙은 거래의 안전을 보호받는 반면에 진실의 권리자에게는 불이익이 된다. 더욱이 등기부의 기재가 대체로 진실한 권리관계를 정확하게 반영하도록 되어 있지 아니한 경우에는 등기에 공신력을 인정하면 그 폐단은 더욱 커진다. 한국 민법이 부동산 물권의 변동에 관하여 공신의 원칙을 인정하지 아니한 것은 바로 이 점이 문제가 되기 때문이다.

□□□
564 **기준시가** ●●◌
基準時價

부동산, 이용권 등을 팔거나 상속 또는 증여할 때 부과해야 하는 양도소득세, 상속세, 증여세 등의 과세액에 기준이 되는 가격

부동산 거래에서 양도소득세와 상속·증여세를 책정할 때 기준이 되는 가격이다. 공동주택, 개별주택 및 토지의 기준시가는 국토교통부·지자체장이 평가·공시하고 있다. 그 외에 비주거용 부동산은 국세청장이 공시주체가 된다.

□□□
565 **담보권** ●◐◌
擔保權

민법에서 채무자가 빚을 갚지 않을 경우에 채권자가 채무이행을 확보할 수 있는 권리

신용 확보를 위하여 일정한 물건을 채권의 담보로 제공할 것을 목적으로 한다. 넓은 의미에서는 양도담보까지도 포함된다.

□ □ □
566 **땅콩주택** ●☺☺
Duplex Home

하나의 필지에 지어진 같은 모양의 두 가구의 집

땅콩처럼 껍데기 하나에 두 채의 집이 지어져있어서 땅콩
주택이라고 부른다. 두 가구가 용지 매입 및 건축비용을
나눠서 부담하므로 비용 절감이 가능하고, 공사기간이 짧
다는 장점을 가진다.

□ □ □
567 **부동산 프로젝트
파이낸싱** ●☺☺
Project Financing

금융회사에서 부동산 개발과 같은 특정한 사업을 담보로
필요한 자금을 조달해주는 대출 상품

대출 상환금은 사업에서 발생하는 수익금으로 충당되기 때
문에 사업주는 담보가 부족하거나 신용도가 낮더라도 자금
의 조달이 가능하며, 프로젝트 추진 과정에서 발생할 수
있는 위험을 모기업으로부터 분리할 수 있다. 반면 금융기
관은 복잡한 금융절차 및 위험부담 등으로 일반대출보다
높은 수익을 기대할 수 있다.

□ □ □
568 **사용대차** ●☺☺
使用貸借

당사자 일방이 상대방에게 무상으로 사용(使用)·수익(收
益)하게 하기 위하여 목적물을 인도할 것을 약정하고 상
대방은 이를 사용·수익한 후 그 물건(物件)을 반환할 것
을 약정하는 계약

물건의 사용·수익을 목적으로 하는 낙성(諾成)·무상(無
償)·편무(片務)·불요식(不要式)의 계약이다. 사용대차는
물건의 소비·처분을 목적으로 하지 않는다는 점에서 소비
대차(消費貸借)와 다르며, 무상·편무계약이라는 점에서 임
대차(賃貸借)와 다르다〈민법 제609조〉. 사용대차의 목적물
은 사용·수익으로 소비되지 않는 것이어야 하지만, 종류
에는 제한이 없고, 물건의 일부에 대하여도 성립한다. 사
용대차의 차주는 대가를 지급하지 않으나 일정한 부담을
질 수는 있다. 사용대차의 당사자는 목적물을 인도받기 전
에는 언제든지 계약을 해제할 수 있으나, 상대방에게 생긴
손해가 있는 때에는 배상하여야 한다.

□□□
569 **서브프라임 모기지** ●●☺
Sub – Prime
Mortgage

미국에서 신용등급이 낮은 저소득층을 대상으로 높은 금리에 주택 마련 자금을 빌려 주는 비우량 주택담보대출

미국의 주택담보대출은 신용도가 높은 개인을 대상으로 하는 프라임(Prime), 중간 정도의 신용을 가진 개인을 대상으로 하는 알트 A(Alternative A), 신용도가 일정 기준 이하인 저소득층을 상대로 하는 서브프라임의 3등급으로 구분된다. 2007년 서브프라임 모기지로 대출을 받은 서민들이 대출금을 갚지 못해 집을 내놓아 집값이 폭락하며 금융기관의 파산 및 글로벌 금융위기를 야기시켰다. 시사주간지 타임에서 서브프라임 모기지를 '2010년 세계 50대 최악의 발명품'으로 선정하였다.

□□□
570 **선의취득** ●☺☺
善意取得

제3자가 권리의 외관을 신뢰하고 거래한 때에는 비록 전주가 무권리자이더라도 권리의 취득을 인정하는 제도

공신의 원칙에 따라 평온·공연하게 남의 동산을 점유하기 시작한 사람이 선의이며 과실이 없는 경우에, 양도인의 소유가 정당한 것이 아니더라도 그 동산 위에 질권 또는 소유권을 행사하는 권리를 취득할 수 있는 일을 말한다.

□□□
571 **소비대차** ●☺☺
消費貸借

당사자 일방이 금전 기타 대체물의 소유권을 상대방에게 이전할 것을 약정하고, 상대방은 그와 동종·동질·동량의 물건을 반환할 것을 약정하는 계약

원칙적으로 전형(典型)·편무(片務)·무상(無償)·불요식(不要式)·낙성계약(諾成契約)이지만, 이자 있는 소비대차는 쌍무(雙務)·유상계약(有償契約)으로 된다. 소비대차는 차용물과 동종·동질·동량의 물건(物件)을 반환한다는 점에서 사용대차(使用貸借) 및 임대차(賃貸借)가 차용물 자체를 반환하는 것과 다르다. 소비대차의 목적물은 금전(金錢) 기타의 대체물(代替物)이다〈민법 제598조〉.

□□□
572 **용적률** ●●●
容積率

대지면적에 대한 건축연면적의 비율

용적률은 대지 내 건축물의 바닥면적을 모두 합친 면적(연면적)의 대지면적에 대한 백분율을 말한다. 다만, 지하층·부속용도에 한하는 지상 주차용으로 사용되는 면적은 용적률 산정에서 제외된다. 용적률 규제의 목적으로는 건축물의 규모와 높이를 규제함으로써 주거, 상업, 녹지지역의 면적을 배분하거나, 도로, 상·하수도, 광장, 공원 등의 공공시설 설치를 효율적으로 하고, 쾌적한 도시환경을 조성하여 도시 발전의 균형을 도모하는데 있다.

┼**상식더보기** 연면적(延面積)
대지에 들어선 하나의 건축물의 바닥면적의 합계를 말한다. 연면적은 지상층, 지하층, 주차장시설 등을 모두 포함한다.

□□□
573 **임대차 3법** ●●●
容積率

계약갱신청구권제, 전월세신고제, 전월세상한제를 핵심으로 「주택임대차보호법」과 「부동산 거래신고 등에 관한 법률」 개정안

임대 계약을 하고나서 확정일재부에 임대인·임차인 인적사항, 목적물, 차임·보증금 등을 작성하여 확정일자부를 제출해야 한다. 임차인은 계약 연장을 요구할 수 있고, 임대인은 직전 계약액 5%를 초과하여 임대료를 인상하지 못하다는 등의 법률을 개정한 것이다.

□□□
574 **저당권** ●○○
抵當權

담보물권

채무자 또는 제3자(물상보증인)가 채무의 담보로 제공한 부동산에 대하여 채권자가 그 목적물을 관념상으로만 지배하여 채무의 변제가 없는 경우에 그 목적물로부터 우선변제를 받을 수 있는 담보물권을 말한다.

□□□
575 **전매** ●●⊙
轉賣

구입한 부동산을 단기적 이익을 목적으로 하여 다시 파는 것

일반적으로 전매는 부동산 인기지역이거나 부동산 경기가 호황일 때 많이 일어난다. 전매가 지속되면 가수요가 발생하여 투기가 일어나기 때문에 우리나라에서는 부동산 시장의 과열을 막기 위한 목적으로 분양권전매제한 등의 규제가 지속적으로 시행되어 왔다.

□□□
576 **종합**
부동산세 ●●●
綜合不動産稅

국세청이 고액의 주택과 토지 보유자에 대하여 부담능력에 비례하는 보유세를 부과하는 세금

조세부담의 형평성을 제고하고, 부동산의 가격안정을 도모함으로써 지방재정의 균형발전 및 국민경제의 건전한 발전에 이바지하기 위해 2005년 1월 5일 제정되었다.

□□□
577 **준소비대차** ●●⊙
準消費貸借

소비대차에 의하지 아니하고 금전 기타의 대체물(代替物)을 지급할 의무가 있는 경우에 당사자가 그 목적물을 소비대차의 목적으로 할 것을 약정하는 계약

예컨대 매매계약에 의하여 대금채무가 생기고 있는 경우에 매도인과 매수인이 그 대금채무를 소비대차로 하는 합의를 하면 그것만으로써 소비대차의 효력이 생긴다〈민법 605조〉. 이러한 소비대차를 준소비대차라 하는데, 구 민법은 소비대차를 요물계약(要物契約)으로 하였기 때문에 그 요물성을 완화하기 위하여 준소비대차를 이용하였다. 그러나 현행 민법은 소비대차를 낙성계약(諾成契約)으로 하고 있으므로 별반 의의가 없고, 다만 당사자의 편의를 위하여 인정되는 제도일 뿐이다.

□ □ □
578 **증여세** ●◐◑
贈與稅

타인으로부터 재산을 무상으로 취득하는 경우 취득한 자
에게 증여받은 재산가액에 대해 부과하는 조세

증여란 당사자 일방이 무상으로 재산을 상대방에게 수여하
는 의사를 표시하고, 상대방이 이를 수락함으로써 성립하
는 계약이다. 증여세란 이러한 증여에 의하여 재산이 무상
으로 이전되는 경우에 부과되는 조세를 이르는 말이다. 증
여세는 상속세에 대한 보완세로 발생하였으며, 우리나라의
증여세는 누진세율을 적용하고 있으며, 국세, 보통세, 직접
세의 성격을 지닌다.

□ □ □
579 **지상권** ●◐◑
地上權

다른 사람의 토지에서 공작물이나 수목을 소유하기 위하여
그 토지를 사용할 수 있는 물권

지상권은 지상은 물론 지하에 대한 공작물에 대한 물권을
모두 포함한다. 수목은 식림(植林)의 대상이 되는 식물을
말하며, 경작의 대상이 되는 식물(벼·보리·야채·과수·
뽕나무 등)은 포함하지 않는다. 관습법상의 지상권(분묘기
지권 등) 또는 법정지상권(法定地上權)도 있으나, 보통은
당사자간의 계약에 의하여 지상권이 설정된다.

□ □ □
580 **직주근접** ●●●
職住近接

직장과 주거지가 가까운 것

거리와 시간이 모두 작용해야 하는 것을 말한다. 즉, 도로
와 전철이 발달한 곳은 직주근접 효과를 가진다. 직장인들
이 통근의 편리함과 여가시간을 제공하여 삶의 질을 향상
시키므로 도시계획 시 중요한 과제 중 하나이다.

□□□
581 **타운하우스** ●●●
Town House

단독주택 두 채 이상이 벽을 공유하여 나란히 지은 집

서구주택 형식이며 10 ~ 50가구가 정원과 담을 공유한다. 층간소음의 문제가 적으며 공동으로 사용할 수 있는 테라스, 레저시설 등이 있다.

□□□
582 **토지개발**
부담금 ●●⊖
土地開發負擔金

땅의 형질이나 용도를 변경하기 위하여 진행되는 사업에 대해 개발사업 시행자에게 징수하는 공과금

「개발이익 환수에 관한 법률」 제2조에 의거하여 토지 개발을 통해 발생되는 이익의 일부분을 환수하는 것으로서 토지투기의 성행을 방지하고 효율적인 토지이용을 촉진하기 위한 목적의 부담금이다. 택지소유 상한제, 토지초과세와 함께 토지공개념제의 일환으로 1990년에 도입되었다.

□□□
583 **토지공개념** ●●●
土地公槪念

토지시장이 제대로 작동하지 못하는 경우 정부가 개입하는 것

개인적인 토지 소유권을 인정하지만 토지를 공공복리에 적합하도록 이용하자는 것이다. 우리나라 1980년대 후반 집값 및 땅값이 급등하며 투기하는 사람들이 많아지자 정부가 토지공개념을 적용한 소유 · 거래 · 세금 관련 정책을 내놓았다.

□□□
584 **패닉 바잉** ●⊖⊖
Panic Buying

공황 구매

현재의 가격에 상관없이 가격이 상승과 물량 소진에 대한 불안으로 생필품 또는 주식이나 부동산 등을 사들이는 것을 말한다. 시장의 심리적인 불안으로 가격의 높고 낮음과는 관련 없이 물량을 확보하는 것이다. 패닉바잉으로 인한 거래량이 늘어나면서 시장 가격이 급상승하는 부작용을 만든다.

□□□
585 **패닉 스테잉** ●●●
Panic Staying

주거이동 멈춤 현상

매물 잠김으로 인해 집값이 상승하는 부작용을 나타낸다.
기존 집값이 올라 매도하고 싶어도 매물이 없어 이사 갈
집이 없는 상황, 집값이 계속 오르다가 이사할 경우에 집
값이 떨어질 것이라는 심리적 불안감으로 주거이동이 멈춘
현상이다.

□□□
586 **환매** ●◎◎
還買

매도인이 일단 매각한 목적물에 대하여 대금상당의 금액을 매수인에게 지급하고 다시 사는 계약

환매권(還買權)은 일종의 해제권(解除權)으로 간주되며 재
산권(財産權)으로 양도성을 갖는다고 본다. 환매권은 일정
기간 내에 다른 특약이 없으면 최초의 대금계약의 비용을
제공하여 환매권자의 일방적 의사표시에 의하여 행하여진
다. 환매를 할 수 있는 것은 동산이나 부동산을 가리지 않
는다. 부동산의 경우에는 환매특약을 등기하여 보전할 수
있다. 환매는 매매계약과 함께 이루어지는 계약으로 일종
의 해제권 유보있는 매매이다. 따라서 일단 매매행위가 끝
나면 환매를 한다는 특약을 알 수 없다.

┼**상식더보기**) **동산(動産)**

부동산(不動産) 이외의 물건은 모두 동산이다〈민법 제99조 2항〉.

□□□
587 **LTV** ●●●
Loan To Value
Ratio

주택을 담보로 돈을 빌릴 때 인정되는 자산가치의 비율

은행에서 주택을 담보로 빌릴 수 있는 대출가능한도로서
지난 2000년 9월 부동산정책을 세우면서 도입하였고 부동
산가격의 미시정책으로 활용되고 있다. '담보인정비율', '주
택담보인정비율', '주택가격 대비 대출액 비율'등으로도 불
린다.

금융부채 상환능력을 소득으로 따져서 대출한도를 정하는 계산비율

총부채상환비율(總負債償還比率)으로, 총소득에서 부채의 연간 원리금 상환액이 차지하는 비율을 말한다. 금융기관들이 대출금액을 산정할 때 대출자의 상환능력을 검증하는 개인신용평가시스템(CSS : Credit Scoring System)과 비슷한 개념이다. 예를 들면, 연간 소득이 5,000만 원이고 DTI를 40%로 설정할 경우에 총부채의 연간 원리금 상환액이 2,000만 원을 초과하지 않도록 대출규모를 제한하는 것이다.

04. 사회 QUIZ

다음 문제를 보고 옳고 그른 것에 따라 O, X를 고르세요.

01. 서비스업에 해당하는 <u>그림자 노동</u>은 자신의 감정을 숨기고 일하는 것이다.　　O X

02. 하나의 필지에 두 가구가 같은 모양으로 지어진 집을 <u>땅콩주택</u>이라 부른다.　　O X

03. 자신만의 공간에만 머물며 모든 일을 해결하는 사람들은 <u>파이어족</u>이다.　　O X

04. <u>골드칼라</u>는 근로자 여건에 따라 근무형태를 조절하는 근무제도이다.　　O X

05. 재활용품을 새로운 제품으로 재탄생시키는 것은 <u>업사이클링</u>이다.　　O X

문장에 맞는 단어를 고르세요.

> ㉠ 젠트리피케이션　㉡ 배리어프리　㉢ 체리피커　㉣ 퍼스트 펭귄　㉤ 갭투자

06. 제품 구매는 하지 않고 자신의 실속만 차리는 소비자는 [　　　] (이)다.

07. 전세를 끼고 주택을 매입해 시세차익을 노리는 투자방식은 [　　　] (이)다.

08. [　　　] (은)는 상권이 활성화되며 임대료를 감당할 수 없는 기존 소규모 상인들이 떠나게 되는 현상이다.

09. 장애인들도 편하게 살아갈 수 있는 도시를 만들기 위해 물리적·제도적 장벽을 제거하자는 운동은 [　　　] (이)다.

10. 불확실하고 위험한 상황에서 용감하게 도전하는 [　　　] (은)는 다른 이들에게 참여 동기를 유발한다.

답 1.X(감정노동) 2.O 3.X(코쿠닝족) 4.X(퍼플잡) 5.O 6.㉢ 7.㉤ 8.㉠ 9.㉡ 10.㉣

CROSS WORD

		5		7				
						3		
1	6							
							8	
						4		
		2						

Across

1. 변형해도 일정 온도가 이상으로 가열할 경우 본래의 모양으로 되돌아가는 합성 수지
2. 자동차 + IT기술, 통신망에 연결된 자동차
3. 유전자의 본체
4. 미국 극우들의 소셜미디어
5. 방사성 원소가 붕괴하여 처음 질량의 반으로 줄어드는 데 걸리는 시간

Down

6. 뉴턴의 시간과 공간은 별개라고 하였으나 아인슈타인이 정립한 이것은 시간, 공간, 물질, 에너지의 통합을 요점으로 함
7. 독성이 강한 부식성 기체
8. 몸에 부착하거나 착용하여 사용하는 전자장치, ○○○○디바이스

Across | 1.형상기억수지 2.커넥티드카 3.DNA 4.팔러 5.반감기
Down | 6.상대성이론 7.불화수소 8.웨어러블

PART

05

과학

기초과학 | 첨단과학 · 우주 | 디지털 · IT

□□□
589 **갈릴레이
위성** ●●●
Galilean Satelites

1610년에 갈릴레이가 발견한 목성의 네 위성

목성의 위성 중 크기가 커서 가장 먼저 발견된 4개의 위성 (이오, 유로파, 가니메데, 칼리스토)를 '갈릴레이 위성'이라 고 한다. 1610년 갈릴레이가 손수 만든 망원경을 사용하 여 처음으로 발견하였기 때문에 그러한 이름이 붙었다. 목 성의 제1위성 이오(Io), 제2위성 유로파(Europa), 제3위성 가니메데(Ganymede), 제4위성 칼리스토(Callisto)이다. 각 각의 고유명은 네덜란드 천문학자 마리우스가 명명하였다. 이들 중 가니메데는 태양계의 위성 중 가장 커서 그 질량 이 지구의 위성인 달의 2배나 된다.

□□□
590 **관성의 법칙** ●○○
慣性 - 法則

뉴턴의 운동법칙 중 제1법칙

관성의 법칙은 외부에서 힘이 가해지지 않는 한 모든 물체 는 자기의 상태를 그대로 유지하려고 하는 것을 말한다. 즉, 정지한 물체는 영원히 정지한 채로 있으려고 하며 운 동하던 물체는 등속 직선운동을 계속 하려고 한다. 달리던 버스가 급정거하면 앞으로 넘어지거나 브레이크를 급히 밟 아도 차가 앞으로 밀리는 경우, 트럭이 급커브를 돌면 가 득 실은 짐들이 도로로 쏟아지는 경우, 컵 아래의 얇은 종 이를 갑자기 빠르고 세게 당기면 컵은 그 자리에 가만히 있는 현상이 관성의 법칙의 예이다.

□□□
591 **게놈** ●⊙⊙
Genome

생물의 생존에 필요한 최소한도의 유전자군(1쌍의 염색체)

생물 고유의 염색체 한 조(組) 또는 그 생물의 반수염색체 수, N에 해당한다. 보통 이중의 게놈을 갖고 있다. 유네스코는 1997년 제29차 총회에서 유전자연구에 있어서 인권과 인간의 존엄성을 강조한 '인간게놈선언'을 채택하였다.

□□□
592 **동화작용** ●⊙⊙
同化作用

무기물을 흡수하여 유기물을 합성하는 작용

탄소동화작용과 질소동화작용이 있다. 생물의 몸 안에서 일어나는 물질대사는 동화작용과 이화작용으로 이루어진다. 녹색식물은 공기 중의 탄산가스를 흡수하여 뿌리에서 얻은 물과 햇빛에서 얻은 에너지의 작용에 의해서 탄수화물을 합성하는데, 이것을 탄소동화작용 혹은 광합성이라고 한다. 탄소동화작용의 산물과 뿌리에서 흡수한 무기질소화합물과 황산염이 결합하여 단백질을 합성하는 것을 질소동화작용이라 한다.

□□□
593 **마하** ●●⊙
Mach

비행기 · 총알 · 미사일 등 고속 비행체나 고속기류의 속도를 나타내는 단위

공기 속에서 소리가 전달되는 속도(음속)의 몇 배인가를 숫자로 나타낸다. 마하라는 명칭은 오스트리아 물리학자 언스트 마흐의 이름에서 따온 것이다.

□□□
594 **멜라민** ●●⊙
Melamine

합성 섬유, 본드, 내연재 등의 재료로 쓰이는 공업용 화학제품

일종의 플라스틱 성분으로 열을 가하면 딱딱해지는 성질이 있어 그릇을 만들기도 한다. 사람이 멜라민에 노출되면 신장 결석이나 요도 결석을 유발할 수 있다.

열팽창계수가 매우 다른 두 종류의 얇은 금속판을 포개어 붙여 한 장으로 만든 막대 형태의 부품

선(線)팽창계수가 다른 두 금속을 붙여서 고정시킨 것으로, 온도의 변화를 기계적 변화로 바꾸어 주는 일을 한다. 온도가 높아질 때는 선팽창계수가 작은 쪽으로 휘고, 온도가 내려가면 선팽창계수가 큰 쪽으로 휘게 된다.

방사성 원소가 붕괴하여 처음 질량의 반으로 줄어드는 데 걸리는 시간

온도·압력 등의 외부조건에 영향을 받지 않고, 방사성 원소의 종류에 따라 일정하므로 그 물질 고유의 성질이 없어짐을 파악하는 척도가 된다.

수정한지 14일이 안된 배아기의 세포

장차 인체를 이루는 모든 세포와 조직으로 분화할 수 있기 때문에 전능세포로 불린다. 1998년 이전까지 과학자들은 줄기세포가 배아가 성장하는 짧은 단계에만 존재하고 이를 몸에서 격리해서 살아있게 하는 데는 특별한 장치가 필요하기 때문에 격리·배양이 불가능하다고 믿었다. 그러나 1998년 존 기어하트(John Gearhart) 박사와 제임스 토마스(James Thomas) 박사의 연구팀은 각각 서로 다른 방법을 써서 인간의 줄기세포를 분리하고 배양하는 데 성공했다. 따라서 과학자들은 배아줄기세포를 이용하여 뇌질환에서 당뇨병, 심장병에 이르기까지 많은 질병을 치료하는 데 줄기세포를 이용할 수 있을 것으로 기대를 걸고 있다.

백린을 원료로 만든 탄환

치명적인 화학무기로 폭발로 누출된 입자가 피부에 붙어서 화상을 일으킨다. 연기에 독성이 있어 연기를 흡입하면 장기화상을 입을 수 있고 섭취를 하면 장기손상이 나타난다. 1949년 제네바협약에서 민간인 거주지역 사용금지를 규정하였다.

유체가 흐르는 속도와 압력, 높이의 관계를 수량적으로 나타내는 법칙

유체역학의 기본법칙 중 하나이며, 1738년 D.베르누이가 발표하였다. 점성과 압축성이 없는 이상적인 유체가 규칙적으로 흐르는 경우에 대해 속력과 압력, 높이의 관계를 규정하였다. 유체의 위치에너지와 운동에너지의 합이 일정하다는 법칙에서 유도한다.

독성이 강한 부식성 기체

반도체 제조 공정 중에 주로 사용되는 소재로 '에칭가스'라고도 불린다. 프랑스의 화학자 에드먼드 프레미(Edmond Frémy)가 플루오린을 분리하던 도중 무수 플루오린화 수소를 발견했다. 화학식이 HF인 불화수소(弗化水素)는 플루오린과 수소의 화합물로 수소 결합을 하여 물에 녹으면 플루오린화 수소산이 된다. 석유화학에서도 매우 널리 쓰이며 테플론과 같은 수많은 중합체와 의약품의 전구물질로서 이용된다. 상온에 가까운 온도에서 끓으며 끓는점이 다른 할로젠화 수소보다 높은 편이다.

양력 기준으로 한 달에 보름달이 두 번 뜨는 경우, 두 번째로 뜬 보름달

달의 공전주기는 27.3일이고, 위상변화주기는 29.5일이다. 양력 기준으로 2월을 제외한 한 달은 30일 또는 31일이기 때문에, 월초에 보름달이 뜨게 되면 그 달에 보름달이 두 번 뜨는 경우가 생길 수 있다. 이때 한 달 안에 두 번째로 뜨는 보름달을 블루문(Blue Moon)이라고 말한다. 푸른색을 띠거나 하지는 않으므로 달의 색깔과는 무관한 명칭이다. 전통적으로 서양 문화권에서는 보름달을 불길한 것으로 간주하였다. 'Blue'와 비슷한 옛날 단어인 'Belewe'에는 배신하다(Betray)라는 뜻이 있는데, 두 번째 보름달을 '배신자의 달'이라고 칭한 것이 블루문의 어원으로 가장 유력한 가설이다.

아인슈타인(A. Einstein)의 물리학 이론체계

아인슈타인은 1905년 기존의 뉴턴역학에 의하여 알려졌던 상대성이론의 시간 · 공간의 개념을 근본적으로 변경하여 물리학의 여러 법칙에 적용한 특수상대성이론과, 1915년 뉴턴의 만유인력 대신 특수상대성이론을 일반화하여 중력현상을 설명한 일반상대성이론을 완성하였다.

기체의 부피가 기체의 온도에 비례한다는 법칙

샤를의 법칙은 기체의 부피는 1℃ 올라갈 때마다 0℃일 때 부피의 1/273씩 증가한다는 법칙으로, 프랑스의 과학자인 샤를(J. Charles, 1746−1823)이 발견하였다. 샤를의 법칙을 수학적으로 표현하면 $\frac{V}{T}=k$ 이다. 여기서 V는 부피, T는 절대온도이고, K는 상수이다.

온도증가
물수.압력일정

604 성체 줄기세포 ●○○
Adult Stem Cell

탯줄이나 태반 외에 탄생 후에도 중추신경계 등 각종 장기에 남아 성장기까지 장기의 발달과 손상 시 재생에 참여하는 세포

성체줄기세포는 배아줄기세포와 달리 혈액을 구성하는 백혈구나 적혈구 세포처럼 정해진 방향으로만 분화하는 특성이 있다고 알려져 왔다. 최근에는 뇌에서 채취한 신경줄기세포를 근육세포, 간세포, 심장세포로 전환시킬 수 있음이 알려지면서 성체줄기세포를 이용해 다양한 질병을 치료할 가능성이 밝혀지고 있다.

605 소행성 ●●●
Asteroid

태양계의 한 구성원인 작은 천체

소행성은 태양계소천체(Small Solar System Bodies) 중에서 표면에 가스나 먼지에 의한 활동성이 보이지 않는 천체를 말한다. 따라서 소행성으로 분류된 천체들 중에서 표면에 가스나 먼지에 의한 활동성(코마나 꼬리)이 관측된 경우 해당 천체는 혜성으로 재분류가 되기도 한다. 대부분의 소행성들은 화성과 목성 궤도 사이의 소행성대(Main - Belt)에 위치하고 있다.

606 임계실험 ●○○
臨界實驗

원자로 속에서 최소의 연료를 사용하여 '원자의 불'을 점화하는 것

핵연료를 원자로 안에 조금씩 넣으면 그 양이 어느 일정한 값을 넘었을 때 핵분열의 연쇄반응이 일어나기 시작한다. 즉, '원자의 불'이 점화된다. 이와 같이 핵분열이 지속적으로 진행되기 시작하는 경계를 '임계(Critical)', 이 핵연료의 일정량을 '점화한계량', 즉, '임계량(臨界量)'이라 부른다.

□□□
607 **엔탈피** ●●●
Enthalpy

열의 양을 나타내는 단위 중 하나로 열함량 또는 열함수

열역학에서 계의 내부 에너지와 계가 바깥에 한 일에 해당하는 에너지(즉, 부피와 압력의 곱)의 합으로 정의되는 상태함수이다. 열역학, 통계 역학, 그리고 화학에서 중요한 물리량으로, 엔트로피와는 서로 다르다.

상식더보기 엔탈피(H) = 내부 에너지(E) + 압력(P)부피(V)

압력의 변화가 0인 경우엔, 엔탈피의 변화량은 계가 주변과 주고받은 에너지를 나타낸다. 따라서 주변의 압력이 일정하게 유지되는 반응의 전후의 에너지 출입을 나타내는 데에 많이 쓰인다.

□□□
608 **엔트로피** ●●●
Entropy

계(System)의 무질서나 혼란의 정도를 나타내는 물리량

에너지 분포의 척도라고 할 수 있다. 엔트로피가 증가할수록 계의 에너지는 더 균일하게 퍼지고 사용할 수 있는 에너지는 줄어든다. 예를 들어 얼음이 녹아 물이 되면 분자의 무질서가 증가하는데 이것이 바로 엔트로피가 증가하는 것이다. 닫힌 계에서는 시간이 흐를수록 엔트로피가 증가하는 경향이 있는데 이는 열역학 제2법칙에 해당한다.

□□□
609 **절대온도** ●●●
Absolute Temperature

물질의 특이성에 의존하지 않는 절대적인 온도

1848년 켈빈이 도입하였으며, 단위는 켈빈(기호 : K)이다. 켈빈온도 또는 열역학적 온도라고도 한다. 열역학 제2법칙에 따라 정해진 온도로, 열역학적으로 분자운동이 정지한 상태인 이론상 생각할 수 있는 최저온도를 기준으로 한 온도를 말한다. 국제도량형위원회는 모든 온도 측정의 기준으로 절대온도를 채택하고 있다. 절대온도로 물의 어는점은 273.15K, 끓는점은 373.15K이다.

⁰⁵

과
학

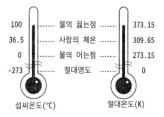

+상식더보기 절대온도와 섭씨온도

<table>
<tr><td>100</td><td>물의 끓는점</td><td>373.15</td></tr>
<tr><td>36.5</td><td>사람의 체온</td><td>309.65</td></tr>
<tr><td>0</td><td>물의 어는점</td><td>273.15</td></tr>
<tr><td>-273</td><td>절대영도</td><td>0</td></tr>
</table>

섭씨온도(℃)   절대온도(K)

□ □ □
610 **줄기세포** ●⊙⊙
Stem Cell

인간의 몸을 구성하는 서로 다른 세포나 장기로 성장하는 일종의 모세포

간세포(幹細胞)라고도 불린다. 이 줄기세포에는 사람의 배아를 이용해 만들 수 있는 배아줄기세포(복수기능줄기세포)와 혈구세포를 끊임없이 만드는 골수세포와 같은 성체줄기세포(다기능줄기세포)가 있다.

□ □ □
611 **초전도** ●●●
Superconduction

특정 온도 이하에서 전기 저항이 완전히 사라지는 물리적 현상

매우 낮은 온도에서 물질을 냉각시키면 전기저항과 내부 지속밀도가 0이 되는 물리적인 현상을 말한다. 전류가 에너지 손실 없이 영구적으로 흐를 수 있다. 이때 온도를 임계온도라고 한다.

+상식더보기 임계온도

열역학에서 온도, 압력, 부피를 변화해도 상태 변화가 일어나지 않는 온도를 말한다.

□ □ □
612 **카드뮴** ●●⊙
Cadmium

자연 환경에서는 산소, 염소, 황과 같은 원소와 결합하여 여러 가지 화합물 형태로 존재하는 은백색의 금속

산업에서 사용되는 카드뮴은 아연, 납, 구리 광석을 녹일 때 부산물로 얻어지는데, 주로 배터리, 색소, 금속 도금, 플라스틱 등에 사용된다. 급성중독에 걸리면 호흡곤란, 흉부압박감, 식용부진, 심폐기능부전을 일으키며 심폐기능부전이 심할 경우 사망까지 이르게 된다. 카드뮴중독증을 '이타이이타이병'이라고 한다.

613 **콜로이드** ●◌◌
Colloid

물질이 분자 또는 이온상태로 액체 속에 고르게 용해되어 있는 용액

보통의 분자나 이온보다 약 10 ∼ 100배 정도 크고, 지름이 $10-7 ∼ 10-5$cm 정도의 미립자(微粒子)가 기체 또는 액체 중에 응집하거나 침전하지 않고 분산된 상태로 있을 경우를 콜로이드 상태이고, 전체를 콜로이드라고 한다.

□□□

614 **쿼크** ●◌◌
Quark

물질을 구성하는 가장 기본적인 입자

업·다운·스트레인지·참·보텀·톱의 6종류가 있다. 이 중에서 해명되지 않았던 마지막 입자 톱 쿼크(Top Quark)가 1994년에 발견됨으로써 물질의 구조를 설명하는 표준 모형이론을 확증할 수 있고, 우주의 초기상태를 규명하는 데도 큰 진전이 있을 것으로 기대되고 있다. 즉, 물질을 구성하는 3종류의 소립자, 중양자, 중성자의 구성요소가 쿼크이다.

□□□

615 **플라즈마** ●●●
Plasma

상태의 물질에 열을 가하면 만들어지는 이온핵과 자유전자로 이루어진 입자들의 집합체

초고온에서 음전하인 전자와 양전하인 이온으로 분리된 기체 상태로, 흔히 '제4의 물질 상태'라고 부른다. 일상에서 볼 수 있는 형광등·수은등·네온사인 등을 인공적인 플라스마 상태를 가지며, 우주에서는 번개, 북극 지방의 오로라, 대기 속의 이온층 등이 있다.

616 플레어 ●●●
Flare

태양의 채층(Chromosphere)이나 코로나(corona) 하층부에서 돌발적으로 다량의 에너지를 방출하는 현상

플레어는 흑점 가까이에서 발생하는데, 빛을 발하기 시작하면 수분 내에 급격히 밝아지면서 섬광(閃光)을 발한다. 그 밝기는 서서히 감광(減光)하여, 수십 분 또는 1시간 후에 본래의 밝기로 되돌아간다. 빛을 발하는 영역은 작은 플레어이며 지구의 표면적 정도이고, 큰 것은 약 10배 가량이다. 태양면 위에 흑점이 수없이 많이 출현하는 흑점극대기(黑點極大期)에는 하루에 수 개에서 십수 개의 플레어가 발생하는데, 흑점 극소기에는 며칠에 한 개 정도로 발생수가 적어진다.

617 현무암 ●◌◌
玄武岩

사장석과 보통휘석을 주로 하는 세립의 화성암

현무암은 생성시대에 관계없이 화학조성상 화산암에 상당하는 것으로 무수규산물 SiO_2를 50% 정도 함유하는 세립의 화성암이라고 한다. 대부분의 경우 용암류(熔岩流)로 산출되는데, 암상이나 암맥 등의 관입암체를 이룬다. 용암류 한 장의 두께는 보통 십수 m 이하이지만, 되풀이하여 분출하는 경우가 많기 때문에 1,000m 이상의 겹침을 볼 수 있는 경우도 있다.

618 형상기억수지 ●◌◌
形狀記憶樹脂

소성 변형하여도 가열하면 다시 본래의 모양으로 되돌아오는 수지

종래 알려져 있던 형상기억합금에 비해 가격은 수십 분의 1밖에 안되고, 변형률도 합금의 70% 정도에 비해 30% 정도로 대폭 향상되었다. 또한 가볍고 성형이 쉬우며 착색도 자유롭다.

얼음의 결정에 태양빛이 반사·굴절했을 때 일어나는 현상

태양과 같은 고도에서 좌우에 나타난다. 대개는 1쌍이지만, 더 많이 나타나는 경우도 있다. 태양이 낮을 때는 태양으로부터의 시거리는 무리(헤일로)와 같이 약 22°인데, 태양이 높아지면 증대하여 안쪽해무리의 바깥쪽에 나타난다. 태양에 가까운 쪽은 불그스레한 빛을 띠고, 바깥쪽은 다소 꼬리를 끌고 있다.

원자번호 57번부터 71번까지 15개 원소에 스칸듐과 이트륨을 포함시킨 총 17개의 원소

희토류 원소는 란타넘(La)부터 루테튬(Lu) 까지의 란타넘족 15개 원소와 스칸듐(Sc)과 이트륨(Y)을 포함하며, 종종 악티늄족 원소를 포함 시키기도 한다. 이들 희토류 원소들은 동일한 광상에서 발생되는 경향이 강하며 유사한 화학적 성질을 보이므로 하나의 원소 그룹으로 간주된다.

염기와 당류 및 인산으로 된 고분자화합물

데옥시리보핵산으로 염색체 안에 유전정보를 가지고 있는 유전자의 본체이다. 1953년 왓슨(J.D. Watson)과 크릭(F.C. Crick)에 의해 이중나선형의 분자구조를 이루고 있는 것이 밝혀졌다.

핵 안 DNA 유전정보를 세포질 안의 리보솜에 전달하는 RNA

DNA 유전정보를 암호화한 복사본이라고 할 수 있다. 이는 유전정보를 단백질로 변환하는 기능을 하며 코로나 백신의 유형으로 사용되었다. 면역반응을 유발하기 위하여 비활성화된 미생물을 몸에 투입하는 기존 백신과 달리 우리 몸안에 면역반응을 유발하는 특정 단백질 또는 단백질 조각을 만드는 방법을 세포에 가르치는 방법을 활용한다.

□□□
623 **경수로** ●○○
　　輕水爐

농축도 3 ~ 4%의 저농축우라늄을 연료로 하고 천연수(보통의 물)를 감속재 또는 냉각재로 사용하는 발전용 원자로

중수형로(重水型爐)에 비해 중성자의 흡수가 많은 반면 핵연료로는 농축우라늄만 쓸 수 있는데, 두 가지 모두 경수를 냉각재 · 감속재로 사용한다. 이는 냉각방식에 따라 비등수형과 가압수형 2종류가 있다.

□□□
624 **국가과학기술**
위원회 ●○○
　　國家科學技術委員會

국가과학기술정책 사업의 수행주체가 다원화되고 투자규모가 확대되면서, 1999년 1월 대통령을 위원장으로 하는 과학기술정책의 최고의사결정기구로 발족

과학기술 주요 정책, 연구개발 계획 및 사업, 과학기술혁신 관련 산업정책 · 인력정책 및 지역기술혁신정책을 조정하고 각 부서별로 추진하고 있는 연구개발사업의 예산배분 방향설정 및 조정과 효율적인 운영 등에 관한 사항을 심의 · 확정하는 업무를 한다.

□□□
625 **나로호** ●●●
　　NARO

KSLV - I(Korea Space Launch Vehicle - I)로 2005년에 발사되기로 했던 대한민국 최초의 우주발사체

과학기술위성2호를 지구 저궤도에 올려놓는 임무를 수행하기 위해 2009년 8월 25일 발사에는 성공하였으나 목표궤도 진입에 실패하였고, 2010년 6월 10일 2차 발사를 시도하였으나 비행 중 폭발로 실패하였다. 2012년도에 3차 발사 시도를 하였으나 부품문제로 연기되어, 2013년 1월 30일 나로호를 성공적으로 쏘아올렸다.

□□□
626 **넌 — 루가** ●☺☺
Nunn – Lugar

핵무기 시설 해체 지원과 관련 종사자 재교육과 같은 위협감축 협력 프로그램

1991년 미 상원 샘 넌, 리처드 루가가 주도한 법안을 근거로 만들어졌다. 1990년대 옛 소련 붕괴 당시 러시아, 우크라이나 등이 보유한 핵무기, 핵물질, 핵기술 등을 폐기할 때 자금과 장비, 인력 등을 지원했으며 공식명칭은 협력적 위협감축 프로그램(CTR)이다.

□□□
627 **누리호** ●●●

우리나라 기술로 만든 한국형 발사체

높이는 47.2m, 직경 3.5m, 총중량 200톤, 1단 추력은 300톤인 우리나라 발사체이다. 누리호 1단과 2단은 75톤 엔진 4기와 액체산소, 케로신 탱크로 구성된다. 3단에는 7톤 엔진 1기와 액체산소, 케로신 탱크로 구성된다. 2021년 10월 21일에 1차 발사를 실시하였으나, 3단 엔진 연소가 조기에 종료되면서 목표궤도에 안착하지 못했다. 2022년 6월에 21일 16시에 2차 시험발사가 시작되어 성공적으로 분리 및 안착시켰다. 이로써 1톤 이상의 위성을 발사할 수 있는 7번째 국가가 되었다. 이어 2023년 5월에 3차도 발사에 성공했다.

□□□
628 **다누리** ●☺☺

한국 최초의 달 탐사선

'달'과 누리다의 '누리'가 더해져서 지어진 이름으로, 대국민 공모를 통해서 정해졌다. 달에 도착해서 남김없이 누리고 오라는 소망을 담아 명명하였다. 과학기술정보통신부와 한국항공우주연구원에서 우주탐사 기반 기술을 위해서 개발한 무인 우주 탐사선이다. '다누리'는 스페이스X의 '팰컨 9' 로켓에 실려서 발사가 된다. 지구를 떠나서 BLT(전이 궤도)를 타고 달에 진입하는 것이 목표이다. 임무는 2030년 발사될 한국의 달 착륙 후보지 지점을 조사, 광학탑재체(LUTI, SHC, PolCam) 검보정 및 미국 NASA와 협력하여 달에 대한 연구를 진행한다.

629 대륙간 탄도미사일 ●●●

ICBM
: Intercontinental Ballistic Missile

핵탄두를 장착하고 한 대륙에서 다른 대륙까지 공격이 가능한 탄도미사일

사정거리 5,500㎞ 이상으로, 대기권 밖을 비행한 후 핵탄두로 적의 전략목표를 공격한다. 최초의 대륙간탄도미사일은 1957년 소련에서 개발한 'R-7'으로, 세계 최초의 인공위성인 스푸트니크 1호가 이 미사일에 실려 발사되었다.

630 바이오 세라믹스 ●●○

Bio - Ceramics

생체에 쓰이는 인공재료

과학기술의 발달로 인간의 수명이 연장되면서 노쇠해 가는 인체, 질병 또는 사고 등으로 잃어버린 기능을 치환·보충하기 위해 생체에 직접 이용되는 인공재료를 말한다.

631 보행자 알림 ●○○

Pedestrian Notification

무인자동차가 주변 행인에게 음성이나 전광판으로 위험을 알리는 기술

구글에서 개발하였으며, 차량 내 인공지능(AI)을 이용해 차량 주변 사람 및 사물을 파악하고 어떻게 대처할 지를 결정하며 이를 보행자에게 알리는 시스템이다. 보행자는 무인차가 속도를 줄일 것인지, 더 빨리 교차로를 지날 것인지 아니면 차량을 멈추고 사람이 지나는 것을 기다릴 것인지 등의 내용을 확인할 수 있다.

632 브레인 타이핑 ●○○

Brain Typing

뇌파를 이용해 생각만으로 글자를 쓰는 기술

수백억 개의 뉴런이 만들어내는 전기신호를 분석해 인간의 생각을 읽고 이를 통해 컴퓨터나 기계를 컨트롤할 수 있게 하는 것이다.

633 스트레처블 디스플레이 ●●●
□□□
Stretchable Display

화면이 탄력적으로 늘어나는 차세대 디스플레이

휘거나 둘둘 말리는 수준을 넘어 고무처럼 쭉쭉 늘어나는 디스플레이를 말한다. 제품을 누르면 최대 12mm의 깊이로 화면이 늘어난다. 기존의 플렉시블 OLED는 화면을 구부리거나 두루마리처럼 감는 등 한 방향으로만 변형이 가능했지만 이 제품은 두 방향 이상으로 변형이 가능한 점이 특징이다.

634 열전대 ●◉◉
□□□
Bolometer

두 가지 종류의 금속선을 양 끝에서 접합한 폐로(閉路)

2개의 접합점이 같은 온도일 때는 전류가 흐르지 않으나, 온도가 달라지면 열전기현상에 의하여 회로에 전류가 흐른다. 온도계 또는 방사에너지 측정 등에 사용된다. 열전지라고도 한다.

635 우주발사체 ●◉◉
□□□
宇宙發射體

우주비행체를 쏘아 올리는 로켓

'발사체(Launcher)'는 지상에서 우주궤도 또는 아주 먼 우주공간까지 화물을 실어 나를 수 있는 운송수단이라는 개념에서 사용한다. 로켓(Rocket)은 작용과 반작용을 이용한 추진기관 혹은 이 로켓기관으로 추진되는 비행체를 말한다. 로켓에 핵탄두 등의 무기를 실으면 미사일이 된다. 인공위성·인공행성·달 탐사선 등을 쏘아올린다.

636 웨어러블 디바이스 ●◉◉
□□□
Wearable Devices

몸에 부착하거나 착용하여 사용하는 전자장치

티셔츠, 안경, 팔찌, 시계, 신발 등으로 다양하다. 대표적으로 스마트 워치와 무선 이어폰이 있으며 기존의 스마트 폰과 연동하여 전화, 문자, 운동관련 기능이 모두 가능하다.

옷처럼 입을 수 있는 로봇 기술

현재 의료공학 분야에서 가장 각광받고 있다. 신체 기능을
강화하도록 보조하여 노약자와 장애인의 활동, 산업현장에
서는 중량물 처리, 군수 분야에서는 중량물 운반 및 정찰
과 같은 등에 활용되고 있다. 웨어러블 로봇은 고령인의
활동범위 증가와 고용범위의 확대, 생산성 향상 등의 장점
을 가진다.

□ □ □
638 **중수로** ●⊙⊙
重水爐

중수를 감속재로 사용하는 형식의 원자로

'중수'란 보통의 수소보다 무거운 중수소와 산소가 화합해
생긴 물이다. 보통의 물에 비해 중성자를 많이 흡수하지
못하므로 천연우라늄을 태울 수 있으며, 플루토늄의 생산
량도 많다. 냉각재로서는 중수 외에도 경수·탄산가스를
사용하는 것 등 여러 가지가 있다.

□ □ □
639 **증강현실** ●●●
AR :
Augmented Reality

현실 세계에 3차원 가상물체를 겹쳐 보여주는 기술

증강현실 기술은 1990년 보잉사의 항공기 전선 조립과정
을 설명하는 데 처음 사용되었고 미국과 일본을 중심으로
연구개발이 진행되었다. 증강현실은 2000년대 중반부터 스
마트 폰이 등장하고 활성화되면서 주목받기 시작하였다.
증강현실은 실제 환경에 가상의 객체를 혼합하여 사용자가
실제 환경보다 실감나는 부가정보를 제공받을 수 있다. 예
를 들면, 길을 가다 스마트폰 카메라로 주변을 비추면 근
처에 있는 상점의 위치 및 전화번호, 지도 등의 정보가 입
체영상으로 표시되고, 하늘을 비추면 날씨정보가 나타나는
등 다양한 분야에 적용되고 있다.

┌─────────────┐
│**┼상식더보기] 유사어**│
└─────────────┘
① **가상현실**(VR : Virtual Reality) : 기술이 컴퓨터그래픽이 만든 가상환
경에 사용자를 몰입하도록 함으로써 실제 환경은 볼 수 없다.
② **혼합현실**(MR : Mixed Reality) : 가상현실과 증강현실을 혼합한
기술로 현실 배경에 현실과 가상의 정보를 혼합시켜 제공한다.

천리안 2B호 ●●●

한국항공우주연구원이 개발한 세계 최초의 환경(미세먼지)·해양관측 정지궤도위성

천리안 2B호는 과학기술정보통신부와 환경부, 해양수산부가 총 사업비 3,867억 원을 투입해 2011년부터 개발해왔다. 운용 수명은 10년이며 크기는 $2.4 \times 2.9 \times 3.8$m(발사 시), 무게는 3.4t이다. 환경부에 따르면 전 세계 대기환경 감시 전용 위성은 저지구궤도용으로만 운용되고 있으며, 정지궤도위성은 천리안2B가 최초이다. 천리안 2B호에는 해양탑재체(GOCI - 2)와 환경탑재체(GEMS)가 실려있다.

┿상식더보기│ **해양탑재체와 환경탑재체**

① 해양탑재체(GOCI) : 수질변화 모니터링으로 적조·녹조·유류사고 등의 해양재해 발생을 실시간으로 관측할 수 있어, 해양환경 보호와 수산자원 관리에 기여할 수 있고 오염물질 해양투기 감시와 장기간 해수 수질변화 추적도 가능하다.

② 환경탑재체(GEMS) : 천리안 1호보다 관측해상도가 4배 향상됐으며 미세먼지를 유발하는 이산화질소, 이산화황, 포름알데히드, 오존 등의 대기오염 물질 20여 가지의 발생 지점, 이동경로 등을 파악할 수 있다.

□□□
641 **커넥티드 카** ●●◌
Connected Car

IT 기술을 융합하여 인터넷 접속이 가능한 자동차

다른 차량이나 교통 및 통신 기반 시설(Infrast ructure)과 무선으로 연결하여 위험 경고, 실시간 내비게이션, 원격 차량 제어 및 관리 서비스뿐만 아니라 전자 우편(E - Mail), 멀티미디어 스트리밍, SNS 제공한다. 향후에는 자율 주행이나 자동차의 자동 충전, 그리고 운전자의 건강 상태나 혈중 알코올 농도를 파악하여 운전 가능 여부를 점검하는 서비스를 추가하는 방향으로 진화될 전망이다.

642 **큐브샛** ●☺☺
Cube Sat

교육용으로 시작된 초소형 인공위성

가로·세로 각각 10cm 크기인 정육면체부터 가로 10cm, 세로 30cm 직육면체까지 크기가 다양하다. 무게는 1kg 안팎으로 다목적 실용위성(1톤)에 비해 규모는 작지만 다양한 임무수행이 가능해 세계적으로 확산 추세에 있다.

05

과
학

□□□
643 **크루드래곤** ●●●
Crew Dragon

스페이스 X(미국 민간 우주탐사기업)가 개발한 유인 캡슐

크루드래곤은 민간 기업이 발사한 최초의 유인 캡슐이자 미국의 첫 상업 유인 우주선으로 기록되었다. 2019년 3월 시험 발사를 마치고, 두 명의 우주비행사가 탑승해 2020년 5월 30일 오후 3시 22분 '팰컨9' 로켓에 실려 발사됐다. 발사된 지 약 19시간 만인 5월 31일 오후 11시 16분경 국제우주정거장(ISS)에 도착한 후, 도킹에 성공했다. 62일간의 임무수행을 마친 크루 드래곤은 멕시코만 해상에 스플래시다운 방식으로 무사히 귀환하였다. 미국 우주비행사가 이 방식으로 귀환한 것은 1975년 이후 45년 만에 처음이다.

+상식더보기 스플래시 다운(Splash Down)

우주선이 지구로 귀환 시 속도를 줄이며 바다에 착수하는 방법을 말한다. 얼음에 착륙하는 것도 스플래시 다운이라고 한다.

□□□
644 **탄수화물칩** ●☺☺

탄수화물을 고밀도로 고체 표면에 일정한 간격으로 고정화시킨 마이크로칩

콜레라 독소가 인간 세포 표면에 있는 탄수화물과 상호작용해 감염시킨다는 점에 착안, 탄수화물칩으로 콜레라 감염 작용을 분석하고 검출하는 데 성공했다. 2013년 포스텍 화학공학과 해양대학원 차형준 교수 연구팀이 콜레라 독소를 검출할 수 있는 탄수화물칩을 개발했다고 밝혔다.

위성을 보호하기 위해 덮어 둔 부분

우주발사체가 위성을 우주궤도에 올리기 위해서는 지구 대기권을 초음속으로 뚫고 올라가야 하는데 이때 큰 압력과 열이 발생한다. 페어링은 이런 압력과 열로부터 위성을 보호하기 위해 위성을 덮어둔 발사체 맨 앞의 뾰족한 부분을 말한다. 공기의 압력이 거의 없는 우주 공간에 도착해 발사체의 속도를 올리기 위해 발사체에서 분리돼야 한다.

+상식더보기 **페어링 회수**

한국의 첫 군사통신위성 아나시스 2호(ANASIS - Ⅱ)를 보호하는 역할을 한 페어링 회수하는데 성공했다. 민간 우주탐사기업 스페이스X가 로켓의 대기권 탈출 후 분리된 페어링 양쪽 모두를 처음으로 회수한 것이다.

항공우주 과학기술 분야의 정부출연 연구기관

항공우주과학기술영역의 새로운 탐구, 기술선도, 개발 및 보급을 통하여 국민경제의 건전한 발전과 국민생활의 향상에 기여할 목적으로 설립된 기관이다.

현실 세계(Real World)와 가상 세계(Virtual World)가 혼합된 상태

혼합 현실은 현실을 기반으로 가상 정보를 부가하는 '증강현실(AR : Augmented Reality)'과 가상 환경에 현실 정보를 부가하는 '증강 가상(AV : Augmented Virtuality)'의 의미를 포함한다. 즉, 혼합 현실은 완전 가상 세계가 아닌 현실과 가상이 자연스럽게 연결된 스마트 환경을 사용자에게 제공하여, 풍부한 체험을 제공한다. 일기 예보나 뉴스 전달을 위한 방송국 가상 스튜디오, 스마트폰이나 스마트안경(스마트글래스)에서 촬영한 영상을 바탕으로 보여주는 지도 정보, 항공기 가상 훈련, 가상으로 옷을 입어볼 수 있는 거울 등으로 다양한 분야에서 사용된다.

□□□
648 **AM OLED** ●●●

Active Matrix
Organic Light Emitting
Diode

능동형 유기발광다이오드

백라이트에 의해 빛을 발하는 LCD와는 달리 자체에서 빛을 발하는 디스플레이다. OLED는 형광이나 인광 유기물 박막에 전류를 흘리면 전자와 정공이 유기물 층에서 결합하며 빛이 발생하는 원리를 이용한 디스플레이다.

□□□
649 **EMP 무기** ●◌◌

Electro Magnetic
Purse

전자기파(EMP)를 이용해서 사람에게는 피해를 주지 않고 상대방의 전자장비를 무력화하는 신종 무기

20억 와트 이상의 전력을 분출해 반경 330m 이내의 컴퓨터와 통신장비 등 모든 전자기기를 파괴한다.

□□□
650 **HDR** ●●◌

High Dynamic Range

밝은 부분은 더 밝게, 어두운 부분은 더 어둡게 표현할 수 있는 기술

디지털 영상의 계조도 신호 표현 범위가 보다 넓은 명암 영역에 대응되도록 하여 밝은 부분은 더 밝게, 어두운 부분은 더 어둡게 표현할 수 있는 기술이다. 가장 보편적인 HDR 10, 구글의 독자 방식인 VP9-Profile2, 돌비 비전 등 다양한 HDR 규격이 존재한다.

□□□
651 **구글** ●○○
Google

1998년 레리 페이지(Larry Page)와 세르게이 브린(Sergey Brin)에 의해 설립된 인터넷 검색 업체

인터넷 검색엔진 분야의 최고로 평가받는다. 구글(Google)은 말은 미국 수학자인 에드워드 케스너(Edward Kasner)의 조카인 밀튼 시로타(Milton Sirota)가 만든 'Googol'이라는 신조어에서 유래된 것이며, 10의 100승과 같은 뜻을 지니고 있어 인터넷의 광대한 정보를 구글이 모두 담겠다는 의미에서 사용하고 있다. 페이지 순위(Page Rank) 기술을 도입함으로써 관련성이 가장 높은 결과를 맨 위에 보여줘 이용자가 원하는 문서를 찾아주는 능력이 뛰어나다.

□□□
652 **규제
샌드박스** ●●●
規制 – Sandbox

새로운 제품이나 서비스가 출시될 때 일정 기간 동안 기존 규제를 면제, 유예시켜주는 제도

사업자가 새로운 제품, 서비스에 대해 규제 샌드박스 적용을 신청하면 법령을 개정하지 않고도 심사를 거쳐 시범 사업, 임시 허가 등으로 규제를 면제, 유예해 그동안 규제로 인해 출시할 수 없었던 상품을 빠르게 시장에 내놓을 수 있도록 하는 것이다. 문제가 있을 경우 사후 규제하는 방식이다. 이 제도는 영국에서 핀테크 산업 육성을 위해 처음 시작됐으며 문재인 정부에서도 규제개혁 방안 중 하나로 채택했다. 샌드박스(Sandbox)는 어린이들이 자유롭게 뛰노는 모래 놀이터처럼 규제가 없는 환경을 주고 그 속에서 다양한 아이디어를 마음껏 펼칠 수 있도록 하는 것을 뜻한다.

뇌파를 통해 신경 세포를 자극하는 기술

신체의 움직임 없이 상상으로 기계에 명령을 내린다. 특정 동작을 시도할 때 해당하는 전기 신호가 두뇌를 구성하는 신경 세포에서 발생하는데 이 전기 신호를 뇌파라고 한다. BCI 기술은 중추신경계가 손상된 환자에게 유용하게 쓰일 수 있다. 소실된 중추신경계를 대체해 생각만으로 다양한 기기를 제어하거나 환자의 마비된 근육에 전기자극을 줘 중추신경계를 복구하는 게 가능하다. 급속한 고령화와 뇌질환 환자 증가로 장애가 생기는 사람이 늘어나는 추세라 BCI 기반 의료기기에 대한 수요는 커질 전망이다. 싱크론 CEO는 2050년 이후에는 BCI 기술(침습형 BCI)이 일상에 녹아들 것이라고 얘기하기도 했다. BCI 기술은 마이크로 칩을 두피에 시술하는 침습형과 헬멧이나 헤드셋 등의 장비로 측정하는 비침습형으로 나눌 수 있다. 침습형은 정확한 뇌파를 파악할 수 있지만 뇌에 전극을 꽂고 직접적인 연결이 되는 만큼 감염 위험도가 높아 거부감이 다소 높은 편이다. 최근 관련 기업들이 인간 임상시험 단계에 진입하고 있다. 한편 침습형 BCI는 인간 임상시험에 앞서, 동물실험을 통해 안정성과 기술력을 검증받고 있어서 대표 기업인 뉴럴링크가 비판을 받고 있다. 2022년 초에는 동물보호 단체에서는 연방정부 조사 요구서를 제출하기도 했다.

┼**상식더보기** 사례

① **뉴럴링크** : 시력, 근육운동 등에 제한이 있던 사람들을 목표로 함
② **NeuroXess** : 하반신 마비 환자, 실어증 환자의 재활을 목표로 함
③ **싱크론** : 4명의 마비환자를 대상으로 침습형 BCI를 1년간 임상시험한 결과, 심각한 부작용 없이 성공함

다크 웹 ●●☺
Dark Web

특정한 웹 브라우저를 통해서 접근이 가능한 웹

익명성이 보장되고 IP 추적이 불가능하여 범죄에 빈번하게 이용되는 서버이다. 2013년 미국 FBI에서 실크로드라는 온라인 마약거래사이트를 적발하면서 알려지게 되었다. 토르(TOR)라는 특수한 웹 브라우저를 통해서만 접근이 가능하여 익명성이 보장된다. 암호화된 인터넷망으로 인터넷의 지하세계라고도 부르고 있다.

┼상식더보기 **웹의 종류**

① 서피스 웹(Surface Web) : 표면 웹이라는 의미로 구글, 네이버, 다음 등과 같은 검색 엔진을 통해 합법적으로 색인된 콘텐츠로 구성된 웹 페이지다.
② 딥 웹(Deep Web) : 검색되지 않는 인터넷 공간을 의미한다. 접근이 어려운 웹 사이트로 의료 기록, 회사 내부 망 등이 있다.

데이터 커머스 ●☺☺
Data Commerce

데이터를 정밀분석하여 개인에게 맞는 상품을 모바일, TV에서 편리하게 쇼핑하도록 유도하는 것

최근에는 구매이력, 상품정보, 인구통계학 데이터, 방송 시청 데이터 등 수백 가지의 분할된 데이터를 분석하여 개인 라이프스타일에 맞는 단말, 시간대, 콘텐츠별로 상품을 추천하고, 기업과 연결시켜주는 중개 플랫폼으로 진화하고 있다.

┼상식더보기 **데이터 커머스의 종류**

① M – 커머스 : 무선 데이터 장비를 이용해 정보, 서비스, 상품 등을 교환하는 것을 말한다.
② T – 커머스 : 인터넷TV를 이용한 전자상거래를 말한다.

□ □ □
656 **디지털 트윈 ●●○**

Digital Twin

가상공간에 실물과 동일한 물체를 만들어 시뮬레이션을 통해 검증하는 기술

실제 사물을 가상세계와 동일하게 3차원 모델로 구현하고, 다양한 시뮬레이션을 통해 분석 및 예측, 최적화를 거치며 다양한 의사결정을 지원하는 기술이다. 실제 제품을 만들기 전, 모의시험을 통해 발생가능한 문제점을 미리 파악하고 해결하기 위해 활용되고 있다.

□ □ □
657 **디지털
워터마크 ●●●**

Digital Watermark

파일에 대한 저작권 정보(저자 및 권리 등)를 식별할 수 있도록 디지털 이미지나 오디오 및 비디오 파일에 삽입한 비트 패턴

편지지의 제작 회사를 나타내기 위하여 희미하게 프린트한 투명무늬를 말한다. 따라서 디지털 워터마크는 디지털 형식으로 되어 있는 지적 재산에 대한 저작권 보호를 제공하기 위한 목적으로 삽입한다. 의도적으로 어느 정도까지는 볼 수 있도록 만든 프린트 워터마크와는 달리, 디지털 워터마크는 완전히 안 보이게(저작물이 오디오인 경우에는 안 들리게) 설계된다. 게다가 워터마크를 나타내는 실제 비트들은 확인할 수 있거나 조작되지 않도록 파일 전체에 걸쳐 퍼져 있어야 한다.

□ □ □
658 **디지털 전환 ●○○**

DT :
Digital Transformation

디지털 기술을 전통적인 사회 구조에 적용하여 사회 전반의 구조를 전환시키는 것

사물인터넷, 클라우드 컴퓨팅, 인공지능, 빅데이터 등의 디지털 기술을 활용하여 운영방식을 혁신하는 것이다. 디지털 기술을 통해 성과를 만들고 새로운 비즈니스 모델을 만드는 것을 목표로 한다. 디지털 전환을 위해서 아날로그의 형태를 전산화를 통해 디지털화를 이뤄야 한다.

659 딥페이크 ●●●
Deepfakes

AI 기술을 활용하여 특정인의 얼굴, 신체 등을 영상에 합성한 편집물

미국의 한 온라인 커뮤니티에 배우의 얼굴과 포르노 영상을 합성하여 만들어진 편집물이 등장하면서 시작되었다. 이는 연예인과 정치인 등의 유명인뿐만 아니라 일반인까지 딥페이크의 대상이 되며 사회적 문제가 되고 있다.

660 랜섬웨어 ●●●
Rancomeware

악성코드(Malware)의 일종

인터넷 사용자의 컴퓨터에 잠입해 내부 문서나 사진 파일 등을 암호화하여 열지 못하도록 한 뒤, 돈을 보내면 해독용 열쇠 프로그램을 전송해준다며 비트코인이나 금품을 요구한다.

661 리눅스 ●●●
Linux

개인 컴퓨터용 공개 운영체제

대형 기종에서만 작동하는 운영 체제인 유닉스를 개인용 컴퓨터에서도 작동할 수 있도록 만든 무료 운영 체계이다. 사용자가 원하는 방식으로 기능을 추가할 수 있고, 다양한 플랫폼에서 사용이 가능하다.

662 마이데이터 ●●●
Mydata

기업이나 은행에서 사용한 개인정보나 거래 내역 등을 개인이 직접 관리 및 활용할 수 있는 서비스

'나의 데이터의 주인은 나'라는 것으로, 개인정보의 주인이 금융회사가 아닌 개인임을 정의하는 것을 의미한다. 개인 정보를 적극적으로 관리가 가능하여 자산관리에 활용하는 과정이다. 데이터 3법 개정으로 금융정보를 통합관리하는 마이데이터산업이 가능해졌다. 은행, 여신전문금융회사, 상호금융 등에서 마이데이터 산업을 허가받았다. 마이데이터 산업으로 은행 간의 경쟁이 플랫폼 간의 경쟁으로 확장되었다. 마이데이터 서비스의 핵심으로는 분할되던 금융정보, 보험정보, 보유한 실물자산 등의 정보를 한눈에 확인이 가능하도록 통합적으로 관리하는 것이다.

개인 스마트폰에 신분증을 저장하고 사용하는 것

블록체인 기반의 분산 식별자 DID 기술을 사용하여 이용할 수 있다. 블록체인 기반 신용증명 기술로 서비스 제공자가 개인정보를 통제·관리하는 것이 아니라 내가 스스로 개인정보를 선택하여 직접 신용증명에 필요한 정보만을 골라서 제공할 수 있다. 온라인과 오프라인 구분 없이 사용하고 실물 신분증과 동일한 효력을 지닌다. 현재는 모바일 운전면허증만을 제공하고 추후에 국가유공자증, 장애인등록증, 청소년증, 외국인등록증을 추진할 계획이다. 모바일 운전면허증은 사용자가 자기정보주권을 확보할 수 있어 국민 생활에 일대 혁신을 기대하고 있다.

+상식더보기 **분산 식별자 DID(Decentralized Identifiers)**

블록체인의 기술을 기반으로 한 전자신분증 시스템이다. 개인이 원할 때에만 블록체인 전자지갑 안에 분산 식별자(DID)를 사용한 신원을 증명으로 탈중앙화 신원 확인시스템이다.

현실 세계와 같이 3차원 가상의 세계에서 이뤄지는 활동

가상과 초월을 의미하는 '메타(Meta)'와 우주를 의미하는 '유니버스(Universe)'의 합성어로 1992년 닐 스티븐슨의 소설 「스노 크래시」에서 처음 등장한 단어이다. 가상현실(VR)보다 더 진화한 개념으로 확장가상세계를 의미한다. 게임으로 가상현실을 즐기는 것보다 앞서서 가상세계에서 현실처럼 사회, 문화, 경제활동 등을 할 수 있는 실재감 테크이다. 가상현실을 현실과 가깝게 구현한 실재감, 가상과 현실의 연동되는 상호운영성, 가상세계에서 경험한 것을 현실에서도 연결되는 연속성, 가상공간에서도 현실에서처럼 경제활동을 할 수 있는 특징을 가지고 있다.

05

과
학

□□□
665 **메디컬 트윈** ●●◎
Medical Twin

가상공간에서 개인 맞춤형 정밀 의료, 모의 수술, 의료기기 개발, 임상시험 등을 시뮬레이션 하는 기술

현실에서 수집한 다양한 정보를 가상세계에서 분석하고 최적화 방안을 도출하여 현실에 최적화하는 지능화 융합기술로, 2003년에 미시간대학교 Michael Grieves 박사가 제품라이프사이클관리 관점에서 최초로 도입했다. 디지털 공간에 가상 환자를 생성하여 수술 방법, 치료 효과 등을 예측하고 안전성을 확보하여 부작용을 최소화하는 것을 목표로 한다. 인체를 개인의 수준엣 컴퓨터 모델링하는 것은 기술적 한계가 있어서 헬스케어 분야에서는 주목받지 못했으나, 최근 빅데이터, 인공지능(AI), 사물인터넷(IoT) 등 관련 기술의 발전으로 관심이 높아지고 있다. 우리정부도 메디컬 트윈 기술 확보를 추진하고 있다. 보건복지부는 2026년까지 5년간 총 135억 원을 투입하고 한국인 다빈도 질환에 특화된 메디컬 트윈 기반 의료 예측 기술 개발을 목표로 한다. 의료 영상, 전자의무기록(EMR), 생체신호 등 실사용 데이터를 기반으로 한국인에게 특화된 신체·장기 메디컬 트윈을 생성하고, 최적의 수술 방법 결정과 예후 예측 등을 위한 시뮬레이션 기술을 개발해 인허가를 획득할 계획이다. 메디컬 트윈이 상용화되면 개인 건강 데이터를 기반으로 디지털 공간에 가상 환자를 만들어 치료 효과를 예측하고 최적의 약물 처방을 파악하는 일이 가능해진다. 또 신약후보 물질 발굴 과정에서 유효성과 안전성을 시뮬레이션해서 임상시험 기간을 단축하고 부작용을 최소화할 수 있다. 외과 분야에서는 실제 장기를 디지털 트윈으로 구현, 수술 시뮬레이션에 활용할 수 있으며, 대형 병원이 환자의 동선을 최적 배치하는 데에도 응용할 수 있다. 한편, 한림대학교 춘천성심병원이 국내 의료기관 최초로 한국인 특성을 반영한 고정밀 심뇌혈관 메디컬 트윈 기술 개발에 나섰다고 전하기도 했다.

666 베타 테스트 ●●●
Beta Test

하드웨어나 소프트웨어를 공식적으로 발표하기 전에 오류가 있는지를 발견하기 위해 미리 정해진 사용자 계층들이 써 보도록 하는 테스트

하드웨어나 소프트웨어의 개발 단계에서 상용화하기 전에 실시하는 제품 검사 작업을 말하며 제품의 결함 여부, 제품으로서의 가치 등을 평가하기 위해 실시하는 것이다. 선발된 잠재 고객에게 일정 기간 무료로 사용하게 한 후에 나타난 여러 가지 오류를 수정하고 보완한다. 공식적인 제품으로 발매하기 이전에 최종적으로 실시하는 검사 작업이다.

667 블록체인 ●●●
Block Chain

가상 화폐로 거래할 때 해킹을 막기 위한 기술

블록에 데이터를 담아 체인 형태로 연결, 수많은 컴퓨터에 동시에 이를 복제해 저장하는 분산형 데이터 저장 기술이다. 공공 거래 장부라고도 부른다. 중앙 집중형 서버에 거래 기록을 보관하지 않고 거래에 참여하는 모든 사용자에게 거래 내역을 보내 주며, 거래 때마다 모든 거래 참여자들이 정보를 공유하고 이를 대조해 데이터 위조나 변조를 할 수 없도록 돼 있다. 2007년 나카모토 사토시가 글로벌 금융위기 사태를 통해 중앙집권화된 금융시스템의 위험성을 인지하고 개인 간 거래가 가능한 블록체인 기술을 고안했으며 암호화폐인 비트코인을 개발했다.

➕상식더보기 블록체인의 종류

① 퍼블릭 블록체인 : 모두에게 개방돼 누구나 참여할 수 있는 형태로 비트코인, 이더리움 등 가상통화가 대표적이다.
② 프라이빗 블록체인 : 기관 또는 기업이 운영하며 사전에 허가를 받은 사람만 사용할 수 있어 상대적으로 속도가 빠르다.

정형 · 반정형 · 비정형 데이터세트의 집적물, 그리고 이로
부터 경제적 가치를 추출 및 분석할 수 있는 기술

빅데이터는 기존 데이터보다 방대하여 기존의 방법으로는
수집 · 저장 · 분석 등이 어려운 정형 · 비정형 데이터를 뜻
한다. 빅 데이터의 '세 가지 V'로 알려진 특징은 데이터의
크기, 속도 및 다양성이다.

① 크기(Volume) : 일반적으로 수십 테라바이트에서 수십
   페타바이트 이상의 규모를 말한다.
② 다양성(Variety) : 다양한 소스 및 형식의 데이터를 포함
   한다(예 : 웹 로그, 소셜 미디어 상호 작용, 금융 트랜
   잭션 등).
③ 속도(Velocity) : 대용량의 데이터를 빠르게 처리하고 분
   석할 수 있다. 따라서 데이터를 하루 단위에서 실시간
   에 이르기까지 상대적으로 짧은 시간 내에 수집, 저장,
   처리 및 분석한다.

┌상식더보기┐ **과거와 현재의 데이터 비교**

구분	과거	오늘
데이터 형태	특정 양식에 맞춰 분류	형식이 없고 다양함
데이터 속도	배치(Batch)	근실시간 (Near Real Time)
데이터 처리 목적	과거 분석	최적화 또는 예측
데이터 처리 비용	국가 · 정부 수준	개별 기업 수준

□□□
669 **사이버슬래킹** ●◌◌
Cyber Slacking

업무시간에 인터넷을 개인적 용도로 이용하면서 업무를 등한시하는 행위

인터넷을 업무에 활용하는 것이 보편화되면서 업무 이외의 용도로 사용하는 사례가 크게 늘고 있다. 최근에는 멀티미디어 콘텐츠가 증가하면서 대용량 정보가 많아지면서 사이버슬래킹이 단순히 개인의 업무공백차원을 넘어 조직 내 전체업무에 차질을 주는 사태로까지 발전하고 있다. 기업과 공공기관을 중심으로 특정 사이트에 접속을 제한하는 사이버슬래킹 방지 소프트웨어를 도입했다.

□□□
670 **소셜**
블랙아웃 ●●◌
Social Blackout

스마트폰이나 인터넷으로부터 자신을 완전히 차단하는 행위

'소셜 미디어(Social Media)'와 대규모 정전사태를 의미하는 '블랙아웃(Black Out)'의 합성어로, 직장인들이 휴가 중 단체 대화방을 나가거나 소셜 미디어 어플을 삭제하는 경우가 소셜 블랙아웃에 해당한다. 또 과도한 몰입이나 타인과의 비교로 인한 SNS 피로감에서 일시적으로 벗어나고자 소셜 블랙아웃을 선택하는 사람도 있다.

□□□
671 **수퍼앱** ●●●
super app

하나의 앱에서 다양한 서비스를 이용할 수 있는 것

앱 하나로 기사와 뉴스를 보고, 쇼핑을 하고, 음식 주문까지 하는 등의 다양한 서비스를 제공하는 것을 의미한다. 월간 이용자수(MAU)를 1,000만 명 이상을 기대하며 생활 금융 플랫품으로 시중 은행이 변화 중이다. 마이데이터 시행 이후 금융위원회가 금융권에서 다양한 서비스를 융합하여 활용할 수 있는 디지털 유니버셜 뱅크를 허용하였다. 효과적인 생활 금융 서비스 제공을 위해 데이터 분석을 하고 금융 어플 한 개로 고객에 다양한 맞춤서비스를 제공한다.

672 **스마트
그리드** ●⊙⊙
Smart Grid

에너지 효율을 최적화 하는 지능형 전력망

에너지 효율성의 향상과 신재생에너지공급의 확대를 통한 온실가스 감축을 목적으로 기존의 전력망에 정보기술(IT)을 접목하여 공급자와 소비자가 양방향으로 실시간 정보를 교환하고 통제함으로 에너지 효율을 최적화하는 차세대 지능형 전력망을 말한다.

673 **스마트 알약** ●⊙⊙

알약형태로 섭취하여 몸 속에서 수치를 측정하는 웨어러블 기기 장치

현재 출시된 스마트 알약 'E – 셀시우스(E – Celsius)'는 심장과 방광 등의 신체 내부의 온도인 심부체온을 측정할 수 있다. 몸 속으로 섭취하는 스마트 알약은 블루투스로 연동하여 데이터를 모니터링할 수 있다. 대략 16시간가량 심부체온을 측정하고 역할이 끝나면 체외로 배출된다.

674 **스크래치** ●●●
Scratch

매사추세츠공과대학(MIT) 미디어랩(Media Lab)의 라이프롱킨더가든그룹(LKG)이 만들어 무료로 제공한 컴퓨터 프로그래밍 도구

스크래치는 여덟 살에서 열여섯 살 사이 어린이가 쉽게 쓸 수 있게 설계했다. 저자와 독자가 양방향으로 소통하는 동화, 게임, 애니메이션 등을 만들 때 사용되며, 이용자가 창의적으로 생각하고, 체계적으로 판단하며, 협업하는 방법을 배울 수 있다. 2003년 개발 프로젝트가 시작되었으며 현재 세계 150여 국가에 40여 언어로 공개되었다.

□□□
675 **와이브로** ●●◎
Wibro :
Wireless Broadband
Internet

초고속인터넷을 이동하면서 이용할 수 있는 무선인터넷

처음에는 고속데이터통신기술을 가리키는 용어로 만들어졌
지만 이동통신업체에서 기술이름을 서비스 이름으로 사용
하며 우리에게는 서비스 이름으로 친숙하게 알려져 있다.
무선광대역인터넷, 무선초고속인터넷, 휴대인터넷 등으로
풀이된다. 2.3Ghz 주파를 사용하며 기존의 무선 인터넷인
CDMA와 무선 랜의 장점만을 이용하여 새롭게 만들어졌
다. 가장 큰 장점은 이동이 가능하다는 것이고 전파의 송
수신거리가 와이파이에 비해 훨씬 넓다.

□□□
676 **웹 어셈블리** ●●◎
Web Assembly

**웹을 네이티브 애플리케이션처럼 빠르게 실행할 수 있도
록 만들어지고 있는 차세대 바이너리 포맷 표준**

개발자가 자바스크립트 대신 C언어 등으로 어느 브라우저
에서든 돌아가는 프로그램을 만들어 배포할 수 있게 된다
는 장점을 가진다. 모질라 개발자 루크 와그너가 여러 브
라우저 개발사의 협력을 공식화했고, 구글 및 애플 개발자
들이 표준화에 협력키로 했다. 이미 웹브라우저 중에선 크
롬이 웹어셈블리를 구현했고, 여기에 파이어폭스와 마이크
로소프트 엣지도 적용 준비를 하고 있다.

□□□
677 **인터콤** ●●◎
Intercom

상호 통신

영상 제작에서 제작진 상호 간 의사소통을 위하여 사용하
는 통신 장비이다. 인터커뮤니케이션의 약자로 상호 통신
이란 뜻을 지닌다. 연출자가 많은 인원을 동시에 통제하여
부조정실이나 중계차에서 즉시 녹화가 이루어지는 방송 제
작의 기본 장비이다. 야외용 인터콤 장비로는 휴대형 쌍방
향 라디오인 워키토키와 무선 호출기, 무선 휴대 전화기,
프로그램 오디오 수신기 등이 있다.

□□□
678 **인포데믹** ●●●
Infodemic

잘못된 정보나 악성루머 등이 미디어, 인터넷 등을 통해 매우 빠르게 확산되는 현상

'정보(Information)'와 '전염병(Epidemic)'의 합성어로 잘못된 정보가 미디어·인터넷 등의 매체를 통해 급속하게 퍼져나가는 것이 전염병과 유사하다는 데서 생겨난 용어이다. 인포데믹은 단순히 소문이 퍼지는 것이 아니라 전문적이고 공식적인 매체는 물론 전화나 메시지 등 비공식 매체 등을 통해 확산된다. 전파되는 속도가 매우 빠르기 때문에 잘못을 바로잡기가 어렵고, 이에 경제 위기나 금융시장의 혼란을 키워 문제가 되고 있다. 속칭 '찌라시'라고 불리는 금융시장에 도는 출처 불명의 소문 등이 인포데믹에 속한다.

□□□
679 **자바** ●●●
Java

객체지향의 프로그래밍 언어

썬 마이크로시스템즈 연구원들에 의해 개발되었으며 간략하고 네트워크 기능 구현이 용이한 객체지향 프로그래밍 언어이다. 객체지향 프로그래밍은 프로그램 작성 시, 각각의 역할을 가진 객체가 프로그램을 구성하는 것으로 비슷한 역할의 다른 프로그램을 할 경우 이전의 객체를 활용할수 있다. 자바는 보안이 높고, 여러 기계에서 사용할 수 있다는 장점을 가진다.

□□□
680 **전자서명** ●●●
Digital Signature

문서에 서명자가 개인의 키를 이용하여 서명을 하는 것

전자서명은 서명자만이 서명문을 생성·확인을 하여 위조가 불가한 인증방식이다. 한 번 생성된 서명은 재사용이 불가하고 이전으로 돌아가 변경이 불가하다. 이러한 점으로 서명한 사실을 부인하는 것을 방지할 수 있다. 전자서명법에 의해 전자서명은 인감도장과 동일한 법적효력을 가진다. 기밀성을 보장하지는 않지만 위조가 불가능하고 서명자만이 인증을 할 수 있다. 또한 서명한 문서는 변경을할 수 없어 차후에 서명사실을 부인할 수 없다.

┼상식더보기 전자서명의 원리

원본 문서의 해시값을 구하고 공개키 방법을 사용하여 부인 방지 기능을 부여하여 암호화한다. 문서를 받은 곳에서는 암호화된 해시값을 복호화해서 원본 문서 해시값과 비교해서 위·변조를 확인한다.

□□□
681 **챗봇** ●●●
Chatbot

문자 또는 음성으로 대화하는 기능이 있는 컴퓨터 프로그램 또는 인공 지능

정해진 응답 규칙에 따라 사용자 질문에 응답할 수 있도록 만들어진 시스템이다. 사람처럼 자연스러운 대화를 진행하기 위해 단어나 구(句)의 매칭만을 이용하는 단순한 챗봇부터 복잡하고 정교한 자연어 처리 기술을 적용한 챗봇까지 수준이 다양하다.

□□□
682 **챗GPT-4o** ●●●

오픈AI가 설계한 다중 언어, 다중 모달 생성 사전 훈련 변환기

'지피티포 옴니' 또는 '지피티포오'라고 부르는데, 'o'는 '옴니'의 줄임말로 '모든 것', '어디에나 있다'는 뜻이다. GPT-4o에서 사용할 수 있는 5가지 옴니 기능은 ▲ 텍스트, 이미지, 오디오 등 다양한 형식의 데이터를 처리할 수 있는 멀티모달(multi modal) 기능 ▲ 이미지를 분석하고 설명하며 생성하는 강화된 비전(vision) 기능 ▲ 실시간 웹 정보 검색을 통해 얻은 최신 정보를 기반으로 한 깊이 있는 답변 기능 ▲ 외부 API(응용프로그램 인터스페이스)를 호출해 새로운 기능을 확장할 수 있는 펑션콜(function call) 기능 ▲ 데이터 해석 능력을 바탕으로 한 비즈니스 인사이트 제공 기능 등이다.

□□□
카피레프트 ●○○
Copyleft

공개저작권

지적재산권을 다른 사람들이 무료로 사용하도록 허용한 것이다. 지적재산권 보호를 뜻하는 '카피라이트(Copyright)'의 반대인 카피레프트는 지적재산의 보호를 고집하지 않고 이를 공유하고 널리 유통시켜 기업의 이익을 극대화한다는 취지이다. 그 동안 지적재산권 보호를 강화해 온 미국·일본 기업들이 최근 자신의 신기술을 무상으로 제공한 뒤 이와 관련된 하드웨어를 국제공공재로 만드는 카피레프트 전략으로 돌아서고 있다.

□□□
684 ## 칼테크 ●●●
Calm Tech

사용자가 필요한 순간에만 제공하는 기술

'조용하다(Calm)'과 '기술(Technology)'의 합성어로 필요한 정보를 알려주지만, 주의를 기울이거나 집중할 필요가 없는 기술을 뜻한다. 센서와 컴퓨터, 네트워크 장비 등을 보이지 않게 탑재하여 평소에는 존재를 드러내지 않고 있다가 사용자가 필요한 순간에 각종 편리한 서비스를 제공하는 기술이다. 예를 들어 현관 아래에 서면 불이 들어오는 자동 센서, 자율 주행 차, 스마트 홈 등이 있다. 또한 애플의 시리와 같은 인공지능 칼테크도 등장하였다.

□□□
685 ## 캡차 ●●●
CAPTCHA :
Completely Automated
Public Turing test
to tell Computers
and Humans Apart

사람과 컴퓨터를 구별하기 위해 만든 테스트

웹페이지상에서 악의적으로 사용되는 프로그램인 '봇(Bot)'을 구별하는 역할을 한다. 봇은 스팸 메시지 등을 반복적으로 보내는 등 악의적으로 이용되는 경우가 많다. 이러한 악의적인 봇을 차단하기 위해 찌그러진 문자, 왜곡된 숫자 등을 활용해 문자를 만들어 사람은 구별할 수 있게 하고 봇은 정확히 인지하지 못하게 한다.

□□□
686 **컴파일러** ●●●
Compiler

고급언어로 쓰인 프로그램을 즉시 실행될 수 있는 형태의 프로그램으로 바꾸어 주는 번역 프로그램

고급언어로 쓰인 프로그램이 컴퓨터에서 수행되기 위해서는 컴퓨터가 직접 이해할 수 있는 언어로 바꾸어 주어야 하는데 이러한 일을 하는 프로그램을 컴파일러라고 한다. 예를 들어, 원시언어가 파스칼(Pascal)이나 코볼(Cobol)과 같은 고급언어이고 목적언어가 어셈블리 언어나 기계어일 경우, 이를 번역해 주는 프로그램을 컴파일러라고 한다.

□□□
687 **코덱** ●●◌
Codec

음성 또는 영상의 신호를 디지털 신호로 변환하는 코더와 그 반대로 변환시켜 주는 디코더의 기능을 함께 갖춘 기술

음성이나 비디오 데이터를 컴퓨터가 처리할 수 있게 디지털로 바꿔 주고, 그 데이터를 컴퓨터 사용자가 알 수 있게 모니터에 본래대로 재생시켜 주는 소프트웨어이다. 동영상처럼 용량이 큰 파일을 작게 묶어주고 이를 다시 본래대로 재생할 수 있게 해준다. 파일을 작게 해주는 것을 인코딩(Encoding), 본래대로 재생하는 것을 디코딩(Decoding)이라고 한다. 또 데이터 압축 기능을 사용하여 압축하거나 압축을 푸는 소프트웨어도 코덱에 포함된다.

⁺상식더보기 코덱 종류

① **동영상 코덱** : MPEG(MPEG1, MPEG2, MPEg4)을 비롯하여 인텔의 Indeo, DivX, Xvid, H.264, WMV, RM, Cinepak, MOV, ASF, RA, XDM, RLE 등
② **오디오 코덱** : MP3, AC3, AAC, OGG, WMA, FLAC, DTS 등
③ **압축 코덱** : 알집, 반디집, Filzip, 7-Zip, WinRAR, WinZIP 등

각종 자료를 내부 저장 공간이 아닌 외부 클라우드 서버에 저장한 뒤 다운로드 받는 서비스

인터넷으로 연결된 초대형 고성능 컴퓨터에 소프트웨어와 콘텐츠를 저장해 두고 필요할 때마다 꺼내 쓸 수 있는 서비스다. 사용자가 스마트폰이나 PC등을 통해 문서, 음악, 동영상 등 다양한 콘텐츠를 편리하게 이용할 수 있지만 인터넷 케이블이 끊어지면 국가적 '정보 블랙아웃' 상태가 올 우려가 있다고 전문가들은 지적하고 있다.

[상식더보기] **클라우드 서비스 종류**

① SaaS(Software as a service) : 제공자가 소유하고 운영하는 소프트웨어를 웹 브라우저 등으로 통해 사용하는 서비스이다.
② IaaS(Infrastructure as a service) : 응용서버, 웹서버 등을 운영하기 위해서는 기존의 하드웨어 서버, 네트워크, 저장장치, 전력 등의 여러 가지 인프라가 필요하다.
③ PaaP(Platform as a service) : 개발자가 개발환경을 위한 별도의 하드웨어, 소프트웨어 등의 구축비용이 들지 않도록 개발, 구축하고 실행하는 데 필요한 환경을 제공하는 서비스이다.

서로 다른 물리적인 위치에 존재하는 컴퓨터들의 리소스를 가상화 기술로 통합·제공하는 기술

소프트웨어(Software)의 IT자원을 필요한 때 필요한 만큼 빌려 쓰고 이에 대한 사용요금을 지급하는 방식의 서비스이다. 클라우드 컴퓨팅은 높은 이용편리성으로 산업적 파급효과가 커서 다양하게 활용되고 있다.

□ □ □
690 **파밍** ●◎◎
Pharming

'피싱(Phishing)'에 이어 등장한 새로운 인터넷 사기 수법

해당 사이트가 공식적으로 운영하고 있던 도메인 자체를 중간에서 탈취하는 수법이다. 사용자가 아무리 도메인 주소나 URL 주소를 주의 깊게 살펴본다 하더라도 쉽게 속을 수밖에 없다. 따라서 사용자들은 늘 이용하는 사이트로만 알고 아무런 의심 없이 접속하여 개인 아이디와 암호, 금융 정보 등을 쉽게 노출시킴으로써 피싱 방식보다 피해를 당할 우려가 더 크다.

□ □ □
691 **파이선** ●●●
Python

생산성 높은 프로그래밍 언어

네덜란드 개발자가 개발한 프로그래밍 언어로 문법이 간결하고 표현구조와 사람의 사고체계와 유사하여 초보자도 쉽게 배울 수 있다. 독립적인 플랫폼으로 다양한 플랫폼에서 사용이 가능하다.

□ □ □
692 **퍼지컴퓨터** ●●●
Fuzzy Computer

인간두뇌의 제어방법에 가까운 제어를 할 수 있는 컴퓨터

현재의 디지털 컴퓨터는 모든 정보를 2개의 값으로만 처리하기 때문에 모호성이 전혀 없는 것이 특징이다. 그러나 사람은 직감과 경험에 의해 융통성(퍼지)있는 행동을 한다. 사람의 행동과 동작을 컴퓨터에 적용하고자 하는 것이 퍼지 컴퓨터이다. 이전에는 인간의 뇌 중 계산능력이 뛰어난 왼쪽 뇌를 모방하여 개발되었다면, 퍼지컴퓨터는 이미지 묘사, 상상, 판단기능을 수행하는 오른쪽 뇌를 모방하여 인간적인 사고나 판단 기능을 특화시킨 것이다.

디스플레이가 접히는 스마트폰

접히는 디스플레이를 탑재한 스마트폰으로 접어서 사용하다가 펼치면 태블릿으로도 활용할 수 있다. 폴더블폰은 액정을 접을 수 있기 때문에 단말기에 충격을 가하거나 떨어뜨려도 액정 손상의 위험이 줄어드는 장점이 있다. 삼성은 폰더블폰의 강자로 자리 잡았으며 현재까지 갤럭시 폴드, Z플립 등이 있다.

클라이언트와 서버 사이에서 데이터를 중계해주는 서버

시스템에 방화벽을 가지고 있는 경우 외부와의 통신을 위해 만들어놓은 서버이다. 방화벽 안쪽에 있는 서버들의 외부 연결은 프록시 서버를 통해 이루어지며 연결 속도를 올리기 위해서 다른 서버로부터 목록을 캐시하는 시스템이다. 웹에서 프록시는 우선 가까운 지역에서 데이터를 찾고, 만일 그곳에 데이터가 없으면 데이터가 영구히 보존되어 있는 멀리 떨어져 있는 서버로부터 가져온다.

모바일, SNS, 빅데이터 등 새로운 IT 기술을 활용한 금융 서비스

'금융(Finance)'과 '기술(Technology)'의 합성어이다. 송금, 결제, 펀드, 자산관리 등 기존 금융 서비스를 ICT와 결합해 기존 서비스를 해체 및 재해석하였다. 핀테크 기업과 금융기관이 협업을 통해 앱 기반 간편결제시스템, 금융데이터 분석, 금융 슈퍼앱 등의 서비스가 발전하고 있다.

696 해커톤 ●●●
Hackathon

마라톤처럼 일정한 시간과 장소에서 프로그램을 해킹하거나 개발하는 행사

'해킹(Hacking)'과 '마라톤(Marathon)'의 합성어로 한정된 기간 내에 기획자, 개발자, 디자이너 등 참여자가 팀을 구성해 쉼 없이 아이디어를 도출하여 앱, 웹 서비스 또는 비즈니스 모델을 완성하는 행사를 말한다. 일반인에게 해킹은 불법적으로 컴퓨터를 공격하는 행위라는 의미로 많이 사용되나, 컴퓨터 프로그래머 사이에서는 '난이도 높은 프로그래밍'이란 뜻으로 쓰인다. IT기업에서 흔히 사용되며 페이스북은 개발자와 디자이너, 인사, 마케팅, 재무 등 모든 구성원에게 밤새 음식과 간식을 제공하면서 아이디어와 생각을 직접 만들어 보게 하는 해커톤을 개최하는 것으로 유명하다.

697 허니팟 ●●●
Honey Pot

컴퓨터 프로그램의 침입자를 속이는 최신 침입탐지기법

'해커 잡는 덫'이란 뜻이다. 크래커를 유인하는 함정을 꿀단지에 비유한 명칭이다. 컴퓨터 프로그램에 침입한 스팸과 컴퓨터바이러스, 크래커를 탐지하는 가상컴퓨터이다. 침입자를 속이는 최신 침입탐지기법으로 마치 실제로 공격을 당하는 것처럼 보이게 하여 크래커를 추적하고 정보를 수집하는 역할을 한다.

698 협업필터링 ●●●
Collaborative Filtering

아마존에서 사용하는 추천 알고리즘 기술

이용자의 행동을 분석하여 맞춤정보를 제공하면서 클릭과 구매율을 높이는 광고 전략이다. 알고리즘을 통해서 고객의 정보를 분석하여 다음에 선택하는 것을 미리 예측하여 맞춤형 자료를 제공하는 것이다. 추천 알고리즘을 통해 소비자의 개인에 맞춘 정보를 제공하면서 소비자 충성도를 제고하기 위함이다. 초개인화를 목표로 하는 것이며 유튜브와 넷플릭스에서 추천하는 알고리즘 서비스가 대표적이다.

699 화웨이 ●⊙⊙
Huawei

1988년 런정페이가 설립한 중국 최대의 네트워크 및 통신 장비 공급업체

전 세계 170여 개 나라에 거점을 둔 중국의 대표적 다국적 IT기업이다. 정보통신(IT) 장비를 저렴한 가격으로 제조·수출하며 급성장 했고 주요 사업부문은 스마트 기기를 제조하는 컨슈머, 통신장비와 기술을 다루는 캐리어 네트워크, 시스템이나 데이터 관리 저장 기술을 다루는 기업이다.

700 화이트 해커 ●●⊙
White Hacker

선의의 해커

인터넷 시스템과 개인 컴퓨터시스템을 파괴하는 해커를 블랙 해커라 하고 화이트 해커는 이에 대비하여 쓰는 개념이다. 이들은 보안 시스템의 취약점을 발견해 관리자에게 제보함으로써 블랙해커의 공격을 예방하기도 한다. 최근에 화이트 해커는 서버의 취약점을 찾아 보안 기술을 만드는 보안 전문가들을 말하기도 한다. 이들 중 아키텍처(설계)를 분석하고 시스템에 존재하는 취약점을 찾아내 공격 시나리오를 짤 수 있는 최고 수준의 인력을 엘리트 해커라고도 부른다.

701 BYOD ●⊙⊙
Bring Your Own Device

개인용 전자기기를 업무에 활용하는 것

2009년 인텔에서 처음 도입한 것으로 개인용 PC나 스마트폰, 노트북 등의 정보통신 기기로 회사 업무를 하는 것이다. BYOD 업무환경으로 업무용과 개인용을 따로 구비하여 많은 기기를 가져야 하는 불편을 줄일 수 있다. 하지만 기업의 보안 유지가 어렵고 프라이버시 침해 등의 단점이 있다.

702 C언어 ●●●
C Language

시스템 기술용 프로그래밍 언어

벨 연구소에서 개발한 시스템 언어이다. 컴퓨터 구조에 맞는 기초 기술이 가능하며 간결한 표기를 가지는 것이 특징이다.

개인정보보호책임자

최고프라이버시책임자라고도 하며 사이버보안관이라는 별칭도 있다. 기업의 법률·인사·정보기술·영업·마케팅 부서 등에 개인정보를 관리하는 직책이 있지만, 인터넷의 발달로 개인정보 전담자가 필요해져 생겨난 신종 전문가이다. 정부의 사생활 보호규정과 법률에 위반되는 정책을 찾아내 수정하며, 해킹 등 사이버범죄로부터 회원정보를 지켜내기 위한 안전장치를 마련하는 등의 업무를 한다. 개인정보 보호를 위한 교육 자료를 제공하기도 하고 표준개발 작업에도 참여한다.

개인정보를 간편하게 조회하고 탈퇴할 수 있도록 돕는 서비스

불필요한 회원가입과 본인확인 절차 등으로 인해 유출된 개인정보를 조회하고 탈퇴할 수 있는 서비스이다. 누구나 이용을 원하면 'e프라이버시 클린서비스' 사이트에 접속해 주민등록번호나 아이핀, 휴대폰 인증을 거치면 된다.

페이스북(Facebook), 애플(Apple), 아마존(Amazon), 넷플릭스(Netflix), 구글(Google)

이들은 세계 시가총액 랭킹 10위 안에 포함될 정도로 시장 지배력이 절대적이다. 미국에선 불과 몇 년 전만해도 IT, 자동차, 에너지 등 여러 업종이 경제시장을 구분했으나, 현재는 FAANG과 같은 IT 공룡들이 시장을 집어삼키고 있다.

신속한 온라인 인증

'Fast Identity Online'의 약자로, 온라인 환경에서 ID, 비밀번호 없이 생체인식 기술을 활용하여 보다 편리하고 안전하게 개인 인증을 수행하는 기술이다.

05
과학

□ □ □
707 **HTML** ●●●
Hyper Text
Markup Language

하이퍼텍스트의 구조를 서술하는 일종의 컴퓨터 언어

웹에서 사용되는 각각의 하이퍼텍스트 문서를 작성하는데 사용되며, 우리가 인터넷에서 볼 수 있는 수많은 홈페이지들은 기본적으로 HTML이라는 언어를 사용하여 구현된 것이다.

□ □ □
708 **HTTP** ●●◌
Hyper Text
Transfer Protocol

웹 서버와 사용자의 인터넷 브라우저 사이에 문서를 전송하기 위해 사용되는 통신 규약

마우스 클릭만으로 필요한 정보로 직접 이동할 수 있는 방식을 하이퍼 텍스트라고 하며, HTTP는 이 방식의 정보를 교환하기 위한 하나의 규칙으로, 웹사이트 중 HTTP로 시작되는 주소는 이런 규칙으로 하이퍼텍스트를 제공한다는 의미를 담고 있다.

□ □ □
709 **RPA** ●●●
Robotic Prosess
Automation

단순반복 업무를 자동화하여 수행하는 자동화 소프트웨어 프로그램

기업의 재무, 회계, 제조, 구매, 고객 간리 분야 데이터를 수집해 입력하고 비교하는 단순반복 업무를 자동화해서 빠르고 정밀하게 수행하는 프로그램이다.

□ □ □
710 **MVNO** ●●◌
Mobile Virtual
Network Operator

가상이동망사업자인 '알뜰폰'

이동통신서비스를 제공하기 위해 필수적인 주파수를 보유하지 않고, 주파수를 보유하고 있는 이동통신망사업자의 망을 통해 독자적인 이동통신서비스를 제공하는 사업자를 의미하며, MVNO는 고객의 가입 서비스에 대해 완전한 지배권을 갖는다. 또 자체 상표로 독자적인 요금체계를 설정할 수 있으며, 이용자 측면에서 마치 새로운 서비스 사업자가 생긴 것처럼 보이는 효과가 있다. MVNO의 장점은 고객의 선택권 확대, 서비스 종류의 다양화, 요금인하 효과 등 세 가지를 들 수 있다. 1999년 11월 영국의 버진 모델이 처음 상용화했다.

□□□
711 **NFT** ●●●
Non Fungible Token

블록체인 기술을 통해 디지털 콘텐츠에 별도의 인식값을 부여한 토큰

비트코인과 같은 가상자산과 달리 인터넷에서 영상·그림·음악·게임 등의 기존자산을 복제가 불가능한 창작물에 고유한 인식값을 부여하여 디지털 토큰화하는 수단이다. 블록체인 기술을 기반으로 하여 관련 정보는 블록체인에 저장되면서 위조가 불가능하다. 가상자산에 희소성과 유일성과 같은 가치를 부여하는 신종 디지털 자산이다. 슈퍼레어, 오픈씨, 니프티 게이트웨이 등 글로벌 플랫폼에서 거래되며 최근 디지털 그림이나 영상물 등의 영향력이 높아지고 있다.

□□□
712 **USB 킬러** ●●◎
USB Killer

USB 형태의 전자 장치

컴퓨터를 비롯한 전자 기기의 USB 단자에 꽂으면 고전압을 발생시켜 순식간에 전자 기기의 주요 부품을 파괴하는, USB 형태의 전자 장치를 말한다. 2015년에 '다크 퍼플(Dark Purple)'이라는 닉네임으로 활동하는 러시아의 보안 전문가가 '서지(Surge, 이상 전압)'를 보호하는 회로 작동 테스트를 위한 목적으로 개발하였고, 미국과 유럽에서 각각 인증을 받았다. 하지만 국내외에서 USB 킬러를 악용한 범죄가 발생해 문제가 되고 있다.

┼상식더보기 USB(Universal Serial Bus)

컴퓨터 등의 정보기기에 주변 장치를 연결하기 위한 직렬 버스 규격의 하나로, 개인용 컴퓨터 주변기기에서 가장 많이 보급된 범용 인터페이스 규격을 말한다.

713 **P2P 금융** ●○○
Peer to Peer

온라인 투자 연계 금융업

온라인을 통해서 대출과 차입을 연결하는 금융서비스이다. 금융기관을 거치지 않고 온라인에서 금융 업무 중인 대출과 투자를 지원하는 서비스이다. 온라인 투자 연계 금융업자로 등록된 기업에서 투자와 차입을 할 수 있다. 「온라인 투자연계금융업 및 이용자 보호에 관한 법률」에서는 온라인 플랫폼을 통하여 특정 차입자에게 자금을 제공할 목적으로 투자한 투자자의 자금을 투자자가 지정한 해당 차입자에게 대출하고 연계대출에 따른 원리금수취권을 투자자에게 제공하는 것을 말한다.

714 **5G** ●●●

4세대 이동 통신에서 진화된 5세대 이동 통신

5G의 정식 명칭은 'IMT – 2020'으로 이는 국제전기통신연합(ITU)에서 정의한 5세대 통신규약이다. 5G는 최대 다운로드 속도가 20Gbps, 최저 다운로드 속도가 100Mbps인 이동통신 기술이다. 이는 현재 사용되는 4G 이동통신 기술인 롱텀에볼루션(LTE)과 비교하면 속도가 20배가량 빠르고, 처리 용량은 100배 많다. 5G는 초고속, 초저지연, 초연결 등의 특징을 가지며 이를 토대로 가상·증강현실, 자율주행, 사물인터넷 기술 등을 구현할 수 있다.

05. 과학 QUIZ

다음 문제를 보고 옳고 그른 것에 따라 O, X를 고르세요.

01. 관성의 법칙이란 물체는 상태를 유지하려고 한다는 뉴턴의 운동법칙이다.　　　O X

02. 허니팟은 인간두뇌의 제어방법과 비슷하게 제어를 할 수 있는 컴퓨터이다.　　　O X

03. 생체인식으로 편리하고 안전하게 개인 인증을 수행하는 기술은 FIDO이다.　　　O X

04. 핵 안의 유전정보를 세포질 안의 리보솜으로 전달하는 것은 RPA이다.　　　O X

05. 뇌파를 통해 신경 세포를 자극하는 기술을 메디컬 트윈이라고 한다.　　　O X

문장에 맞는 단어를 고르세요.

> ㉠ 캡차　㉡ 인포데믹　㉢ NFT　㉣ 디지털 전환　㉤ 수퍼앱

06. 아날로그 형태를 디지털화 시키는 것은 ☐☐☐ (이)다.

07. ☐☐☐ (은)는 웹 페이지에서 악의적으로 사용되는 봇(Bot)을 구별하는 역할을 한다.

08. 하나의 어플리케이션에서 다양한 서비스를 이용하는 것은 ☐☐☐ (이)다.

09. 잘못된 정보가 미디어나 인터넷에 빠르게 퍼져가는 현상을 ☐☐☐ (이)라 부른다.

10. '대체불가능한 토큰'을 의미하는 것은 ☐☐☐ (이)다.

답 1.O 2.X(퍼지컴퓨터) 3.O 4.X(BCI) 5.O 6.㉣ 7.㉠ 8.㉤ 9.㉡ 10.㉢

CROSS WORD

Across

1. 하천의 유로를 따라 나타난 계단모양의 지형
2. 오염된 물의 수질을 나타내는 지표, 화학전 산소요구량
3. 지하 암석의 융해로 빈 공간이 생겨 땅이 주저앉는 현상
4. 자폐증과 유사한 발달장애 증후군
5. 인간과 동식물이 공동으로 지낼 수 있는 생물서식장소

Down

6. 발굽이 2개인 우제류 가축에게 발병하는 급성전염병
7. 결핵 예방 백신
8. 빙하가 갈라져 생기는 틈
9. 어패류, 해조류의 날 것 섭취 등으로 감염되는 악성괴저병, ○○○○패혈증

Across | 1.하안단구 2.COD 3.싱크홀 4.아스퍼거 5.비오톱
Down | 6.구제역 7.BCG백신 8.크레바스 9.비브리오

Chapter 01 환경

□□□
715 **가스
하이드레이트** ●●●
Gas Hydrate

천연 가스가 낮은 온도 및 압력에 의해 얼음 형태로 형성된 고체 에너지원

저온·고압인 심해저에서 가스와 물이 결합되어 만들어진 고체 에너지다. 외관이 드라이아이스와 비슷하며, 불에 타는 성질을 가지고 있어 '불타는 얼음'이라고도 불린다. 고체 상태인 가스하이드레이트 $1㎥$ 안에는 약 $170㎥$의 가스가 포함되어 있다. 전 세계적으로 매장량이 풍부하고 다른 에너지원에 비해 사용 시 발생하는 공해가 적어 차세대 대체 에너지로 각광받고 있다.

□□□
716 **공유지의
비극** ●●◎
Tragedy of The
Commons

소유권이 없는 공공자원을 공유할 경우 사람들의 남용으로 인해 자원이 쉽게 고갈될 수 있다는 이론

1833년 영국의 경제학자 윌리엄 포스터 로이드가 처음 소개했다. 그는 공유자원의 활용을 개인의 자율에 맡길 경우에 공익은 훼손되고 이는 결국 개개인의 이익 자체까지 훼손된다고 보았다.

□□□
717 **광공해 현상 ●●◎**
Light Pollution

대기오염 물질과 인공 불빛 때문에 별이 시야에서 사라지는 현상

밤하늘의 오염도를 측정하는 지표로 삼기도 한다. 깊은 밤에도 도심에 켜진 조명 등이 천체 관측을 방해하고 식물의 광합성 작용에 혼란을 일으키며 곤충들의 이상행동을 초래하기도 한다.

□□□
718 **국가기후
환경회의 ●●●**

2019년 4월 29일에 공식 출범한 대통령 직속의 범국가기구

정식 명칭은 '미세먼지 문제 해결을 위한 국가기구환경회의'이며, 미세먼지 문제에 대한 범국가적 대책 마련을 위해 각계각층의 의견을 수렴하고, 마련한 대책을 정부에 제안하는 역할을 맡고 있으며, 미세먼지 문제로 같은 고통을 겪고 있는 동북아시아 지역 국가들과 협력할 수 있는 방안도 강구한다. 구성은 위원장 1명, 부위원장 1명을 포함하여 50명 이내이고 임기는 2년으로 하되 연임이 가능하다.

□□□
719 **그레타
툰베리 ●●●**

스웨덴의 청소년 환경운동가

2018년 8월 학교를 빠지고 스웨덴 국회의사당 앞에서 기후변화 대책 마련을 촉구하는 1인 시위를 벌였고, 이 시위는 전 세계 수백만 명의 학생들이 참가하는 '미래를 위한 금요일' 운동으로 이어졌다.

□□□
720 **그린피스 ●●●**
Greenpeace

1971년에 설립된 국제 환경보호 단체

국제 환경보호 단체로서 핵실험 반대와 자연보호운동을 통하여 지구의 환경을 보존하고 평화를 증진시키기 위한 활동을 펼치고 있다. 40여 개국에 지부를 두고 있으며, 본부는 네덜란드 암스테르담에 있다.

기업이 친환경 정책이나 논란에 대해 침묵으로 일관하거나 구체적인 정책을 더는 대놓지 않는 것

'친환경(Green)'과 '침묵하다(Hush)'의 합성어로, 과거 친환경으로 홍보했던 것을 슬그머니 감추거나 관련 정책을 더 이상 발표하지 않는 경우가 해당된다. 친환경 사업 철학이나 제품 개발을 홍보하지만 실상은 그렇지 않은 기업들의 행태를 일컫는 그린워싱으로 여론의 뭇매를 맞는 사례가 늘어나자 그린허싱을 택하는 것이다. 명품 업체 '샤넬' 역시 '녹색 부채' 논란에도 침묵으로 일관하고 있다는 비판을 듣고 있다. 샤넬은 2030년까지 탄소 배출량 10% 감축 목표를 달성하지 못하면 수백만 유로를 더 지불하겠다는 조건으로 6억 유로(약 8,200억 원) 규모의 ESG 채권을 발행했으나 당시 샤넬은 이미 탄소 배출량 감축 목표를 달성한 상태였음이 드러났다. 샤넬은 이같은 비판에 대해 침묵으로 일관하고 있다. 이 뿐만 아니라 코카콜라는 유엔기후변화협약 당사국총회(COP27) 후원, 제품 99.9%가 재활용 가능하다는 홍보를 내세웠으나 코로나 이후 석유 추출 원료로 만든 플라스틱 생산량이 급증했다는 지적에는 침묵하고 있으며, 의류 업체 세인은 2030년까지 탄소 배출량 25%를 감축하겠다고 발표했으나, 과소비를 부추기는 패스트 패션 기업이 너무 적은 수치라는 지적에 지속가능성 관련 계획을 발표하지 않고 있다.

동일 종류나 근연(近緣)작물의 연작에 의해 발육이 악화되고 수확량이 감소되는 현상

토양의 병충해, 토양선충의 번성, 독물질의 축척, 염류의 집적, 토양비료분의 소모, 토양의 물리적 성질 악화, 잡초의 번성 등이 원인이다. 이는 연작중지, 토양소독, 영양분 공급 등으로 해결할 수 있다.

기후변화협약 ●●●
氣候變化協約

지구온난화를 방지하기 위해 이산화탄소·메탄 등의 온실가스 발생량 감축을 목표로 한 국제협약

1992년 리우회의에서 정식으로 채택되었다. 정식 명칭은 '기후 변화에 관한 유엔 기본협약'이고 리우환경협약이라고도 한다. 기후변화 협약 체결국은 염화플루오린화탄소(CFC)를 제외한 모든 온실가스의 배출량과 제거량을 조사하여 이를 협상위원회에 보고해야 하며 기후변화 방지를 위한 국가계획도 작성해야 한다.

□□□
724
기후위기
대응기금 ●○○

2021년부터 5년 동안 기후위기대응 기본법에 따라 조성할 예정의 기금

기후위기대응 기본법에 따라 온실가스 배출권 거래제의 유상할당수입 등으로 마련하는 기금이다. 정부가 기업에 배출권을 판매해서 생기는 유상할당수입은 국가 배출권 할당계획 제3차 계획기간(2021 ~ 2025년)에 최대 12조 원 규모로 예상한다.

□□□
725
다이옥신 ●●○
Dioxin

제초제나 살균제를 생산할 때 불필요한 부산물로 생기는 화합물

유기화합물의 일종으로, '폴리염화디벤조파라디옥신'의 약칭이다. 다이옥신은 주로 석탄, 석유, 담배 등을 태우거나 농약 등 화학물질을 만드는 공장에서 발생하는데 이 물질은 베트남전쟁에서 미국이 사용해 종전 후 기형아출산의 원인이 되었던, 고엽제로 알려진 화학물질이다. 고열에 잘 견디며, 물에 녹지 않는 안정된 물질로 반영구적인 독성을 갖고 있다.

□□□
726
도시미기후 ●●○
都市微氣候

국지적 미기후상태

대도시가 건물의 밀집, 난방, 대기오염 등으로 주변지역보다 평균기온이 높고 건조하며 강우량 감소 등이 나타나 국지적 미기후 상태를 이루는 현상을 말한다.

06

환경

□□□
727 **라니냐 현상** ●◎◎
La Nina

적도 부근의 표면해수온도가 갑자기 낮아지는 현상

라니냐란 스페인어로 '여자 아이'를 뜻하는데 엘니뇨와 번
갈아 대략 4년 주기로 일어나며, 이 현상으로 인한 대기
순환교란은 1 ~ 3년간 여파를 미친다. 반(反)엘니뇨 현상
으로도 불린다.

□□□
728 **람사협약** ●●◎
Ramsar Convention

물새 서식지로서 중요한 습지를 보호하기 위한 협약

1971년 2월 이란 람사에서 채택되어 1975년 12월 발효됐
다. 국경을 넘어 이동하는 물새를 국제자원으로 규정하고
가입국에 습지를 보전하는 정책을 펴도록 의무화하고 있으
며, 협약에 가입한 국가들은 보전가치가 있는 습지를 1곳
이상씩 협약사무국에 등록하고 지속적인 보호정책을 펴야
한다. 협약은 습지를 바닷물이나 민물의 간조시 수심이
6m를 넘지 않는 늪과 못 등 소택지와 개펄로 정의하고 있
다. 습지는 육상 동·식물의 안식처 역할을 할 뿐만 아니
라 수중생태계 환경을 조절하는 소중한 자원이지만 그동안
농지와 택지개발 명분에 밀려 파괴되는 경우가 많았다. 우
리나라는 1997년 7월 28일 람사협약이 국내에서 발효되어
세계 101번째 가입국이 되었다.

□□□
729 **몬트리올
의정서** ●●◎
Montreal Protocol

오존층 파괴 방지를 위해 채택된 의정서

염화불화탄소(CFC : 프레온가스)·할론(Halon) 등의 가스
방출에 따른 오존층 파괴를 방지하기 위해 제정된 빈협약
에 근거를 두고 1987년 캐나다 몬트리올에서 채택된 의정
서이다. 염화불화탄소(CFC)의 사용 및 생산금지, 대체물질
개발 등을 주요 골자로 하고 있다. 우리나라는 1992년 가
입했다.

□ □ □
730 **미세먼지
비상저감조치** ●●●

고농도 미세먼지가 장기간 지속되는 경우 국민의 건강을 보호하기 위해 실시하는 제도

단기간에 미세먼지를 줄여 대기질을 개선하고 국민의 건강을 보호하기 위해 차량부제, 사업장 조업 단축 등의 조치를 말한다. 이는 수도권 지역에서 당일(0시 ~ 오후 4시) 초미세먼지(Pm2.5) 평균 농도가 모두 '나쁨(50μg/㎥ 초과)' 이고, 다음 날에도 3개 시·도 모두 '나쁨'으로 예보되면 발동된다. 비상저감조치가 발령되면 수도권 7,125개의 행정·공공기관은 차량 2부제를 운영하고, 사업장·공사장은 단축·가동하게 된다.

□ □ □
731 **미세플라스틱** ●○○
Microplastic

5mm 미만의 작은 플라스틱 조각

처음부터 미세플라스틱으로 제조되거나, 플라스틱 제품이 부서지면서 생성된다. 미세플라스틱은 일상생활에서 쉽게 접할 수 있는 치약, 세정제, 스크럽 등에 포함돼 있는데, 예컨대 150ml 제품에는 대략 280만 개의 미세플라스틱이 함유돼 있는 것으로 알려져 있다. 미세플라스틱은 너무 작아 하수처리시설에 걸러지지 않고, 바다와 강으로 그대로 유입된다.

┌─────────┐
│ +상식더보기 │ **미세플라스틱 문제점**
└─────────┘
미세플라스틱은 환경을 파괴하는 것은 물론 인간의 건강을 위협한다는 점에서도 문제가 된다. 미세플라스틱을 먹이로 오인해 먹은 강·바다의 생물들을 결국 인간이 섭취하기 때문이다.

□ □ □
732 **바나나현상** ●●●
BANANA :
Build Absolutely Nothing
Anywhere Near Anybody

지역이기주의

'어디에든 아무것도 짓지 마라(Build Absolutely Nothing Anywhere Near Anybody)'라는 뜻이다. 쓰레기 매립지나 핵폐기물처리장 등 각종 환경오염시설물 등을 자기가 사는 지역권 내에는 절대 설치하지 못한다는 지역 이기주의의 한 현상으로, 님비(NIMBY)와 비슷한 말이다.

□□□
733 **방사능 비** ●●ⓒ
Radioactive Rain

핵폭발, 핵실험, 방사능누출 등에 의해 대기 중에 방출된 방사성 물질을 함유한 비

대류권에서는 수주일 내지 수개월 동안 방사능 물질이 빗방울, 눈 등에 묻어서 떨어진다. 그 성분은 스트론튬90, 세슘137 등 반감기가 긴 물질이 많이 섞여 있어 천연 빗물을 사용하는 사람이나 동물·농작물 등에 피해를 일으킬 염려가 있다.

□□□
734 **배출부과금** ●●●
排出賦課金

허용 기준을 넘는 오염물질을 배출한 업체에게 환경부가 물리는 일종의 벌금

오염물질의 기준초과정도, 배출 시간, 오염물질의 종류, 배출량, 위반횟수에 따라 부과금의 요율이 달라진다. 부과대상 오염물질은 아황산가스 등 대기오염물질 4종, 생화학적 산소요구량 등 수질분야 13종, 그리고 악취를 포함해 모두 18종이다.

□□□
735 **베이크 아웃** ●●ⓒ
Bake Out

자재 등에서 방출되는 유해물질 제거 방법

새로 지은 건축물 또는 보수작업을 마친 건물 등의 실내 공기 온도를 높여 건축자재나 마감재료에서 나오는 유해물질을 제거하는 방법이다. 온도를 일시적으로 올려 환기함으로써 새집증후군 위험에서 어느 정도 벗어날 수 있다.

□□□
736 **비치코밍** ●●●
Beachcombing

해변 바다 표류물 또는 쓰레기를 주워 모으는 행위

해변을 빗질하듯이 조개껍데기, 유리 조각 등의 표류물 또는 쓰레기를 주워 모으는 것을 말한다. 이를 통해 일반인들도 쉽게 해양 쓰레기 문제를 해결하는 데 일조할 수 있고, 주워 모은 표류물과 쓰레기는 업사이클링 수단으로 사용되기도 한다. 플로깅과 함께 호응을 얻고 있다.

□□□
737 **볼런
투어리즘** ●●⊕
Voluntourism

자원봉사에 초점을 맞춘 관광

'자원봉사자(Volunteer)'와 '관광(Tourism)'의 합성어로, 말
그대로 자원봉사를 겸하는 관광이라는 의미이다. 2000년대
말 유럽에서부터 시작되었다. 볼런 투어리즘은 환경재해를
입은 곳에 가서 자연 복원 활동을 하거나, 멸종위기에 처한
동물의 구조 활동을 하거나, 장애인재활센터, 푸드뱅크, 농
장 등에서 일손을 돕거나, 교육과 보건 등이 낙후된 저개발
국에서 현지인들과 함께 기거하며 그들의 삶을 향상시키는
데 도움이 되는 활동을 하는 동시에 관광도 함께 즐기는 여
행이다. 인도주의와 환경보호 등을 표방하는 NGO와 학술단
체 등에서 진행하는 프로그램부터 여행사와 호텔업계가 실
시하는 프로그램까지 다양한 형태가 있다. 볼런 투어리즘에
참여하는 관광객들은 자발적인 봉사활동을 통해 방문한 곳
의 사회와 환경에 실질적인 기여를 함으로써 새로운 자아를
발견하고, 지구촌 곳곳의 삶과 문화를 배우며 보람을 느낀다.

□□□
738 **블랙 아이스** ●●⊕
Black Ice

기온이 갑작스럽게 내려갈 경우, 도로 위에 녹았던 눈이 다시 얇은 빙판으로 얼어붙는 현상

낮 동안 내린 눈이나 비가 아스팔트 도로의 틈새에 스며들었
다가, 밤사이에 도로의 기름, 먼지 등과 섞여 도로 위에 얇
게 얼어붙은 것을 말한다. '도로 결빙 현상'이라고도 한다. 얼
음이 워낙 얇고 투명하므로 도로의 검은 아스팔트 색이 그대
로 비쳐 보여서, 검은색 얼음이란 뜻의 '블랙 아이스'란 이름
이 붙여졌다. 도로 주행 시 눈에 잘 띄지 않고 단순히 도로
가 조금 젖은 것으로 생각하기 쉽기 때문에, 운전자의 각별
한 주의가 필요하다. 주로 겨울철 아침 시간대에 터널 출입
구나 다리 위의 도로에서 자주 발견된다.

□□□
739 **부영양화** ●●⊕
富營養化

하천이나 호수 등 폐쇄된 수역에 인·질소 등이 포함된 세제, 농약, 생활폐수의 유입으로 수질이 빈영양에서 부영양으로 변하는 현상

물속에 필요 이상의 많은 영양분이 있어서 식물성 플랑크톤
등의 생물이 적정량보다 많이 번식하여 적조현상을 일으킨다.

야생생물이 서식하고 이동하는 데 도움이 되는 도심 속 인공물

야생생물이 서식하고 이동하는 데 도움이 되는 도심 속 숲·가로수·습지·하천·화단 등 다양한 인공물이나 자연물을 말하며, 지역생태계 향상에 기여하는 작은 생물서식공간이다. 도심 곳곳에 만들어지는 비오톱은 단절된 생태계를 연결하는 징검다리 역할을 하는데, 독일을 비롯해 프랑스·일본·미국 등에서 비오톱 조성이 활발하다.

친환경적으로 임지를 개발·관리하고 생산시스템을 갖춘 임업회사가 만든 목제품만 사용하자는 것

구체적으로는 환경운동단체와 소비자그룹 등이 연합체를 구성해 기준에 따라 목제품에 친환경적 제품이란 인증서를 부착해 주고 소비자에게는 이 제품만 사용하도록 권장하는 것을 말한다. 지금까지 구호성 시위나 그린피스식의 육탄저지식 환경운동과는 달리 시장과 소비자의 힘을 이용해 환경유관기업의 생산활동을 친환경적으로 유도하는 '강제력'을 지닌 것이 큰 차이다.

자연환경 조사 결과에 따라 작성된 생태자연도에 의하여 1등급 권역으로 분류된 지역이나 생태계를 특별히 보전할 필요가 있는 지역

생태계보전지역은 자연생태가 원시성을 유지하고 있거나 멸종위기의 야생동·식물 또는 보호야생동·식물의 서식지, 도래지로서 중요하거나 생물다양성이 풍부하여 학술적 연구가치가 큰 지역과 지형지질이 특이하여 학술적 연구 또는 자연경관의 유지를 위하여 보전이 절대적으로 필요한 지역, 그리고 다양한 생태계를 대표할 수 있는 지역을 뜻한다.

□□□
743 **생산자책임
재활용제도 ●●●**
EPR :
Extended
Producer Responsibility

제품 제조업체가 폐기물 재활용과 처리 책임을 지도록 하는 제도

제품 생산자나 포장재를 이용한 제품의 생산자에게 그 제품이나 포장재의 폐기물에 대하여 일정량의 재활용의무를 부여하여 재활용하게 하고, 이를 이행하지 않을 경우 재활용에 소요되는 비용 이상의 재활용 부과금을 생산자에게 부과하는 제도이다.

□□□
744 **실내공기질
관리법 ●●⊙**

다중이용시설 등의 실내 공기질을 알맞게 유지 · 관리하도록 규정한 법

지하역사와 지하도 상가, 여객자동차터미널의 대합실, 공항의 여객터미널, 항만의 대합실, 도서관, 박물관 및 미술관, 의료기관, 실내 주차장, 철도역사의 대합실 등 불특정 다수가 이용하는 시설과 아파트와 연립주택으로서 대통령령이 정하는 규모 이상의 공동주택 등 실내 공기질을 알맞게 유지 · 관리하여 국민의 건강을 보호하고 환경상의 위해를 예방하기 위한 사항을 규정한 법이다.

□□□
745 **에코
마일리지 ●⊙⊙**
Eco Mileage System

서울시에서 에너지 절약실적이 우수한 회원에게 마일리지를 주는 제도

에코와 마일리지의 합성어로, 친환경을 쌓는다는 의미를 갖는 시민참여 프로그램이다. 서울시에서 회원 가정과 사업장의 에너지 사용량을 무료로 관리하며 에너지 절약실적이 우수한 회원에게 마일리지(보상품)을 제공하는 시민들의 자발적 에너지 절약 운동이다. 에너지를 아낌으로써 온실가스 배출량을 감소시키고, 지구 온난화를 방지하기 위함이다. 에너지 사용량은 에코마일리지에서 6개월/4개월 주기로 집계하여 절감률에 따라 마일리지를 적립하는데, 해당 마일리지로 친환경제품 구매 등 저탄소 활동에 재투자가 가능하다. 전기 · 수도 · 도시가스 · 지역난방에 한하며, 개인회원(가정), 단체회원(법인, 개인사업자, 단체, 교육기관 등)에 따라 혜택이 상이하다.

□□□
746 **에코
페미니즘** ●●☺
Eco Feminism

1970년대 후반에 등장한 이론으로 생명·평등의 가치를 실현하고자 하는 생태여성론

환경운동과 여성해방운동의 만남인 에코페미니즘은 여성의 억압과 자연(환경)의 위기는 유사한 속성을 가지고 있다는 문제의식에서 출발한다. 즉, 여성과 환경문제는 남성중심사회의 동일한 억압구조에서 비롯된 것으로 동시에 해결해야 할 문제라는 것이다. 에코페미니즘은 남성과 인간을 타도대상이 아닌, 남성과 여성, 자연과 인간이 원래 하나라고 보고 이들의 어울림과 균형을 통한 모든 생명체의 통합을 강조한다. 에코페미니즘은 독일·프랑스 등 서구에서는 이미 새로운 대안론으로 자리 잡기 시작했고, 인도 등 제3세계에서도 활발하다.

□□□
747 **엘니뇨 현상** ●●☺
El Nino

남미 에콰도르와 페루 북부연안의 태평양 해면온도가 비정상적으로 상승하는 현상

아프리카의 가뭄이나 아시아·남미지역의 홍수 등을 일으키는 원인이다. 엘니뇨는 스페인어로 '신의 아들'이란 뜻인데, 크리스마스 때 이 현상이 가장 현저해서 붙여진 이름이다.

□□□
748 **오존경보제** ●●☺
Ozone 警報制

오존 농도 정도에 따라 생활행동의 제한을 권고하는 제도

대기 중 오존의 농도가 일정 기준 이상 높게 나타났을 경우 오존경보를 통하여 호흡기 질환자나 노약자 등 국민의 건강과 생활에 피해가 최소화되도록 실시하는 제도이다.

□□□
749 **온실가스** ●●●
Greenhouse Gas

지구 대기를 오염시켜 온실 효과를 일으키는 가스

적외선 복사열을 흡수하거나 재방출하여 온실효과를 유발하는 대기 중의 가스 상태 물질이다. 이산화탄소, 메탄, 아산화질소, 수소불화탄소, 과불화탄소, 육불화황, 여섯 가지 물질이 해당된다.

750 온실가스 배출권 거래제 ●●●
GHG Emissions Trading Scheme

정부가 온실가스를 배출하는 사업장에게 연단위 배출권을 할당해 진행하는 제도

기업이 할당된 범위 내에서 배출 행위를 할 수 있도록 한다. 실질 배출량을 평가해 남거나 부족한 만큼의 배출권을 거래할 수 있도록 한다. 우리나라는 2015년 1월 1일부터 시행하였다.

751 열섬 현상 ●●☺
Heat Island

도시의 기온이 교외보다 높아지는 현상

인구 증가, 시설물 증가, 자동차 통행 증가, 아스팔트 증가, 인공열 방출 및 온실 효과 등의 영향으로 도시의 기온이 주변 기온보다 현저하게 높게 나타나는 현상이다. 고기압의 영향을 받아 하늘이 맑고 바람이 약할 때 주로 발생하며 낮보다는 밤, 여름보다는 겨울에 두드러진다.

752 웜풀 엘니뇨 ●●☺
Warm Pool El Nino

일반 엘니뇨가 변형된 것으로 열대 중태평양에서 수온이 지나치게 높아지는 현상

일반 엘니뇨가 발생하는 해에는 한반도가 여름·가을에 한랭하다 봄에 따듯해지지만 웜풀 엘니뇨가 있는 해에는 여름과 가을 모두 온난한 기후가 나타난다.

753 인공강우 ●●●
人工降雨

구름에 인공적인 영향을 주어 비가 내리게 하는 것

구름층은 형성되어 있으나 대기 중에 응결핵 또는 빙정핵이 적어 구름방울이 빗방울로 성장하지 못할 때 인위적으로 '비씨(구름씨, Cloud Seed)'를 뿌려 특정지역에 강수를 유도하는 것이다. 즉, 과냉각된 구름(어는 점 이하의 온도에서 존재하는 물방울로 이루어진 구름)에 드라이아이스나 요오드화은 등의 응결핵을 뿌리면 이것을 중심으로 빗방울이 생기는 현상을 이용하는 것이다.

+상식더보기 인공강우를 만드는 방법

① 항공기를 이용해 구름 위와 아래에 구름씨를 살포하는 방법
② 산의 경사면에서 연소기로 요오드화은을 태워 구름에 주입하는 방법
③ 로켓 또는 대포를 이용해 요오드화은을 구름 속으로 발사하는 방법

자정작용 ●●☺
自淨作用

유기물로 오염된 물이 시간이 경과함에 따라 스스로 깨끗한 물로 되돌아가는 현상

물의 자정작용은 물속의 유기물이 호기성 미생물에 의하여 분해 · 침전되고, 또 소비된 산소가 공기 중에서 또는 수생식물의 광합성으로 보충되면서 일어난다. 그러나 물속에 유기물이 지나치게 많으면 호기성 미생물이 급격히 번식해서 자정작용이 일어나지 못하고 산소가 급격히 소모되므로, 오히려 혐기성 미생물이 번식하여 유기물이 부패되면서 물에서 악취가 나게 된다.

지구온난화 ●●●
Global Warming

지구의 평균 기온이 점점 높아지는 현상

해수면 상승, 태풍, 홍수, 생태계 혼란을 초래한다. 원인은 명확하게 규명된 것은 아니나 온실가스가 유력한 원인으로 꼽힌다. 이산화탄소가 가장 대표적이며 인류의 산업화와 함께 증가하고 있다. 이외에도 메탄 등이 온실가스 종류로 꼽히는데, 특히 실생활에서 사용되는 냉장고 및 에어컨 등에서 발생하는 프레온가스는 한 분자당 온실효과를 가장 크게 일으키는 것으로 알려졌다.

**지구
온난화지수** ●●☺
GWP :
Global Warming
Potentiala

이산화탄소가 지구온난화에 미치는 영향을 기준으로 다른 온실가스가 지구온난화에 미치는 정도를 나타낸 지수

혼합되어 있는 온실가스의 복사 특성, 기체들이 대기에 존재하고 있는 시간이 서로 다르다는 것, 외부로 방출되는 적외복사를 흡수하는 데 있어서 상대적인 유효성을 가지고 있음을 복합적으로 고려한 효과를 기술하는 지수이다.

757 지속가능성 ●●●
Sustainability

균형 있는 생태계가 미래에도 유지될 수 있도록 하는 제반 환경

미래유지가능성으로, 인간의 자연 착취 및 파괴에서 자정하여 자연의 다양성과 생산성 유지 및 생태계가 균형을 유지할 수 있도록 하여 경제성장, 환경보존, 기후안정 등을 추구하는 연구를 말한다.

758 제로 웨이스트 ●●●
Zero Waste

환경보호를 위해 일회용품 사용을 자제하는 것

쓰레기 배출을 제로(0)로 만들자는 취지로 시작되었으며 더 많은 참여자를 독려하기 위하여 최근에는 해시태그를 이용한 캠페인도 벌이고 있다. 이는 SNS에 자신의 제로 웨이스트 사진을 올린 뒤 해시태그로 지인을 태그하여 릴레이 하는 형식이다. 제로 웨이스트의 구체적인 방법으로는 개인용 용기(도시락 통)에 음식 포장하기, 남은 재료를 활용하여 요리하기, 휴지보다 손수건을 이용하기, 장바구니 사용하기, 빨대 사용 자제하기 등이 있다.

759 케슬러 증후군 ●●●
Kessler Syndrome

사용하지 않는 인공위성으로 인해 발생하는 우주쓰레기

1978년 미국항공우주국(NASA)의 과학자 도널드 케슬러가 논문을 통해 제시한 내용으로 수명이 다하거나 고장난 인공위성이 궤도에 그대로 머물러 있어 우주 내의 인공위성과 충돌하고 다른 행성을 위협하여 연쇄폭발이 일어나 우주쓰레기를 발생시키는 현상을 말한다.

□□□

760 **탄소중립** ●●●
Net Zero

배출한 이산화탄소를 흡수하는 대책을 세워 실질적인 배출량을 '0'으로 만드는 것

'넷제로'라고도 한다. 개인이나 회사, 단체가 배출한 온실가스를 다시 흡수해 실질 배출량을 제로(0)으로 만든다는 것이다. 2016년에 발효된 파리협정 이후 121개 국가가 2050 탄소중립 목표 기후동맹에 가입하였으며 코로나19 사태로 기후변화의 심각성에 대한 인식이 확대되어 주요국들의 탄소중립 선언이 가속화되었다. 한국은 2020년에 탄소중립을 선언하였다.

□□□

761 **폭풍해일** ●☺☹
Storm Surge

해면이 부풀어 오르면서 해수면이 비정상적으로 높아지는 현상

극단적인 기상조건(낮은 기압, 강한 바람)으로 인하여 특정 장소에서 바다의 고도가 일시적으로 상승하는 것, 그 장소와 시간에서 조위 변동에 의해서만 예상되는 수위 이상으로 초과하는 것으로 정의된다.

□□□

762 **프랑켄 푸드** ●●●
Franken Food

유전공학으로 개발된 농산물

영국 소설 '프랑켄슈타인(Frankenstein)'과 '음식(Food)'의 합성어로 유전자 조작을 통해 개발된 농산물을 환경보호론자들이 비하하는 표현이다. 유전공학의 발달로 질병이나 해충에 강하고 수확량이 많아 식량난을 해결할 수 있는 반면, 안전성이 검증되지 않았고 생태계 교란 등의 환경문제를 유발한다.

□□□

763 **플로깅** ●●●
Plogging

조깅하면서 쓰레기를 줍는 운동

스웨덴에서 시작하여 북유럽을 중심으로 확산되었다. 조깅을 하면서 길가에 버려진 쓰레기를 줍는 것으로, 국립국어원에서는 우리말로 쓰담달리기라고 선정한 바 있다.

□□□
764 **하얀 코끼리** ●●⊙
White Elephant

□□□
765 **환경성적 표지인증** ●●⊙
EDP :
Environmental
Product Declaration

□□□
766 **환경영향 평가제도** ●●⊙
環境影響評價制度

□□□
767 **BOD** ●●●
Biochemical Oxygen
Demand

비용만 많이 들고 쓸모없는 소유물

올림픽과 같은 대형 행사를 치르기 위해서는 천문학적인 건설비용이 지출된다. 하지만 행사 이후에는 마땅한 활용 방안을 찾지 못해 막대한 유지비용만 들어가는 시설물이 많은데 이를 일컫는다. 즉, 관리하기도 처분하기도 어려운 애물단지를 뜻한다.

제품이 환경보전에 미치는 영향을 제품에 표지하는 제도

환경성적표지인증(EDP)은 기업이 생산하는 제품들에 대하여 원료채취, 제조, 사용, 폐기에 이르는 전 과정에 대한 환경성을 평가하고 이를 인증기관(환경관리공단)의 정밀검토를 거쳐 일반에 공개하는 제도로서 2002년 4월부터 시행되고 있다.

사업의 시행으로 인해 환경에 미치는 해로운 영향을 예측·분석하고 이를 최소화하는 방안을 강구하는 절차

정부기관 또는 민간에서 대규모 개발사업계획을 수립하는 경우 이로 인하여 환경에 미칠 영향을 미리 평가·검토하여 환경오염을 최소화하는 방안을 강구하는 것이다. 즉, 환경오염의 사전예방제도로 각종 사업계획을 시행할 때 환경적 요인도 종합적으로 비교·검토하도록 하는 것이다.

생화학적 산소요구량으로 물의 오염을 나타내는 기준

수중의 유기물이 미생물에 의해 정화될 때 필요한 산소량으로 나타낸다. 물의 오염정도를 나타내는 기준으로, 호기성 세균이 일정 기간(20℃에서 5일 정도) 수중의 유기물을 산화·분해하여 정화시키는 데 소비되는 산소의 양을 ppm으로 나타낸 것이다. 물의 오염정도가 심하면 유기물의 양이 많아지므로 세균이 유기물을 분해하는 데 필요한 산소의 양도 많아지게 된다. 따라서 BOD가 높을수록 오염이 심한 물이다.

06

환경

프레온가스

주성분은 탄소 · 염소 · 불소 · 수소이다. 무색무취의 가스로 화학적으로 안정돼 있고 금속을 부식시키지 않으며, 불연성 · 불폭발성을 갖고 있어 냉매, 소화제(消火劑) 등에 쓰인다. 그러나 태양의 자외선에 의해 염소원자로 분해돼 오존층파괴의 원인물질로 알려져 몬트리올의정서에 의해 2000년부터는 사용이 전면 중지되었다.

24시간 일주일 내내 전력의 100%를 풍력, 태양력, 원자력 등의 무탄소 에너지원으로 공급받아 사용하는 것

CF100은 구글이 2018년에 새로운 지속 가능 목표로 처음 제시했으며, 2030년까지 전 사업장에서 달성하겠다고 밝혔다. 사용 전력의 100%를 재생에너지로 충당하는 RE100의 대안으로 언급되고 있는데, RE100과 가장 다른 점은 ▲탄소 배출이 없는 무탄소 에너지로 전력 100% 공급 ▲재생에너지뿐만 아니라 원전, 수소, 탄소포집 · 활용 · 저장 기술 포함이다.

화학적 산소요구량

수질오염정도를 나타내는 기준으로 유기물의 오염물질을 산화제로 산화할 때 필요한 산소량으로 나타낸다. 유기물질이 함유된 물에 과망간산칼륨이나 중크롬산칼륨을 투입하면 유기물질이 산화되는데, 이때 소비된 산화제의 양을 ppm으로 나타낸 값이다. 오염이 심할수록 COD의 값은 높아진다.

□ □ □

771 **DO** ●●☺

Dissolved Oxygen

물 1L 속에 녹아 있는 분자상태의 용존산소량

온도가 상승하면 감소하고 대기압이 오르면 증가한다. 수중생물은 용존산소로 호흡하며 물속에 있는 유기물을 분해하므로, 용존산소의 부족은 수중생물을 사멸시킬 뿐만 아니라 유기물이 잔류하게 되어 물이 부패하게 된다. 수돗물은 보통 5ppm 이상이다.

□ □ □

772 **IPCC** ●●●

Intergovernmental Panel
On Climate Change

각국 정부 간에 기후변화 협의체

기후변화와 관련된 전 지구적 위험을 평가하고 국제적 대책을 마련하기 위해 1988년 11월 유엔 산하 세계기상기구(WMO)와 유엔환경계획(UNEP)이 각국의 기상학자, 해양학자, 빙하 전문가, 경제학자 등 3천여 명의 전문가로 구성한 정부 간 기후변화 협의체이다. 비정기적으로 발표하는 보고서를 통해 인간이 만든 공해물질에 의해 발생하는 기후변화와 관련된 과학적·기술적·사회경제학적 정보를 제공한다. 기후변화 문제의 해결을 위한 노력이 인정되어 2007년 노벨 평화상을 수상하였다.

□ □ □

773 **KF지수** ●●●

Korea Filter

먼지 차단율을 나타내는 지수

식품의약품안전처 인증을 의미하며 지수가 높을수록 입자가 작은 먼지 차단율이 높다.

□ □ □

774 **PCB 공해** ●●☺

Poly Chlorinated Bipheny

폴리염화비페닐(PCB)로 인한 공해

PCB는 분해되지 않는 반영구적인 특성을 가진 염소화합물의 일종으로, 인체에 들어가면 지방조직·간장·뇌 등에 축적돼 치명적일 수 있으며, 장기간 축적될 경우 기형아 출산 및 사산이나 유산의 결과를 낳고 발암성 피부염을 유발한다. 이 물질은 불연성과 절연성이 우수해 변압기 콘덴서나 트랜스의 절연체로 쓰이며, 건조되지 않는 특성 때문에 페인트제조에 많이 쓰인다.

06

환경

대기의 오염도가 인체에 미치는 영향을 나타내는 지수

부유분진, 아황산가스, 질소화합물, 오존, 일산화탄소, 부유분진과 아황산가스의 혼합물 등 6개의 오염도가 인체에 미치는 영향을 총체적으로 나타낸다. 대표적인 대기오염지수이며 PSI지수가 100을 초과하면 대기오염도가 심각하다는 의미이다.

절약(Reduce) · 재사용(Reuse) · 재활용(Recycle)

절약, 재사용, 재활용하자는 환경운동이다. 환경을 위해 물자를 절약하고 오염물질의 배출량을 줄이며, 가능하면 재사용과 재활용하여 폐기물을 감소시키고 자원이 순환되는 사회를 만들고자 하는 취지이다. 과소비를 하지 않고 1회용 제품과 과대포장을 멀리하며, 리필 제품을 사용하는 등의 방법이 있다.

녹생성장 및 기후변화 대응과 지속가능한 발전목표를 달성하려는 글로벌 협의체

정부기관과 더불어 민간부문인 기업 · 시민사회 등이 파트너로 참여하는 21세기 융합형 조직으로서, 글로벌 목표 2030을 위한 연대이다. 개도국을 중심으로 각국이 기후변화에 대한 대응을 적절히 하면서 지속가능한 발전을 하도록 지원하며 2015년 유엔에서 채택된 지속가능 발전 목표(SDGs) 중 기후변화 대응과 긴밀한 관련이 있는 식량(Food), 물(Water), 에너지(Energy), 도시(City), 순환경제(CircularEconomy)에 대한 해결책을 개발하여 개도국에 제공하는 것을 목표로 한다. 제2차 P4G 서울정상회의는 2021년 5월 30 ~ 31일 서울에서 개최되었다.

┼상식더보기 참여국

① 유럽 : 덴마크, 네덜란드
② 아시아 : 대한민국, 인도네시아, 베트남, 방글라데시
③ 아프리카 : 남아프리카공화국, 에티오피아, 케냐
④ 미주 : 멕시코, 칠레, 콜롬

기업이 사용하는 전력량을 재생에너지로 전환하는 캠페인

기업이 사용하는 전력 전체를 재생에너지로만 공급하겠다는 자발적인 글로벌 캠페인으로, 2014년 비영리 단체로부터 시행됐다. RE100 회원이 되기 위해 기업은 다음과 같은 요건에 충족되어야 한다. ▲운영을 100% 재생에너지로 전환할 것 ▲CDP.net에서 제공하는 리소스를 활용하여 진척 상황 보고할 것 ▲위 약속에 대한 책임을 지고, 일반적으로 연례 보고서를 통해 정책과 다른 장애물에 대한 정보를 제공하도록 준비할 것. 2017년 말까지 20개 이상의 RE100 회원 기업이 모든 전기를 재생에너지에서 생산하였고, 2018년에는 20개 기업에 애플, 구글, 웰스파고 등 7개 기업이 추가됐다. 2023년 6월 기준으로 전 세계 407개 기업 가운데 국내 기업은 삼성전자, 현대차그룹(4개사), SK 하이닉스 등 31곳이 참여하고 있다.

06

환
경

□□□
779 **간헐천** ●●◎
Geyser

주기적으로 뜨거운 물과 수증기, 가스 등을 분출하는 온천

일정한 주기로 뜨거운 물, 수증기, 가스 등을 분출하는 온천으로 화산지대에서 볼 수 있다. 'Geyser'은 아이슬란드의 간헐천 '게이시르'에 연유되었으며, 또 다른 대표적인 예로 미국 옐로스톤 국립공원의 간헐천이 있다.

□□□
780 **국제민간
항공기구** ●●◎
ICAO

세계 항공업계의 정책과 질서를 총괄하는 UN 산하 전문기구

사무국은 캐나다 몬트리올에 있으며, 국제민간항공의 안전하고 질서 있는 발전을 도모하고, 국제항공운송업무가 기회균등주의를 기초로 하여 건전하고 경제적으로 운영되도록 하기 위해 설립되었다.

□□□
781 **대보조산
운동** ●◎◎

중생대 쥐라기 초기부터 백악기 초기에 걸쳐 우리나라 전역 특히, 충청북도 단양 부근에서 현저하게 일어난 가장 강력한 지각변동

대보조산 운동에 의해 이전에 퇴적된 지층들이 심하게 습곡되거나 단층이 형성되었다. 광범위한 지역에 걸쳐 화강암이 관입되었는데, 이를 대보화강암이라 한다. 이 운동에 의해 한반도 지질구조는 북동에서 남서로 향하는 방향성을 가지면서 중국 남부 양쯔지괴로 연속되는데 이를 지나방향이라고 부른다. 옥천분지 양쪽에 노출되어 있는 화강암의 분포 양상이나 옥천분지 내의 습곡층과 단층면의 기울기 등도 이 방향을 나타내고 있으며, 서울 근교의 화강암을 비롯하여 우리나라 전역에 분포되어 있는 대부분의 화강암이 이때 관입한 것이다. 이 같은 조산운동에 의해 차령 · 노령 · 소백 · 덕유산맥 등이 습곡산맥으로 형성되었다.

□□□
782 **라피에** ●●◉
Lapies

석회암이 나출된 대지 등에서 석회암의 용식에 의하여 형성된 작은 기복이 많은 지형

카르스트 지표형 중에서 가장 일반적인 것이다. 영국에서 부르는 크린트는 석회암이 나출된 면을 일컫고, 그라이크는 수직인 파이프 모양의 구멍을 일컫는다. 또, 석회암의 나출면이 절리 등을 따라서 홈이 파이는 경우도 있다. 석회암이 움푹 들어간 부분에 토양이 메워지고, 튀어나온 부분이 묘석을 세워 놓은 것 같은 모양을 나타내기도 한다. 이들 라피에가 집합되어 있는 지역을 카렌펠트라고 부른다.

□□□
783 **블루존** ●●●
Blue Zone

청소년들이 안전하게 활동할 수 있도록 설정된 안전지대

반경 200 ~ 500m 정도이며, 이곳에서는 청소년들이 건전하게 생활할 수 있도록 건전한 청소년 문화가 조성되고 유해업소에 대한 단속도 강화된다. 또 이곳에서 폭력으로부터 청소년을 보호하고 선도하는 일을 하는 '청소년지킴이'가 활동하는데, 문구점이나 약국·음식점 등 건전한 업소들이 지킴이 업소로 선정된다.

□□□
784 **안나푸르나** ●●●
Mount Annapurna

'수확의 여신'이라는 뜻을 가진 히말라야 중앙부 산맥

안나푸르나는 네팔 히말라야 중앙부에 있는 연봉(連峯)으로 다울라기리 산 동쪽에 있으며 7,000m 이상의 고봉(高峯)이 10개나 된다. 최고봉의 높이는 8,091m이다.

□□□
785 **어린이**
보호구역 ●●●
School Zone

유치원, 학원, 초등학교, 특수학교, 어린이집 등의 주변도로에 교통사고 위험으로부터 어린이를 보호하기 위하여 「도로교통법」에 의해 필요한 일정 구간

어린이 보호구역으로 지정되면 자동차등의 통행속도를 시속 30킬로미터 이내로 제한할 수 있다. 지방경찰청장은 어린이보호구역으로 지정·관리가 필요한 경우 해당 지역의 초등학교 등의 주 출입문을 중심으로 반경 300m 이내의 도로 중 일정구간을 어린이 보호구역으로 지정할 수 있다.

06

환경

786 **옐로카펫·
옐로우존** ●●ⓒ
Yellow Carpet,
Yellow Zone

어린이 횡단보도 사고예방을 위해 국제아동인권센터가 고안한 교통안전시설

옐로카펫은 횡단보도 앞바닥과 대기 공간 벽면에 펼쳐져, 어린이는 안전한 곳에서 신호를 기다리고 운전자는 보행하는 어린이를 잘 볼 수 있는 장점을 가진다. 더불어 옐로카펫은 동네의 주민과 어린이들이 함께 만들기 때문에 더 의미가 있다.

□□□
787 **와디** ●●ⓒ
Wadi

비가 내릴 때 이외에는 물이 마르는 개울

건조지대, 특히 사막에 있는 하상은 늘 물이 없으므로 마른 강이라고도 한다. 폭우가 쏟아지면 모래와 자갈을 섞은 물이 흐르나 비가 그치면 곧 마른다. 빗물이 지하수가 되어 오아시스가 생기는 수도 있으므로, 대상(隊商)들이 이곳을 길로 이용한다.

□□□
788 **이안류** ●●●
離岸流

해류가 바다 쪽으로 빠져나가는 현상

일반적으로 파도가 해안으로 밀려올 때, 파도의 질량 수송 작용의 결과로 먼 바다의 해수가 해변에 퇴적하여, 이것이 해변의 어느 장소에 모였다가 먼 바다 쪽으로 되돌아가는 흐름이 된다. 이 흐름이 이안류이며, 유속이 빠른 데서는 초속 약 2m나 된다.

□□□
789 **인구소멸
위험지역** ●●ⓒ

소멸위험지수가 0.5 미만인 지역

한국고용정보원에서 20 ~ 39세 여성 인구를 65세 이상 인구로 나눈 값이 0.5 미만인 경우 인구소멸위험지역으로 정의한다. 소멸위험지역은 낙도지역이나 농어촌지역뿐만 아니라 도청 소재지, 광역대도시까지 확대되고 있는 양상이며 팬데믹으로 인해 지방의 제조업 위기가 도래하면서 더욱 가속화되었다. 인구 감소로 인해 2047년에는 한국의 모든 시·군·구가 소멸위험지역이 될 것이라는 우려를 낳고 있다.

□□□
790 **인도양
다이폴** ●⊙⊙

초여름과 늦가을 사이, 인도양 열대 해역의 동부는 수온이
지나치게 낮아지고, 서부 수온은 높아지는 대기해양 현상

인도양 서쪽 동아프리카 강수량은 증가하여 폭우, 홍수가 발생
하고, 인도양 동쪽 인도네시아는 강수량 감소하여 폭염, 가뭄이
발생하였다. 엘니뇨와 마찬가지로 세계 기후에 큰 영향을 미치
며 특히 인도 등 아시아 국가의 여름 몬순에 영향을 준다.

□□□
791 **제트기류** ●●⊙
Zet Stream

대류권 상부의 좁은 영역에 집중된 강하고 빠른 편서풍

보통 위도 30 ~ 40˚ 사이 중위도 지방의 상공에서 분다.
제트기류는 지표면 위 11km 근처의 대기권에서 발견되는
데, 남북 방향으로 굽이치며 불고 그 파장은 3 ~ 6천km
정도이다. 비행기의 항로로 많이 이용되며, 방향성 때문에
우리나라에서 유럽으로 갈 때보다 유럽에서 우리나라로 돌
아올 때 제트기류를 이용하면 비행시간이 1 ~ 2시간 정도
단축된다.

□□□
792 **질랜디아** ●●⊙
Zealandia

오세아니아 주변 바다에 잠겨 있는 땅덩어리

유럽 · 아시아 · 아프리카 · 북아메리카 · 남아메리카 · 오스트레
일리아 · 남극에 이어 제8번째 대륙으로 보는 의견이 존재한다.
1995년 지구물리학자인 브루스 루엔딕(Bruce Luyendyk)이
처음으로 질랜디아라는 명칭을 붙였다. 크기는 한반도 면적의
약 22배에 해당하는 490만㎢ 이지만 그 안에 속하는 뉴칼레도
니아와 뉴질랜드를 빼면 전체 면적의 94%가 바다에 잠겨 있
다. 오스트레일리아, 남미, 남극 등과 함께 있다가 약 1억 년
전에 떨어져 나온 땅으로 추정된다.

□□□
793 **칸첸중가** ●⊙⊙
Kinchinjunga

네팔과 인도의 국경에 있는 세계에서 세 번째로 높은 봉우리

8,450m가 넘는 네 개의 봉우리를 포함하여 다섯 개의 봉
우리가 있다고 하여 '다섯 개 눈의 보고'라는 뜻이 있다.

╋**상식더보기** 세계 3대 산

에베레스트, K2, 칸첸중가

794 크레바스 ●◐◌
Crevasse

빙하가 이동하면서 응력에 의해 생기는 균열

간혹 얼어붙은 눈에 의해 서로 연결되기도 하며, 눈에 의해 덮이기도 한다. 작고 좁은 틈에서, 건널 수 없을 만큼 넓은 틈까지 유형이 다양하다.

795 특별자치도 ●●●

특별법에 근거하여 고도의 자치권을 보장받는 구역

도(道)와 동등하나 특별법에 따라 지정된 광역자치단체다. 독자적인 자치권을 행사하고, 경제적·문화적 자율성이 높으며 중앙정부로부터 많은 권한을 위임받는다. 현재 제주특별자치도, 강원특별자치도, 전북특별자치도가 있다. 한편 특별시는 일반적인 시보다 높은 경제적 지위를 가지며 서울특별시가 있다. 특례시는 기초자치단체시 인구 100만 이상 또는 이에 준하는 도시로, 행정적으로 더 많은 자율성과 권한을 부여받는데, 수원특례시, 고양특례시, 용인특례시, 창원특례시, 화성특례시가 있다.

796 판게아 ●●◌
Pangaea

대륙이동설에서 주장하는 가상 초거대 원시대륙

독일의 베게너(A. Wegener)는 아메리카대륙의 서쪽 해안선과 남아메리카의 동쪽 해안선의 형태가 서로 잘 맞는다는 점을 근거로, 최초에는 초대륙인 판게아가 있었고 이것이 분리·이동하여 현재와 같은 대륙분포를 이루었다는 대륙이동설을 주장했다.

797 하안단구 ●◐◌
河岸段丘

하천의 유로를 따라 나타나는 계단 모양의 평탄한 지형

유로에 따라 평탄한 언덕이 연속되고, 하상을 향해 낮은 계단 모양으로 이어지는 지형을 말한다. 융기와 침식의 반복으로 여러 개의 계단 모양 단구로 형성되며, 하상의 바깥쪽에 있는 단구일수록 높은 경우가 많다. 상단일수록 오래된 것이며 하단일수록 새로 형성된 것이다.

□□□
798 **한국방공**
식별구역 ●●◎
KADIZ

국방부에서 관리하는 항공기 식별을 위해 감시하는 구역

KADIZ 내로 진입하는 적성 항공기 및 주변국의 미식별 항공기에 대한 식별과 침투 저지를 위한 공중감시 및 조기 경보체제를 24시간 유지하고 있다. 외국 항공기가 진입하려면 24시간 이전에 합참 허가를 받아야 한다. 그리고 인가된 비행계획에 따라 비행할 경우에 항공 지도상의 규정된 지점에서 의무적으로 위치보고를 해야 한다.

□□□
799 **해식애** ●◎⊖
海蝕崖

파도의 침식작용과 풍화작용에 의해 생긴 낭떠러지

바다와 육지의 경계면이 침식과 풍화로 깎여 낭떠러지를 이루는 것을 말한다. 해류가 세고 바다에 돌출한 산지에 발달되어 있다.

□□□
800 **호르무즈해협** ●●◎
Strait of Hormuz

이란과 아라비아 반도 사이 55 ～ 95km 너비의 해협

호르무즈 · 케슘 · 헹감 등의 섬이 있는 이 해협은 페르시아만 연안 국가에서 생산되는 석유의 중요한 반출로이며, 매일 1,700만 배럴의 원유를 운반하는 유조선들이 반드시 지나야 하는 항로이기 때문에 전략적이나 경제적으로 매우 중요한 요충지이다. 한국은 원유수입 비중의 80%가 중동산에 육박하는데, 그중 호르무즈 해협을 통해 공급받는 양이 99%를 차지하고 있다.

□□□
801 **EEZ** ●●●
Exclusive Economic Zone

배타적 경제수역

자국의 연안으로부터 200해리(370.4km)까지의 모든 자원에 대한 독점적 권리를 인정하는 국제해양법상의 개념이다. 1994년 12월에 발효되어 1995년 12월 정기국회에서 비준된 유엔해양법협약은 연안국의 EEZ권리를 인정하고 있다. 협약에서 인정하는 EEZ의 경제주권으로는 어업자원 및 해저광물자원에 대한 주권적 권리, 해수 · 해풍을 이용한 에너지 생산, 탐사권, 해양과학조사관할권, 해양환경보호에 관한 관할권 등이 있다.

□ □ □
802 **각기병** ●●⊖
脚氣病

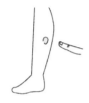

팔, 다리에 신경염이 생겨 통증이 심하고 부종이 나타나는 질환

각기병은 티아민의 부족으로 생기는 영양실조 증세 중 한 가지로 환자는 항상 다리가 부어 있고, 부은 다리를 손가락으로 누르면 들어간 살이 나오지 않는다. 초기 증상으로는 입맛 없음, 소화 기능장애, 팔다리 힘이 없고 피곤하며 감각이 무디어 진다. 심해지면 다발성 신경염을 비롯한 순환기, 소화기의 증세와 부종 등이 나타난다.

□ □ □
803 **공혈견** ●●⊖
供血犬

심한 출혈 또는 혈소판이 부족한 다치고 병든 개에게 혈액을 공급하는 개

세계동물혈액은행 지침에 따르면 공혈의 기준은 몸무게 1kg당 16ml 이하이고, 6주가 지나야 다음 채혈이 가능하다. 공혈견이 되기 위해서는 덩치가 크고 주삿바늘이 체내에 들어와도 가만히 있을 수 있을 만큼 성격이 온순해야 한다. 국내에는 대학병원 몇 곳에서 자체적으로 몇 마리씩 공혈견을 기르지만, 개 혈액의 90% 정도는 민간 독점업체인 한국동물혈액은행에서 취급하고 있다.

□ □ □
804 **괴혈병** ●●●
壞血病

비타민 C의 결핍으로 생기는 병

괴혈병이 생기면 결합 조직에 이상이 생기기 때문에 우리 몸의 어느 부분에서라도 증상이 일어날 수 있다. 괴혈병은 비타민C 부족이 3개월 이상 진행되었을 시 출혈, 전신 권태감, 피료, 식욕부진 등의 증상이 나타난다. 예를 들면, 잇몸, 근육, 골막과 피하 점막이 약해지며 출혈이 일어나거나 혈뇨, 혈변도 생길 수 있다.

□□□
805 **구제역** ●●●
□蹄疫

전염성 높은 우제류가축의 급성 전염병

발굽이 두 개인 소·돼지·염소·사슴·낙타 등 우제류(발굽이 두 개인 동물) 동물의 입과 발굽 주변에 물집이 생기는 제1종 가축전염병이다. 이는 치사율이 5 ~ 55%에 달한다. 당나귀 등의 기제류(발굽이 1개인 동물) 동물은 구제역에 걸리지 않으며 구제역 사람에게도 잘 옮기지 않는다. 구제역 바이러스는 70℃ 이상으로 가열하면 모두 죽기 때문에 감염된 가축이라도 완전히 익혀먹으면 사람이 구제역에 감염될 가능성은 거의 없다. 구제역 바이러스는 전염성이 매우 강해 공기를 통해 호흡기로 감염된다. 따라서 무리에서 한마리가 감염되면 나머지 가축 모두에게 급속하게 감염된다.

□□□
806 **독성
스트레스** ●●○
Oxidative Stress

감내하기 힘든 강도로 지속적으로 가해지는 스트레스

정신과 신체에 치명적인 결과를 초래하는 독성(毒性)을 띤 스트레스이다. 특히 아동기에 가해지는 독성 스트레스는 뇌와 다른 장기의 발달을 더디게 하고, 성인이 되어서도 정신질환과 마약, 알코올 의존증 등을 유발할 수 있다.

□□□
807 **긴급사용
승인제도** ●○○

신종 감염병 유행 시 원활한 검사와 진단을 위해 마련된 제도

감염병 대유행 우려로 의료기기(진단 시약 등)를 긴급하게 사용할 필요가 있지만 국내 허가제품이 없거나 공급이 부족한 경우, 중앙행정기관이 요청한 제품의 허가를 면제해 한시적으로 제조·판매·사용 할 수 있도록 한 제도이다. 식품의약품안전처는 질병관리청와 협력해 서류검토 → 임상 성능평가 및 전문가 검토 → 승인요청 → 승인 등의 4단계 절차를 거쳐 승인 여부를 정하고 있다. 긴급사용 승인제도는 2015년 메르스(MERS·중동호흡기증후군) 확산 사태 이후 신종 감염병이 유행할 경우 원활한 감염병 검사 및 진단을 위해 마련됐으며, 국내에서는 2016년 지카 바이러스 확산 당시 처음 시행된 바 있다. 코로나19 진단키트가 2번째 사례이다.

06
환경

□□□
808 **레지오넬라증** ●●☺
Legionellosis

레지오넬라균에 의해 발생하는 감염성 질환

레지오넬라균은 25 ~ 45℃의 따뜻한 물에서 번식하며 수돗물이나 증류수 내에서 수 개월간 생존할 수 있다. 온수기나 에어컨의 냉각탑, 가습기 등에도 존재한다. 레지오넬라균에 오염된 물이 아주 작은 물 분무 입자의 형태로 공기 중에 퍼졌을 때 호흡기를 통해 전염된다. 5 ~ 6일의 잠복기를 거친 후 오한과 두통, 설사 등을 유발하며 심한 경우에는 쇼크와 출혈, 폐렴으로 사망에 이르기도 한다.

□□□
809 **렙토스피라증** ●●●
Leptospirosis

유행성 출혈열에 해당하는 감염병

병원균은 박테리아의 일종으로 들쥐 등 야생동물의 배설물을 매개로 호흡기와 피부로 침입·감염된다. 처음에는 고열, 두통, 오한 등의 감기증상을 보이다가 폐출혈 증세에 의해 사망하는 치사율이 높은 농촌괴질이다.

□□□
810 **로타
바이러스** ●☺☺
Rotavirus

영유아에게 발생하는 위장관염의 가장 흔한 원인 바이러스

전자현미경으로 관찰하면 테두리에 짧은 바퀴살을 갖는 수레바퀴처럼 생겼다 하여 바퀴를 뜻하는 라틴어 'Rota'가 붙었다. 1973년 처음 발견될 당시 원인이 파악되지 않아 '가성 콜레라'로 불리기도 하였다. 영유아 급성 설사병의 가장 흔한 원인으로, 주로 2 ~ 3세의 영유아에게 발생한다. 처음에는 토하거나 열이 있어 감기처럼 보이지만 곧 심한 설사를 한다. 성인과 달리 어린이는 설사로 인한 탈수로 혈압이 떨어져 기절해 사망할 수도 있다.

□□□
811 **롱 코비드** ●●●
Long Covid

코로나19 확진 이후 겪는 후유증

지속되는 가래, 두통, 미각·후각 상실, 피로, 무기력, 우울 등 다양한 증상들을 의미한다. WHO에서는 코로나19에 확진된 사람이 2 ~ 3개월 정도 진단할 수 없는 증상을 겪는 것으로 정의한다.

□□□
812 **루게릭 병** ●●●
Amyotrophic Lateral
Sclerosis

근위축성측색경화증(ALS)

운동신경세포만 선택적으로 파괴되는 질환으로 근육의 위축
및 근력약화가 진행되다가 감각증상 자체가 없어지면서 결
국 호흡근 마비로 수년 내에 사망에 이르게 되는 질병이다.
아직 확실한 원인은 알 수 없으며 뚜렷한 예방법이나 치료법
도 없다. 미국 루게릭병협회에서 캠페인의 일환으로 시작된
아이스버킷챌린지에 유명 인사들이 참여함으로 전 세계적으
로 루게릭병에 관한 관심이 높아졌다.

□□□
813 **바이오
시밀러** ●●●
Biosimilar

생물체의 세포나 조직 등의 유효물질을 이용하여 제조하
는 약인 바이오의약품의 복제 약

사람이나 다른 생물체에서 유래된 세포 · 조직 · 호르몬 등
의 유효물질을 이용하여 유전자재조합 또는 세포배양기술
을 통해 분자생물학적 기법으로 개발한 의약품인 바이오의
약품(생물의약품)의 복제 약(특허가 만료된 오리지널 의약
품을 모방하여 만든 약품)을 뜻하는 말이다.

□□□
814 **비브리오
패혈증** ●●◌
Vibrio Vulnificus Sepsis

'비브리오 불니피쿠스'에 의해 감염되는 피부괴저병

어패류나 해조류 등을 날것으로 먹거나 또는 상처난 피부
로 바닷물에 들어갈 경우 감염되기 쉬우며 치사율이 100%
에 이르는 악성괴저병(惡性傀沮病)이다.

□□□
815 **빈대** ●●●

노린재목 빈대과의 흡혈곤충

온혈동물의 피를 빨아 생명을 유지하는 불쾌곤충으로, 감
염성 질환을 매개하지는 않으나 심리적 영향, 알레르기 증
상 등 건강에 여러 가지 유해 영향을 미칠 수 있다. 1970
년대 초반 이후 국내에서는 자취를 감췄으며 서울에서는
적어도 20년 이상 빈대에 대한 보고가 없었다. 그러나 최
근 해외에서 유입되어 국내에도 출몰한 바 있다. 국민권익
위원회는 빈대와 관련한 민원이 3배가량 늘었다고 밝혔다.

1894년 이제마가 동의수세보원(東醫壽世保元)에서 처음으로 창안해 발표한 체질의학

본래 사상이라는 어휘는 「주역」에서 나온 말로 태양(太陽)·태음(太陰)·소양(少陽)·소음(少陰)으로 분류되며, 체질에 따라 태양인·태음인·소양인·소음인으로 구분한다. 각기 체질에 따라 성격, 심리상태, 내장의 기능과 이에 따른 병리·생리·약리·양생법과 음식의 성분에 이르기까지 분류하는데, 이를 사상의학 또는 사상체질의학이라고 한다.

방송에서 근거 없는 치료법 등을 추천하는 일부 의사

건강정보 방송 등 매체에 빈번하게 출연하면서 근거 없는 치료법이나 시술, 식품 등을 추천하는 일부 의사를 지칭한다.

돼지에게만 발생하는 바이러스성 질병

돼지열병 바이러스(Flaviviride의 Pestivirus)에 감염된 돼지나 멧돼지는 발열과 전신의 출혈성 병변을 일으키며, 치사율 100%에 육박하여 전염병으로 위험성이 높은 만큼 제1종 가축전염병으로 분류되어 있다. 잠복 기간은 약 4 ～ 19일 정도이며 감염은 돼지의 침, 눈물, 분비물 등을 통해 이루어지고 증상은 처음 며칠 동안은 다른 뚜렷한 증상은 보이지 않지만 서서히 식욕을 잃고 우울해지며, 감염된 돼지 집단은 서로 꼭 붙어 몸을 떨고 비정상적 호흡을 하며 가끔 기침도 하고 억지로 세게 하면 다리가 비틀거린다. 돼지열병이 발생하면 세계동물보건기구(OIE)에 발생 사실을 즉시 보고해야 하며, 돼지와 관련된 국제교역도 즉시 중단된다. 사람의 건강에는 위협이 되지 않는다.

┼상식더보기 콜레라

비브리오 콜레라균(Vibrio Cholerae)에 의해서 발병한다. 오염된 식수나 어패류를 통해서 사람에게도 감염될 수 있다. 국내 제1급 감염병이며 세계보건기구(WHO) 검역전염병에 해당한다. 극심한 설사로 탈수현상이 나타난다. 격리치료가 필요하며 항생제 투약을 한다.

819 아스퍼거 증후군 ●●●
Asperger Disorder

만성 신경정신 질환으로, 자폐증과 유사한 발달장애

언어발달 지연과 사회적응의 발달이 지연되는 것이 특징이다. 아스퍼거 증후군의 정확한 원인은 알려져 있지 않으며, 이 질환을 가진 환자들은 다른 사람들의 느낌을 이해하지 못하고, 고집이 비정상적으로 세다. 또한 의사소통을 잘하지 못하고, 사회적 신호에도 무감각하며, 특별히 관심 있는 것에만 강박적으로 빠져드는 경향을 보인다. 아스퍼거 증후군은 여성보다 남성에게 더 영향을 미친다.

820 알레르기 ●○○
Allergy

어떤 생체에 있어 특정한 항원에 대한 항체가 형성되어 그 항원에 민감하게 이상반응을 일으키는 현상

알레르기를 일으키는 항원을 '알레르겐(Allergen)'이라 하고, 이 현상에 의해 발생되는 질환을 알레르기성 질환이라고 한다. 일반적으로 두드러기·기관지천식·습진·설사·편두통·결막염 등이 있으며, 특히 결핵균 보유여부를 가리는 투베르쿨린반응은 알레르기를 이용한 것이다.

821 위험분담제 ●●○
RSA

고가인 항암이나 희귀질환에 대한 신약에 건보를 적용하되, 해당 제약사가 수익의 일부를 환급하는 방식

건강보험의 재정 부담을 제약사와 정부가 나누어 덜어주는 제도이다. 이 제도는 환자 입장에서는 신약 접근성이 용이하고, 정부 입장에서는 신약 급여 결정 원칙이 유지되면서 건강보험의 재정적 부담도 완화할 수 있다는 점에서 긍정적 평가를 받고 있다.

822 족저근막염 ●●●
足底筋膜炎

발바닥 근육을 감싸고 있는 막에 생긴 염증

족저근막에 반복적으로 미세한 손상이 일어나면서 염증이 발생한 것을 '족저근막염'이라고 한다. 대부분 발뒤꿈치 내측의 통증을 느끼며, 발의 안쪽까지도 통증이 나타난다. 족저근막염은 임상적으로 흔한 질환이며, 남자보다 여자에게서 2배 정도 더 많이 발생한다.

823 지카바이러스 ●●●
Zika Virus

이집트 숲모기를 통해 전염되는 바이러스

신생아의 소두증 등을 유발하는 것으로 알려져 있다. 인체 감염사례는 1952년 우간다와 탄자니아에서 처음 보고되었다. 주로 이집트 숲모기에 의한 전파로 감염되며 국내 서식하는 흰줄 숲모기도 전파 가능하다.

824 측두엽 간질 ●●●
Temporal Lobe Seizure

측두엽 뇌세포가 비정상적으로 동조화되며 일어나는 경련

정상적으로 뇌가 활동할 때에는 걷거나 말하거나 잠을 잘 때에 다양한 전기적 활성을 보이지만, 비정상적으로 한꺼번에 많은 수의 뇌세포가 동조화되게 되면 발작이나 경련이 발생할 수 있다. 이런 현상이 반복적으로 한 부분에 국한되어 나타날 때 국소적인 부분적 간질이라고 하며, 특히 측두엽에 이런 현상이 발생하면 측두엽 간질이라고 부른다.

825 테니스 엘보 ●●⊙
Tennis Elbow

팔꿈치의 바깥쪽 돌출된 부위에 통증과 함께 발생된 염증

테니스의 백핸드(Backhand) 자세에서 팔꿈치 바깥이 무리한 힘을 받아 발생된다고 하여 '테니스엘보'라고 알려져 있지만 정확한 진단명은 '외측상과염(外側上顆炎)'이다. 손목이나 팔을 반복적으로 사용하거나 팔꿈치에 직접적인 손상을 입었던 환자에게서 주로 발생한다.

826 팬데믹 ●●●
Pandemic

세계적으로 전염병이 대유행하는 상태

WHO는 감염병의 위험도에 따라 감염병 경보단계를 1~6단계로 나누는데, 팬데믹은 최고 경고 등급인 6단계에 해당한다. 팬데믹 조건을 충족시키려면 감염병이 특정 권역 창궐을 넘어 2개 대륙 이상으로 확산되어야 한다. 인류 역사상 팬데믹에 속한 질병은 14세기 중세 유럽을 거의 전멸시킨 '흑사병(페스트)', 1918년 전 세계에서 5,000만 명 이상의 사망자를 발생시킨 '스페인 독감', 1968년 100만 명이 사망한 '홍콩 독감' 등이 있다. WHO가 설립된 이래 지금까지 팬데믹을 선언한 경우는 1968년 홍콩독감과 2009년 신종플루, 2020년 코로나19가 있다.

□□□
827 **폰티악
열병** ●●☺
Pontiac Fever

'레지오넬라 뉴모필라'라는 박테리아균에 의한 급성열병

1968년 미국 미시간주 폰티악에서 최초로 보고된 질병이다. 에어컨이 설치된 밀폐공간에서 에어컨으로부터 나오는 물방울과 오염된 먼지 등이 체내로 침투하여 감염된다.

□□□
828 **항생제
내성균** ●☺☺
Antibiotic
Resistant
Bacteria

어떤 항생제로도 치료할 수 없는 종류의 세균

인간은 지속적으로 강력한 항생제를 개발하는데 이 항생제에 저항력을 가진 세균이 나타난다는 것이다. 항생제 개발 속도보다 내성균이 더 빠르게 나타나기에 문제가 된다. 내성이 생기면 항생제에 내 몸이 익숙해져있을 때 치료가 효과를 보지 못한다.

□□□
829 **환경호르몬** ●●●
Environmental Hormone

자연환경에 존재하는 화학물질 가운데, 생물체 내에 흡수되어 내분비계에 혼란을 일으키는 내분비교란물질

정식 명칭은 외인성 내분비교란물질이다. 인체에 들어가면 여성호르몬과 똑같은 작용을 한다고 해서 붙은 이름이다. 남성의 정자수를 감소시키고, 성장억제·생식이상 등을 일으키는 것으로 의심받고 있다. 1996년 3월 미국에서 「잃어버린 미래」라는 책이 출판되면서 세계적인 관심을 끌게 됐다. 다이옥신 등 70여 종의 화학물질이 여기에 해당되는 것으로 알려져 있다.

□□□
830 **황열** ●●●
Yellow Fever

아프리카와 남아메리카 지역에서 유행하는 바이러스에 의한 출혈열

질병을 일으키는 바이러스는 '아르보 바이러스(Arbovirus)'로 모기에 의해 전파된다. 따라서 이 바이러스를 전파시킬 수 있는 모기의 서식지가 주요 황열 발병 지역과 일치한다. 이 병에 걸린 환자의 일부에서 황달로 인해 피부가 누렇게 변하는 증상이 나타나기 때문에 황열이라고 부르게 되었다.

의사가 환자의 건강과 생명을 최우선으로 하겠다는 윤리적
다짐

고대 그리스 의사 히포크라테스가 말한 의료의 윤리적 지
침으로, 시대의 요구에 따라 오늘날에는 1948년에 스위스
제네바에서 세계의사협회가 발표한 '제네바 선언'이 일반적
으로 낭독되고 있다. 제2차 세계대전 당시 나치의 비윤리
적 인체 실험에 의사가 참여한 것을 반성하는 의미로 이후
몇 차례에 걸쳐 개정되기도 했다. 현재 우리나라에서 쓰이
는 선서문도 사실은 제네바 선언문이다.

결핵 예방 백신

약독화한 우형결핵균이다. 결핵은 결핵균의 감염에 의해
생기는 감염성 질환으로, 결핵균균은 공기를 매개로 사람
에서 사람으로 전파된다. BCG를 맞는다고 결핵에 전혀 걸
리지 않는 것은 아니지만 BCG를 맞게 되면 결핵균이 온몸
에 퍼져 결핵성 뇌막염 같은 심각한 합병증이 오는 것을
막을 수 있다. 현재 우리나라에서는 생후 1개월 이내 모든
신생아에게 BCG 접종을 권고하고 있다.

핵가족화에 따른 노년층의 고독병

자녀들의 독립 등으로 핵가족화가 됨에 따라 노인들이 상
실감과 소외, 우울을 겪는 상태를 말한다.

1960년대 말 미국 롬앤하스사가 개발한 유독 화학물질

메칠클로로이소치아졸리논(CMIT)과 메칠이소티아졸리논(MIT)
의 혼합물이다. 물에 쉽게 녹고 휘발성이 높으며 자극성과 부식
성이 커 일정 농도 이상 노출 시 피부, 호흡기, 눈에 강한 자극을
준다. 국내에서는 1991년 SK케미칼이 개발한 이후 가습기
살균제, 치약, 구강청결제, 화장품, 샴푸 등 각종 생활화학
제품에 사용되어 왔다.

06. 환경 QUIZ

다음 문제를 보고 옳고 그른 것에 따라 O, X를 고르세요.

01. <u>P4G</u>는 기업이 사용하는 전력량을 재생에너지로 전환하는 캠페인이다.   O X

02. 대류권 상부 부근의 좁은 영역에 집중된 강한 편서풍은 <u>제트기류</u>이다.   O X

03. <u>화이트아웃</u>은 눈 위에 안개가 생겨 시야구분이 어려워지는 현상이다.   O X

04. WHO에서 전염병 대유행 상태를 의미하는 것은 <u>에피데믹</u>이다.   O X

05. 스웨덴 청소년 환경운동가는 <u>그레타 툰베리</u>이다.   O X

문장에 맞는 단어를 고르세요.

> ㉠ 람사협약   ㉡ KF지수   ㉢ 가스 하이드레이트   ㉣ 지속가능성   ㉤ IPCC

06. 저온과 고압인 심해저에서 가스와 물이 결합돼 만들어진 [＿＿＿＿] (은)는 고체 에너지이다.

07. [＿＿＿＿] (은)는 각국의 3천여 명의 전문가로 구성된 기후변화 협의체로 2007년 노벨 평화상을 수상을 받았다.

08. 일명 습지협약인 [＿＿＿＿] (은)는 습지 자원과 습지를 보전하기 위한 국제 환경 협약이다.

09. [＿＿＿＿] (은)는 자연의 다양성과 생산성 유지 및 생태계가 균형을 유지할 수 있도록 하여 경제성장, 환경보존, 기후안정 등을 추구한다.

10. 식품의약안전처의 인증과 먼지 차단율을 나타내는 [＿＿＿＿] 의 차단율이 높을수록 지수가 높다.

답 1.X(RE100) 2.O 3.O .X(팬데믹) 5.O 6.㉢ 7.㉤ 8.㉠ 9.㉣ 10.㉡

CROSS WORD

6								
1								
					7 2			
5				4				
		3						

07

인문학

철학 · 종교 | 교육 | 심리

checkpoint

- ✔ 가스라이팅
- ✔ 귀인이론
- ✔ 묵가사상
- ✔ 신자유주의
- ✔ 바칼로레아
- ✔ 공리주의
- ✔ 노모포비아
- ✔ 번아웃 신드롬
- ✔ 언더독 효과
- ✔ 파파게노 효과
- ✔ 관념론
- ✔ 램프증후군
- ✔ 비판철학
- ✔ 목민심서
- ✔ 플라시보 효과

| Chapter **01** | 철학·종교 |

□□□
835 **경험론** ●●●
經驗論

베이컨·로크·흄 등에 의해 성립된 사상

인간의 인식과 지식은 오직 감각을 통해 주어진 경험에 의해서 만들어진다는 입장이다. 합리론에 상대되는 것으로 근세철학의 기초가 되었다. 귀납법을 중요시하며 영국에서 발전되었다.

□□□
836 **공리주의** ●●●
功利主義

18 ~ 19세기에 영국에서 발달한 윤리사상

자기와 타인의 입장을 고려하여 어떻게 조화시킬 수 있는가를 탐구하고 나아가 개인의 행복을 사회 전체의 입장에서 고찰하려 한 사상이다. 공리(功利)를 증진시킴으로써 행위의 목적과 선악판단의 표준을 세우자는 공중적 쾌락주의이다. 공리주의는 최대다수 최대행복을 언급한 벤담(J. Bentham)에 의해 창시되고 밀(J.S. Mill)에 이르러 완성되었다.

□□□
837 **과학적 사회주의** ●●◔
科學的 社會主義

마르크스와 엥겔스가 주장한 사회주의 이론

역사적 인식에 대한 과학성을 주장하였다. 독일의 고전철학, 영국의 고전경제학, 프랑스의 사회주의 등에 의해 이루어진 이론들을 규합하여 주장된 것으로, 엥겔스(F. Engels)의 저서 「공상적 사회주의에서 과학적 사회주의로」에서 유래된 것이다.

□□□
838 **관념론 ●●●**
觀念論

존재와 사유의 관계에 있어서 사유를 1차적이며 본원적인 것으로 보는 입장

주관적 관념론과 객관적 관념론으로 나뉜다. 주관적 관념론의 대표자는 버클리, 객관적 관념론의 대표자는 플라톤이며, 근대에 이르러서는 데카르트에서 출발하여 라이프니츠 · 스피노자 등 대륙의 이성론으로 발전했다. 이후 칸트 · 헤겔에 이르는 독일 고전철학에서 절대적 관념론으로 이어졌다.

□□□
839 **교조주의 ●●○**
敎條主義

과학적 해명이나 실천적 검증 없이 주어진 교조(敎條)를 신봉하려는 태도

무비판적인 독단주의 또는 독단론의 별칭으로도 쓰인다. 공산주의운동에서는 사물의 변화 또는 사물 그 자체에 입각하여 판단하거나 역사적 정세에 창조적으로 적용하는 것을 거부하며, 마르크스-레닌의 이론을 기계적으로 현실에 적용하는 공산주의적인 경향을 가리킨다. 구(舊)소련 공산당이나 중국 공산당의 경험주의 노선을 맹신하여 이를 기계적 · 무비판적으로 모방하는 편향을 말한다.

□□□
840 **극기복례 ●○○**
克己復禮

이기심을 버리고 예(禮)를 따르는 것

공자는 예가 아니면 보지도 말고 듣지도 말며, 말하지 말고 움직이지도 말라고 하여 극기복례를 강조하였다. 극기(克己)는 개인의 사리사욕을 억제하고 소아주의(小我主義)를 지향하는 것으로, 개인적 성격이 강하며 복례(復禮)는 사회규범을 따르고 대아주의(大我主義)를 지향하는 것으로, 사회적 성격이 강하다.

1909년 나철이 창시한 민족 고유 종교, 단군교

단군을 교조로 하며 민족 고유의 하느님(한얼님)을 신앙하는 종교이다. '대종'이란 하느님이 세상을 널리 구하기 위하여 사람이 되어 내려오셨다는 뜻이다. 1914년 만주에서 활동하였으며 1920년대에는 무장 항일 운동을 활발히 전개하였다.

□ □ □
842 **데카르트** ●●●

서양 근대철학의 출발점이 된 창시자

1600년대에 들어 처음으로 철학 체계를 세워 서양 근대철학의 출발점이 되었으며, 데카르트 뒤를 이어 스피노자, 라이프니츠, 로크, 칸트 등이 근대 철학을 발전시켜 나갔다.

□ □ □
843 **로고스·
파토스** ●●☺
Logos · Pathos

논리와 감성을 가리키는 용어

로고스는 이성적이고 과학적인 것을 지칭하고 파토스는 감각적이고 예술적인 것을 지칭한다. 아리스토텔레스는 파토스를 어떠한 상황에서 표출되는 감정으로 구별하였으나 현재는 지속적인 욕망, 즉, 지배욕이나 소유욕 등을 의미한다.

□ □ □
844 **마르크스주의** ●●●
Marxism

마르크스(K. Marx)와 엥겔스(F. Engels)에 의해서 만들어진 국제 공산주의이론과 실천의 총칭

인간 해방 사상, 독일 고전철학, 영국 고전경제학, 프랑스 사회주의 사상을 체계적으로 결합·발전시킨 사상이다. 1848년에 마르크스와 엥겔스가 쓴 공산당선언이 출판되었을 때 마르크스주의는 사회주의와 공산주의의 많은 흐름 중 하나에 불과했으나, 19세기 말부터 국제노동운동에 있어 이론적으로 가장 높은 권위와 대중적 영향력을 가진 이데올로기로 성장하였다.

□□□
845 **메라비언의 법칙** ●●◐
The Law of Mehrabian

대화에서 시각 · 청각 이미지가 중요하다는 커뮤니케이션 이론

한 사람이 상대방으로부터 받는 이미지는 시각이 55%, 청각이 38%, 언어가 7%에 이른다는 법칙이다. 앨버트 메라비언(Albert Mehrabian)이 1971년에 출간한 저서 「Silent Mess—ages」에 발표한 것으로, 커뮤니케이션 이론에서 중요시된다. 시각이미지는 자세 · 용모와 복장 · 제스처 등 외적으로 보이는 부분을 말하며, 청각은 목소리의 톤이나 음색(音色)처럼 언어의 품질을 말하고, 언어는 말의 내용을 말한다. 이론에 따르면, 대화를 통하여 상대방에 대한 호감 또는 비호감을 느끼는 데에서 상대방이 하는 말의 내용이 차지하는 비중은 7%로 그 영향이 미미하다. 반면에 말을 할 때의 태도나 목소리 등 말의 내용과 직접적으로 관계가 없는 요소가 93%를 차지하여 상대방으로부터 받는 이미지를 좌우한다.

□□□
846 **묵가사상** ●●●
墨家思想

춘추전국시대 제자백가의 한 학파

유가의 형식주의 계급제도를 타파하고 하늘이 만민을 겸애(兼愛)하는 것과 같이 다른 사람들도 서로 겸애해야 한다는 겸애설과 평화주의를 내세웠다. 묵자를 시조로 하여 절약 · 검소를 사회윤리의 기본이념으로 제시하였다.

□□□
847 **비판철학** ●●●
批判哲學

칸트의 비판주의적인 철학 사상

칸트 저서 「순수이성비판」에 나타난 칸트의 입장, 즉 기존 권위를 그대로 긍정하지 않고 자기 이성에 호소하여 그 권위의 본질을 파악한 후 옳고 그름을 정하는 태도이다. 독단론이나 회의론에 빠지는 것을 경계했다.

□□□
848 **변증법** ●●⊙
辨證法

상대방 논리의 허점을 문답을 통해 밝혀냄으로써 자기 논리의 정당성을 밝히는 기술

'대화하다'의 그리스어에서 유래한 것으로 대화술이나 문답법을 뜻한다. 창시자 제논은 상대편의 입장에서 모순을 찾아내 논쟁하는 방법이라고 했으나, 플라톤은 개념의 분석으로 이데아의 인식에 도달하는 방법이라 하였고, 헤겔은 자연과 인간 세계를 포함하는 전우주의 발전법칙이라고 하였다. 헤겔의 변증법에 따르면 전 우주는 생성·발전하는 하나의 과정이며 궁극적인 최고원리는 절대정신이라 하여, 절대정신의 변증법적 자기발전과정이 바로 세계의 역사라는 것이다. 헤겔의 변증법은 정립·반정립·종합의 단계를 거쳐 전개된다.

□□□
849 **사서삼경** ●⊙⊙
四書三經

유교의 경전인 사서와 삼경

사서란 「논어(論語)」·「맹자(孟子)」·「중용(中庸)」·「대학(大學)」을 말하고, 삼경이란 「시경(詩經)」·「서경(書經)」·「역경(易經)」을 말한다.

□□□
850 **삼법인** ●●●
三法印

불교의 세 가지 근본 교의

우주 만물은 시시각각으로 생멸하고 변화하여 항상 변천하고 한 모양으로 머물러있지 않다는 제행무상(諸行無常), 우주 만유의 모든 법은 인연에 의해 생긴 것이므로 실로 자아라고 할 수 있는 실체가 없다는 제법무아(諸法無我), 제행무상과 제법무아의 이치를 터득하면 고요한 최고 행복의 경지 열반에 이르러 번뇌가 소멸된 안온한 마음 상태라는 열반적정(涅槃寂靜)이다.

□□□
851 **수니파 · ●☺☺**
시아파
Sunni · Shia

이슬람교의 2대 교파

수니파는 이슬람교의 다수파로, 마호메트 혈통이 아닌 자의 칼리프 선출을 인정하는 우마이야 왕조를 정통으로 보는 갈래이며, 시아파는 이슬람교의 소수파로, 알리를 정통으로 보는 갈래이다. 시아파는 이슬람교도의 90%를 차지하는 수니파의 박해의 대상이 되어 왔다.

□□□
852 **신자유주의 ●●●**
Neoliberalism

하이예크 · 프리드먼 등에 의해 대표적으로 주창된 사상계열

마르크스주의나 케인스의 경제정책에 대해서 국가에 의한 설계주의(Constructionism)라 하여 배척하고, 시장 메커니즘(Mar ket Mechanism)에 맡기는 자유로운 경제론을 주장한다. 레이거노믹스의 근거가 되고 있는 사상으로, 프리드먼에 의해 큰 정부의 위험성이 지적되었다.

□□□
853 **실용주의 ●●●**
Pragmatism

결정론적 세계관을 부정하고 행동과 실천을 중시하는 결과주의, 상대주의, 주관주의, 현실주의 철학

구체적으로 실증적인 경험을 철학의 기초로 삼고 있는 실용주의는 영국의 경험론을 사상적 근원으로 하여 관념적이 아닌 실제생활과의 관련 속에서 사상을 생각하는 입장이다. 19세기 이후 미국에서 생성, 청교도주의와 함께 미국의 2대 사상적 기둥을 형성하였다. 퍼스에 의해 창시되어 제임스, 듀이 등에 의해 완성되었다.

□□□
854 **실존주의 ●●●**
實存主義

19세기 후반에 관념론 · 유물론 등의 반동으로 일어난 철학사상

실존하는 것이 가치가 있으며 비 본래적인 자기에 대하여 본래적인 자기의 존재방식을 탐구하려는 사상이다. 여기에는 키에르케고르, 야스퍼스 등의 유신론적 실존주의와 니체, 하이데거, 사르트르 등의 무신론적 실존주의가 있다.

일체의 초경험적 · 관념적인 실재를 부정하고, 모든 지식의 근원을 경험적인 사실에 한정한다는 근대철학의 한 사조

프랑스의 콩트(A. Comte)의 저서 실증철학강의에서 처음 사용됐으며, 경험론과 계몽주의에 근원을 두고 있다.

해결할 수 없는 문제

그리스어로 어떤 장소의 경우 통로가 없는 것, 사물의 경우 해결의 방도를 찾을 수 없는 데서 오는 어려움을 뜻한다. 아리스토텔레스의 철학에서는 어떤 문제에 대해 두 가지의 똑같이 성립한 대립된 합리적 견해에 직면하는 것을 가리킨다.

유대인들이 7년 만에 1년씩 안식을 취하던 해

안식년에는 종에게 자유를 주고 빚을 탕감해 주는 전통이 있었다고 한다. 이 전통을 이어받아 서양 선교사들은 7년 만에 1년씩 업무를 벗어나 쉬는 제도가 있다. 수업에 쫓겨 연구 활동에 소홀하기 쉬운 교수들에게 안식년이 있다.

중국 명나라 때 왕수인에 의해서 창시된 실천적 학문

송나라 때 주자에 의해 확립된 성리학 사상에 반대하며 지행합일(知行合一)을 실천원리로 강조한 철학이다. 양명학은 '심즉리(心卽理)', '치양지(致良知)', '지행합일(知行合一)' 등의 사상을 주장하며, 대학의 격물(格物) · 치지(致知) · 성의(誠意) · 정심(正心) 등에 대한 새로운 해석을 바탕으로 한다.

맹자에 의해 주장된 정치이념

통치수단의 근본을 인(仁)에 두고 도덕적인 교화를 꾀하며 형벌이나 강압에 의한 정치를 멀리 한다는 맹자의 이념이다. 맹자는 '백성은 귀하고 사직의 다음이며 군주는 가장 가벼운 존재'라 하였고, '백성을 중하게 여기지 않는 자는 왕이 될 수 없다'고 하였다.

□□□
860 **우상론** ●●⊙
偶像論

영국의 경험론 철학자 베이컨(F. Bacon)이 주장한 이론

선입견적인 편견과 망상을 우상이라 표현하고 4개로 나누었다. 종족(種族)의 우상은 자기중심의 인간 본성에서 오는 편견, 동굴(洞窟)의 우상은 버릇 · 취미 · 성격 등 개인의 특수성에서 오는 편견, 시장(市場)의 우상은 인간의 사회적 교섭 · 언어에 의하여 나타나는 편견, 극장(劇場)의 우상은 전통 · 역사 · 권위를 무비판적으로 믿는 편견을 말한다. 그는 참된 경험과 지식을 얻기 위해서는 우상을 버려야 한다고 주장하였다.

□□□
861 **유물론** ●●⊙
唯物論

우주만물의 궁극적 실재를 물질이라고 보고 정신적(精神的) · 관념적(觀念的)인 일체의 현상까지도 물질에 환원시켜서 고찰하려는 입장

유물론에 따르면, 일체의 정신현상이나 심적 과정은 물질의 부대 현상 내지는 파생 현상에 지나지 않으며, 그 독자성 · 궁극성은 인정되지 않는다.

□□□
862 **이상주의** ●●●
Idealism

플라톤(Platon)이 주장한 학설로 인생의 의미를 순전히 도덕적 · 사회적 이상의 실현을 위한 노력에서 찾는 사상

이상의 실현을 위하여 현실과 타협하지 않고 일신의 불리와 희생을 도외시하는 고결한 태도를 말하지만, 한편으로는 현실적 가능성을 무시하고 허공에 뜬 이상만을 추구하는 공상적 태도를 뜻하기도 한다.

□□□
863 **재세이화** ●●⊙
在世理化

세상을 도리로써 교화시킨다는 의미

홍익인간과 함께 고조선의 건국이념으로 덕치(德治)와 선정(善政)을 이상으로 한 민족정신을 엿볼 수 있다.

□□□
864 **제국주의** ●●◎
帝國主義

군사적 · 경제적으로 남의 나라 또는 후진민족을 정복하여 큰 나라를 세우려는 침략적 경향

레닌은 1916년 제국주의론에서 제국주의를 자본주의의 독점단계로 규정하고 그 경제적 특징으로 생산과 자본의 집중, 집적에 의한 독점의 형성, 산업자본과 은행자본의 융합에 의한 금융자본의 성립, 상품수출 대신 증가하는 자본수출, 국제 카르텔에 의한 세계시장의 분할, 열강에 의한 식민지 분할의 완료 등을 들었다. 그는 또 제국주의가 자본주의의 최후단계로서 자본가계급과 노동자계급과의 사이, 제국주의 열강과의 사이, 자본주의 열강과 식민지 종속국과의 사이에 모순이 최대한 격화되는 시점이라고 지적하면서 그것을 사회주의로 극복하지 않으면 안 된다고 하였다.

□□□
865 **제3의 길** ●●◎
The Third Way

토니 블레어 영국 총리가 주창한 사회주의 지향의 좌파와 자본주의를 추구하는 우파이념을 초월하는 실용주의적 중도좌파 노선

토니 블레어는 제3의 길은 좌 · 우파 사이의 단순한 협상의 결과가 아니며, 현대적 사회민주주의의 부활과 성공을 위한 유일한 방안이라고 지적한다. 블레어리즘이라 불리기도 하는 제3의 길은 영국런던경제학교(LSE)의 앤서니 기든스 교수의 저서 좌우를 넘어 래디컬 정치의 미래에 이론적 바탕을 두고 있다. 일하기 위한 복지, 보호와 책임의 균형 등 소외와의 투쟁을 제시하고 있다.

□□□
866 **주의주의** ●●◎
主意主義

의지를 존재의 근본원리 또는 본질이라 생각하는 주의

쇼펜하우어는 고전적인 대표자로서 그에 의하면 세계는 의지와 표상으로 되어 있으며, 존재의 근저는 맹목적인 생(生)에 대한 의지이다. 주의설은 스토아학파, 아우구스티누스 등에 의해 주장되었고 칸트의 '실천이성 우위', 피히테 · 니체 등도 이에 속한다.

□□□
867 **주체사상** ●●●
主體思想

'혁명과 건설의 주인은 인민대중이고 혁명과 건설을 추진하는 힘도 인민대중에 있다'는 것을 강조하는 북한 조선 노동당의 지도사상

북한의 「헌법」에는 주체사상이 '조선민주주의인민공화국의 활동지침'으로 규정되어 있다. 주체사상은 사람 중심의 철학이라고 하여 '사람이 모든 것의 주인이며 모든 것을 결정한다'는 철학적 원리에 기초하여 혁명과 건설의 주체와 원동력을 인민대중에게 귀착시키고 있다. 주체사상은 혁명과 건설에 있어서 자주적 입장과 창조적 입장을 견지하는 사상이며 이러한 사상을 구현하는 지도지침으로 사상에서 주체, 정치에서 자주, 경제에서 자립, 국방에서 자위의 원칙을 내놓고 있다.

□□□
868 **징고이즘** ●●●
Jingoism

사회집단 내에 발생하는 타 집단에 대한 적대적·자기중심적 심리상태

프랑스에서 사용된 쇼비니즘과 같은 뜻으로 맹목적 애국주의, 배타적 애국주의, 광신적 대외강경주의를 말한다. 러시아·터키전쟁(1877 ~ 1878년) 때 터키를 원조하기 위해 영국이 개입해야 한다고 주장하는 주전론자(징고이스트)들로부터 생겨났다.

□□□
869 **천부인권사상** ●☺☺
天賦人權思想

인간은 태어나면서부터 남에게 침해받지 않을 기본적 권리를 가진다는 사상

17 ~ 18세기 유럽 부르주아 혁명기에 거론된 사상으로, 인간은 태어나면서부터 자유를 가지며, 이것에 기초하여 인간으로서의 복지를 얻을 권리가 있다고 주장하는 인권사상이다.

□ □ □
870 **칼뱅이즘** ●●◐
Calvinsm

프랑스의 신학자이며 종교개혁자인 칼뱅(J. Calvin)이 종교적 입장에서 자본주의정신을 합리화한 구제예정설과 직업소명설

구제예정설은 개인의 운명이란 신(神)의 섭리에 의해 미리 예정되어 있으므로 각 개인은 어차피 신의 은총을 받게 되어 있지 않으면 벌을 받게 된다는 것이고, 직업소명설은 인간은 신의 은총을 확인하기 위해서 근면·검소·투철한 기업가 정신·성실성 등을 통해 많은 부(富)와 재화를 얻으려고 노력하게 되었다는 것이다. 칼뱅이즘은 부의 축적을 도덕적·종교적으로 합리화시켰으며, 자본주의의 정신적 기초가 되었을 뿐 아니라 이후 권위주의에서 합리주의로의 의식변화를 초래했다.

□ □ □
871 **탈무드** ●●●
Talmud

유대교의 율법, 전통 등을 총망라한 유대교 경전

유대인의 정신적 지주 역할을 해온 책으로 종교, 법률, 철학, 도덕 등에 대해 구전·해설한 것을 랍비들이 만든 유대교의 경전이다.

□ □ □
872 **파시즘** ●●◐
Fascism

1919년 B. 무솔리니가 주장한 국수주의적·권위주의적·반공적인 정치적 주의 및 운동

파시즘은 18세기 말부터 누적되어 온 사회적 불안과 제1차 세계대전 후의 만성적 공황 및 전승국과 패전국을 막론한 정치·사회적 불안에서 초래된 각종 혁명적 기운에서 대두되었다. 따라서 근대사회의 위기 양상은 모두 파시즘의 배경이 되었다.

┌─────────┐
│ 상식더보기 │ **파시즘의 배경**
└─────────┘
① 국제적 대립과 전쟁위기의 격화
② 대량적 실업과 공황
③ 국내정치의 불안정
④ 기존 정당·의회 및 정부의 부패·무능·비능률 등 병리현상(病理現象)의 만연
⑤ 각종 사회조직의 강화에서 오는 자율적인 균형 회복능력의 상실
⑥ 정치적·사회적 집단 간의 충돌의 격화 등으로 정리할 수 있다.

873 **페미니즘** ●●●
Feminism

남녀평등을 주장하고, 종래의 남성 편향적 제도·법률·
관습 등을 모든 면에서 타파하려는 사상적 조류

구체적으로 폐창(廢娼)·산아제한·여성인권·여성참정권 등
의 문제를 제창하고 있다.

□ □ □

874 **페이비언**
사회주의 ●●◐
Fabian Socialism

1884년 영국의 페이비언협회가 주장한 점진적 사회주의
사상

영국 노동당의 지도이념으로, 사회개량의 수단으로서 혁명
을 사용하지 않고, 의회주의를 통하여 점진적으로 모든 정책
을 실현함으로써 자본주의의 결함을 극복하자는 것으로 페
이비어니즘(Fabianism)이라고도 한다.

□ □ □

875 **프로테스탄트** ●◌◌
Protestant

16세기 종교개혁으로 로마 가톨릭에서 분리되어 나온 교
파의 총칭

'프로테스탄트'라는 단어는 1529년 독일 스파이어 회의의 판결
에서 루터가 로마 가톨릭 세력에 저항한 데에서 유래하였다.
성직자와 신도의 신분상의 차이를 인정하지 않으며 루터주의,
칼뱅주의, 성공회(聖公會) 등의 프로테스탄트 사상이 있다.

□ □ □

876 **한계상황** ●◌◌
Grenzsituation

야스퍼스가 처음 사용한 용어로, 실존이 거기로부터 결코
도피할 수 없고 변화시킬 수도 없는 궁극적인 상황

실존은 한계상황에서 조절함으로써 오히려 자기 자신에게
눈뜨고 초월에 닿게 된다. 한계상황(限界狀況)으로는 죽
음·고통·투쟁 등이 있다.

07

인문학

□□□
877 **합리론** ●●⊙
合理論

참된 지식은 나면서부터 지니고 있는 이성(理性)에 의해
서만 얻을 수 있다는 입장

학문 탐구의 방법으로서는 연역법을 사용하였다. 합리론은
비합리와 우연적인 것을 배척하고 도리와 이성과 논리가 일
체를 지배한다는 세계관이다. 주로 유럽 여러 나라에서 발전
했으며, 데카르트·파스칼·스피노자·라이프니츠를 거쳐
칸트와 헤겔의 관념론으로 발전했다. 합리론의 특징은 자연
과학과 종교, 물질과 정신의 융합을 꾀한 데 있다.

□□□
878 **헤게모니** ●●●
Hegemony

가장 통상적인 의미에서 한 집단·국가·문화가 다른 집
단·국가·문화를 지배하는 것을 이르는 말

사전적인 의미는 한 나라의 연맹제국에 대한 지배권, 맹주
권, 패권(覇權)을 말한다. 오늘날 이 용어는 일반적으로 한
집단·국가·문화가 다른 집단·국가·문화를 지배하는 것
을 가리킨다. 20세기가 시작된 이래 특히 미국과 같은 초
강대국의 활동과 관련하여 이 용어는 정치적 지배라는 함
의(含意)를 지니게 되었다.

□□□
879 **헬레니즘·**
헤브라이즘 ●●⊙
Hellenism·Hebraism

유럽 문화의 2대 조류

헬레니즘은 넓은 의미에서 그리스 문화 전체를 포함하며,
크리스트교 사상과 대조된다. 헤브라이즘은 유다교와 크리
스트교의 전통을 총괄한 헤브라이 문화 또는 헤브라이 정
신을 가리킨다. 헬레니즘이 이성적·과학적·미적인 반면,
헤브라이즘은 의지적·윤리적·종교적이다.

□□□
880 **화쟁사상** ●●●
和諍思想

불교교단의 갈등을 화합으로 바꾸려는 불교교리

특정한 경(經)이나 논(論)에 편중되어 한 종파에 소속됨을
지양하고, 불교의 모든 법문이 하나의 동일한 근원에서 나
온 것으로 보아 불교 전체를 모두 융화시키려는 원효의 사
상이다.

□□□
881 **교육인프라** ●●○
Education Infra

교육활동을 수행하기 위해 기본적으로 필요한 구조적 틀

협의로 학교건물이나 교실 · 설비 · 각종 교육기자재 등의 하드웨어적 부분과 교육목표 · 내용 · 교사 · 제도 · 정책 등 소프트웨어적인 부분을 포함하는 개념이다. 광의로는 국가교육제도, 교육기관조직, 학제 등을 말하며 정보사회가 되면서 각종 정보통신매체와 전자적 네트워크의 구성도 이에 포함된다.

□□□
882 **대안학교** ●●○
代案學校

기존 학교교육에 대한 반기로 나타난 새로운 형태의 학교

교사가 일일이 신경을 쓰기 힘들 정도로 많은 학생 수, 암기 위주의 주입식 교과과정, 성적지상주의 등 학교 교육이 맞닥뜨린 현실을 넘어 서려는 시도다. 대안학교의 교육장은 교실에만 머무르지 않는다. 집에서 부모가 직접 아이들을 가르치는 '홈스쿨링(Home Schooling)'도 대안학교의 일종이다.

□□□
883 **마이스터고** ●○○
Meister School

기술명장 양성을 목표로 세워진 학교

유망 분야의 특화된 산업구조와 연계하여 영마이스터(Young Meister)를 양성하는 전문계 고등학교로, 최고의 교육으로 영마이스터(Young Meister)를 키워낸 후 졸업 이후 우수기업 취업, 특기를 살린 군 복무, 직장과 병행 가능한 대학교육으로 우리나라 최고의 기술명장(Meister)의 육성을 목표로 한다. 마이스터고는 '산업 수요 맞춤형 고교'로, 학비면제와 실무 외국어 교육, 해외 연수 및 취업 지원 등 다양한 특전이 주어진다.

□□□
884 **바칼로레아** ●○○
Baccalauréat

프랑스의 졸업시험이자 대입자격시험

유대인의 정신적 지주 역할을 해온 책으로 종교, 법률, 철학, 도덕 등에 대해 구전 · 해설한 것을 랍비들이 만든 유대교의 경전이다.

07
인문학

885 **세계잼버리 대회** ●●◉
World Jamborees

4년마다 열리는 세계 청소년 야영대회

전 세계 청소년들이 각자 준비한 텐트로 하나의 도시를 이루어 소통하면서 친선을 다지는 행사이다. 보통 14 ~ 18세의 스카우트 대원을 중심으로 국가를 대표하는 대표단을 구성해 참가한다. 이들은 민족과 문화, 정치적인 이념을 초월해 국제 이해와 우애를 다지며 미래 세계 평화에 기여한다는 잼버리 정신을 경험하게 된다.

□□□
886 **에듀테인먼트** ●●◉
Edutainment

교육용 소프트웨어에 오락성을 가미해 게임하듯이 하는 학습방법이나 프로그램

'교육(Education)'과 '오락(Entertainment)'의 합성어로, 일반적으로 멀티미디어 영상을 바탕으로 입체적인 학습효과를 노리는 소프트웨어들로 학습자가 지루함을 느끼지 않고 배울 수 있도록 한다는 것이 특징이다.

□□□
887 **자율형 사립 고등학교** ●●●
自律形 私立高等學校

학생의 학교 선택권을 다양화하기 위해 도입한 고등학교의 한 형태

자율형 사립고의 도입 취지는 고교 교육의 다양화와 특성화로, 정부 규정을 벗어난 교육과정, 교원 인사, 학생 선발 등 학사 운영의 자율성을 최대한 보장한다. 그러나 지나친 입시 위주의 교육과 상위권 학생 독식현상으로 인해 고교 서열화 등의 문제가 제기되기도 한다.

□□□
888 **전인교육** ●●●
全人敎育

인간의 전면적인 발달을 목적으로 하는 교육

조기교육이나 영재교육에 반대되는 개념이다. 현대사회에 있어서 전인교육은 사회로부터 고립된 개인이 아니라 사회인으로서의 기능을 수행할 수 있는 측면도 포함해야 한다. 대표적 사상가로는 페스탈로치와 로크(J. Locke)가 있다.

□ □ □
889 **평생교육** ●○○
平生教育

생애 전반에 걸쳐 이루어지는 교육과정 또는 교육관

교육의 수직적 통합과 가정·학교·사회에서 이루어지는 교육체계의 수평적 연결을 강조한다. 1965년 유네스코 자문 기관에서 평생교육의 필요성을 논의하면서 주목받았다.

□ □ □
890 **학생부종합**
전형제 ●●○

대학이 입학사정관을 육성·채용·활용함으로써 각 모집단위별 특성에 따라 학생을 선발하는 제도

이 제도로 대학은 학생선발 시 학생들의 소질과 잠재력을 평가하기 위해 성적 외의 다양한 전형자료를 활용하게 된다. 초·중등교육에서도 지나친 성적위주의 경쟁을 완화할 수 있고, 대학 신입생에 대한 사후관리를 통해 고교와 대학의 교육을 효과적으로 연계할 수 있다는 긍정적인 측면이 있다.

□ □ □
891 **학점은행제** ●●●
Academic Credit
Bank System

자격증이나 다양한 형태의 학습을 통해 학점이 누적되어 학위취득을 가능하도록 하여 만든 제도

개인사정에 의해 고등교육의 기회를 놓친 사람들이 평가인증된 학습과목을 이수하거나 국가 기술 자격을 취득, 독학학위제 단계별 시험합격 등을 통하여 학점을 인정받아 학점은행제의 표준 교육과정에 의하여 일정 학점(학사 140학점, 전문학사 2년제 80학점·3년제 120학점) 이상을 취득하면 대학 또는 전문대학 졸업 인정과 함께 학위를 받을 수 있는 제도이다.

□ □ □
892 **AQ** ●●○
Analogy Quotient

유추지수

공통성이 없어 보이는 각기 다른 사실에서 연관성을 엮어내는 능력, 경험하지 못한 일이라도 추리할 수 있으며 짐작으로 윤곽을 파악할 수 있는 능력을 지수화한 것이다. 두뇌로 치면 감성, 비논리적 직관, 주관적 사유, 예술적 감각을 이끌어내는 우뇌형에 해당한다.

지능지수(IQ), 정서지수(EQ)에 이어 인간의 능력을 재는 척도

새로이 등장한 '성공의 기준'을 지칭한다. 'C(Charisma)'는 타인에 대한 흡인력과 공동체 내의 신뢰감, 지도력 등을 포괄적으로 표현하는 말이다. CQ는 최근 홍수처럼 쏟아져 들어오는 각종 정보에 압도되어 점점 판단력을 잃게 되다 보니 자연히 카리스마적 인물을 찾게 되는 데서 기인한다.

상식더보기 유사어

① NQ(Network Quotient) : 함께 살아가는 사람들과의 관계를 얼마나 잘 유지해 나가는가에 관한 능력으로 '공존지수'라고 한다.
② MQ(Moral Quotient) : 양심에 비춰 행동하는 것으로 '도덕성지수'라고 하며, 부모의 영향력이 크다.
③ EQ(Entertainment Quotient) : '엔터테인먼트 지수'로 유머와 화술, 개인기 등으로 주위 사람들을 즐겁게 해주는 능력을 말한다.

세계 수준의 대학원과 지역 우수대학을 육성하기 위한 교육부의 프로젝트

국제적으로 비교우위 확보가 가능한 과학기술, 전략분야 등에 경쟁력이 있는 일부 대학원을 육성해 국가경쟁력을 높이고, 지역 산업수요와 연계해 특성화된 우수인력을 양성할 수 있는 지역 우수대학을 키우는 것이 주 목적이다. 학문분야로는 정보기술, 생명, 기계, 디자인, 한의학, 영상 등이 선정됐다. 21세기 지식기반사회에서 한국을 주도할 재능과 실력을 갖춘 인재를 양성하고, 초·중등교육의 정상화를 꾀하려는 것에 큰 의의를 두고 있다.

신문을 교육에 활용하자는 운동

1955년 미국 데모인 레지스터신문이 미국교육협의회와 협력하여 처음으로 시작하였다. 청소년의 사회성·인간성 함양과 의견개진 및 판단능력 제고에 크게 기여하고 있는 것으로 평가되고 있다. 우리나라에서는 중앙일보사가 NIE 운동을 적극 펼치고 있다.

□□□
896 **가면현상** ●●ㅁ
Impostor Phenomenon

사회적으로 인정받는 지위와 신분에 이른 사람이 자신은 가면을 쓰고 있다는 망상에 시달리는 현상

사회적으로 존경받는 지위에 이르렀으면서도 이것은 '나의 참모습이 아니다. 언제 가면이 벗겨질지 모른다'는 망상으로 괴로워하는 것을 말한다.

□□□
897 **가스라이팅 효과** ●●●
Gaslighting Effect

거부, 반박, 전환, 경시, 망각, 부인 등 타인의 심리나 상황을 교묘하게 조작해 그 사람이 현실감과 판단력을 잃게 만들고, 이로써 타인에 대한 통제능력을 행사하는 것

연극 '가스등(Gas Light)'에서 비롯된 정신적 학대를 일컫는 심리학 용어로, 이 연극에서 남편은 집안의 가스등을 일부러 어둡게 만들고는 부인이 집안이 어두워졌다고 말하면 그렇지 않다는 식으로 아내를 탓한다. 이에 아내는 점차 자신의 현실인지능력을 의심하면서 판단력이 흐려지고, 남편에게 의존하게 된다.

□□□
898 **고슴도치 딜레마** ●●ㅁ
Hedgehog's Dilemma

인간관계에 있어 서로의 친밀함을 원하면서도 동시에 적당한 거리를 두고 싶어 하는 욕구가 공존하는 모순적인 심리상태

고슴도치들은 추운 날씨에 온기를 나누려고 모이지만 서로의 날카로운 가시 때문에 상처입지 않으려면 거리를 두어야 한다는 딜레마를 통해 인간의 애착 형성의 어려움을 빗대어 표현한 것이다. 최근 1인 가족의 출현은 인간관계 맺기 자체에 대한 두려움과 타인과 적당한 심리적 거리를 유지하는 어려움을 반영하는 심리학 용어이다.

귀인 이론 ●●●
Attribution Theory

자신이나 타인의 행동이 발생한 원인을 추론하는 것

귀인(歸因)은 '어떤 행동의 원인을 어디엔가 귀속시킨다'라는 뜻이 담겨 있다. 우울한 사람들은 흔히 실패를 경험했을 때 상황적인 요인에서 그 원인을 찾기보다는 자신의 성격 요인에서 문제의 원인을 찾는 오류를 보인다고 한다.

노모포비아 ●●●
Nomophobia :
No Mobile Phobia

휴대전화가 없을 때 초조해하거나 불안감을 느끼는 증상

전체 스마트폰 사용자 3명 중 1명꼴로 증상이 나타난다. 대표적 증상은 권태, 외로움, 불안감으로 휴대전화를 수시로 만지작거리거나 손에서 떨어진 상태로 5분도 채 버티지 못한다면 노모포비아 증후군이라고 볼 수 있다.

**노시보
효과** ●●◐
Nocebo Effect

약을 제대로 처방했는데도 환자가 의심을 품으면 약효가 나타나지 않는 현상

노시보 효과는 어떤 해도 끼치지 않는 물질에 의해 병이 생기거나 심지어 죽음에 이르는 경우까지 발전하기도 한다. 플라시보 효과가 '이루어질 거라는 기대의 긍정적인 효과'를 반영한다면, 노시보 효과는 '부정적인 암시가 초래하는 부정적인 결과'를 의미한다고 말할 수 있다.

**램프
증후군** ●●◐
Lamp Syndrome

실제로 일어날 가능성이 없는 일에 대해 마치 알라딘의 요술 램프의 요정 지니를 불러내듯 수시로 꺼내 보면서 걱정하는 현상

과잉근심이라고도 한다. 뚜렷한 주제 없이 잔걱정이 가득한 경우에 해당하는 정신장애를 범불안장애라고 한다. 램프 증후군에서의 걱정은 대부분 실제적으로는 일어나지 않거나, 일어난다고 해도 해결하기 어려운 것들이다. 그럼에도 불구하고 많은 사람들은 자신이 어떻게 할 수 없는 일에 대하여 끊임없이 염려하는 양상을 보인다.

903 마스킹 효과 ●●●
Masking Effect

업무를 중요시하여 건강이 나빠지는 것을 못 느끼는 현상

의학적으로 얼굴이 창백할 정도로 건강이 좋지 않지만 핑크빛 마스크를 쓰면 건강한 것처럼 착각하게 된다는 것으로 현대 직장인들이 자아성취에 대한 욕구의 증가로 업무를 우선시하여 건강을 잃는 것을 느끼지 못함을 말한다.

904 모라토리엄 증후군 ●●◐
Moratorium Syndrome

지적 · 육체적 능력이 충분히 갖추어져 있음에도 불구하고 사회로 진출하는 것을 꺼리는 증세

대개 20대 후반에서 30대 초반 사이의 고학력 청년들에게 나타난다. 수년씩 대학을 다니며 졸업을 유예하거나 대학 졸업 후 취직하지 않은 채 빈둥거리는 것도 모라토리엄 증후군에 포함된다. 경제 침체와 고용 불안, 미래에 대한 불안 등이 발생의 주원인이지만 경제 활동보다는 다른 곳에서 자신의 삶의 가치를 찾으려는 경향도 그 원인으로 주목받고 있다.

905 번아웃 신드롬 ●●●
Burnout Syndrome

현대 사회의 '탈진 증후군'

연료 소진, 심신 소모, 신경쇠약, 마약에 의한 폐인 등을 뜻한다. 자신의 일과 삶에 보람을 느끼고 충실감에 넘쳐 열심히 일해 오던 사람이 갑자기 어떤 이유에서 돌연 슬럼프에 빠지게 되고 신체적, 정서적인 극도의 피로감으로 인해 무기력증, 자기혐오 등 마치 연료가 다 타버린(Burn)것처럼 일할 의욕을 잃고 직장에 적응할 수 없게(Out) 되는 현상을 나타낸다. 이러한 번아웃 현상은 외부의 압력에 의한 것이라기보다 내면적인 타락(정신력의 소진)으로 오는 경우가 대부분으로 그 중에서도 일밖에 모르는 사람(워커홀릭), 혹은 업무에 대한 강박관념에 시달리는 사람들이 겪게 된다고 한다.

906 **베르테르**
효과 ●●●
Werther Effect

유명인 또는 평소 존경하거나 선망하던 인물이 자살할 경우, 그 인물과 자신을 동일시해서 자살을 시도하는 현상

동조자살(Copycat Suicide) 또는 모방자살이라고도 한다. 괴테의 소설 「젊은 베르테르의 슬픔」에서 유래하였다. 작품에서 남자 주인공 베르테르는 여자 주인공 로테를 열렬히 사랑하지만, 약혼자가 있다는 것을 알고 실의와 고독감에 빠져 끝내 권총 자살로 삶을 마감한다. 이 소설은 당시 문학계에 새로운 바람을 일으키면서 유럽 전역에서 베스트셀러로 자리 잡았지만 작품이 유명해지면서 베르테르의 모습에 공감한 젊은 세대의 자살이 급증하는 사태가 벌어졌다.

□□□
907 **스마일**
마스크
증후군 ●●●
Smile Mask Syndrome

감정노동자들이 겪는 증상

자신의 내면의 솔직한 감정을 숨기고 발산하지 못해 심리적으로 불안한 상태를 말한다. 증상으로는 식욕감퇴, 불면증, 무력감, 잦은 회의감 등이 있다. 후에는 감정에 대해 무감각해지며 우울증이 늘어난다고 한다. '가면증후군'은 명랑하게 보여야할 필요성이 없다는 점에서 다르다.

□□□
908 **애빌린의 역설** ●●◐
Abilene Paradox

집단 구성원들 모두가 자신이 원하지 않는 쪽의 결정에 동의하는 역설적인 상황

구성원들은 집단 의견에 반대하지 못하고 자신의 의사가 달라도 마지못해 동의하는데, 후에 알고 보면 모두 같은 생각으로 원하지 않는 결정을 내리는 것이다. 하비 교수는 이러한 현상의 이유로 집단 의견에 반대 시, 되돌아올 불이익과 집단으로부터 소외될 것이라는 두려움의 심리적 현상이 숨어있다고 설명하였다.

□□□
909 **언더독 효과** ●●●
Underdog Effect

경쟁의 상황에서 약자를 지지하는 심리현상

투견 시합에서 아래에 깔린 개를 응원하게 되는 현상으로 생겨난 용어이다. 정치, 문화, 스포츠 경기 등 경쟁에서 지고 있는 약자에게 연민을 느껴 응원하고 지지하는 현상이다.

□□□
910 **에펠탑 효과** ●○○
Eiffel Tower Effect

반복적으로 노출되면 점차 우호적이고 친근감을 느끼게 되는 효과

1889년 파리에서 처음 에펠탑을 건축했을 당시 파리 시민들은 에펠탑 구조물에 대해 반감이 상당히 컸지만 지금은 파리의 대표적 상징물로 사랑받고 있는 것처럼 이러한 심리적 변화를 에펠탑 효과라 한다. 현재 광고에서 많이 쓰이는 기법이다.

□□□
911 **자라증후군** ●●○

부모의 곁에서 떠나려 하지 않는 자라의 특성을 빗댄 용어

경제적·정신적으로 자립심이 부족해 계속적으로 부모에게 의존하려는 세대를 일컫는다. 캥거루 새끼가 어미의 주머니 속에서 자라는 모습을 빗댄 신조어 '캥거루 족'이나 '패러사이트 싱글'과 같은 의미를 갖는다. 자립할 나이가 됐는데도 경제적 독립을 이루지 못하고 부모의 경제력에 의지해 살아가는 특징이 있다.

□□□
912 **제노비스
신드롬** ●●○
Genovese Syndrome

목격자가 많으면 많을수록 오히려 도움을 주지 않고 방관하는 심리현상

방관자 효과라고도 한다. 제노비스 신드롬은 1964년 미국 뉴욕에서 키티 제노비스라는 여성이 자신의 집 근처에서 강도를 만나 격렬하게 반항하다 여러 목격자들의 도움을 받지 못한 채 사망한 사건에서 유래한 것이다. 이렇게 목격자가 많을수록 책임감이 분산돼 개인이 느끼는 책임감이 적어져 행동하지 않게 되는 현상을 제노비스 신드롬이라고 한다.

□□□
913 **제노포비아** ●◐◌
Xenophobia

외국인 또는 이민족 집단을 혐오, 배척이나 증오하는 것

이방인이라는 뜻의 '제노(Xeno)'와 기피하다는 뜻의 '포비아(Phobia)'의 합성어이다. 이는 외국인 혐오증으로 상대방이 악의가 없어도 자기와 다르다는 이유로 일단 경계하는 심리 상태를 나타낸다. 경기 침체 속에서 증가한 내국인의 실업률 증가 등 사회문제의 원인을 외국인에게 전가시키거나 특히 외국인과 관련한 강력 범죄가 알려지면서 이런 현상이 더욱 심화되기도 한다.

□□□
914 **조현병** ●●◌
Schizophrenia

인격의 여러 측면에 걸쳐 이상 증상을 일으키는 정신질환

과거 정신분열증이라고 불렸던 병으로 지나치게 부정적인 이미지를 준다하여 2011년 조현병으로 순화된 질환을 의미한다. 조현은 '현악기의 줄을 고르다'란 뜻이다. 신경계의 조율이 잘 이뤄지지 않아 발생하는 병을 의미한다. 망상, 환청, 와해된 언어, 정서적 둔감 등의 증상과 더불어 사회적 기능에 장애를 일으킬 수 있다.

□□□
915 **카페인
우울증** ●●◌

습관처럼 타인의 SNS를 보면서 상대적 박탈감을 느끼고 우울함을 겪는 것

대표적 소셜네트워크서비스(SNS) 카카오스토리, 페이스북, 인스타그램의 앞글자를 딴 것으로, SNS 통해 타인의 사생활을 들여다보는 것이 용이해지면서 다른 사람들의 SNS를 자주 확인하고 타인의 행복한 일상에 상대적 박탈감과 열등감을 느끼는 증상을 말한다. 본래 SNS는 지인들과의 안부를 공유하고 맛집 등의 정보 교환, 시공간의 제약 없는 다양한 사람들과의 커뮤니케이션이라는 장점을 가지고 있지만, 점차 남보다 자신이 더 행복하고 우월하다는 것을 보여주는 공간이 되면서 카페인 우울증을 겪는 사람들이 늘고 있다.

916 트롤리 딜레마 ●●●
Trolley Dilemma

'다섯 사람을 구하기 위해 한 사람을 죽이는 것이 도덕적으로 허용 되는가'에 대한 질문

영국의 철학자 필리파 풋과 미국의 철학자 주디스 자비스 톰슨이 고안한 윤리학 분야의 사고실험으로, 트롤리사례와 육교사례를 제시하여 윤리적 딜레마를 말했다.

① 트롤리 사례 : 트롤리 전차가 철길 위에서 일하고 있는 다섯 명의 인부들을 향해 빠른 속도로 돌진한다. 레일 변환기 옆에 있는 당신이 트롤리의 방향을 오른쪽으로 바꾸면 오른쪽 철로에서 일하는 한 명의 노동자는 죽게 된다. 이러한 선택은 도덕적으로 허용되는가?

② 육교 사례 : 트롤리가 철길 위에서 일하고 있는 노동자 다섯 명을 향해 빠른 속도로 달려간다. 당신은 철길 위의 육교에서 이 상황을 바라보고 있는데 당신 앞에 몸집이 큰 사람이 난간에 기대 아래를 보고 있다. 당신이 트롤리를 세우기 위해서는 그 사람을 밀어야 한다. 이러한 선택은 도덕적으로 허용될 수 있는가?

917 파랑새 증후군 ●●●
Bluebird Syndrome

미래의 막연한 행복만을 추구하는 병적인 증상

급변하는 현대 사회에 발맞추지 못하고 현재의 일에는 흥미를 못 느끼면서 자신이 정말 하고 싶은 일은 따로 있다고 생각한다. 현실을 부정하고 이상만을 꿈꾼다. 그래서 한 직장에 오래 있지 못하고 여러 곳을 옮겨 다니기 쉽다. 이는 막연한 희망의 부정적인 측면을 의미한다.

918 파파게노 효과 ●●●
Papageno Effect

자살과 관련된 언론보도를 조심하는 경우 자살률이 감소하는 효과

오페라 「마술피리」의 인물에서 유래하였다. 파파게노는 사랑하는 연인이 사라지자 괴로운 나머지 자살을 시도하지만 세 요정이 나타나 노래를 들려주자 자살 대신 종을 울리는 것을 선택한다. 이를 자살충동을 극복한 일화에 적용하여 보도하면 자살률을 낮춰지는 효과를 말한다.

07
인문학

919 **폴리애나
현상** ●●●
Pollyanna Effect

인물 긍정성 편향

어려운 상황 속에서 해결 방법을 찾기보다 '어떻게든 되겠지'하고 심리적으로 회피하는 것을 선택하는 심리학적 용어를 말한다. 이 용어의 유래는 미국에서 여러 차례 영화화되었고 영국에서 드라마로, 일본에서는 애니메이션으로 제작되어 화제를 불러일으키기도 한 엘리너 포터의 대표작 「폴리애나」에서 기원한다.

□□□

920 **플라시보
효과** ●●●
Placebo Effect

가짜 약 효과

플라시보는 라틴어인 '기쁨을 주다'라는 뜻에서 유래하였다. 과학적으로 입증된 것은 아니지만 심리적인 요인으로 인해 가짜 약을 먹었음에도 병세가 호전되는 현상을 말한다. 이는 환자의 긍정적인 마음과 믿음이 주는 효과가 크며, 오랜 질병 또는 심리상태에 더 많은 영향을 미친다.

□□□

921 **피그말리온
효과** ●●●
Pygmalion Effect

로젠탈 효과로 자성적 예언

그리스신화에 나오는 조각가 피그말리온의 이름에서 유래한 심리학 용어이다. 피그말리온이 조각한 여인상을 사랑하게 된다. 아프로디테는 그 모습에 감동하여 여인상에게 생명을 주었다. 이처럼 타인의 기대나 관심으로 인하여 능률이 오르거나 결과가 좋아지는 현상을 말한다.

□□□

922 **후광 효과** ●●●
Halo Effect

한 대상의 두드러진 특성이 그 대상의 다른 세부 특성을 평가하는 데에도 영향을 미치는 현상

'헤일로 효과'라고도 불린다. 심리학에서는 개인의 인상 형성 혹은 수행평가 측면에서, 마케팅에서는 특정 상품에 대한 소비자의 태도 혹은 브랜드 이미지 평가 맥락에서 주로 언급된다.

07. 인문학 QUIZ

다음 문제를 보고 옳고 그른 것에 따라 O, X를 고르세요.

01. 상대방 논리의 허점을 문답으로 찾는 것은 <u>변증법</u>이다. O X

02. 사람들과의 관계를 잘 유지해 나가는 능력을 보여주는 지수는 <u>NQ</u>이다. O X

03. <u>노모포비아</u>는 목격자가 많을수록 방관자가 많아지는 심리현상을 일컫는다. O X

04. <u>메라비언의 법칙</u>은 대화에서 시각과 청각 이미지가 중요시된다는 이론이다. O X

05. <u>카페인 우울증</u>은 급변하는 사회에 못 따라가고 막연한 행복만 추구하는 증상이다. O X

문장에 맞는 단어를 고르세요.

㉠ NIE ㉡ 피그말리온 ㉢ 램프 증후군 ㉣ 노시보 ㉤ 프로테스탄트

06. 16세기 종교개혁으로 로마 가톨릭에서 분리화된 그리스도교 분파는 ⬚ (이)다.

07. 신문을 교육에 활용하자는 운동인 ⬚ (은)는 1955년 미국에서 시작되었다.

08. 타인의 기대나 관심으로 능률이 오르거나 결과가 좋아지는 현상은 ⬚ 효과이다.

09. 가능성이 없는 일에 대해 걱정하는 ⬚ 을(를) 다른 말로 과잉 근심이라 부른다.

10. 올바른 약 처방에도 환자가 의심하면 약효가 나타나지 않는 것은 ⬚ 효과이다.

📖 1.O 2.O 3.X(제노비스 신드롬) 4.O 5.X(파랑새 증후군) 6.㉤ 7.㉠ 8.㉡ 9.㉢ 10.㉣

CROSS WORD

1		5				7		
2								
				3			8	
			6					
4								

Across

1. 주로 민중 사이에 널리 알려진 '속요'
2. 평민문학 '속요'가 귀족계층으로 향유된 시가
3. 순암 안정복이 저술한 고조선~고려 말까지의 역사책
4. 「노인과 바다」의 작가

Down

5. 사물을 의인화하여 사회를 풍자하거나 교훈을 주는 작품
6. 작가의 대표작 「데미안」
7. 박은식이 저술한 한국 최근세사 역사서
8. 다산 정약용이 저술한 관리들의 폭정을 비판한 책

Across | 1.고려가요 2.경기체가 3.동사감목 4.어니스트 헤밍웨이
Down | 5.가전체문학 6.헤르만 헤세 7.한국통사 8.목민심서

PART

08

문학

국문학 | 세계문학

| Chapter **01** | 국문학 |

□□□
923 **가전체문학** ●●⊙
假傳體文學

고려 무신정변 이후 문신들의 삶에 대한 깊은 인식을 사물의 의인화 기법을 통하여 표현한 문학형태

소설의 직접적 전신이라고 할 수 있다. 인간의 문제를 사물로 가탁한 점은 우화적 성격이나, 일반적으로 우화가 동물이나 식물을 사건이나 대화에 있어서만 의인화한 것이라면 가전체는 그러한 자연물에 직접 인간적인 이름을 붙인점이 특색이다. 계세징인(戒世懲人), 즉, 사회를 풍자하고 비판하며 교훈을 주는 내용이 주를 이룬다.

□□□
924 **경기체가** ●●●
景幾體歌

평민문학이었던 속요에 대하여 귀족계층에게 향유된 시가

고려 고종 때부터 조선 중종 때까지 계속된 장가의 한 형식이다. 내용은 퇴폐적이고 현실도피적인 생활에서 오는 풍류적 표현이 있다. 대표 작품에는 안축의 「관동별곡」, 「죽계별곡」, 한림제유의 「한림별곡」 등이 있다.

□□□
925 **고려가요** ●●●
高麗歌謠

고려시대 평민들이 부르던 민요적 시가

'속요', '별곡'이라고도 하며 향가와 민요의 영향을 받아 형성되었다. 리듬이 매끄럽고 표현이 소박하면서도 세련된 것이 특징이다. 분절체로 후렴구가 발달하였고 3·3·2조(3·3·3조 또는 3·3·4조)의 3음보 음수율로 된 비정형의 형식을 보인다. 주로 남녀상열지사의 내용이 많으며 자연예찬, 이별의 슬픔 등 진솔한 감정이 잘 표현되어 있다. 「악학궤범」, 「악장가사」, 「시용향악보」 등에 한글로 기록되어 있다.

□□□
926 **목민심서** ●●●
牧民心書

다산 정약용의 대표작

조선 후기 실학자 정약용이 유배생활을 하는 동안 집필한 책으로 수령이 지켜야할 지침을 밝히며 관리들의 폭정을 비판한 내용을 담고 있다.

□□□
927 **동사강목** ●●●
東史綱目

고조선 ~ 고려 말까지 다룬 역사책

조선 후기 실학자 안정복이 고조선에서 고려 공양왕까지의 통사(通史)를 기록한 책이다.

□□□
928 **신소설** ●●●

19세기 말 ~ 20세기 초에 쓰인 소설 문학의 한 종류

신소설은 19세기 말 ~ 20세기 초 고전소설에서 벗어나 근대적 형식과 주제를 도입한 소설을 말한다. 고전소설과 근현대 소설의 중간 다리 역할을 하며, 갑오개혁 이후 개화·계몽적인 과도기적 시대를 반영하고 있다. '신소설'이라는 말은 1906년 대한매일신보 광고에서 처음 등장했으나, 이듬해 이인직의 '新小說 血의淚(신소설 혈의누)'라는 이름의 단행본이 간행되면서 보편적으로 쓰이게 되었다. 대표적인 신소설 작품으로는 이인직의 「혈의 누」, 최찬식의 「추월색」, 이해조의 「자유종」 등이 있다.

□□□
929 **신체시** ●●●
新體詩

한국의 신문학 초창기에 쓰인 새로운 형태의 시가(詩歌)

신시라고도 한다. 이전의 창가(唱歌)와 이후의 자유시 사이에 위치하는 것으로, 시조나 가사와는 달리 당대의 속어(俗語)를 사용하며 서유럽의 근대시나 일본의 신체시의 영향을 받은 한국 근대시의 초기 형태이다. 주요 작품으로는 최초의 신체시인 최남선의 「해에게서 소년에게(1908)」가 있다.

1493년(성종 24) 왕명에 따라 제작된 악전

이 책에는 「정읍사」, 「처용가」, 「동동」, 「여민락」 등의 가사가 한글 가사로 실려 있으며, 궁중 음악·당악·향악에 관한 이론과 제도 등 여러 사항을 그림과 함께 자세히 설명하고 있다. 따라서 고려악사를 아는 중요한 자료이다. 그 외의 가사 내용이 주로 이루는 것을 「악장가사」, 곡을 위주로 한 것을 「시용향악보」라 한다.

□□□
931 **용비어천가** ●●●
龍飛御天歌

조선 세종 때 지은 최초의 한글 악장·서사시

목판본, 10권 5책, 총 125장에 달하는 서사시이다. 1445년(세종 27년) 4월에 편찬되어 1447년(세종 29년) 5월에 간행되었으며, 세종의 선조인 목조(穆祖)부터 태종(太宗)까지 6대의 행적과 덕망을 노래한 서사시이다. 조선 왕조 건국의 정당성을 찬양하고, 훈민정음의 실용성을 시험하기 위해 제작되었다.

□□□
932 **청록파** ●●●
靑鹿派

조지훈·박두진·박목월

1939년 문예지 「문장」을 통하여 등단하였고, 이들이 모여 펴낸 시집이 「청록집」(1946)이다. 시집의 이름을 빌려서 이들을 청록파라고 부른 것이다.

□□□
933 **파친코** ●●◔

일제강점기부터 1980년대까지 일본으로 건너간 한인 이민 가족의 삶과 고난을 다룬 작품

2017년 이민진 작가가 발표한 장편 소설로이다. 미국 뉴욕타임스 베스트셀러에 올랐으며, 전미도서상 최종 후보에도 올랐다. 1910년대부터 4대에 걸친 한인 가족의 이야기를 통해 일본으로 이주한 재일조선인이 겪은 차별, 경제적 어려움, 그리고 가족 간의 사랑과 희생을 그린 작품이다. 일본 사회의 차별과 편견 속에서도 정체성을 지키려는 용기와 생존을 위한 강인한 의지를 생생히 묘사한다.

□□□
934 패관문학 ●●●

패관들이 이야기를 기록한 가설항담(假說鄕談)에 창의성
과 윤색을 덧붙인 설화 문학

민심을 파악하기 위해 거리에 떠도는 이야기, 전설, 설화,
일화 등을 기록하던 패관들이 기록한 내용들을 모아 만든 가
설항담에 창의성과 윤색을 더해 문학 장르를 이루게 된 것이
다. 패관문학 작품으로는 이규보의 「백운소설」, 최자의 「보
한집」, 이인로의 「파한집」, 이제현의 「역옹패설」 등이 있다.

□□□
935 한강 작가 ●●●

2024년 아시아 여성 작가 최초로 노벨문학상을 수상한
한국의 시인이자 소설가

1993년 계간지 「문학과 사회」에 시 5편이 당선되며 시인
으로 등단하였고, 이듬해 서울신문 신춘문예에 「붉은 닻」
이 당선되며 소설가로 등단하였다. 2005년 소설 「몽고반
점」으로 '이상문학상'을 수상하면서 주목받기 시작하였고,
2016년 「채식주의자」로 맨부커 인터내셔널상을 수상하였
다. 2024년 아시아 여성 작가 최초로 노벨문학상을 수상
하였으며, 고(故) 김대중 전 대통령에 이어 두 번째 한국인
노벨상 수상자가 되었다.

□□□
936 한국통사 ●●●
韓國痛史

일제강점기에 박은식이 저술한 한국 역사서

독립운동가인 박은식이 중국 상해에서 출판한 책으로 '나라
의 국교(國敎)와 국사(國史)가 없어지지 않으면 나라는 망
한 것이 아니다'라는 신념으로 우리나라의 근대사를 종합적
으로 서술하였다. 한민족의 자주성과 독립 정신을 강조하
였다.

□□□
937 화사집 ●●●
蛇集

서정주의 시집

1941년 발간된 서정주의 첫 시집이다. 시집에서 인간의
본능적인 욕구를 표현한 「화사」가 대표작이다.

□□□
938 **노벨 문학상** ●●◌
Nobel Prize in Literature

노벨상 문학 분야에서 인류를 위해 가장 눈에 띄는 기여를 한 작가에게 수여하는 상

스웨덴의 발명가이자 화학자인 알프레드 노벨의 유언에 따라 만들어진 노벨상 중 하나로, 문학 분야에서 수여되는 세계적으로 가장 권위 있고 명예로운 상이다. 인류의 발전에 크게 기여하거나 가장 뛰어난 업적을 이룬 작가에게 수여된다. 2024년 한강 작가가 아시아 여성 작가 최초로 노벨 문학상을 수상하였다.

┼상식더보기 **노벨상 6개 분야**

평화, 물리학, 화학, 경제학, 문학, 생리 · 의학

□□□
939 **데카당스** ●●◌
Decadence

19세기 후반 프랑스와 영국에서 유행한 퇴폐주의 문학

전통적 가치관과 도덕을 부정하며, 탐미적 경향, 병적인 감수성, 관능주의적 성향을 특징으로 하는 퇴폐주의 문학을 일컫는다. 대표적인 작가로는 프랑스의 보들레르, 베를렌, 랭보와 영국의 오스카 와일드 등이 있다.

□□□
940 **마리오 바르가스 요사** ●●●
Mario Vargas Llosa

페루 아레키파 출생으로 1952년 16세의 어린 나이에 데뷔한 후, 1963년 「도시의 개들(La Ciudad Y Los Perros)」을 발표하며 주목받은 작가

1966년 「녹색의 집(La Casa Verde)」을 발표하여 세계적 명성을 얻었다. 1994년 스페인어권에서 가장 권위 있는 문학상인 세르반테스 상을 받았고, 매년 노벨 문학상 후보로 거론된 세계적 거장으로 정치 · 사회적 주제를 다뤄 1990년 페루 대선에 출마하는 등 현실 정치에도 적극 참여해왔다. 2010년 노벨 문학상을 수상하였고, 스웨덴 한림원은 개인의 저항과 봉기 그리고 패배에 대한 정곡을 찌르는 묘사를 높이 평가했다고 선정 이유를 밝혔다.

941 **맨부커상** ●●●
Man Booker Prize

영국 최고 권위를 자랑하는 문학상

1969년 영국의 부커 – 맥코넬사가 제정한 문학상으로, 해마다 지난 1년간 영국연방 국가에서 출간된 영어 소설 중 가장 뛰어난 작품을 쓴 작가에게 수여한다. 영국 최고의 권위를 자랑하는 문학상이며, 노벨문학상 · 공쿠르상과 함께 세계 3대 문학상으로 꼽힌다. 초기에는 영국 연방, 아일랜드, 짐바브웨 국적의 작가만 대상으로 하였으나 이후 점차 확대되어, 2013년부터는 전 세계 작가를 대상으로 시상하게 되었다. 2016년에 한국인 최초로 '한강' 작가가 인터내셔널 상을 수상했다.

08

문
학

□□□
942 **아포리즘** ●●⊙
Aphorism

깊은 깨달음과 진리를 압축하여 간결하게 나타낸 짧은 글

아포리즘은 고대 그리스의 의사인 히포크라테스가 처음 사용한 말로, '정의(定意)'를 뜻하는 그리스어에서 유래되었다. 짧고 간결한 문장으로 깊은 깨달음과 진리를 표현하며, 금언 · 격언 · 경구 · 잠언 등이 이에 속한다.

□□□
943 **어니스트 헤밍웨이** ●●⊙
Ernest Hemingway

「노인과 바다」(1952)로 퓰리처상, 노벨문학상을 수상한 미국의 소설가

문명의 세계를 속임수로 보고, 인간의 비극적인 모습을 간결한 문체로 묘사한 20세기의 대표작가이다. 대표 저서로 「노인과 바다」, 「무기여 잘 있거라」, 「누구를 위하여 좋은 울리나」 등이 있다.

□□□
944 **장 폴 사르트르** ●●⊙
Sartre, Jean Paul

1964년 노벨 문학상을 거부한 프랑스의 작가이자 사상가

철학논문 「존재와 무」(1943)는 무신론적 실존주의의 입장에서 전개한 존재론으로 제2차 세계대전 전후 시대사조를 대표한다.

미국의 애드가 앨런 포, 프랑스의 모파상, 러시아의 안톤
체호프를 지칭

작가	특징
애드가 앨런 포 (1809 ~ 1849)	미국의 시인, 소설가, 비평가로 활동했으며 대표작으로 낭만주의 시 「애너벨 리」, 괴기추리소설 「어셔가의 몰락」, 상징주의 시론 「시의 원리」 등이 있다.
모파상 (1850 ~ 1893)	프랑스의 자연주의 소설가로 객관적 묘사와 명확하고 솔직한 문장이 특징적이다. 대표작으로 「목걸이」, 「여자의 일생」 등이 있다.
안톤 체호프 (1860 ~ 1904)	러시아의 소설가, 극작가로 활동했으며 특히 지식층의 단면을 간결한 문체로 표현하였다. 대표작으로 「광야」, 「초원」, 「갈매기」 등이 있다.

⁺상식더보기 우리나라 3대 단편작가

김동인, 현진건, 이효석

노벨문학상, 부커상, 프랑스 공쿠르상

문학계에서 가장 명예롭고 권위 있는 상으로, 노벨문학상, 부커상, 프랑스 공쿠르상을 꼽는다. 노벨문학상(Nobel Prize in Literature)은 세계적으로 가장 권위 있는 문학상으로, 인류에 눈에 띄는 큰 기여를 한 작가에게 수여된다. 부커상(Booker Prize)은 영국에서 가장 권위 있는 소설 문학상으로, 영국에서 출간된 영문 소설 중 우수작을 선정해 시상한다. 공쿠르상(Prix Goncourt)은 프랑스에서 가장 권위 있는 문학상으로, 그해 가장 상상력이 풍부한 산문 작품의 작가에게 수여된다.

947 **셰익스피어의
4대 비극** ●●●

햄릿, 오셀로, 리어왕, 맥베스

영국의 세계적인 시인이자 극작가인 윌리엄 셰익스피어가
집필한 4대 희극이다.

구분	특징
햄릿 (Hamlet)	주인공을 통해 사색과 행동, 진실과 허위, 신념과 회의 등의 틈바구니 속에서 삶을 초극하고자 하는 모습이 제시되었다.
오셀로 (Othello)	흑인 장군인 주인공의 아내에 대한 애정이 이아고(Iago)의 간계에 의해 무참히 허물어지는 과정을 그린 작품이다.
리어왕 (King Lear)	늙은 왕의 세 딸에 대한 애정의 시험이라는 설화적 모티브를 바탕으로 하고 있으나, 혈육 간의 유대의 파괴가 우주적 질서의 붕괴로 확대되는 과정을 그린 비극이다.
맥베스 (Macbeth)	권위의 야망에 이끌린 한 무장의 왕위찬탈과 그것이 초래하는 비극적 결말을 그린 작품이다.

08

문
학

□□□
948 **셰익스피어
5대 희극** ●◐◐

말광량이 길들이기, 십이야, 베니스의 상인, 뜻대로 하세요, 한 여름밤의 꿈

영국의 세계적인 시인이자 극작가인 윌리엄 셰익스피어가
집필한 5대 희극이다.

구분	내용
말괄량이 들이기 (The Taming of the Shrew)	말괄량이 여주인공을 길들이려는 남주인공의 결혼생활을 중심으로 한 희극이다.
십이야 (Twelfth Night)	여주인공이 남장을 통해 겪게 되는 오해와 사랑의 삼각관계 소동극이다.
베니스의 상인 (The Merchant of Venice)	유대인 고리대금업자와 상인 간의 계약 속에서 이루어지는 법적 갈등과 인간관계를 그린 작품이다.
뜻대로 하세요 (As You Like It)	추방된 공작의 딸이 남장을 하고 겪게 되는 사랑과 자유, 갈등, 화해를 담은 작품이다.
한 여름밤의 꿈 (A Midsummer Night's Dream)	사랑과 마법이 얽히며 생긴 혼란 속에서 펼쳐지는 판타지 로맨스 희극이다.

□□□
쇼펜하우어 ●●⊕
Arthur Schopenhauer

독일의 철학자이자 염세주의의 대표적인 사상가

쇼펜하우어(1788 ~ 1860)는 염세주의와 의지철학으로 유명한 독일의 철학자이다. 그의 저서 「의지와 표상으로서의 세계」에서 세계를 '표상'과 '의지'라는 두 가지 측면으로 나누고, '의지'를 삶의 근원적 원리로 보았다. 쇼펜하우어는 삶 자체를 고통의 연속으로 간주하며, 예술, 금욕, 동정을 통해 이를 극복할 수 있다고 주장하였다. 쇼펜하우어의 사상은 니체, 프로이트, 톨스토이, 불교 철학 등에 깊은 영향을 미쳤다. 주요 저서로는 「의지와 표상으로서의 세계」, 「여록과 보유」, 「충족이유율의 네 겹의 뿌리에 관하여」 등이 있다.

□□□
하멜표류기 ●●⊕
Journal of Hendrick Hamel

헨드릭 하멜이 1653년 조선에 표류하면서 겪은 일을 기록한 책

네덜란드 선원 헨드릭 하멜이 1635년 조선에 표류한 후 약 13년간 머물며 겪은 일을 기록한 책이다. 서양에 처음으로 조선을 소개한 문헌으로, 조선의 정치나 사회경제 및 풍습 등을 상세히 기록하였다.

□□□
헤르만 헤세 ●●⊕
Hermann Hesse

「유리알유희」(1946)로 노벨문학상을 수상한 독일계 스위스인 소설가이자 시인

주요 작품으로 「수레바퀴 밑에서」, 「데미안」, 「싯다르타」 등이 있다.

□□□
1984 ●●⊕
Nineteen Eighty-Four

조지 오웰이 1949년에 발표한 디스토피아 소설

전체주의 사회의 위험성을 경고하는 작품으로 정부의 권력 남용, 개인의 자유 침해, 언론 통제를 주로 다룬다. 소설에서 등장하는 '빅 브라더'와 '뉴스피크'는 현재까지도 사회정치적 논의에서 자주 언급된다.

08. 문학 QUIZ

다음 문제를 보고 옳고 그른 것에 따라 O, X를 고르세요.

01. 「햄릿」, 「오셀로」, 「리어왕」, 「맥베스」는 셰익스피어의 <u>4대 비극</u>이다.　　　　　O X

02. <u>고려가요</u>의 주요 작품으로는 「한림별곡」, 「관동별곡」, 「죽계별곡」 등이 있다.　　O X

03. 박목월 · 박두진 · 조지훈은 <u>낭만파</u>이다.　　　　　　　　　　　　　　　　　　　O X

04. 「태평천하」, 「탁류」, 「레디메이드 인생」의 작자는 <u>채만식</u>이다.　　　　　　　　O X

05. 고려가요 중 <u>사모곡</u>은 효심을 주 내용으로 하고 있다.　　　　　　　　　　　O X

문장에 맞는 단어를 고르세요.

> ㉠ 목민심서　㉡ 한국통사　㉢ 헤르만 헤세　㉣ 신체시　㉤ 에드거 앨런 포

06. 한국 신문학 초기 새로운 형태의 시가인 ⬚⬚⬚⬚ (은)는 최남선 「해에게서 소년에게」가 대표적이다.

07. 조선 후기 실학자 정약용이 유배 생활에 집필한 ⬚⬚⬚⬚ (은)는 관리들을 비판하는 내용이 들어있다.

08. 세계 3대 대표 단편 작가로 「검은고양이」의 작자는 ⬚⬚⬚⬚ (이)다.

09. 한국의 역사서인 ⬚⬚⬚⬚ (은)는 독립운동가 박은식이 상해에서 출판하였다.

10. 1946년 노벨문학상 수상자이며 「데미안」, 「수레바퀴 밑에서」의 작자는 ⬚⬚⬚⬚ (이)다.

답 1.O 2.X(경기체가) 3.X(청록파) 4.O 5.O 6.㉣ 7.㉠ 8.㉤ 9.㉡ 10.㉢

CROSS WORD

	5		1					
2							7	
			6					
	3							

Across

1. 독자의 관심사에 따라 뉴스를 배치하는 서비스
2. 시청률이 가장 높은 시간대
3. 트위터, 페이스북, 인스타그램 등의 플랫폼

Down

4. 독자에게 무료로 배포되는 신문 또는 책자
5. 원고마감 최종 시간
6. TV 시청률 조사수단
7. 방송 난시청 지역

PART

매스컴

매스컴 일반 | 매스미디어

*check*point

- ✓ HDTV · IPTV
- ✓ 뉴스큐레이션
- ✓ 복스팝
- ✓ 재핑효과
- ✓ 퀄리티 페이퍼

- ✓ MCN
- ✓ 딥 백그라운드
- ✓ 사회책임주의 이론
- ✓ 티저 트레일러
- ✓ 크라우드 펀딩

- ✓ 게이트 키핑
- ✓ 밀라인 레이트
- ✓ 인포데믹
- ✓ 코드커팅
- ✓ 핫미디어 · 쿨미디어

Chapter **01**　　매스컴 일반

□□□
953 **다이얼권** ●●☺
Dial圈

청취율 조사에 사용되는 용어

라디오 프로그램 편성에 반영하기 위하여 각 가정에서 어느 시간에 어떤 방송국의 프로그램을 많이 듣는지 조사하는 것으로, 일정 기간에 일정 지역의 청취자를 확보하는 정도를 말한다.

□□□
954 **데드라인** ●☺☺
Deadline

신문·잡지의 원고마감 최종 시간

신문이나 잡지가 발행되기까지는 아이템 회의, 원고작성, 편집, 인쇄 등 여러 단계의 제작 과정을 거치게 된다. 따라서 발행 날짜에 차질 없도록 각 단계별로 마감 일정을 정해두는데 특히 원고마감으로 정해놓은 시간을 말한다.

□□□
955 **데이터 마이닝** ●☺☺
Data Mining

대량의 데이터 속에서 가치 있는 정보를 발굴해 내는 과정

데이터마이닝은 대량의 데이터 속에서 의미 있는 패턴, 관계, 또는 규칙을 분석하여 가치 있는 정보를 찾아내는 과정이다. 예를 들어, 백화점에서는 고객의 구매 횟수, 패턴, 선호도 등을 분석하여 맞춤형 마케팅 전략을 수립하는 데 활용된다. 의료 분야에서는 환자의 증상과 병력 데이터를 기반으로 질병을 예측하거나 진단하는 데 활용되며, 신약 개발에도 기여한다. 그 외에도 금융, 제조, 품질 관리, 교육, 교통, 스포츠 등 다양한 분야에서 데이터마이닝이 활용되어 효율성과 성과를 높이고 있다.

956 **디지털 캐비넷** ●☺☺
Digital Cabinet

서류를 전자 파일 형식으로 저장 및 관리하는 시스템

지털 캐비넷은 서류, 파일, 문서, 사진, 그림 등을 전자 파일 형식으로 보관 및 관리하는 시스템을 의미한다. 문서 검색의 편리성, 보안 강화, 공간 절약, 협업 지원 등 다양한 이점이 있는 반면, 초기 구축과 유지 보수에 시간과 비용이 소요되며, 해킹이나 시스템 오류 등의 위험이 존재한다. 디지털 캐비넷은 정부 기관, 기업, 학교 등 다양한 분야에서 널리 활용되고 있다.

□□□
957 **딥 백그라운드** ●☺☺
Dip Background

내용은 밝혀도 되지만 취재원과 출처를 밝혀서는 안 되는 취재 형식

민감하거나 중대한 내용일 경우 취재원의 익명성을 보호하기 위한 취재 형식을 말한다. 주로 미국의 정치인들이나 관리들이 많이 사용하는 방법이다. 직접 인용이나 출처를 명시할 수 없고, '외교 관계자'와 같은 일반 용어도 허용되지 않는다. 기자는 '~할 전망이다.'와 같은 추상적인 형식으로 보도할 수밖에 없으며, 출처를 밝힐 수 없어 정보의 신뢰성을 확인하기 어렵다.

□□□
958 **밀라인 레이트** ●☺☺
Milline Rate

신문광고 요금의 이론적 비교단위

신문광고의 매체가치를 발행부수와 비용의 양면에서 경제적으로 평가할 때 이용되는 척도이다. 밀라인 레이트는 발행부수 100만부당 광고지면 1행의 경우 광고요율을 표시한 것으로 우리나라에서는 1행을 1cm 1단으로 하고 있다.

+상식더보기 밀라인 레이트 계산식

$$\text{밀라인레이트} = \frac{1\text{행당 광고요금}}{\text{발행 부수}} \times 1,000,000$$

어떤 주제에 대해 여러 사람들의 인터뷰를 1 ~ 2분 내지의 짧은 프로그램

라틴어로 '민중의 소리'라는 뜻이다. 그냥 복스라고도 하는데, 이는 아주 짧은 형태의 다큐멘터리라고 할 수 있다. 복스 팝의 아이템을 선정하고 나면 인터뷰 질문을 만드는데 질문은 아주 구체적이어야 한다. 답변하기 쉽도록 답변의 범위도 좁게 설정해야 한다. 대부분 라디오 프로그램 코너로 사용되는데, 가벼운 주제나 무거운 주제를 모두 다룰 수 있고 시사 프로그램에서는 여론을 들려줄 수 있기 때문에 자주 활용된다. 다만, 시사 프로그램에서 진행할 때에는 모든 여론을 대변하는 것이 아니므로 각별히 주의해야 하며 이밖에도 윤리 원칙, 공정성, 책임성에 유의해야 한다.

언론은 정부로부터 자유로우면서 국민에 대해서는 도덕적 의무가 수반된다는 이론

미디어 기술과 환경 변화에 따라 미디어 책임의 영역이 저널리즘에서 산업과 오락 영역으로까지 확장됐다. 언론은 자유를 적극적인 자유를 기반으로 하지만, 도덕적 의무가 수반된다. 즉, 언론은 사기업으로 정부가 규제해서는 안 되지만 공익을 추구해야 한다는 것이다. 언론은 종합적이고 정확한 보도를 해야 하며 다양한 의견이 교환되어야 한다. 집단의 의견이나 태도를 수렴하고 사회가 지향할 가치를 제시하며 모든 사회 구성원들이 이용할 수 있어야 한다. 한편 1947년 미국에서 발표된 허친스보고서와 1949년에 영국에서 공표된 왕립언론위원회보고서는 1959년 「언론의 4이론」을 통해서 언론의 이론 중 하나인 사회적 책임이론으로 정착되었다.

복스 팝 ●●◎
Vox Pop

어떤 주제에 대해 여러 사람들의 인터뷰를 1 ~ 2분 내지의 짧은 프로그램

라틴어로 '민중의 소리'라는 뜻이다. 그냥 복스라고도 하는데, 이는 아주 짧은 형태의 다큐멘터리라고 할 수 있다. 복스 팝의 아이템을 선정하고 나면 인터뷰 질문을 만드는데 질문은 아주 구체적이어야 한다. 답변하기 쉽도록 답변의 범위도 좁게 설정해야 한다. 대부분 라디오 프로그램 코너로 사용되는데, 가벼운 주제나 무거운 주제를 모두 다룰 수 있고 시사 프로그램에서는 여론을 들려줄 수 있기 때문에 자주 활용된다. 다만, 시사 프로그램에서 진행할 때에는 모든 여론을 대변하는 것이 아니므로 각별히 주의해야 하며 이밖에도 윤리 원칙, 공정성, 책임성에 유의해야 한다.

09

매
스
컴

□□□
962 **세계 4대 통신사 (AP, UPI, AFP, 로이터)** ●◎◎

전 세계적으로 중요한 뉴스와 정보를 수집하고 배포하는 글로벌 뉴스 통신사

전 세계적으로 세계 곳곳에 취재 통신망을 갖추고 뉴스와 정보를 수집해 배포하는 '글로벌 뉴스 도매상'이라고 할 수 있다. 신문사나 방송국이 전 세계적인 뉴스를 모으기 위해서는 많은 시간과 인력이 필요하므로 뉴스 통신사를 통해 뉴스를 제공받아 보도한다. 국제적으로 뉴스를 제공하는 세계 4대 통신사로는 미국의 AP(Associated Press)와 UPI(United Press International), 프랑스의 AFP(Agence France Press), 영국의 로이터(Reuters)가 있다.

통신사	설립 연도	위치	강점
AP(Associated Press)	1846	미국	속보, 신뢰성, 공정성
UPI(United Press International)	1907	미국	특정분야(국방, 기술, 건강) 집중
AFP(Agence France Press)	1835	프랑스	유럽 · 아프리카 · 중동 뉴스
로이터(Reuters)	1851	영국	경제 · 금융 뉴스, 국제 뉴스

□□□
963 **오프더 레코드** ●◐◯
Off the Record

취재원이 제공하는 정보를 보도하지 않기로 약속하고 기록으로 남기지 않는 비공식 발언

뉴스 정보를 제공하는 취재원이 오프더 레코드를 요구할 경우, 기자는 관련 내용을 보도하지 않을 것을 약속하고 기록으로 남기지 않는 비공식적 발언을 의미한다. 기자는 참고 자료로만 정보를 활용할 수 있으며, 보도에 따른 법적 구속력은 없지만 취재원을 보호하고 상호 간 신뢰의 문제로 약속을 지키는 것이 예의로 여겨진다.

□□□
964 **인포데믹** ●◐◯
Infodemic

잘못된 정보가 전염병처럼 빠르게 퍼져나가는 것

'정보(Information)'와 '전염병(Epidemic)'의 합성어로, '정보전염병'이라고도 불린다. 수많은 정보 속에서 잘못된 정보가 인터넷, 미디어를 통해 전염병처럼 빠르고 광범위하게 퍼져나가는 것을 말한다. 인포데믹은 검증되지 않은 잘못된 정보가 사람들에게 퍼지면서 혼란과 사회적 갈등을 유발할 수 있다. 인포데믹의 사례로는 코로나 19 팬데믹 당시 소금물 가글치료, 백신 음모론, 증권가의 찌라시 등이 있다.

□□□
965 **엠바고** ●●●
Embargo

어떤 뉴스 기사를 일정 시간까지 보도를 유보하는 것

정부기관 등의 정보제공자가 어떤 뉴스나 보도자료를 언론기관이나 기자에게 제보하면서 그것을 일정 시간이나 기일, 즉 해금시간 후에 공개하도록 요청할 경우 그때까지 해당 뉴스의 보도를 미루는 것이며 혹은 그 요청까지도 엠바고로 부르기도 한다. 국가이익이나 생명에 끼칠 수 있는 폐해를 막는다는 취지에서 도입되었으나 '국민의 알 권리' 침해라는 비판도 받고 있다.

① 보충 취재용 엠바고 : 뉴스 가치가 매우 높은 발표 기사이면서도 전문적이고 복잡한 문제를 다루고 있을 때 취재기자들과 취재원의 합의 아래 이루어지는 시한부 보도 중지

② 조건부 엠바고 : 뉴스 가치가 있는 사건이 일어나는 것은 확실히 예견할 수 있으나 정확한 시간을 예측하기 어려울 경우, 그 사건이 일어난 이후에 기사화 한다는 조건으로 보도자료를 미리 제공하는 형태

③ 공공이익을 위한 엠바고 : 국가이익과 관련되거나 인명과 사건에 위해를 끼칠 수 있는 사건이 해결될 때까지 시한부 보도 중지

④ 관례적 엠바고 : 외교관례를 존중하여 재외공관장의 인사이동에 관한 사항을 미리 취재했더라도 주재국 정부가 아그레망을 부여할 때까지 보류하거나 양국이 동시에 발표하기로 되어 있는 협정 또는 회담 개최에 관한 기사를 공식 발표가 있을 때까지 일시적인 보도 중지

□□□
966 **저널리즘** ●●◎
Journalism

활자나 전파를 매체로 하는 보도나 그 밖의 전달 활동 또는 사업

매스미디어를 통해 공공의 사실이나 사건에 관한 정보를 보도하고 논평하는 활동으로 시사적 문제의 보도와 논평의 사회적 전달 활동을 의미한다.

□□□
967 **처널리즘** ●●◎
churnalism

기자가 직접 취재하지 않고 보도자료나 홍보자료를 재구성하여 기사화하는 행위

제품을 대량으로 찍어낸다는 뜻의 '천 아웃(Churn Out)'과 저널리즘의 합성어로, 기자가 보도자료나 홍보자료를 그대로 찍어내듯 기사화하는 것을 뜻한다. 언론사들의 속도 경쟁과 기자들은 실시간으로 많은 기사를 생산해내야 하는 업무 환경으로, 보도자료를 무비판적으로 재구성해 빠르게 내놓는 것에만 집중하는 세태를 비판하면서 처널리즘이란 말이 등장했다.

□ □ □

**968 퀄리티
페이퍼 ●●●**
Quality Paper

독자가 사회의 지식층으로 객관적인 정보와 논평에 주안
을 두는 사회적 영향력이 강한 고급지의 신문

교양 있는 인사, 지배계층을 대상으로 한 권위 있는 신문으
로 프레스티지 페이퍼, 엘리트 페이퍼라고도 한다. 이는 대
중지와 대조되며, 중요한 사안에 대한 상세한 기록, 고도의
논평을 이루고 센세이셔널리즘을 피한다. 또 국제적인 성과
를 얻고 있다는 의미에서 세계 신문이라고도 부른다.

□ □ □

**969 타블로이드
신문 ●●⊙**
Tabloid Paper

보통 신문의 2분의 1 정도 크기의 소형 신문

우리나라 최초의 민간신문이었던 「독립신문」이 타블로이드
판 신문이었으며, 1903년 영국에서 창간된 「데일리 미러」,
1919년 창간된 미국의 뉴욕 「데일리 뉴스」가 대표적이다.

□ □ □

**970 파일럿
프로그램 ●⊙⊙**
Pilot Program

정규편성에 앞서 1 ~ 2편을 미리 내보내 향후 고정적으
로 방송할지를 결정하기 위해 만든 샘플 프로그램

파일럿 프로그램을 내보낸 결과 시청자들의 반응이 좋으면
정규 프로그램으로 편성하게 된다. 파일럿 프로그램은 시
청자의 기호가 고려되지 않은 상태의 프로그램을 고정으로
편성했다가 경쟁 채널이 시청률을 선점해 버리는 문제점을
일정 부분 예방할 수 있다는 장점이 있다.

□ □ □

971 프라임타임 ●●⊙
Prime Time

시청률이 가장 높은 시간대

대개 오후 7시에서 9시 사이를 말한다. A타임 또는 골든
아워(Golden Hour)라고도 하며, 광고효과가 높기 때문에
방송국에서 프로그램 편성에 가장 중점을 둔다.

□□□
972 **플러시** ●●●
Flush

통신사가 빅뉴스를 빠른 시간에 계약된 신문사나 방송국
에 보내는 것

신문사는 호외를 발행하고, 방송국은 프로그램을 중단하고
임시 뉴스를 보낸다.

□□□
973 **피플미터** ●○○
Peoplemeter

미국의 여론조사기관인 A.C.닐슨사에 의해 개발된 TV시
청률 조사수단

과학적인 표본추출방식에 의해 선택된 일정수 가구의 TV
수상기에 이 장치를 달면 중앙 메인컴퓨터에 수상기작동방
식 · 채널변환 등이 초단위로 자동 기록된다. 피플미터는
가족 구성원의 개인별 버튼을 통해 시청자의 성별 · 연령
별 · 직업별 집계가 가능하다.

□□□
974 **핫미디어 ·**
쿨미디어
스쿠프 ●●○
Hot Media ·
Cool Media
Scoop

맥루한(M. Mcluhan)에 의한 분류

영화 · 라디오 · 신문 등과 같이 정보량이 많지만 참여를 요
구하지 않는 매체를 핫미디어, TV · 전화 · 만화 등과 같이
정보량은 적으나 고도의 몰입성을 요구하는 매체를 쿨미디
어라고 한다. 따라서 핫미디어는 수신자 측의 참가의식이
약하나, 쿨미디어는 수신자 측의 보완부분이 크다.

□□□
975 **HDTV ·**
IPTV ●○○

고선명 텔레비전(High Definition Television), 인터넷 프로
토콜 텔레비전(Internet Protocol Television)의 약칭

HDTV는 35mm 영화 급의 화질과 CD 수준의 음질을 제
공하는 TV 기술이며, IPTV는 초고속 인터넷을 이용하여
정보 서비스, 동영상 콘텐츠 및 방송 등을 텔레비전 수상
기로 제공하는 서비스를 말한다.

□ □ □
976 **게이트 키핑** ●●◎
Gate Keeping

기자나 편집자 등 뉴스 결정권자가 어떤 뉴스를 보도할지 취사선택하는 과정

게이트 키핑은 뉴스 미디어 조직 내에서 어떤 뉴스를 선택하고 보도할지 정하는 모든 과정을 말한다. 게이트 키핑 내 뉴스 결정권자를 '게이트키퍼(Gate Keeper)'라고 하는데, 보도할 뉴스를 선택하는 과정에서 게이트키퍼의 성장 배경, 가치관, 성향, 일하는 조직의 문화 등 여러 요인의 영향을 받을 수 있다. 정치·경제·사회문화적 압력과 외부적인 요인들에 의해 공정성을 잃을 수도 있다.

□ □ □
977 **공영방송** ●●●
Social Responsibility Theory

이윤 추구를 목적으로 하지 않고, 공공의 복지를 위해 운영되는 방송

공영방송은 국가나 특정 집단의 영향을 받지 않고 공공의 이익을 목표로 운영되는 방송을 말한다. 상업광고 없이 운영되며, 이윤을 추구하지 않기 때문에 시청자로부터 수신료 징수, 정부 지원금 등을 통해 운영 자금을 마련한다. 대한민국의 공영방송으로는 KBS, MBC, EBS가 있다.

□ □ □
978 **뉴스 큐레이션** ●●◎
News Curation

이용자의 관심사에 따라 뉴스를 배치하는 서비스

미디어가 일방적으로 제공하는 뉴스를 그대로 받아보는 방식에서 탈피해 스마트 미디어 환경에서 이용자가 자신의 취향에 맞게 원하는 분야의 콘텐츠를 읽어 볼 수 있도록 도와주는 서비스이다. 더 나아가 최근에는 관심 분야의 콘텐츠를 메일로 받는 메일링 구독 서비스도 각광을 받고 있다.

뉴
저널리즘 ●●●
New Journalism

전통적인 보도수법을 비판하여 생긴 저널리즘

대상을 밀착 취재하여 문학적 표현을 써서 나타내는 르포의 일종이다. 사건을 객관적·단편적으로 보도하는 것이 아니라 기자나 리포터가 취재대상 혹은 사건의 당사자 입장에서 보도한다.

블랭킷
에어리어 ●●⊙
Blanket Area

방송 난청지역

'담요로 둘러싸인 지역'이란 뜻으로, 두 개의 방송국이 내보내고 있는 전파가 중첩되어 양쪽 다 또는 어느 한쪽의 방송이 잘 들리지 않는 지역을 말한다.

소셜
미디어 ●●⊙
Social Media

사람들 사이에서 소통하는 온라인 플랫폼

사람들의 의견, 생각, 경험, 관점 들을 서로 공유하기 위해 사용하는 온라인 도구나 플랫폼을 말한다. 이러한 소셜 미디어는 텍스트, 이미지, 오디오, 비디오 등의 다양한 형태를 가지고 있는데, 대표적으로 '블로그(Blogs)', '소셜 네트워크(Social Networks)', '메시지 보드(Message Boards)', '팟캐스트(Podcasts)', '위키스(Wikis)' 등이 있다.

+상식더보기 브이로그(V - Log)

'비디오(Video)'와 '블로그(Blog)'의 합성어로, 자신의 일상을 동영상으로 촬영한 영상 콘텐츠를 가리킨다. 2005년 유튜브 등 동영상 공유 사이트가 등장하면서 인기를 끌기 시작했다.

982 **재핑 효과** ●●●
Zapping Effect

채널을 바꾸다가 중간에 있는 다른 채널의 시청률이 높아지는 현상

사람들이 채널을 바꾸는 이유는 자신이 보고 있던 프로그램의 광고를 피하기 위함이다. 대부분의 광고는 많은 사람들이 자신에게 필요 없는 것이라 생각하기 때문에 그 시간을 허비하기 싫어 다른 채널로 이동하는 것이다. 이렇게 딱히 다른 채널을 보기 위한 의도가 없었음에도 불구하고 짧은 순간에 지나가려던 채널에 관심을 빼앗겨 버리면 그 채널에서 오히려 더 많은 시간을 할애하게 되는 것이 바로 재핑 효과이다. 이는 다른 채널에서 때마침 자신의 관심사 혹은 자신의 취향과 맞는 방송이 송출되고 있을 경우 크게 발생하게 된다.

□□□
983 **커스컴** ●●◐
Cuscom

소수를 대상으로 정보를 전달하는 매체

'단골(Custom)'과 '전달(Communication)'의 합성어이다. 신문 · 라디오 · 텔레비전 같은 대중매체로 전달되는 것이 아니라 유선방송처럼 특정 소수인을 상대로 전달되는 것을 말한다.

□□□
984 **코드커팅** ●●●
Cord Cutting

지상파나 케이블에 가입해 TV를 시청하던 사람들이 가입을 해지하고 인터넷 TV나 OTT 등 새로운 플랫폼으로 이동하는 현상

한국에서는 코드커팅보다 가정에 TV가 없다는 뜻으로 '제로TV(Zero – TV)'를 주로 사용한다. 코드커팅이나 제로TV 현상은 스마트폰과 같은 모바일 기기 기술의 발전으로 빠르게 확산하고 있다. 이런 코드커팅이 가속화하자 미국의 넷플릭스 등 온라인 스트리밍 서비스가 성장하고 있다.

□ □ □
985 **크라우드
펀딩** ●●◎
Crowd Funding

자금이 필요한 개인, 단체가 불특정다수로부터 자금을 제
공받는 것

'Crowd(군중)'와 'Funding(자금)'을 합성한 신조어로 주로 트
위터, 페이스북 같은 SNS를 통해 이용되기 때문에 '소셜펀딩'
이라고도 불리며 투자형, 후원형, 기부형으로 다양하게 이용할
수 있다. 인터넷 중개사이트를 통해 이루어지며 목표액, 기간
등이 제시되어 있어 개인이 선택하여 투자하고 기간 내에 목표
액을 달성하지 못하면 후원금을 돌려주기 때문에 부담이 없다.

□ □ □
986 **티저 트레일러** ●◎◎
Teaser Trailer

사람들의 호기심을 자극하고 홍보를 위해 제작된 영화나
방송 예고편의 한 형식

티저 트레일러는 영화나 드라마, 게임 등의 홍보를 위해
제작된 간결하고 짧은 영상을 말한다. 정식 트레일러나 작
품 공개보다 훨씬 이른 시점에 공개하며 시간은 2분 이내
로 제작된다. 사람들의 기대감을 높이고 관심을 끌어내기
위해 주요 정보를 제한적으로 공개한다.

□ □ □
987 **프리페이퍼** ●●◎
Free Paper

광고 수입만으로 제작되어 독자에게 무료로 배포되는 신문

무료지, 무료신문 또는 광고신문이라고도 한다. 배포지역을
세분화하여 한정하고 있으므로 신문사측에서는 본지(本紙)
에 맞지 않은 지역의 소규모 광고주를 흡수하여 광고수입
을 올릴 수 있으며, 독자의 입장에서는 자기지역의 광고와
생활정보를 볼 수 있는 장점이 있다.

1인 혹은 중소 콘텐츠 창작자들과 제휴해 마케팅, 저작권
관리, 콘텐츠 유통 등을 지원, 관리하는 사업

다중채널 네트워크는 유튜브에서 탄생했다. 유튜브에서 인기
가 높아지고 수익을 내는 채널이 많이 생기자, 이들을 묶어서
관리해주는 곳이 생긴 것이다. 여러 유튜브 채널이 제휴해 구
성한 MCN은 일반적으로 제품, 프로그램 기획, 결제, 교차 프
로모션, 파트너 관리, 디지털 저작권 관리, 수익 창출·판매
및 잠재고객 개발 등의 영역을 콘텐츠 제작자에게 지원하는
역할을 맡고 있다.

인터넷을 통한 TV서비스

'Over – The – X'는 기존 영역의 경계를 넘나드는 서비스나
상품을 의미한다. 방송, 통신 영역에서 사용하는 OTT(Over
The Top) 서비스에서 'Top'은 셋톱박스(Set Top Box)를 뜻
한다. '셋톱박스를 넘어서(통하여)' 제공되는 서비스를 뜻한다.
따라서 전파나 케이블이 아닌 범용 인터넷 망으로 영상 콘텐
츠를 제공하는 것으로 셋톱박스가 있고 없음을 떠나 인터넷
기반의 동영상 서비스 모두를 포괄하는 의미로 쓰인다.

상식더보기 영역의 경계를 넘나드는 서비스

① OTC 마켓(Over The Counter Market) : 증권거래소 밖에서 이
   루어지는 금융 장외시장
② OTC 드럭(Over The Counter Drug) : 처방전 없이 약국이나 슈
   퍼마켓에서 살 수 있는 일반 의약품

09. 매스컴 QUIZ

다음 문제를 보고 옳고 그른 것에 따라 O, X를 고르세요.

01. 짧지만 강렬한 효과를 주는 라디오 프로그램을 <u>복스팝</u>이라 한다.   O X

02. 고선명 텔레비전 <u>IPTV</u>는 최상의 화질과 음질을 제공한다.   O X

03. <u>파일럿 프로그램</u>은 향후 정규편성으로 결정하기 위해 만든 샘플 프로그램이다.   O X

04. 콘텐츠 창작자와 제휴하여 마케팅, 저작권 관리 등 지원하는 사업은 <u>OTT</u>이다.   O X

05. 통신사가 신문사 또는 방송국에 빅뉴스를 빠르게 보내는 것을 <u>플러시</u>라고 한다.   O X

문장에 맞는 단어를 고르세요.

> ㉠ 재핑효과   ㉡ 밀라인 레이트   ㉢ 타블로이드   ㉣ 사회책임주의   ㉤ 피플미터

06. 광고를 피하기 위해 채널을 바꾸다가 본 채널 시청률이 높아지는 현상은 [   ] (이)다.

07. 미국 여론조사기관인 A.C닐슨사에 의해 개발된 [   ] (은)는 TV시청 조사수단이다.

08. 신문광고의 매체가치를 발행부수와 비용으로 평가하는 척도를 [   ] (이)라고 부른다.

09. 우리나라 최초의 민간신문 「독립신문」은 보통 신문의 반 정도 크기의 [   ] 신문이다.

10. 언론이 정부로부터 자유로우면서도 국민에 대한 책임을 져야하는 것은 [   ] 이론이다.

답 1.O 2.X(HDTV) 3.O 4.X(MCN) 5.O 6.㉠ 7.㉤ 8.㉡ 9.㉢ 10.㉣

CROSS WORD

			7				10
1							
					2		
3	6						
		4			9		
		8					
		5					

Across

1. 3박자 계통의 프랑스 고전춤곡
2. 승부를 가리지 못하는 경우 연장전에서 먼저 득점하는 팀이 승리하는 형식
3. 실점 없이 승리하는 경우
4. 컴퓨터와 신디사이저가 합쳐진 음악, 일렉트로닉 댄스음악 중 하나
5. '수영＋사이클링＋마라톤'을 함께 하는 종목

Down

6. 성악곡에서 나오는 가장 매력적인 독창 부분
7. 카메라 헤드를 위아래로 움직여 촬영하는 기법
8. 착시효과를 주는 시각적인 미술
9. 미국에서 발달한 노래·춤·연극이 융합된 음악극
10. 현역 시절 209주 동안 세계 랭킹 1위를 기록한 여자 프로 테니스 선수

Across | 1.미뉴에트 2.서든데스 3.셧아웃 4.하우스뮤직 5.트라이애슬론
Down | 6.아리아 7.틸트 8.옵아트 9.뮤지컬 10.힝기스

checkpoint

- ✓ 관크
- ✓ 대취타
- ✓ 메이킹 필름
- ✓ 안견
- ✓ 클리셰
- ✓ 그래피티
- ✓ 랩타임
- ✓ 세계유산
- ✓ 타이 브레이커
- ✓ 텐트폴 영화
- ✓ 금관악기
- ✓ 마리아치
- ✓ 봉산탈춤
- ✓ 피아노 3중주
- ✓ 피클 볼

Chapter 01 문화·예술

□□□
990 **고려청자** ●○○
高麗靑瓷

고려시대에 만들어진 푸른빛의 자기

가마는 주로 서남 해안 중 전라도에 분포되었는데 전남 강진과 전북 부안이 대표적이다. 고려청자는 투명한 비색과 항아리의 자연스러운 형태, 그리고 그물처럼 촘촘하게 난 실금(Crack)이 특징이다. 나전칠기와 금속공예에 사용되던 상감기법으로 상감청자가 만들어졌다. 고려청자는 1231년 몽고의 침입이후부터 쇠퇴하여 조선 초기의 분청사기로 계승되었다.

□□□
991 **공표권** ●●●
Public Exhibition Right

저작물을 일반에 공개하는 권리

저작물을 공중에게 공개할 것인지 여부는 저작자만이 결정할 수 있다. 저작자는 공표권, 즉, 저작물을 공표할 것인가 공표하지 아니할 것인가를 결정할 수 있는 권리를 가진다 〈저작권법 제11조 제1항〉.

□□□
992 **관크** ●○○

관람을 방해하는 행위

'관객(觀客)'과 '크리티컬(Critical)'을 더한 합성어이다. 스마트폰 사용, 공연 중 대화, 냄새 등으로 공연 전체의 분위기를 흐려놓는 행위를 의미한다.

□ □ □
993 교향곡 ●⊙⊙
Symphony

관현악(Orchestra)을 위한 소나타

관현악단에 의해 연주되는 대규모 기악곡이다. 보통 4개의 악장으로 구성되며 교향곡을 완성시킨 F.J 하이든을 '교향곡의 아버지'라 부른다. 하이든의 「놀람교향곡」이 있다.

□ □ □
**994 국악의
5음계** ●●●
國樂 - 五音階

한국 전통 음악의 5음계

우리나라 전통음악의 음계와 조는 평조(황종 · 태주 · 중려 · 임종 · 남려)와 계면조(황종 · 협종 · 중려 · 임종 · 무역)로 나눌 수 있다.

┼**상식**더보기 **국악의 빠르기**

진양조 → 중모리 → 중중모리 → 자진모리 → 휘모리 → 세마치

□ □ □
995 그래피티 ●⊙⊙
Graffiti

건물이나 담벼락, 지하철 내 · 외부에 낙서처럼 휘갈긴 글자나 형형색색의 그림

'낙서'라는 뜻을 가진다. 그래피티는 1960년대 뉴욕 브롱크스의 젊은이들이 불만을 표출하듯 스프레이로 도배하면서 시작되었다. 자신들만의 낙관인 태그(Tag)를 남기고 변별력을 갖춘 다양한 크기와 색채의 그림이 등장하기 시작한 후 힙합 문화에 뒤섞여 세계로 진출했다. 도시의 회백색 죽은 공간에 살아있는 인간의 표정을 그려 넣은 시각이미지이다.

관악기 종류

① 금관악기 : 연주자의 입술 진동을 이용하여 악기에 소리를 내는 관악기로 튜바, 트럼펫, 트롬본, 호른 등이 있다.
② 목관악기 : 취구에 직접 숨을 불어 넣거나 리드를 통해 소리를 내는 악기로 오보에, 클라리넷, 플루트, 색소폰 등이 있다.

1960년대 미국에서 발전했던 다큐멘터리 운동

영화 감독 앨버트 메이슬리스(Albert Maysles)가 제안한 것으로 주제가 되는 사안에 대해서 직접적, 즉각적, 실제적으로 접근하는 방식을 말한다. 이것은 초기 다큐멘터리들이 보여 준 조작된 것들, 즉, 계획된 내러티브를 거부하는 것이다. 사건은 예행연습 없이, 최소한의 편집만으로 정확하게 기록된다. 등장하는 사람들은 지시 사항이나 간섭을 받지 않고 발언할 수 있으며, 자신의 발언 목적이나 태도, 심리를 무의식중에 드러내도 상관없다.

군례악 행진곡

부는 악기와 때리는 악기로 연주하는 음악으로 태평소를 제외한 모든 악기가 선율이 없는 악기이다. 대취타는 임금의 성외출어(城外出御), 총대장의 출입, 진문(陣門) 개방·폐쇄, 육해군영의 의식 시 연주되었다.

광상곡, 대개 자유로운 형식의 기악곡

민족적 또는 서사적인 성격을 가지며 일정한 형식 없이 환상적이고 자유로운 악장으로 발전시킨 악곡이므로 광시곡(狂詩曲)이라고도 한다. 리스트의 「헝가리 광상곡」이 대표적이며, 「랄로」·「드보르작」·「에네스코」·「바르톡」 등의 작품도 있다.

□□□
1000 론도 ●○○
Rondo

17세기부터 18세기 전반에 걸쳐 전성기를 이룬 건반악기를 위한 곡의 일종

폭넓은 화음과 빠른 음표로 된 악구의 교체, 모방양식으로 된 푸가적 부분, 분명한 주제성격을 가지지 않는 음형의 반복 등이 특징이다. 형식이 자유로우며 즉흥적인 요소가 강하다.

□□□
1001 마리아치 ●●●
Mariachi

멕시코의 전통음악 또는 악단, 분위기, 춤 등을 가리키는 것

마리아치는 멕시코 문화의 근간을 이룬다. 전통적인 마리아치 그룹은 2인 이상으로 구성되며 지역의 전통의상, 차로(Charro)의상을 입고 연주한다. 현대적 마리아치 그룹은 보통 트럼펫과 바이올린, 기타, 비올라, 기타론(25현 기타)으로 4명 이상의 연주자로 구성된다.

□□□
1002 메세나 ●●●
Mecenat

공익사업 등에 지원하는 기업들의 지원 활동

베르길리우스·호라티우스 등 문화예술가들에게 지원을 아끼지 않은 로마제국의 정치가 마에케나스에서 유래했다. 1967년 미국에서 기업예술후원회가 발족하면서 이 용어를 처음 쓴 이후, 각국의 기업인들이 메세나협의회를 설립하면서 메세나는 기업인들의 각종 지원 및 후원 활동을 통틀어 일컫는 말로 쓰이게 되었다.

□□□
1003 메이킹 필름 ●○○
Making Film

영화 제작 뒷얘기를 다큐멘터리로 엮은 필름

메이킹 필름이 최근 활발히 제작돼 케이블 TV나 비디오 등을 통해 선보이고 있다. 영화 팬 서비스와 해외 판매홍보 차원에서 완성도 높은 메이킹 필름제작에 심혈을 기울이고 있다.

10

문화 · 예술 · 스포츠

미국의 특수한 풍토 · 국민성을 배경으로 하여 독자적으로
발달한 대중적인 음악극의 형식

모태가 된 것은 19세기 유럽에서 번영한 오페레타, 코미크
오페라, 발라드 오페라 등이다. 노래 · 무용 · 연극이 완전
히 융합된 극으로 오페라나 오페레타에서는 음악이 우위를
차지하지만 뮤지컬에서는 연극적 요소가 중시된다.

□ □ □
1005 **미장센** ●●☺
Mise En Scene

연극과 영화 등에서 연출가가 무대 위의 모든 시각적 요
소들을 배열하는 작업

카메라 앞에 놓이는 모든 요소들을 말한다. 연기 · 분장 ·
무대장치 · 의상 · 조명 등이 조화로운 상태로 화면 내의 모
든 것들이 연기한다는 관점에서 영화적 미학을 추구하는
공간연출을 말한다. 이는 스토리 위주의 영화보다는 주로
아트영화에서 그 중요성이 강조되는 연출 기법이다.

□ □ □
1006 **미뉴에트** ●●☺
Minuet

프랑스의 고전춤곡

이것은 모음곡의 일부분으로 남아 있을 뿐 아니라 소나타
또는 교향곡의 중간 악장으로도 쓰여지고 있다. 미뉴에트
의 형식은 처음에는 두도막 형식이 많았지만, 하이든, 모
차르트 이후의 미뉴에트는 중간부인 트리오를 사이에 끼는
겹세도막 형식을 취하고 있으며 4분의 3박자의 우아한 리
듬이 특징이다.

□ □ □
1007 **미니어처** ●☺☺
Miniature

일반적으로 세밀화로 불리는 소형의 기교적인 회화

작은 화면의 회화를 뜻하는 것으로, 16세기 초에서 19세
기 중엽에 이르기까지 주로 유럽에서 많이 제작되었다. 본
래는 사본(寫本)에 쓰여진 붉은 식자를 뜻했으나, 요즘에는
메달 · 보석 · 시계상자의 뚜껑장식 등에 그리는 장식화를
뜻하게 되었다.

□ □ □
1008 **미슐랭 가이드** ●●◎
Michelin Guide

프랑스의 타이어 회사인 미슐랭사에서 발간하는 여행안내서

프랑스에서 발간되는 여행 및 호텔 · 레스토랑 전문 안내서로, 영어권에서는 미슐랭 가이드라 한다. 1895년 공기주입식 타이어를 발명한 앙드레 미슐랭(andre Michelin)이 특허를 얻어 자신의 이름으로 타이어회사를 설립하였는데, 이 미슐랭사(社)에서 자동차용 지도와 여행안내서를 출간한 것이 미슐랭 가이드의 시작이었다. 발행 초기의 목적은 자동차를 이용한 여행산업을 발전시킴으로써 그의 타이어 산업을 지원하기 위해서였다.

□ □ □
1009 **버즈 아이 뷰 숏** ●●◎
Bird's Eye View Shot

새의 눈과 같이 아주 높은 곳에서 본 것 같은 각도와 높이에서 대상을 바라보는 장면

높은 위치에서 내려다보는 장면으로, 심리적 우월감을 느끼게 한다.

□ □ □
1010 **변주곡** ●◎◎
Variation

느낌이나 성격을 바꾸어 구상한 곡

주어진 주제에 따라서 멜로디의 모양이나 리듬, 화성의 느낌이나 성격을 변화시켜 배열한 곡을 의미한다.

□ □ □
1011 **봉산탈춤** ●◎◎

황해도 봉산지방에서 내려오는 가면무용극

연중행사의 하나로 5월 단오날 밤 농민과 장거리의 상인들을 상대로 한 놀이이다. 봉산탈춤의 연출형식은 피리 · 대금 · 북 · 장구 · 해금 등 이른바 삼현육각으로 연주되는 염불 · 타령 · 굿거리곡 등에 맞추어 춤이 추가되고, 몸짓 · 동작 · 재담과 노래가 따르는 가면무극으로 구성된다. 사자춤이 특색이며 양반에 대한 야유, 파계승에 대한 풍자, 처첩 간의 갈등 등을 내용으로 한다.

1012 **샤콘느** ●⊖⊖
Chaconne

대위법적 변주를 특색으로 하는 변주곡 형식

템포가 느린 4분의 3박자의 스페인 민속무곡이다. 바흐의 「바이올린을 위한 샤콘느」, 베토벤의 「C단조 변주곡」, 쇼팽의 「자장가」 등이 유명하다.

□□□
1013 **선댄스
영화제** ●⊖⊖
The Sundance Film
Festival

독립영화를 다루는 권위 있는 국제영화제

1970년대 중반 영화배우 겸 감독인 로버트 레드포드 (Robert Redford)가 유타(Utah) 주 솔트레이크시티(Salt Lake City)에서 열리던 이름 없는 영화제를 후원하면서 출발하였다. 로버트 레드포드는 자신이 맡았던 배역 이름을 따서 선댄스 협회를 설립하고 1985년 미국 영화제를 흡수하여 선댄스 영화제를 만들었다. 선댄스 영화제는 워크숍, 세미나 등의 프로그램을 통해 영화 관련 예술과, 감독 시나리오 작가 등을 발굴하며 후원하고 있다.

□□□
1014 **세계유산** ●●●

세계문화 및 자연유산 보호 협약을 근거로 하는 중요한 유산

1972년 유네스코가 지정한 인류 전체를 위해 보호해야 할 탁월한 보편적 가치를 지닌 유산을 일컫는다. 세계유산으로 등재하기 위해서는 신청 후 자문기구의 평가를 바탕으로 세계유산위원회가 등재 여부를 결정한다. 현재 우리나라 세계유산은 ▲수원화성 ▲창덕궁 ▲해인사장경판전 ▲종묘 ▲한국의 역사마을 : 하회와 양동 ▲석굴암과 불국사 ▲남한산성 ▲백제역사유적지구 ▲고창, 화순, 강화의 고인돌 유적 ▲제주 화산섬과 용암동굴 ▲한국의 갯벌 ▲경주역사유적지구 ▲산사, 한국의 산지승원 ▲한국의 서원 ▲조선왕릉 ▲가야고분군 총 16개가 등재되어 있다(2025. 1. 기준).

상식더보기 우리나라 유네스코 등재 유산

① **무형문화유산**: 농악, 김장, 씨름, 종묘제례 및 종묘제례악, 처용무, 제주해녀문화, 택견, 남사당 놀이, 영산재, 가곡, 대목장, 매사냥, 줄타기, 아리랑, 줄다리기, 한산 모시짜기, 판소리(중고제, 동편제, 서편제), 강릉단오제, 강강술래, 제주 칠머리당 영등굿, 연등회, 탈춤(양주별산대놀이, 하회별신굿탈놀이, 통영오광대, 고성오광대, 강릉단오제 중 관노가면극 포함)

② **기록유산**: 조선통신사에 관한 기록, 불조직지심체요절 하권, 동의보감, 5.18 광주민주화운동 기록물, 조선왕조실록, 승정원 일기, 조선왕조 의궤, 새마을운동 기록물, 국채보상운동 기록물, 훈민정음 해례본, 고려대장경판 및 제경판, 난중일기(亂中日記), 한국의 유교책판, '이산가족을 찾습니다' 기록물, 조선왕실 어보와 어책, 일성록, 4.19 혁명기록물, 동학농민혁명기록물

□□□
1015 **세계 3대 영화제** ●●ⓧ

베니스 영화제, 베를린 영화제, 칸 영화제

베니스 영화제는 세계 최초의 영화제로 예술성이 높은 작품을 주로 초청하며 8 ~ 9월에 열린다. 베를린 영화제는 동서화합을 모토로 하여 통일을 기원하는 영화제로 시작하였다. 2월에 열린다. 칸 영화제는 국제 영화제 중 최고의 권위로 인정받고 있는 영화제로 5월에 열린다.

□□□
1016 **소나타** ●ⓧⓧ
Sonata

기악을 위한 독주곡 또는 실내악

소나타의 어원은 '울려 퍼지다'를 의미하는 이탈리아어이다. 규모가 큰 몇 개의 악장으로 이루어진다. 소나타는 원래 16세기 중엽 바로크 시대에 유행하던 곡이었으며, 18세기에 특정한 형식을 갖추게 되면서 몇 개의 악장으로 이루어진 기악의 독주곡이 되었다.

1017 수제천 ●●●

壽齊天

관악합주곡 중 하나

본래의 이름은 정읍(井邑)으로 고려시대 궁중의례와 연회 때 「정읍사」를 노래하던 음악이었다. 조선 중기를 지나면서 노래가사 없이 관악 합주로만 전승되었다.

□□□

1018 스크린셀러 ●●○

Screen Seller

영화의 흥행 성공으로 주목받게 된 원작소설

'스크린(Screen)'과 '베스트셀러(Bestseller)'의 합성어다. 영화로 성공한 작품이 소설되는 경우가 늘어나면서 등장하였다. 또는 영화가 개봉한 뒤 주목받게 된 원작을 가리키거나 그다지 주목받지 못하던 원작이 영화로 제작되어 흥행에 성공하면서 주목받는 경우도 해당된다.

□□□

1019 시나위 ●●●

대금, 향피리, 아쟁, 해금, 징 등으로 편성된 무악(巫樂)계의 기악곡

신방곡(神房曲)이라고도 한다. 살풀이굿을 할 때 연주했던 기악에서 유래했던 것으로 즉흥적, 유동적으로 연주되었다. 즉흥적인 조화미에 그 묘미가 있고, 판소리 또는 계면조 가락과 비슷하다. 장단은 거의가 살풀이장단인데 경기지방에서는 도살풀이장단, 전라도지방에서는 살풀이로 알려지고 있다.

□□□

1020 시놉시스 ●●●

Synopsis

간단한 줄거리

영화, 드라마, 소설 등 스토리의 간단한 해설을 의미한다. 시놉시스에는 작가의 의도, 전달하고자하는 메시지가 무엇인지 등을 명료하게 작성해야 한다. 또한 시놉시스의 4가지 기본요소로 주제, 기획의도, 등장인물, 전체적인 줄거리를 포함한다.

□□□
1021 **아라베스크** ●○○
Arabesque

아라비아 사람들이 만든 장식무늬 중 하나

이슬람교에서는 우상(偶像) 비슷한 것은 회화나 조각에 쓰지 않았으므로 기하학적인 모양이나 당초(唐草)모양이 연구되었는데, 그중에도 아라비아문자의 끝부분을 잎 모양으로 도안한 것을 아라베스크라고 한다.

□□□
1022 **아리아** ●●○
Aria

성악곡이나 기악곡의 멜로디를 뜻하기도 하며 화성부 · 반주부에 대한 멜로디

주로 오페라에서 레시터티브에 대하여 음악적 매력에 주안을 둔 독창곡을 말하며 영창(詠唱)이라고 번역된다. 바흐의 「G선상의 아리아」가 유명하다.

□□□
1023 **안견** ●●●
安堅

조선 초기 대표 화가

안견은 조선 초 세종부터 세조까지 활동하였다. 대표적인 작품으로는 안평대군의 의뢰로 그린 「몽유도원도(夢遊桃源圖)」가 있다.

□□□
1024 **앤솔로지** ●●○
Athology

문학 작품을 한데 모아놓은 작품집

'꽃다발'이라는 뜻의 그리스어로, 작품을 한데 모아 수록한 것을 의미한다. 이 외에 장르가 비슷한 서로 다른 프로그램을 옴니버스식으로 구성한 프로그램을 일컫기도 한다.

□□□
1025 **여민락** ●●●
與民樂

조선 전기에 제작된 아악(雅樂)

본래 「용비어천가(龍飛御天歌)」의 일부를 노래하기 위하여 만들어졌으나 현재 기악곡으로 내려오고 있다.

베네수엘라의 빈민층 아이들을 위한 오케스트라 시스템

엘 시스테마의 정식 명칭은 '베네수엘라 국립 청년 및 유소년 오케스트라 시스템 육성재단'으로 경제학자이자 음악가인 호세 안토니오 아브레우 박사가 1975년 설립하였다. 베네수엘라 빈민가 차고에서 빈민층 청소년 11명을 단원으로 출발한 엘 시스테마는 2010년 기준 190여 개 센터, 26만여 명이 가입된 조직으로 성장하였으며 세계 각국의 음악인, 민간 기업의 후원으로 음악교육을 통한 사회적 변화를 추구한다.

영화에서 존경의 표시로 다른 작품의 주요 장면이나 대사를 인용하는 것을 이르는 용어

프랑스어로 존경과 경의를 뜻하는 말이다. 영화에서는 보통 후배 영화인이 선배 영화인의 기술적 재능이나 그 업적에 대한 공덕을 칭찬하여 기리면서 감명깊은 주요 대사나 장면을 본떠 표현하는 행위를 가리킨다.

대규모 종교적 극음악

독창 · 합창 · 관현악을 구사하여 레치타티보와 아리아를 설정하는 등 매우 극적으로 만들어져 있는, 장엄하면서도 대규모인 서사적 악곡이다. 헨델의 「메시아」, 이집트의 「이스라엘」, 하이든의 「천지창조」 · 「사계절」 등이 유명하다.

□□□
1029 **오페라** ●◯◯
Opera

음악적인 요소, 대사를 통한 문학적 요소, 연극적 요소, 무대 · 의상 등의 미술적 요소들이 종합된 대규모의 종합 예술

가극으로 레시터티브 · 아리아 · 중창 등으로 구성되어 있다. 관현악은 반주뿐만 아니라 서곡 · 간주곡 · 종곡 등을 연주한다. 대표적인 작품으로는 모차르트의 「피가로의 결혼」 · 「돈 조반니」, 베르디의 「아이다」 · 「리골레토」 · 「춘희」, 푸치니의 「토스카」 · 「라보엠」, 비제의 「카르멘」 등을 들 수 있다.

□□□
1030 **옵아트** ●●●
Optical Art

시각적인 미술

기하학적 형태나 색채의 장력을 이용하여 착시를 다룬 추상미술이다. 옵아트 작품은 화면이 실제로 움직이는 듯 한 착각에 빠지게 한다.

□□□
1031 **인서트** ●◯◯
Insert

특정 동작이나 상황을 강조하기 위해 삽입하는 화면

인서트 장면이 없어도 이해에는 지장이 없지만, 화면을 넣으면 스토리가 강조된다. 대부분 인서트 화면으로는 클로즈업을 사용한다.

□□□
1032 **전주곡** ●◯◯
Prelude

가극, 악극, 모음곡 등의 앞에 쓰이고 관현악 외에 독주곡도 많으며 형식이 비교적 자유로운 곡

17세기 말 무렵에는 무도곡의 처음에 연주하는 무도형식에 의하지 아니한 악장을 일컬었으나, 지금은 즉흥적인 일종의 환상곡(幻想曲)이나 형식이 자유로운 소기악곡을 말한다.

10

문
화
·
예
술
·
스
포
츠

□ □ □
1033 **차전놀이** ●●◎

중요 무형유산으로 예로부터 영남·영동·경기지방에 전 승되어 온 민속놀이

차전이란 명칭은 속어로 동채싸움, 동태싸움을 말한다. 안 동 차전놀이가 대표적이며, 승부방법은 동·서 두 편으로 갈라서 상대편의 동채가 땅에 닿거나, 상대편 대장을 머리 꾼들이 끌어내리거나, 자기편 동채의 앞머리가 상대편보다 높이 올라가게 하면 이긴다.

□ □ □
1034 **천상열차**
분야지도 ●●●
天象列次分野之圖

조선시대 석판에 새겨 만든 천문도(天文圖)

조선의 천문학자 류방택이 조선 하늘의 1467개의 별을 표 시한 천문도이다. 천상열차분야지도는 세계에서 가장 오래 된 천문도 중 하나이다. 이를 통해 당시 조선의 천문학 발 전이 진행한 정도를 확인할 수 있다.

□ □ □
1035 **카덴차** ●◎◎
Cadenza

악장이 끝날 무렵에 등장하는 독주자의 기교

어떤 악곡에 있어서 독창자 또는 독주자의 기교를 마음대 로 화려하게 발휘할 수 있도록 작곡된 반주 없는 부분, 또 는 그러한 노래를 부르는데 알맞은 성음을 말한다.

□ □ □
1036 **카메오** ●◎◎
Cameo

영화나 드라마에 유명인사가 단역으로 출연하는 것

감독의 자기작품 카메오 출연은 이미 흔한 일이고, 극중에 실제 모델이나 가수 등이 직접 출연하여 자신의 콘서트 모 습을 보이는 '자기복제' 카메오도 있다. 카메오는 스타의 되풀이되는 이미지에 식상한 관객들에게 색다른 느낌과 여 유를 맛보게 해준다.

독창(아리아 · 레치타티보) · 중창 · 합창으로 구성되는 대규모의 성악곡인 교성곡

17세기의 모노디(Monodie)에 그 근원을 두고 있는데, 오라토리오와 마찬가지로 종교적인 것과 세속적인 것이 있다. 종교적인 것으로는 바흐의 작품이 대표적이며, 세속적인 것에는 브람스의 「운명의 노래」·「애도가」가 유명하다.

주어진 한 성분의 멜로디를 다른 성부가 일정한 간격을 두고 충실히 모방하는 음악

모방에 있어서는 주어진 성부와 모방하는 성부의 음정차이 또는 모방하는 성부의 수, 그리고 원형을 그대로 모방하느냐 멜로디를 확대 혹은 축소하느냐에 따라 여러 가지 종류가 생긴다.

10

문화 · 예술 · 스포츠

여러 가수의 히트곡을 한 곳에 모은 편집 앨범

경쟁적으로 쏟아지는 가요나 팝의 발라드, 힙합, 댄스곡 모음집이다. 90년대부터 많이 양산되기 시작한 컴필레이션 음반은 소비자에게 음반 1장 가격으로 다양한 인기곡을 제공해 주고 레코드사는 높은 음반 판매고를 올릴 수 있다는 긍정적 측면을 갖고 있다. 하지만 일정한 컨셉이나 창의력 없이 히트곡을 마구잡이로 담아내 음반시장의 수준을 저하시킨다는 비판도 받고 있다.

□ □ □
1040 **쿨레쇼프
효과** ●●◐
Kuleshov Effect

**구 소련의 영화감독 겸 이론가였던 레프 쿨레쇼프가 주창
한 쇼트 편집의 효과**

쇼트와 쇼트를 병치시키는 편집에 의해 색다른 의미와 정서적
인 효과를 유발할 수 있다고 한 이론이다. 1920년대 모스크
바국립영화학교(Vgik)에서 쿨레쇼프가 영화배우 이반 모주힌
(Ivan Mosjoukine)을 데리고 한 실험에서 시작됐다. 쿨레쇼
프는 모주힌의 무표정한 얼굴을 각각 아이의 관, 소녀, 식탁
에 놓인 음식과 병치시켜 의미의 변화를 살폈다. 이 실험에서
문맥에 의한 쇼트의 연결에 따라 의미가 다양하게 변화될 수
있음을 주장했다. 편집을 어떻게 하느냐에 따라 영화적 표현
술이 근본적으로 달라질 수 있음을 증명한 것이다.

□ □ □
1041 **크로마키** ●◐◐
Chroma – Key

텔레비전의 화상합성을 위한 특수기술

라이트블루의 스크린 앞에 인물이나 물체를 배치시키고 컬
러 카메라로 촬영해 피사체상(被寫體像)을 다른 화면에 끼워
맞추는 수법이다. 피사체에는 블루 계통의 색을 사용하면 잘
안되지만 반대로 블루 계통의 색을 의식적으로 사용해서 특
수한 효과를 낼 수도 있다.

□ □ □
1042 **클리셰** ●●●
Cliché

고정관념

틀에 박힌 진부한 표현이나 고정관념을 뜻하는 프랑스어이
다. 이를 영화, 드라마, 연극 등에 적용하여 진부하고 지루
한 장면, 예상되는 줄거리, 판에 박힌 대사, 전형적인 표현
등을 뜻하는 용어로 사용한다.

□□□
1043 **탈춤** ●●●

춤, 노래, 연극 등을 통해 사회를 풍자하는 종합 예술

관객과 적극적인 환호와 야유를 주고받으며 비판할 것은 비판하되 크게 하나 됨을 지향하는 유쾌한 상호 존중의 공동체 유산이다. 공터만 있어도 공연이 가능하다. '양주별산대놀이'를 포함하여 13개 국가무형문화재와 '속초사자놀이'를 포함한 5개 시도무형문화재 종목 등이 한국의 탈춤을 구성한다. 한국의 탈춤은 1960년대부터 국가무형문화재로 지정되면서 우리나라 국민들에게도 무형유산의 대표 상징으로 인식되어 온 종목이다. 지난 2022년 11월 30일(현지시간) 모로코 라바트에서 개최된 제17차 유네스코 무형유산보호협약 정부간위원회는 「한국의 탈춤」을 유네스코 인류무형문화유산 대표목록에 등재하기로 최종 결정하였다. 유네스코 무형유산위원회는 「한국의 탈춤」이 강조하는 보편적 평등의 가치와 신분제에 대한 비판은 오늘날에도 여전히 의미가 있는 주제이며 각 지역의 문화적 정체성에 상징적인 역할을 하고 있다는 점을 높이 평가하였다.

➕상식더보기 **유네스코 등재 탈춤(2025. 1. 기준)**

① **국가무형문화재(13개)** : 가산오광대, 강령탈춤, 고성오광대, 관노가면극(강릉단오제의 세부분야), 동래야류, 봉산탈춤, 북청사자놀음, 송파산대놀이, 수영야류, 양주별산대놀이, 은율탈춤, 통영오광대, 하회별신굿탈놀이

② **시도무형문화재(5개)** : 김해오광대(경남), 속초사자놀이(강원), 예천청단놀음(경북), 진주오광대(경남), 퇴계원산대놀이(경기)

□□□
1044 **테라코타** ●●◐
Terra Cotta

점토를 구워서 만든 도기(陶器)

미술상 가치 있는 흉상·세공품·건축 장식 등의 유품이 많다. 주로 중국과 그리스의 고대조각에서 많이 볼 수 있다.

□ □ □
1045 텐트폴 영화 ●●●
Tentpole Movie

유명한 감독과 배우, 막대한 자본을 투입하여 흥행이 확실한 상업 영화

텐트를 세울 때 지지대 역할을 하는 텐트폴에서 유래되었다. 다른 개봉작의 성적이 부진하더라도 텐트폴 영화를 통해 손실을 만회할 수 있기 때문에 영화사는 텐트폴 영화를 통해 사업계획을 세우기도 한다. 성수기에 개봉하는 가족 영화나 유명한 시리즈물 등이 해당된다.

□ □ □
1046 토니상 ●○○
Tony Awards

1947년에 브로드웨이의 유명한 여배우 앙트와네트 페리를 기리기 위해 만들어진 상

연극의 아카데미상이라고 불린다. 매년 브로드웨이에서 새롭게 개막 상연된 연극과 뮤지컬에 대해 부문별로 나눠 시상하며 수상 작품은 미국연극협회 평의원을 비롯한 유명한 배우와 연출가, 매스컴의 연예담당 기자 등으로 이루어진 선발위원에 의하여 선발된다. 브로드웨이 최대의 연중행사로 수상식은 미국 전역에 TV 중계된다.

□ □ □
1047 토카타 ●○○
Toccata

17세기부터 18세기 전반에 걸쳐 전성기를 이룬 건반악기를 위한 곡의 일종

폭넓은 화음과 빠른 음표로 된 악구의 교체, 모방양식으로 된 푸가적 부분, 분명한 주제성격을 가지지 않는 음형의 반복 등이 특징이다. 형식이 자유로우며 즉흥적인 요소가 강하다.

□ □ □
1048 트레몰로 ●●○
Tremolo

음을 급속히 반복하는 주법

이탈리아어의 '떨리다(Tremare)'에서 유래한 말이다. 음표의 기둥에 짧은 사선을 부가해서 지시하는데, 원칙적으로 사선의 수가 많을수록 횟수도 반복되어 많아진다.

촬영기 축을 중심으로 상하 움직임으로 촬영하는 기법

위로 움직이는 것을 '틸트업(Tilt Up)', 아래로 움직이는 것을 '틸트 다운(Tilt Down))'이라고 하며, 애니메이션에서는 '팬 업(Pan Up)'과 '팬 다운(Pan Down)'을 사용한다.

소리꾼과 고수가 구연하는 고유 민속악

중요 무형유산 제5호로 지정된, 광대의 소리와 대사를 통틀어 일컫는 말이다. 조선 후기에 널리 불리던 판소리는 모두 12마당이었지만 조선 고종 때 신재효가 6마당으로 정리했다. 신재효가 정리한 판소리는 「춘향가」, 「심청가」, 「박타령(흥부가)」, 「가루지기타령」, 「토끼타령(수궁가)」, 「적벽가」 등이며 오늘날에는 「가루지기타령」을 제외한 5마당만 전해지고 있다.

⁺상식더보기 판소리 용어

구분	특징
더늠	독창성 있는 대목이나 스타일
바디	판소리의 전체적인 법제, 혹은 어느 전승 계보의 텍스트
발림	창자가 소리의 극적인 전개를 돕기 위해서 하는 몸짓
아니리	가락을 붙이지 않고 말하듯이 엮어가는 사설
시김새	화려함이나 멋을 더하기 위해 어느 음에 붙는 표현기능, 발성기교
추임새	창자의 흥을 돋우기 위해 고수나 청중이 중간에 곁들이는 감탄사

오페라의 여자주인공 역할을 맡은 소프라노 가수

'제1의 여인'이라는 뜻이다. 17세기 중엽 베네치아에서 공개 가극장의 오페라 상연이 성행하게 되자 유명한 여성가수를 고용한 것이 유래가 되었다. 이에 해당하는 남자가수를 '프리모우오모(Primouomo)'라 한다.

10

문화 · 예술 · 스포츠

□□□
1052 **피아노**
3중주 ●◌◌

피아노, 첼로, 바이올린

보통 피아노 3중주 악기는 피아노, 첼로, 바이올린을 뜻하며 현악 3중주는 바이올린, 비올라, 첼로다. 플루트 3중주는 플루트, 바이올린, 첼로이며 목관 3중주는 플루트, 오보에, 바순이다.

□□□
1053 **필모그래피** ●◌◌
Filmography

영화의 감독, 배우, 제작자 등 영화 관계자들의 고유 영화 목록

어떤 배우의 경우를 예로 들면, 지금까지 출연한 작품 리스트가 이에 해당된다. 이 목록을 작성하면 한 사람의 감독, 배우, 제작자 등의 영화 이력을 일목요연하게 파악할 수 있다는 장점을 가진다.

□□□
1054 **하우스뮤직** ●◌◌
House Music

컴퓨터와 신디사이저를 결합시켜 만든 첨단음악

오선지에 악보를 일일이 그려가며 작곡하던 기존의 방식에서 벗어나 컴퓨터와 주변기기를 이용해 음악과 음색을 직접 듣고 수정한 다음, 이를 컴퓨터에 기억시켜 작곡하는 방식으로 만든다.

□□□
1055 **화이트워싱** ●●◌
Whitewashing

할리우드에서 무조건 백인 배우를 주연으로 캐스팅하는 행태

'화이트 워시'는 더러운 곳을 가리는 행위, 즉 결점을 가린다는 뜻이지만, 원작에서는 동양인을 백인 배우가 맡아 연기하는 것으로 영화계에서 인종차별 논란을 일으킨다는 의미로 사용된다. 이에 SNS에서는 화이트워싱에 반대하는 의미로 '화이트워시드아웃' 해시태그를 게시하기도 하였다.

□□□
1056 **협주곡** ●●◌
Concerto

피아노, 바이올린, 첼로 등 독주악기와 관현악을 위한 악곡

독주자만이 연주하는 카덴차(장식악절) 부분이 있어 독주자의 연주기교를 충분히 발휘할 수 있게 작곡된 곡이다.

□□□
1057 **회전문 관객** ●●◌

같은 공연을 반복하여 여러 번 관람하는 관객

같은 작품을 한번이 아닌 여러번 보는 관객을 말한다. 회전문 관객이 가장 많은 곳은 뮤지컬업계로 알려졌다. 한 작품을 캐스팅 배우별로 보기 때문이다. 따라서 '전 캐 찍기(모든 캐스팅을 다 관람하기)'라는 은어까지 등장하였다. 각 기획사에서는 10번 관람하면 1번은 무료로 관람할 수 있거나, 관람 횟수가 늘어갈 때마다 할인율을 높여주는 등의 다양한 마케팅 전략을 기획하고 있다.

□□□
1058 **VTR** ●◌◌
Video Tape Recordor

영상 테이프 녹화기

영상 하나의 채널과 음성과 제어 신호 등을 2 ~ 3개 채널에 동시에 기록하는 기능을 가진다.

10

문화 · 예술 · 스포츠

□□□
1059 **골든슈** ●●☺
Golden Shoe

월드컵축구대회 공식 수상 부문 중 최다 득점 선수에게
수여하는 상

1위 골든슈(Golden Shoe), 2위 실버슈(Silver Shoe), 3위
브론즈슈(Bronze Shoe)를 수여한다. 국제축구연맹(FIFA)
의 공식 후원사인 아디다스가 1982년 에스파냐에서 열린
제12회 월드컵축구대회 때부터 시상하기 시작하였다.

□□□
1060 **그레코로만형** ●●☺
Grecoroman Style

아마추어 레슬링 경기 방법의 일종

상체와 팔만을 사용하며 허리아래 하체공격을 할 수 없는
것이 특징이다. 레슬링에는 그레코로만형과 자유형의 두 종
목이 있는데, 자유형은 온몸을 자유롭게 써서 공격·방어하
는 종목이다.

□□□
1061 **대한축구협회** ●☺☺
KFA :
Korea Football
Association

대한체육회에 소속된 최대의 체육단체

대한민국의 축구 경기 및 관련 사업을 총괄하는 기구이다.
축구경기 보급·산하단체 통합지도·우수선수 양성 등을
목적으로 하며, 축구경기에 관한 기본방침을 결정하고 경기
를 지도·장려하는 등의 활동을 한다.

□□□
1062 **더비경기
(로컬 더비)** ●●☺
Derby Match(Local Derby)

동일한 지역을 연고지로 하는 두 팀의 라이벌 경기

스포츠 경기에서 같은 지역을 연고로 하는 팀끼리 라이벌
전을 치르는 것을 말한다. 축구경기에서 널리 사용하며 야
구경기에서는 '시리즈'라는 표현을 사용한다.

□□□
1063 **데카슬론** ●●◑
Decathlon

1912년 스톡홀름올림픽부터 정식종목으로 채택된 남자육상경기의 한 종목

10가지 종목을 이틀간 실시하여 총득점으로 순위를 결정하는 것이다. 첫째 날에 ▲100m ▲멀리뛰기 ▲포환던지기 ▲높이뛰기 ▲400m 순의 5종목을 시행하고, 둘째 날에 ▲110m허들 ▲원반던지기 ▲장대높이뛰기 ▲창던지기 ▲ 1,500m의 5종목을 시행한다.

□□□
1064 **도핑
테스트** ●●●
Doping Test

경기 전에 흥분제나 마약 복용 여부를 검사하는 것

약물 복용 문제가 처음 대두된 것은 자전거 선수가 경기 능력을 일시적으로 높이기 위한 흥분제 과용으로 경기 도중 죽은 1960년 로마올림픽 때이다. 1964년 도쿄올림픽 때 부분적으로 검사가 행해졌으며, 1972년 뮌헨올림픽 때부터는 거의 모든 경기에 적용되었다.

□□□
1065 **드래프트
시스템** ●●◑
Draft System

신인선수를 선발하는 제도

일정한 기준 아래 입단할 선수들을 모은 뒤 각 팀의 대표가 선발회를 구성, 일괄적으로 교섭하는 방법이다. 우수선수를 균형있게 선발해 각 팀의 실력평준화와 팀 운영의 합리화를 꾀하는 데 목적이 있다.

□□□
1066 **라스트
포인트제** ●●●
Last Point

레슬링 경기에서 동점으로 시합이 종료될 경우에 마지막 점수를 획득한 선수를 승자로 정하는 규칙

마지막까지 적극적인 공격을 권장하기 위한 취지로 동점으로 시합이 마무리 될 경우 마지막에 점수를 획득한 선수가 승자가 된다.

□□□
1067 **래프팅** ●⊙⊙
Rafting

고무보트를 타고 계곡의 급류를 헤쳐 나가는 레포츠

원래는 카누나 카약 같은 배를 타고 강이나 호수 또는 계곡을 오르내리는 놀이였으나 요즘에는 고무보트를 이용해 계곡의 급류를 타는 것을 말한다. 6 ~ 12명이 한조가 되어 빠른 물살과 바위 폭포 등 많은 장애물을 극복해야하므로 팀원 간의 팀워크가 중요하다. 우리나라에서도 많은 인기를 끌고 있다.

□□□
1068 **랠리** ●●●
Rally

볼을 주고받는 상태

테니스, 탁구, 배드민턴, 배구 등 경기에서 계속해서 볼을 주고받으며 치는 상태를 말한다. 야구경기에서는 타격의 뜻을 가진다.

□□□
1069 **랩타임** ●●●
Lap Time

도중계시(途中計時)

육상경기와 스피드 스케이트 등 트랙을 1주하는 데 걸리는 시간을 말하며, 수영에서는 수영장 편도 또는 왕복에 소요된 시간을 말한다. 마라톤에서는 스플릿타임(Split Time : 5,000m 소요시간)이라 부른다.

□□□
1070 **리베로** ●⊙⊙
Libero

축구에서 수비선수이면서 공격에도 적극 가담하는 선수

배구에서는 후위로 빠지는 공격수 대신 교체되어 들어가 수비만 전담하는 선수로 후위지역에서만 경기할 수 있고 서브, 블로킹을 할 수 없다.

□□□
1071 **리턴매치** ●⊙⊙
Return Match

패자의 설욕전

동일한 참가자가 다시 대전을 갖는 것을 말한다.

PGA 4대 메이저 대회

미국투어 우승자 등 일정한 선수들만 초청하여 오거스타 내셔널GC에서만 벌어진다. 입장권은 전혀 일반판매하지 않고 '페이트런'이라 불리는 그들의 고객에게만 입장권 구매권한을 준다. 마스터스 대회는 스폰서가 없고 상업적 행위도 금지되어 있기에 골프만을 위한 가장 순수한 대회라는 평가를 받기도 한다.

아이스하키에서 상대편 선수에게 난폭한 행위를 하거나 방해 또는 퍽을 잡았을 때 주어지는 벌칙

이 반칙이 적발된 경우 2분간의 퇴장명령을 받는다. 그동안 팀은 결원이 생긴 채 경기를 진행해야 하며 이 2분 내에 상대팀이 득점하면 즉시 대기상태가 해제되어 경기에 참가할 수 있다.

① 클리어(Clear) : 셔틀콕이 상대방 백 바운드 라인까지 포물선을 그리며 날아가 수직낙하 하는 것이다.
② 스매시(Smash) : 높이 떠오르는 셔틀콕을 강한 힘으로 스피드 있게 상대방 코트로 넣는 기술이다.
③ 드롭샷(Drop Shot) : 백 바운드 가까이에 진행된 셔틀콕을 네트 상단에 겨우 넘겨 상대방 네트 너머로 떨어지게 하는 스트로크이다.
④ 드라이브(Drive) : 셔틀콕이 네트 상단을 거의 스칠 정도로 강타하여 코트의 방향과 평행하게 비행하는 스트로크이다.
⑤ 푸시(Push) : 네트 상단으로 넘어오는 셔틀콕을 손목의 힘을 이용하여 빠르고 강하게 상대방 코트에 떨어뜨리는 스트로크이다.
⑥ 헤어핀 샷(Hairpin Shot) : 네트 바로 밑으로 낙하하는 셔틀콕을 다시 네트 상단을 살짝 넘겨 상대방의 코트로 넘기는 헤어핀 숏과 대각선상으로 떨어뜨리는 크로스 헤어핀이 있다.

10

문화 · 예술 · 스포츠

□□□
1075 **샐러리 캡** ●●●
Salary Cab

프로 구단이 선수에게 지불할 수 있는 전체선수의 연봉 총액 상한제

NBA(미국프로농구협회)에서 처음 시작되었다. 과도한 연봉지급으로 인한 구단의 어려운 재정형편을 해소하고 팀원 간의 지나친 연봉차이 및 구단의 재정 상태에 따른 에이스 독점과 팀 간의 실력 차이를 방지하기 위해 마련하였으나 일부 선수들은 계약자유의 원칙을 위반한 기본권 침해라고 반대하고 있다.

□□□
1076 **서든데스** ●●●
Sudden Death

승부를 가리지 못하는 경우 먼저 득점하는 팀이 승리하는 방식

운동에서 정규시간이나 정해진 기간 안에 승부가 나지 않는 경우, 연장전에서 먼저 득점하는 팀이 승리하고 경기를 끝내는 방식이다.

□□□
1077 **서비스
에이스** ●●◎
Service Ace

상대방이 받아넘길 수 없는 서브

테니스나 라켓볼, 배구 등에서 사용하는 용어로 상대방이 받아넘길 수 없는 강한 서브로 득점하는 것을 말한다.

□□□
1078 **서킷** ●●◎
Circuit

자동차나 오토바이 등의 경주용 환상 도로

인위적으로 어렵고 쉬운 코스를 적절히 구성하여 만든다. 야구에서는 4개의 베이스를 한 바퀴 돈다는 뜻으로, 홈런(Home Run)을 말한다.

국제수영연맹에서 개최하는 세계 대회

제1회는 1973년 유고슬라비아 베오그라드에서 개최되었다. 2001년까지는 4년마다 개최하다 현재는 2년 간격으로 대회가 열리고 있으며 2019년 제18회 세계 수영 선수권 대회는 광주 광역시에서 개최되었다. 하계올림픽, 동계올림픽, 월드컵 축구, 세계육상선수권대회와 함께 세계 5대 스포츠대회로 꼽히며 우리나라는 독일, 일본, 이탈리아에 이어 네 번째로 세계 5대 스포츠를 모두 개최한 나라가 되었다.

□ □ □
1080 **셧아웃 ●●◐**
　　　Shut Out

실점 없이 승리하는 경우

한쪽 팀이 상대편에게 1점의 득점도 허용하지 않고 이기는 경우로 제로게임, 또는 영패전이라고 한다.

□ □ □
1081 **수영의**
　　　턴 기술 ●●●

① 롤 오버 턴(Roll Over Turn) : 벽면에서 5m 정도 떨어진 곳에서 몸을 비틀어 자유형과 같이 엎드린 자세로 턴한다.
② 백 턴(Back Turn) : 배영에서 평영으로 턴할 때 사용한다. 벽에 다다랐을 때 상체를 내리고 수면 아래 벽을 터치 후 상체가 물속 수직 방향이 되도록 깊이 들어간 뒤 하체를 당겨 회전하는 방법이다.
③ 사이드 턴(Side Turn) : 팔이 벽에 닿으면 몸을 돌린 후에 벽을 차서 나가는 방법이다.
④ 스핀 턴(Spin Turn) : 배영에서 평영으로 턴할 때 사용한다. 벽을 찍는 순간 몸을 바스켓처럼 구부려 90°회전 후 하체를 넘겨 벽을 차는 방법이다.
⑤ 오픈 턴(Open Turn) : 초보자들이 쉽게 배울 수 있는 턴이다. 진행방향에서 벽을 잡고 다리가 벽에 붙기 전에 측면으로 밀어낸다.
⑥ 플립 턴(Flip Turn) : 자유형 턴 기법으로, 수영장 끝에 다다랐을 때 앞쪽으로 반 정도 돈 다음, 벽을 두 다리로 힘차게 밀어 다시 반대편을 향해 나아간다. 퀵턴이라고도 한다.

10

문화 · 예술 · 스포츠

□□□
1083 **스크린플레이** ●●⊙
Screen Play

축구에서는 상대방을 가로막으면서 행하는 공격

드리블, 트래핑, 패스 등으로 공과 상대방 사이에 자신의
몸을 두고 행한다. 농구에서는 신체접촉을 피하면서도 상
대편의 몸놀림을 둔화시키는 차단접법을 말한다.

□□□
1083 **스포츠**
바우처 ●●●
Sports Voucher

저소득층 자녀들에게 스포츠시설 이용료와 스포츠용품 구
입비를 지원하는 제도

경제적인 여건으로 인해 레저·스포츠 활동을 하기 어려운
저소득층 자녀들에게 국민체육진흥공단이 주관사업자로 지
정되어 2009년 3월부터 스포츠시설 이용료 및 스포츠용품
구입비를 지원하고 있다.

□□□
1084 **슬럼프** ●●⊙
Slump

어느 기간 동안 연습 효과가 올라가지 않고, 의욕을 상실
하여 성적이 저하된 시기

슬럼프의 원인을 연구한 스미스(J.H.Smith)는 슬럼프의 4
가지 원인을 ▲작업에 포함되고 있는 하나의 요인에 지나치
게 주의를 집중하는 것 ▲작업에 포함되어 서로 다른 두 가
지 요인에 대한 주의가 동요하는 것 ▲작업에 포함되고 있
는 다른 요인 사이의 협조에 지나치게 주의를 집중하는 것
▲작업과정을 지나치게 의식하는 것이라고 정의한다.

□□□
1085 **시드법** ●⊙⊙
Seed 法

승자진출의 경기방법

강한 선수나 강한 팀끼리는 처음부터 대전하지 않도록 미
리 배정된 그룹으로 나누어 그룹끼리 추첨에 의해 적용하
는 방식이다.

① 겟투(Get Two) : 야구에서 공격 측 두 명의 선수가 수비 진에 의해 연속적으로 아웃되는 것. 두 개의 아웃에 있어서 실책이 없어야 한다. 더블플레이(Double Play), 병살이라고도 한다.

② 더블헤더(Double Header) : 두 팀이 같은 날 두 경기를 치르는 것. 야구 경기에서 동일한 두 팀이 천재지변 등의 이유로 취소된 경기를 같은 날 같은 구장에서 연속해서 두 번 경기를 하는 것을 말한다.

③ 도루(Stolen Base) : 주자가 수비의 허점을 이용하여 다음 베이스로 가는 것. 야구에서 주자가 상대팀의 수비자의 허술한 틈을 타서 다음 베이스로 진루하는 것을 말한다.

④ 드래그히트(Drag Hit) : 비교적 가볍게 볼을 때리는 것. 야구에서 배트를 밀어내 가볍게 공을 맞춤으로써 기습 히트를 노리는 공격타법을 말한다.

⑤ 리터치(Retouch) : 루를 떠난 주자가 플라이 볼이 잡히면 다시 되돌아가는 것을 말한다. 제때 리터치 하지 못한 경우, 포구보다 빠른 스타트로 수비수가 몸에 태그를 하거나 베이스를 터치하는 경우 '어필아웃(Appeal Out)'이 된다. '온더베이스(On The Base)', '터치업(Touch Up)'이라고도 부른다.

⑥ 번트(Bunt) : 배트를 공에 갖다 대듯이 가볍게 밀어 내야에 굴리는 타법이다.

⑦ 베이스 온 볼스(Base On Balls) : 타자가 4개의 볼카운트를 얻어 1루로 진루하는 것이다.

⑧ 스크래치 히트(Scratch Hit) : 타자가 베이스에 도달할 수 있도록 타구된 공. 야구 경기에서 사용하는 용어로 아웃이 될 타구가 불규칙 바운드 등에 의하여 우연히 히트가 된 것을 말한다.

⑨ 야구 보크(Balk) : 주자가 루에 있을 때 투수가 규칙에 어긋나는 투구 동작을 하는 것. 보크가 선언되면 베이스에 있던 주자는 모두 다음 베이스로 자동 진루할 수 있다. 투수가 잘못을 저질렀을 경우, 보크를 선언한다.

10

문화 · 예술 · 스포츠

⑩ 어필아웃(Appeal Out) : 수비 팀의 어필로 공격 팀 플레이어가 아웃 되는 것이다.

⑪ 콜 타임(Call Time) : 야구경기 진행 도중에 감독이나 선수의 요구에 의해 잠시 경기 진행을 정지한 상황을 말한다.

⑫ 태그 업(Tag Up) : 타자가 플라이 볼(Fly Ball)을 쳤을 때 수비팀이 플라이 볼을 잡는 순간 주자가 다음 베이스를 향해 달려가는 동작으로 리터치(Retouch), 터치 업(Touch Up)이라고도 부른다.

⑬ 핫 코너(Hot Corner) : 야구경기에서 3루, 강하고 불규칙한 타구가 많이 날아와 수비하기가 까다롭고 어렵기 때문에 생긴 이름이다.

□□□
1087 올림픽
경기대회 ●●●
Olympic Games

국제올림픽위원회(IOC)가 4년마다 개최하는 국제스포츠 대회

본래 올림픽 경기는 고대 그리스인들이 제우스신에게 바치는 제전(祭典)성격의 경기로 종교, 예술, 군사훈련 등이 일체를 이룬 헬레니즘 문화의 결정체이다. 1894년 '인류평화의 제전'이라는 거창한 구호를 걸고 그리스의 아테네에서 개최된 제1회 대회는 참가자가 13개국, 311명으로 매우 작은 규모였으며, 올림픽이 국제대회로서 면모를 갖춘 것은 1908년 제4회 런던대회 때부터라고 볼 수 있다. 런던 올림픽에서 각국이 처음으로 국기를 앞세우고 참가하였으며 경기규칙 제정, 본격적인 여자경기종목 채택, 마라톤 코스의 확정 등의 체계가 갖추어졌다. 오늘날 세계 각국의 스포츠인들은 근대올림픽이 창설된 6월 23일을 '올림픽의 날'로 정하여 기념하고 있다. 우리나라는 1988년 제24회 서울올림픽이 개최된 바 있다.

FIFA(국제축구연맹)에서 주최하는 세계 축구선수권대회

1930년 우루과이의 몬테비데오에서 제1회 대회가 개최된 이래 4년마다 열리는데, 프로와 아마추어의 구별없이 참가할 수 있다. 2년에 걸쳐 6대륙에서 예선을 실시하여 본선 대회에는 개최국과 전(前)대회 우승국을 포함한 24개국이 출전한다. 제1회 대회 때 줄리메가 기증한 줄리메컵은 제9회 멕시코대회에서 사상 최초로 3승팀이 된 브라질이 영구 보존하게 되어, 1974년 뮌헨에서 열린 제10회 대회부터는 새로 마련한 FIFA컵을 놓고 경기를 벌였다.

┼상식더보기) 우리나라의 월드컵 참가 역사

우리나라는 1954년 제5회 스위스 월드컵에 처음으로 참가했고 이후 제13회 멕시코 월드컵부터 제19회 남아프리카공화국 월드컵까지 7회 연속 진출로 아시아 처음 통산 8회 월드컵 진출이라는 기록을 세웠다. 2002년 제17회 한국 · 일본 월드컵에서 4위의 성적을 거두었고, 2010년 제19회 남아프리카공화국 월드컵에서 원정 첫 16강에 진출하였다.

대학생들만의 세계적인 스포츠제전

국제대학스포츠연맹이 주관하며, 1957년 프랑스 파리에서의 제1회 대회 이후 2년마다 열리고 있다. 참가자격은 대학재학생과 대학을 졸업한지 2년 이내의 사람으로, 대회의 해를 기준으로 17 ~ 28세까지이며, 창시자는 장쁘띠장이다.

게임이나 스포츠에서 동률을 이룰 때 승자를 결정하는 시스템

테니스에서 듀스가 반복되어 시합이 길어지는 것을 막기 위해 도입한 제도이다.

□□□
1091 **태보** ●☉☉
Taebo

태권도와 복싱의 머리글자에서 따온 용어

태권도, 복싱, 에어로빅이 합쳐진 운동이다. 에어로빅처럼 경쾌한 음악을 틀어놓고 박자에 맞춰 운동을 한다.

□□□
1092 **택견** ●●☉
Taekyon

우리나라 전통무술

유연한 동작을 취하여 손질, 발질을 순간적으로 우죽거려 튀기는 탄력으로 상대방을 제압하는 무술이다.

□□□
1093 **테니스
포인트** ●●☉
Tennis Point

테니스 경기에서의 특점

경식 경기에서 0점을 러브(Love), 1점을 피프틴(Fifteen, 15), 2점을 서티(Thirth, 30), 3점을 포티(Forty, 40)라 부른다. 연식에서는 원(One), 투(Two), 쓰리(Three)라고 부른다.

□□□
1094 **트라이애슬론** ●●☉
Triathlon

철인 3종 경기

수영 3.9km, 사이클링 178.2km, 마라톤 42.195km를 하루에 달리는 레이스이다. 1978년 미국에서 처음으로 시작되었다.

□□□
1095 **패럴림픽** ●●●
Paralympic

신체장애인들의 국제경기대회로서 장애인 올림픽

정식으로는 1948년 휠체어 스포츠를 창시한 영국의 신체장애인의료센터 소재지의 이름에서 착안하여 명명되었다. 국제 스토크 맨데빌 경기대회(International Stoke Mandeville Games for The Paralysed)라 한다. 1952년부터 국제경기대회로 발전하여 4년마다 올림픽 개최국에서 개최된다.

복싱선수와 같이 얼굴 등에 집중 가격을 당한 사람이 뇌에
충격이 쌓여 나타나는 뇌세포손상증

급성일 경우 혼수상태, 정신불안, 기억상실 등의 증세를 보이
며 만성적으로는 치매, 실어증, 반신불수 등이 나타날 수 있
다. 심할 경우에는 목숨을 잃기도 하여 복싱에 대한 존폐 논
란이 있다.

검을 빠르게 휘둘러 점수를 얻어 승패를 가르는 스포츠

펜싱은 플뢰레와 에페, 사브르 총 3개의 세부종목이 있다.
이는 공격의 유효면에 따라 구분된다. 플뢰레는 몸통, 에
페는 전신, 사브르는 몸통과 팔까지 포함한 상체다. 또한
플뢰레와 에페는 찌르기만 유효타에 해당하는데, 사브르는
찌르기, 베기 모두가 점수로 인정된다.

국제축구연맹(FIFA)이 한 해 동안 가장 뛰어난 골을 기록
한 선수에게 주는 상

1950년대 축구 영웅 헝가리 전 축구선수 페렌츠 푸스카스
이름을 딴 상으로 대회나 국적, 성별에 관계 없이 후보로
선정된다.

미니 축구 경기

5명이 한 팀이 되어 배구 코트 크기의 경기장에서 진행한
다. 1명은 골키퍼가 되어야 하고, 선수교체는 7명까지 가
능하다. 경기 시간은 20분씩 2번, 팀의 코치는 1분의 작전
타임을 요청할 수 있다.

10

문
화
·
예
술
·
스
포
츠

배드민턴과 테니스, 탁구 요소가 결합된 패들 스포츠

1965년 미국 워싱턴 주 시애틀의 베인 브리지 아일랜드에서 발명된 스포츠로, 미국을 중심으로 선풍적인 인기를 끌고 있으며, 전 세계적인 스포츠로서 자리매김 하고 있다. 한국에서도 동호회가 생겨나면서 점차 활성화되고 있으며 나이와 성별에 구애 받지 않는 특성으로 새롭게 주목받고 있다. 최근 빌게이츠 마이크로소프트 회장이 어린 시절의 피클 볼을 하는 모습을 올리며 화제가 되었다. 우리에게는 다소 낯설지만 미국에서는 테니스보다 트렌디한 스포츠로 인기를 끌고 있다. 진입 장벽이 낮고 실내 뿐 아니라 어디에서든 할 수 있다. 차지하는 공간도 다른 라켓 스포츠인 테니스 보다 작다. 학교 체육과 동호회 중심으로 확산되면서 2018년에는 대한피클볼협회가 생겼고, 2022년 안동에서 '2022 코리아오픈피클볼 안동대회'가 열린 바 있다. 대한피클볼협회는 3급 지도자 자격증도 만드는 등 지도자 키우기에도 나서고 있다.

＋상식더보기 피클 볼 장비

① 패들 : 목재 또는 기타 첨단 재료로 제작한다. 패들 너비와 길이는 61cm를 초과할 수 없다.
② 공 : 작은 구멍이 있는 플라스틱으로 만들며 크기는 직경 7～7.5cm, 무게는 22～26g이다.
③ 네트 : 테니스나 패들 테니스에서 사용되는 네트와 매우 비슷하다. 길이 6.7m, 끝 부분 높이 91.44cm, 중앙 부분은 86cm다.

축구나 아이스하키에서 한명의 선수가 경기 3득점하는 것 혹은 한 팀이 3년 연속 대회타이틀을 석권한 것

영국의 크리켓경기에서 연속 3명의 타자를 아웃시킨 투수에게 모자를 선사한 데서 생긴 말이다.

□□□
1102 **헵타슬론** ●☺☹
Heptathlon

여자육상 7종 경기

첫째 날 ▲100m허들 ▲포환던지기 ▲높이뛰기 ▲200m 종목을, 둘째 날에 ▲멀리뛰기 ▲창던지기 ▲800m를 시행한다.

□□□
1103 **호크 아이** ●●☹
Hawk Eye

테니스 경기에서 카메라 6대가 초당 60프레임의 속도로 볼을 관찰하는 첨단 장치

빠른 서브의 공을 즉각 판독해 컴퓨터 그래픽으로 다시 보여줘 파울 여부를 확인할 수 있다. 영국에서 개발돼 현재 테니스, 당구, 크리켓에서 사용된다.

□□□
1104 **힝기스** ●●☹
Hingis

전 세계 랭킹 1위였던 여자 프로 테니스 선수

1990년대 중후반 여자 테니스계를 휩쓴 마르티나 힝기스가 테니스 명예의 전당에 올랐다. 테니스 명예의 전당 위원회는 '힝기스가 올해 명예의 전당에 입성하게 됐다'고 밝혔다. 힝기스는 1994년 프로에 데뷔해 2007년 은퇴할 때까지 메이저대회에서 15번 정상에 올랐다. 특히 어린 나이에 두각을 보여 '알프스 소녀'라는 별칭을 얻었다. 1996년 15세 9개월의 나이로 윔블던 복식에서 우승하면서 테니스 사상 최연소로 메이저대회 우승, 1997년 3월에는 16세 6개월의 나이로 여자 프로테니스(WTA) 세계랭킹 1위에 등극, 최연소 1위에 오르는 기록을 남겼다.

1105 F1 그랑프리 ●●●
Formula 1 Grandprix

월드컵, 올림픽에 이어 3대 국제스포츠 행사인 자동차경주 대회

공식 명칭은 'FIA 포뮬러원 월드챔피언십(FIA : Formula One World Championship)'이다. 1950년 공식적으로 시작, 4개의 바퀴와 좌석 하나를 가진 레이스 전용차로 하는 포뮬러 레이스 중 세계 최고 수준의 대회다.

상식더보기 FIA(Fellow of the Institute of Actuaries)
국제 자동차 연맹

□□□
1106 FIFA 여자 월드컵 ●●⊙
FIFA Women's World Cup

1991년에 첫 대회를 시작으로 FIFA에 가입된 여자 축구 국가대표팀이 참여하는 여자 축구 분야의 국제 대회

현재의 대회는 본선 32개 팀이 참가하는 방식으로 우승 팀을 가리게 되며, 대회운영 방식은 남자 대회와 마찬가지로 참가 팀들은 각 대륙별 지역 예선을 통해 선발되는데 별도의 예선을 치르는 유럽을 제외하고는 각 대륙별 선수권 대회가 지역 예선을 겸한다.

□□□
1107 X 스포츠 ●●⊙
X Sports

익스트림 스포츠(Extreme Sports)

'극한(Extreme)'의 'X'를 의미한다. 익스트림 스포츠는 신체 부상, 생명의 위험을 무릅쓰고 여러 가지 묘기를 펼치는 레저스포츠로 스케이트보드, BMX, 스카이 서핑, 번지 점프, 스노보드 등이 있다.

□□□
1108 EFL컵 ●●●
English Football League Cup

잉글리시 풋볼 리그컵

1961년 처음으로 시작하여 잉글랜드에서 매년 열리는 축구대회이다. 잉글랜드 프리미어리그 총 20개 팀을 포함한 프로 클럽 팀이 참가한다. 토너먼트 형식의 경기로 진행된다. 현재 스폰서인 카라바오를 붙여 '카라바오컵'이라고도 부른다.

10. 문화·예술·스포츠 QUIZ

다음 문제를 보고 옳고 그른 것에 따라 O, X를 고르세요.

01. 영국 최고 권위를 자랑하는 문학상은 맨부커상이다.　　　　　　　　　O X

02. 「몽유도원도」는 신윤복의 대표적인 작품이다.　　　　　　　　　　　　O X

03. 한국의 갯벌은 세계유산으로 지정되었다.　　　　　　　　　　　　　　O X

04. 한국의 탈춤은 세계기록유산에 등재되어 있다.　　　　　　　　　　　O X

05. 스크래치 히트는 상대방이 받을 수 없는 강한 서브로 득점한 것이다.　　O X

문장에 맞는 단어를 고르세요.

㉠ 오마주　㉡ 서킷　㉢ 텐트폴 영화　㉣ 러브　㉤ 시놉시스

06. [　　　] (은)는 경주용 환상 도로 또는 야구에서 홈런을 말한다.

07. 존경의 표시로 다른 작품의 주요 장면이나 대사를 인용하는 것은 [　　　] (이)다.

08. [　　　] (은)는 간단한 줄거리로 영화, 드라마, 소설 등의 간단한 해설이다.

09. [　　　] (은)는 유명한 감독과 배우, 막대한 자본을 투입하여 흥행이 확실한 상업 영화다.

10. 테니스 경기에서 득점을 말하며 경식 경기에서 0점을 [　　　] (이)라고 부른다.

目 1.O 2.X(안견) 3.O 4.X(무형문화유산) 5.X(서비스 에이스) 6.㉡ 7.㉠ 8.㉤ 9.㉢ 10.㉣

CROSS WORD

				7		1	8		
5									
2									
			6						
3									
					4				

Across| 1.카이로 2.상수리제도 3.동북공정 4.나폴레옹
Down | 5.르네상스 6.우정총국 7.골품제도 8.카노사의 굴욕

PART

11

역사

정치 | 법률 | 외교 | 군사 · 안보

checkpoint

- ✓ 갑신정변
- ✓ 다라니경
- ✓ 문화대혁명
- ✓ 시민혁명
- ✓ 진대법
- ✓ 권리장전
- ✓ 대한민국 임시정부
- ✓ 병자호란
- ✓ 을사조약
- ✓ 청교도 혁명
- ✓ 난징조약
- ✓ 만적의 난
- ✓ 삼별초
- ✓ 종교개혁
- ✓ 5 · 18 민주화운동

| Chapter 01 | 한국사 |

□□□
1109 **갑신정변** ●●⊙
甲申政變

1884년(고종 21) 개화당의 김옥균, 박영효 등이 중심이 되어 우정국 낙성식에서 민씨일파를 제거하고 개화정부를 세우려 했던 정변

청의 지나친 내정간섭과 민씨세력의 사대적 경향을 저지하고 자주독립국가를 세우려는 의도에서 일어났으나, 청의 개입과 일본의 배신으로 3일천하로 끝났다. 근대적 정치개혁에 대한 최초의 시도였다는 점에 큰 의의가 있다.

□□□
1110 **강화도조약** ●●●
江華島條約

운요호사건을 빌미로 1876년(고종 13) 일본과 맺은 우리나라 최초의 근대적 불평등 조약

정식 명칭은 조일수호조규(朝日修好條規)이며 병자수호조약(丙子修好條約)이라고도 한다. 부산·인천·원산 등 3항의 개항과 치외법권의 인정 등을 내용으로 하는 불평등한 조약이다.

□□□
1111 **건국준비위원회** ●●⊙
朝鮮建國準備委員會

1945년 8·15 해방 이후 여운형을 중심으로 국내인사들이 조직한 최초의 정치단체

민족 총역량을 일원화하여 일시적 과도기에서의 국내질서를 자주적으로 유지할 것을 목표로 삼았다. 전국에 지부를 설치하고 치안대를 동원하여 국내 유일의 정치세력을 형성, 국호를 조선인민공화국이라 정하고 형식상 민족자주정권의 수립을 기도했으나, 상해임시정부의 귀국과 미군정의 실시 등으로 해체되었다.

1112 건원중보 ●☺☺
乾元重寶

996년(성종 15) 우리나라에서 최초로 만든 철전(鐵錢)

중국의 건원중보와 구별하기 위해 뒷면에 '동국'자를 새겨 넣어 만들다가 그 후에는 뒷면의 '동국'자를 앞면으로 내어 '동국중보(東國重寶)'를 만들었다. 그 후 삼한중보·삼한통보·해동중보 ·해동통보·동국중보·동국통보 등을 주조하였으나 널리 통용되지는 않았다.

1113 경국대전 ●●☺
經國大典

1460년(세조 6) 최항 등이 만들기 시작해서 예종·성종의 3대에 걸쳐 편찬된 조선의 법전

전 6권으로 된 이 책은 6조(六曺)별로 나뉘어 편집되어 있으며, 조선왕조 500년간 통치의 규범이 되었다.

1114 골품제도 ●☺☺
骨品制度

신라의 신분제

성골(聖骨)·진골(眞骨)·6두품(六頭品) 등이 있었다. 성골은 양친 모두 왕족인 자로서 28대 진덕여왕까지 왕위를 독점 세습하였으며, 진골은 양친 중 한 편이 왕족인 자로서 태종무열왕 때부터 왕위를 세습하였다. 골품은 가계(家系)의 존비(尊卑)를 나타내고 골품등급에 따라 복장·가옥·거기(車騎)에 여러 가지 제한을 두었다.

1115 교정도감 ●☺☺
敎定都監

고려시대 최충헌이 무단정치를 할 때 설치한 최고행정집행기관(인사권·징세권·감찰권)

국왕보다 세도가 강했으며 우두머리인 교정별감은 최씨에 의해 대대로 계승되었으나 무신정권이 끝나면서 교정도감도 없어졌다.

□□□
1116 과전법 ●●◐
科田法

고려 말 이성계일파에 의하여 단행된 전제개혁

1391년(공양왕 3)에 전국의 토지를 몰수한 후 경기토지에 한하여 전직·현직 문무관에게 사전(私田)을 지급하였다. 세습할 수 없었고, 나머지는 모두 공전(公田)으로 하였다.

□□□
1117 관민공동회 ●●◐
官民共同會

열강의 이권침탈에 대항하여 자주독립의 수호와 자유민권의 신장을 위하여 독립협회 주최로 열린 민중대회

1898년 3월 서울 종로 네거리에서 러시아인 탁지부 고문과 군부 교련사관의 해고를 요구하고 이승만·홍정하 등 청년 연사가 열렬한 연설을 하여 대중의 여론을 일으켰다. 이 대회는 계속 개최되어 그 해 10월에는 윤치호를 회장으로 선출, 정부의 매국적 행위를 공격하고 시국에 대한 개혁안인 「헌의 6조」를 결의하였다. 이 개혁안은 국왕에게 제출되어 왕도 처음에는 그 정당성을 인정하고 그 실시를 확약하였으나 보수적 관료들의 반대로 이에 관계한 대신들만 파면되고 실현을 보지 못하였다. 독립협회의 해산 후 얼마 동안은 만민공동회라는 이름으로 활약하였다.

□□□
1118 광혜원 (제중원) ●◐◐
廣惠院

우리나라 최초의 근대식 병원

1885년(고종 22)에 통리교섭통상사무아문의 관리하에 지금의 서울 재동에 설립되었으며, 미국인 알렌(H.N. Allen)이 주관하여 일반사람들의 병을 치료하였다.

1119 국권수호운동 ●●◎
國權守護運動

1905년 체결된 한일협약에 반대하여 일어난 국민적 운동

고종은 만국평화회의에 밀사를 파견하여 을사조약이 무효임을 호소하였으나 결국 일제에 의해 고종이 강제 퇴위당하고 정미 7조약이 맺어지면서 일본이 내정을 장악하게 되었다. 이에 일본의 식민지화를 반대하고 주권회복과 자주독립을 위해 근대문물을 받아들여 실력을 양성하자는 애국계몽운동과, 무력으로 일제를 물리치자는 항일의병운동이 일어났다. 이와 같은 국권회복운동은 관원·양반·상인·농민·천민에 이르기까지 전 계층의 호응을 얻어 전국적으로 전개되었다. 이러한 운동들은 일제강점기 동안 점차 실력양성론과 무장투쟁론으로 자리잡아갔다.

□□□
1120 국채보상운동 ●●◎
國債報償運動

1907년 2월 대구에서 시작된 주권수호운동

일본의 경제적 예속 정책에 저항하여 일본에서 도입한 차관 1,300만 원을 국민들의 힘으로 갚고 국권을 지키자는 취지의 운동이다. 대구에서 시작하여 전국으로 확산되었으나, 일제는 국채 보상 기성회의 간사 양기탁이 보상금을 횡령했다는 누명을 씌워 구속하는 등 일제 통감부의 탄압으로 중지되었다.

□□□
1121 규장각 ●●●
奎章閣

1897년(정조 원년)에 설치된 왕립도서관 및 학문연구소

역대 국왕의 시문·친필·서화 등을 관리하던 곳이다. 학문을 연구하고 정사를 토론케 하여 정치의 득실을 살피는 한편, 외척·환관의 세력을 눌러 왕권을 신장시키고 문예·풍속을 진흥시키기 위한 것이었다.

11

역사

□□□
1122 금위영 ●●●
禁衛營

조선 후기 국왕 호위와 수도 방어를 위해 중앙에 설치되었던 군영

조선 후기 5군영 중 하나로서 훈련도감, 어영청과 함께 국왕 호위와 수도 방어의 핵심 군영이다. 따라서 초기에는 병조판서가 금위영 대장직을 겸직하다가 1754년(영조 30)에 독립된 군영이 되었다. 금위영은 인조(仁祖) 때 기병(騎兵) 중에서 정병(精兵)을 선발하여 병조 산하에 두었던 정초군(精抄軍)과 훈련도감의 별대(別隊)를 통합하여 1682년(숙종 8)에 설치되었다.

□□□
1123 기인제도 ●●◉
其人制度

고려 초기 지방향리의 자제를 서울에 인질로 두고 지방사정에 대한 자문을 구했던 제도

호족세력의 억제수단이었다. 이 제도는 신라시대 상수리제도에서 유래되어 조선시대의 경저리제도로 발전하였다.

□□□
1124 노비안검법 ●●◉
奴婢按檢法

956년(광종 7)에 원래 양인이었다가 노비가 된 자들을 조사하여 해방시켜 주고자 했던 법

귀족세력을 꺾고 왕권을 강화하기 위한 정책적 목적으로 실시되었지만 귀족들의 불평이 많아지고 혼란이 가중되어 노비환천법을 실시하게 되었다.

□□□
1125 다라니경 ●●●
陀羅尼經

국보 제126호 현존하는 세계 최고(最古)의 목판인쇄물

1966년 불국사 3층 석탑(석가탑) 보수공사 때 발견된 목판인쇄물로 다라니경의 출간연대는 통일신라 때인 700년대 초에서 751년 사이로 추정된다. 공식명칭은 무구정광대다라니경이다.

□□□
1126 **대동법** ●●⊙
大同法

조선 선조 이후 현물로 바치던 모든 공물을 미곡으로 환산하여 바치게 한 납세 제도

종래의 공물제도는 각 지방의 특산물을 바치게 함으로써 부담이 불공평하고 수송과 저장에 불편이 많았으므로, 조광조·이이·유성룡 등이 시정을 주장하였으나 받아들여지지 않다가, 임진왜란·병자호란 후 영의정 이원익과 한백겸의 건의에 따라 1608년에 실시하게 되었다. 중앙에 선혜청, 지방에 대동청을 두어 이 일을 맡게 하였다. 처음에는 경기지역에만 실시하다가 점차 전국에 확대되어 100년 후인 1708년에 완성되었으며, 1894년의 세제개혁까지 존속하였다.

□□□
1127 **대한민국 임시정부** ●●●
大韓民國臨時政府

조국의 광복을 위해 1919년에 임시로 수립한 정부

정식 정부를 수립하기 위한 준비 정부로 국제법 차원에서는 정부로 인정받지 못했다. 국내외 3·1 운동이 전국적으로 확산이 될 때 주권국민이라는 뜻을 표하고 독립운동을 체계적으로 발전시키기 위해 수립되었다. 1919년 중국 상하이에서 시작되었으나 중일전쟁의 영향으로, 상하이(1919) → 항저우(1932) → 전장(1935) → 창사(1937) → 광저우(1938) → 류저우(1938) → 치장(1939) → 충칭(1940)로 이동했다.

□□□
1128 **도고** ●●⊙
都賈

조선 후기 상공업에서의 독점적 도매 상인

도고(都庫)는 원래 대동법(大同法) 실시 이후 공인(貢人)들이 공납품을 예치해두었던 창고였으나, 독점상인으로 발전하게 되었다. 조선 후기의 큰 상인들은 독점적인 도매업의 방법을 통해 염가로 매점하여 고가로 판매(매점매석)하였다. 도고의 성장은 농업에서의 광작(廣作)과 유사한 현상으로, 상인의 계층분화를 촉진시킨 요인이 되었다.

1129 **도방정치** ●⊙⊙
都房政治

경대승이 정중부를 제거한 후 정권을 잡아 신변보호를 위해 설치한 정치기구

최충헌이 더욱 강화하여 국가의 모든 정무를 이곳에서 보았다. 이를 도방정치라 하며, 일종의 사병(私兵)집단을 중심으로 행한 정치이다.

1130 **도병마사** ●●⊙
都兵馬使

고려시대 국방회의기구

중서문하성의 고관인 재신(宰臣)과 중추원의 고관인 추신(樞臣)이 합좌하여 국가 중대사를 논의하던 최고기관(도당)이다. 충렬왕 때 도평의사사로 바뀌었다.

1131 **도첩제** ●⊙⊙
度牒制

조선 태조 때 실시된 억불책의 하나로, 승려에게 신분증명서에 해당하는 도첩(度牒)을 지니게 한 제도

승려가 되려는 자에게 국가에 대해 일정한 의무를 지게 한 다음 도첩을 주어 함부로 승려가 되는 것을 억제한 제도이다. 이로 말미암아 승려들의 세력이 크게 약화되고 불교도 쇠퇴하였다.

1132 **독립협회** ●●⊙
獨立協會

1896년(고종 33)에 서재필·안창호·이승만·윤치호 등이 정부의 외세의존, 외국의 침략, 이권의 박탈 등을 계기로 독립정신을 고취시키기 위하여 만든 사회단체

종래의 인습타파 및 독립정신 고취 등 국민계몽에 힘썼으며, 독립문을 건립하고 「독립신문」을 발간하였으나 황국협회의 방해공작 등으로 1898년에 해산되었다.

□□□
1133 **동북공정** ●●●
東北工程

중국 국경 안에서 전개된 모든 역사를 중국 역사로 만들기 위해 2002년부터 중국이 추진하고 있는 역사 왜곡 프로젝트

연구는 중국 최고 학술 기관인 사회과학원과 지린성(吉林省)·야오닝성(遼寧省)·헤이룽장성(黑龍江省) 등 동북 3성위원회가 연합하여 추진하며 궁극적 목적은 중국의 전략지역인 동북지역, 특히 고구려, 발해 등 한반도와 관련된 역사를 중국의 역사로 만들어 한반도가 통일되었을 때 일어날 가능성이 있는 영토분쟁을 미연에 방지하는 데 있다. 이에 우리나라는 동북아역사재단을 설립하여 중국의 역사왜곡에 체계적으로 대처하고 있다.

□□□
1134 **동학농민운동** ●●●
東學農民運動

1894년(고종 31) 전라도 고부에서 동학교도 전봉준 등이 일으킨 민란에서 비롯된 농민운동

교조신원운동의 묵살, 전라도 고부군수 조병갑의 착취와 동학교도 탄압에 대한 불만이 도화선이 된 이 운동은 조선 봉건사회의 억압적인 구조에 대한 농민운동으로 확대되어 전라도·충청도 일대의 농민이 참가하였으나, 청·일 양군의 간섭으로 실패했다. 이 운동의 결과 대외적으로는 청·일 전쟁이 일어났고, 대내적으로는 갑오개혁이 추진되었다. 또한 유교적 전통사회가 붕괴되고 근대사회로 전진하는 중요한 계기가 되었다.

□□□
1135 **만인소** ●●●
萬人疏

정치의 잘못을 시정할 것을 내용으로 하는 유생들의 집단적인 상소

대표적인 것으로는 1823년(순조 23)에 서자손(庶子孫) 차별반대상소, 1845년(철종 6)에 사도세자 추존(追尊)의 상소, 그리고 1881년(고종 18)에 김홍집이 소개한 황쭌셴의 조선책략에 의한 정치개혁반대상소를 들 수 있다.

우리나라 역사상 최초의 노예 해방 운동

1198년(신종 1) 최충헌의 사노(私奴)인 만적이 개경의 공사 노비를 모아 놓고 '왕후장상의 씨가 따로 있느냐'라면서 노예 해방을 계획하였으나, 사전에 발각되어 실패하였다.

포츠담회담(1945.7.)에서 제2차 세계대전 종전 후 제반 문제 처리를 위한 회의

한국에서는 '모스크바 3국 외무장관회의(모스크바 3상 회의)'라는 이름으로 널리 알려졌다. 한국을 신탁통치한다고 전해져 반탁과 찬탁운동으로 커다란 파문을 일으켰다. 그러나 한국 신탁통치를 결정한 것이 아니었고, 다만 이에 대하여 다음에 협의한다고 협정문 1항에서 언급하였다. 3국(미국, 영국, 소련)의 외상이사회는 1945년 12월 16일에서 25일까지 모스크바에서 회의를 열고, 28일 회의결과를 발표하였다. 이를 '모스크바 협정(Moskva Agreement)'이라고 한다.

고려시대 무신들에 의해 일어난 정변

고려시대에는 문신 위주로 정치가 이루어져 무신들의 지위는 낮은 상태였다. 고려의 의종은 별궁, 누정, 사찰 등 놀이터를 짓고 거의 매일 신하들과 놀이를 하고 문신들과 술판을 벌이면서 국가 재정을 낭비하였다. 무신에 대한 차별 대우는 의종 때 더욱 심해졌으며 이에 화가 난 무신들은 쿠데타를 일으켜 의종을 내쫓고 명종을 내세워 정권을 장악하였다.

고려 성종 때 문신들에게 매월 시부를 지어 바치게 한 제도

995년(성종 14) 유학진흥책의 하나로 문신월과법을 제정했다. 나이 50세 이하이며 지제고(知制誥)를 거치지 않은 경관(京官) 중 한림원(翰林院)에서 출제하는 제목으로 매월 시 3수, 부 1편을 짓도록 했다.

□□□
1140 물산장려운동 ●●◉
物産獎勵運動

1922년 평양에 설립된 조선물산장려회가 계기가 되어 조만식을 중심으로 일어난 교육진흥, 산업발전, 문화향상을 통해 독립을 이룬다는 실력양성운동

서울의 조선청년연합회가 주동이 되어 전국적 규모의 조선물산장려회를 조직, 국산품 애용·민족기업의 육성 등의 구호를 내걸고 강연회와 시위선전을 벌였으나, 일제의 탄압으로 유명무실해지고 1940년에는 총독부 명령으로 조선물산장려회가 강제 해산되었다.

□□□
1141 병자호란 ●●◉
丙子胡亂

1636년(인조 14) 청이 명을 정벌하기 위해서 군량과 병선(兵船)의 징발을 요구하고 형제관계를 군신관계로 바꾸도록 강요한 것에 격분한 조선 정부가 임전태세를 강화함으로써 일어난 전쟁

청 태종이 용골대와 마부대를 선봉으로 10만 대군을 이끌고 침입, 결국은 주화파(主和派) 최명길을 통하여 삼전도[松坡]에서 굴욕적인 항복을 하였다. 이 결과 청과 조선은 군신관계를 맺고 명과의 관계를 끊으며, 소현세자와 봉림대군의 두 왕자와 척화파인 홍익한, 윤집, 오달제 등 3학사(三學士)를 인질로 보냈다.

□□□
1142 부림사건 ●●●
釜林事件

제5공화국 군사독재 정권이 집권 초 통치기반을 확보하고자 민주화운동 세력을 탄압하던 시기에 일어난 사건

1981년 9월 사회과학 독서모임을 하던 학생·교사·회사원 등을 영장 없이 체포한 뒤, 불법감금 및 협박하고 구타 및 고문을 가하였고 체포된 22명 중 19명이 「국가보안법」, 「계엄법」, 「집회 및 시위에 관한 법률」 위반으로 옥고를 치렀다. 1983년 12월 형 집행정지로 풀려났으며 2014년 9월 대법원에서 전원 무죄를 선고받으며 민주화 운동으로 인정받았다.

□□□
1143 **북학파** ●⊙⊙
北學派

실학파 중 청의 고증학과 문물을 받아들여 상공업 진흥으로 현실을 개혁하고자 주장한 중상주의 학파

박지원, 박제가, 홍대용 등이 이에 속한다.

□□□
1144 **비변사** ●⊙⊙
備邊司

조선시대 군국의 사무를 맡아 처리하던 관청

중종 때는 변방에 난이 일어날 때마다 임시로 설치하곤 하였으나, 1555년(명종 10) 을묘왜변을 계기로 상설기구가 되었다. 임진왜란 때부터는 그 기능이 확대되어 조정의 중추기관으로 변모, 의정부를 대신하여 국가최고기구가 되었으나, 정조 때 규장각에 그 기능을 빼앗기고, 고종 2년에 이르러 다시 의정부의 산하기관이 되었다. 흥선대원군이 집권한 뒤 폐지되었다.

□□□
1145 **사심관제도** ●●⊙
事審官制度

고려 태조의 민족융합정책

귀순한 왕족을 지방정치의 자문관으로서 정치에 참여시킨 제도이다. 신라 경순왕을 경주의 사심관으로 임명한 것이 최초이다. 사심관은 부호장 이하의 향리를 임명할 수 있으며, 그 지방의 치안에 연대책임을 져야 했다. 지방세력가들을 견제하기 위한 제도였다.

□□□
1146 **살수대첩** ●●●
薩水大捷

중국 수나라 군대를 고구려가 살수(청천강)에서 격파한 싸움

612년(영양왕 23) 중국을 통일한 수의 양제가 100만 대군을 이끌고 침공해 온 것을 을지문덕 장군이 살수(청천강)에서 크게 이긴 싸움이다. 그 후 몇 차례 더 침공해 왔으나 실패했으며, 결국 수는 멸망하게 되었다.

□□□
1147 **삼별초** ●◐◌
三別抄

고려 최씨 집권시대의 군대

처음에 치안유지를 위해 조직한 야별초가 확장되어 좌별초·우별초로 나뉘고, 몽고군의 포로가 되었다가 도망쳐 온 자들로 조직된 신의군을 합하여 삼별초라 한다. 원종의 친몽정책에 반대하여 난을 일으켰으나, 관군과 몽고군에 의해 평정되었다.

□□□
1148 **삼사** ●◐◌
三司

조선시대의 중앙관청

홍문관(문필기관, 교서작성), 사헌부(감찰기관, 서경담당), 사간원(국왕에 대한 간쟁기관)을 말한다. 이들은 왕권을 견제하는 역할을 하였다.

□□□
1149 **상수리제도** ●●◌
上守吏制度

통일 신라가 지방 세력을 견제하기 위한 제도

신라는 삼국통일 후 각 주의 향리의 자제를 1명씩 뽑아 볼모 겸 고문으로 중앙에 오게 하여 중앙집권을 강화하였다. 이들은 각 부서의 일과 궁중 연료를 공납하는 일을 하였다.

□□□
1150 **상정고금예문** ●●◌
詳定古今禮文

고려 인종 때 최윤의가 지은 것으로, 고금의 예문을 모아 편찬한 책

현재 현존하지 않는다. 이규보의 「동국이상국집」에 이 책을 1234년(고종 21)에 활자로 찍었다고 한 것으로 보아 우리나라 최초의 금속활자본으로 추정된다.

11

역
사

□□□
1151 상평창 ●●●
常平倉

993년(성종 12)에 중국의 제도를 모방하여 설치한 물가조절기관

수확기에 사들여서 단경기(端境期)에 방출하거나, 풍년에 곡가가 떨어질 경우 국가가 곡물을 사들여 곡가를 올리고, 흉년에 곡가가 폭등할 경우 국가는 상평창의 곡물을 풀어서 곡가를 떨어뜨리는 방법이다. 이는 일반농민을 보호하고, 부당한 이윤을 취하는 상인의 활동을 억제하려는 사상이 깔려있다. 1608년(선조 41)에 선혜청(宣惠廳)으로 이름이 바뀌어 조선시대에 까지 이 제도가 존속 · 시행되었다.

□□□
1152 신간회 ●●●
新幹會

1927년 민족주의자와 사회주의자가 통합하여 조직한 최대 항일민족운동단체

신간회의 초대회장은 이상재 선생이었다. 주요 활동으로는 아동의 수업료 면제 · 조선어교육 요구 · 착취기관 철폐 · 이민정책 반대 등을 제창하였고, 광주학생운동을 지원하기도 했다. 자매단체로는 여성단체인 근우회가 있었다.

□□□
1153 신라장적 ●●⊙
新羅帳籍

통일신라 민정 문서

1933년 일본 동대사(東大寺) 정창원(正倉院)에서 발견되어 정창원 문서라고도 한다. 서원경[清州] 지방 4개 촌의 민정 문서로, 남녀별 · 연령별의 정확한 인구와 소 · 말 · 뽕나무 · 호도나무 · 잣나무 등을 집계하여 3년마다 촌주가 작성하였다. 호(戸)는 인정(人丁)수에 의해 9등급, 인구는 연령에 따라 6등급으로 나뉘었고, 여자도 노동력수취의 대상이 되었다. 촌주는 3 ~ 4개의 자연촌락을 다스리고 정부는 촌주에게 촌주위답을, 촌민에게는 연수유답을 지급하였다. 이 문서는 조세수취와 노동력징발의 기준을 정하기 위해 작성되었다.

□□□
1154 **신사유람단** ●●◑
紳士遊覽團

1881년(고종 18) 일본에 파견하여 새로운 문물제도를 시찰케 한 사절단

강화도조약이 체결된 뒤 수신사 김기수와 김홍집은 일본에 다녀와서 서양의 근대문명과 일본의 문물제도를 배워야 한다고 주장하였다. 이에 조선 정부는 박정양·조준영·어윤중·홍영식 등과 이들을 보조하는 수원·통사·종인으로 신사유람단을 편성하여 일본에 체류하면서 문교·내무·농상·의무·군부 등 각 성(省)의 시설과 세관·조례 등의 주요 부분 및 제사(製絲)·잠업(蠶業) 등에 이르기까지 고루 시찰하고 돌아왔다.

□□□
1155 **실학** ●●●
實學

조선 영·정조시대에 일어난 새로운 학풍

임진왜란 후 현실에 대한 반성과 청나라의 고증학, 서양문물의 영향을 받아 실사구시와 경세치용 및 이용후생을 내세운 실제적 학문이다. 이 학파의 선구자는 이이·이수광이며, 체계화한 사람은 유형원, 학파를 형성한 사람은 이익, 집대성한 사람은 정약용이며, 김정희·안정복·박지원·이긍익 등도 유명한 실학자이다.

□□□
1156 **양안** ●●●
量案

논밭의 소재·위치·등급·형상·면적·자호를 적어둔 책

조선시대에 20년마다 양전(토지조사)을 하여 작성한 것이 양안(토지대장)이다. 경지면적과 등급을 재조사함으로써 국가재정수입을 늘리고 조세부담을 고르게 하는 데 목적이 있었다. 영·정조 때 양전사업이 활발히 전개되어 세종 때의 수준(145만결)을 회복하기도 하였다.

□□□
1157 **영고** ●●◑
迎鼓

12월에 열리는 부여의 제천행사

며칠 동안 음주와 가무를 즐기고 국사를 의논하며 죄가 가벼운 죄수를 풀어 주기도 한 행사로, 추수감사제의 성격을 띠었다.

근대적인 우편업무를 시작한 관청으로 홍영식이 건의하여 고종의 왕명으로 개설된 우리나라 최초의 우체국

일본과 미국에서 우편제도를 시찰하고 돌아온 홍영식이 건의하여 개설된 우리나라 최초의 우체국이다. 갑신정변으로 문을 닫은 지 128년 만에 우체국 기능을 갖추고 2013년에 재탄생하였다. 우체국 개국으로 우정총국 내부 공간은 우정사료 전시공간과 우체국 업무 공간으로 나누었다. 우정총국우체국은 기본적인 우편서비스만 제공하며 우정총국 본연의 기능을 복원하되 원형을 보존해야 할 사적인 점도 감안한 까닭이다.

조선시대 운종가(종로)에 설치되어 왕실·국가의식의 수요를 도맡아 공급하던 어용상점

비단·무명·명주·모시·종이·어물 여섯 종류였다. 이들은 고율의 세금과 국역을 물고 납품을 독점하였으며, 금난전권(禁難廛權)을 행사하며 자유로운 거래를 제한하였다.

이성계가 위화도에서 군사를 돌려 정변을 일으킨 것

고려 우왕 때 명을 쳐부수고자 출병한 이성계가 4대불가론(四大不可論)을 내세워 위화도에서 회군하여 개경을 반격함으로써 군사 정변을 일으킨 것을 말한다. 이성계는 최영과 우왕을 내쫓고 우왕의 아들 창왕을 옹립하였는데, 이로써 이성계를 비롯한 신진사대부계급들의 정치적 실권 장악의 계기가 되었다.

1519년(중종 14) 중종반정 때 공을 세운 정국공신 중 자격이 없다고 평가된 사람들의 공신호를 박탈하고 토지와 노비를 환수한 사건

공납제 개선, 소학 보급, 향약 시행, 소격서 폐지, 여악의 폐지 등을 주장한 조광조가 주도한 개혁 정치로, 훈구파의 강한 반발을 일으키며 기묘사화의 계기가 되었다.

□□□
1162 **을사조약** ●●●
乙巳條約

1905년(광무 9) 일본이 한국을 보호한다는 명목하에 강제로 체결한 조약

러·일전쟁의 승리와 영·일동맹조약 개정으로 한국에 대한 우월한 권익과 지위를 국제적으로 인정받은 일본은 이토 히로부미를 파견하여 강압적으로 조약을 체결하였다. 이 결과 우리나라는 주권을 상실하고 외교권을 박탈당했으며, 일본은 서울에 통감부를 두고 보호정치를 실시하였다.

□□□
1163 **음서제도** ●◐◐
蔭書制度

고려·조선시대 공신이나 고위관리의 자제들이 과거에 응하지 않고도 관직에 등용한 제도

조선시대에는 음관벼슬을 여러 대에 걸친 자손들에게까지 혜택을 주었다.

□□□
1164 **임오군란** ●●◐
壬午軍亂

1882년(고종 19) 개화파와 보수파의 대립으로 일어난 사건

신·구식 군대차별이 발단이 되었다. 이 결과 대원군이 재집권하게 되었으나, 민씨 일파의 책동으로 청의 내정간섭이 시작되고 이로 인해 제물포조약이 체결되어 일본의 조선침략의 발판이 되었다.

□□□
1165 **의창** ●●◐
義倉

986년(고려 성종 5) 태조가 만든 흑창을 개칭한 빈민구제 기관

전국 각 주에 설치하였다. 춘궁기에 관곡에 빌려주고 추수 후에 받아들이는 제도로, 고구려 진대법과 조선의 사창·환곡과 성격이 같다.

□□□
1166 **장준하** ●●◐

1970년대 군사독재에 맞서 민주화운동을 벌이다 의문의 주검으로 발견된 민주화 운동가

최근 고(故) 장준하 선생의 두개골 사진이 처음으로 공개됐다. 장준하 기념사업회는 고 장준하 선생의 유해를 이장하면서 찍었던 유골 사진과 유골을 검시한 법의학 교수의 소견서를 공개하고 정부가 진상규명에 나설 것을 촉구했다.

□□□
1167 **전시과** ●●☺
田柴科

직위에 따라 전지(田地)와 시지(柴地)를 차등 있게 분급하는 토지제도

940년(태조 23)의 역분전(役分田)에 기초한 것으로 역분전은 통일 뒤의 논공행상적인 것이었다. 전시과라는 명칭은 문무 관리에게 전지와 연료채취인 시지를 준 데에서 비롯된다. 신라의 녹읍제가 토지 자체보다도 인간을 지배하려는 데 그 목적이 컸음에 비하여 전시과는 토지를 통한 농민지배의 성격이 강했다.

□□□
1168 **전환국** ●●☺
典圜局

조선 후기 1883년(고종 20) 7월에 설치되어 1904년(광무 8)에 폐지된 상설 조폐(造幣)기관

1883년 재정위기를 보완하고 문란해진 통화정책을 정비할 목적에서 독립된 상설조폐기관인 전환국을 서울에 설치하였다가, 1892년 인천으로 이전하였다. 여기에는 일본인의 영향력이 강한 인천에서 자본과 기술을 미끼로 조선의 화폐권을 침탈하려는 일본의 속셈이 있었지만 용산으로 옮기게 되면서 좌절되었다. 1883년 이후 21년 동안 전환국에서 주조한 화폐총액은 18,960,658원 87전인데 그중 백동화는 16,743,522원 65전으로서 주조총액의 88%를 차지하였다. 백동화의 남발과 위조, 일본에서의 밀수입 등으로 국내의 통화량이 급증, 화폐가치가 폭락하고 물가가 폭등하는 등 국가재정과 경제를 병들게 하였다.

□□□
1169 **제왕운기** ●●●

1287년(충렬왕 13)에 이승휴가 지은 장편 서사시

중국과 우리나라의 역대 왕 계보를 수록하였다. 상·하 2권 1책으로 되어 있는데, 중국과 우리나라의 지리·문화적 차이를 강조하고 단군 조선을 한국사의 기원으로 설정하였다. 중국과 대등할 만큼 유구한 역사를 지니며 찬란한 문화를 가진 나라임을 강조하며, 고려의 독자성과 자주성을 내세웠다.

□□□
1170 **조선왕조실록**●●●

조선 태조에서 철종까지 472년간의 역사적 사실을 각 왕별로 기록한 편년체 사서

실록에는 「고종태황제실록」과 「순종황제실록」이 포함되어 있지 않다. 두 실록은 1927부터 1932년까지 조선총독부의 주도로 조선사편수회가 편찬한 것으로 일본의 대한제국 국권 침탈과 황제·황실의 동정에 관한 기록들에서 왜곡이 많기 때문이다. 따라서 고종·순종실록의 역사는 참고하거나 인용하는 데에 주의가 필요하다. 한편 「조선왕조실록」은 모두 국보로 지정되어 있으며, 1997년 「훈민정음」과 함께 유네스코 세계기록유산으로 등재되었다.

□□□
1171 **중방정치** ●●◎
重房政治

고려 무신 정권기의 정치 형태

중방은 2군 6위의 상장군·대장군 16명이 모여 군사에 관한 일을 논의하던 무신의 최고회의기관이다. 정중부가 무신의 난 이후 중방에서 국정 전반을 통치하던 때의 정치 형태를 의미한다.

□□□
1172 **진대법** ●●●
賑貸法

194년(고국천왕 16) 을파소(乙巴素)의 건의로 실시한 빈민구제법

춘궁기에 가난한 백성에게 관곡을 빌려주었다가 추수기인 10월에 관에 환납하는 제도이다. 귀족의 고리대금업으로 인한 폐단을 막고 양민들의 노비화를 막으려는 목적으로 실시한 제도였다. 고려의 의창제도, 조선의 환곡제도의 선구가 되었다.

□□□
1173 **탕평책** ●●◎
蕩平策

당쟁을 해소하기 위한 정책

영조가 당쟁의 뿌리를 뽑아 일당전제(一黨專制)의 폐단을 없애고, 양반의 세력균형을 취하여 왕권의 신장과 탕탕평평을 꾀한 정책이다. 이 정책은 정조 때까지 계승되어 당쟁의 피해를 막는 데 큰 성과를 거두었으나, 당쟁을 근절시키지는 못하였다.

1907년 을사조약의 부당함을 알리기 위해 헤이그에 특사를 파견한 사건

을사조약에 의하여 일본에게 모든 실권을 빼앗기고 백성들이 극심한 착취와 탄압에 시달리게 되자, 고종은 1907년 6월에 네덜란드 헤이그에서 열리는 만국평화회의에 특사를 파견하였다. 이준·이상설·이위종 세 사람의 밀사는 국제정의 앞에 을사조약 체결이 일제의 강압에 의한 불법적인 것임을 폭로하고, 한국의 독립을 호소하였으나, 일본의 방해로 뜻을 이루지 못하였다.

봉오동 전투에서 독립군 최대의 승전을 기록한 독립운동가

조선 말기 의병장으로, 일제강점기 독립운동가다. 봉오동 전투와 청산리대첩에서 대승을 이끌며 이후 대한독립군단을 조직하고 고려혁명군관학교를 설립했다. 조국 해방을 2년 앞두고 1943년 카자흐스탄에서 숨을 거두었다. 1962년에 대한민국 정부에서 건국훈장 대통령장을 추서하였다. 2019년에 유해 봉환 요청, 2021년 8월 15일 카자흐스탄으로부터 유해가 봉환되었다. 이후 대한민국 건국훈장 중 최고등급인 대한민국장을 추서하였고 유해는 대전 현충원에 안장되었다.

고종 31년(1894) 국문·국한문·한문의 세 가지로 반포한 14개조의 강령

우리나라 최초의 헌법이다. 갑오경장 이후 내정개혁과 자주독립의 기초를 확고히 하려는 목적으로 발표되었으며, 고종은 일본의 압력에 의해 갑오개혁을 일으키게 되었다.

□□□
1177 **향약** ●●⊙
鄕約

중종(中宗) 때 조광조(趙光祖)가 처음 실시한 향촌 사회의 상부상조와 질서 유지를 위해 마련한 자치 규약

기묘사화로 실패했다가 이황(李滉)·이이(李珥) 등의 성리학자들이 주도하여 자치 규약들이 제정·시행되면서 전국적으로 널리 확산되었다. 기본강령으로 덕업상권(德業相勸)·과실상규(過失相規)·예속상교(禮俗相交)·환난상휼(患難相恤)이 있다.

□□□
1178 **훈요 10조** ●●⊙
訓要十條

943년(태조 26)에 대광 박술희를 통해 후손에게 훈계한 정치지침서

신서(信書)와 훈계(訓戒) 10조로 이루어져 있다. 불교·풍수지리설 숭상, 적자적손에 의한 왕위계승, 당풍의 흡수와 거란에 대한 강경책 등으로 고려 정치의 기본방향을 제시하였다.

□□□
1179 **3·15의거** ●●●

3·15 부정선거에 항의하여 마산에서 일어난 대규모 시위

3월 15일 선거 당일, 자유당의 관권에 의해서 일방적으로 자행된 부정선거에 격분한 시민과 학생으로 이루어진 평화적 시위대는 이를 강제해산 시키려는 경찰과 맞섰다. 경찰의 발포로 희생자가 생기자 극도로 격분한 시위대는 남성파출소를 비롯한 경찰관서와 국회의원 및 경찰서장 자택을 습격하고 80여 명(사망 7명)의 사상자를 냈으며 주모자로 구속된 26명은 공산당으로 몰려 혹독한 고문을 당했다.

□□□
1180 **4군 6진** ●●●
四郡六鎭

조선 세종 때 군사 목적으로 만든 행정구역

세종 때 영토수복정책의 일환으로 최윤덕이 압록강 일대의 여진족을 정벌하고 여연·자성·무창·우예의 4군을, 김종서가 두만강 일대의 여진족을 몰아내고 종성·온성·회령·부령·경원·경흥의 6진을 설치하였다.

11

역
사

**5·18
민주화운동 ●●●**

1980년 5월 18일부터 27일까지 광주광역시에서 발생한
민주화항쟁

전두환을 중심으로 한 신군부가 군사 쿠데타(12·12 사태)
로 실권을 장악하고 1980년 5월 신군부는 민주화 요구를
탄압하기 위해 전국적으로 비상계엄을 확대하여 대학 폐쇄
및 민주화운동 지도자들을 체포했다. 이에 반발한 광주 시
민과 학생들이 비상계엄 철폐와 민주화를 요구했고, 신군
부는 계엄군을 투입하여 광주를 고립시키고 강경 진압하였
다. 계엄군은 곤봉과 총기 등으로 시민들을 공격했으며 이
과정에서 수백 명 이상이 사망했다. 군사 독재에 맞서 민
주주의를 위한 시민들의 희생과 연대의 상징인 5·18 민
주화운동은 신군부의 언론 통제로 왜곡되다가 1987년 이
후 5·18의 진상 규명이 본격적으로 시작되었으며 1995년
5·18 특별법이 제정, 1997년 5월 18일이 국가 기념일로
기정되었다. 2011년 5·18 민주화운동 기록물이 유네스코
세계기록유산으로 등재되었다.

**6·10
만세운동 ●●●**

일제의 식민지 차별 교육정책에 대한 반발로 학생운동이
활성화 되던 중 순종의 인산을 계기로 민족감정이 고조되
어 일어난 만세운동

민족주의계와 사회주의계가 대규모 만세 시위를 추진하였
으나 일제의 감시와 탄압으로 사전에 발각되자 학생들의
주도하여 만세운동을 전개하였다. 이 운동으로 민족주의계
와 사회주의계의 연대 계기를 마련하게 되어 이후 민족 유
일당 운동인 신간회가 결성되게 되었다.

□□□
1183 **권리장전** ●●⊖
權利章典

1689년 명예혁명으로 왕위에 오른 윌리엄 3세에게 영국
의회가 서명을 받아낸 법률

왕권에 의한 법률의 집행정지는 위법, 금전의 징수와 상비
군의 유지에는 의회의 승인을 얻을 것, 의회선거의 보장,
의원의 언론의 자유 등 13개 항목으로 영국의 정치체제가
국왕과 의회의 조화 위에 선 입헌군주제를 취할 것을 명시
했다. 이로부터 '국왕은 군림하나 통치하지 않는다'는 전통
적인 영국의 의회민주주의가 실현되었다.

□□□
1184 **권리청원** ●●⊖
權利請願

1628년 영국의 찰스 1세가 왕권신수설을 내세우고 전제
정치를 하는데 반발하여, 의회가 인민의 헌법상 권리를
주장하기 위해 제출한 인권선언

주요 내용으로는 의회의 동의 없는 과세금지 · 민간인의 군
법재판 금지 · 각종 자유권 보장 · 병사의 민가숙박 금지 등
이 있다.

□□□
1185 **길드** ●●⊖
Guild

중세후기에 서유럽의 도시상인이나 수공업자가 왕권 또는
영주권에 대항하여 생산과 판매를 통제함으로써 일정 지
역 내의 산업과 거래를 독점한 동업조합

상인 길드와 수공업 길드가 대표적이다. 초에는 생산을 조
직화하여 발달하게 되었으나, 후에는 오히려 생산의 자유
로운 발전을 저해하게 되었다.

11

역
사

프랑스의 대표 정복자

코르시카 출신의 나폴레옹은 1796년 이탈리아 원정군 사령 관이 되어 정복지 곳곳에 공화국을 세우면서 명성을 떨쳤다. 이집트 원정, 이탈리아 · 오스트리아 원정을 강행하였고, 영국을 제외한 유럽의 대부분을 장악하며 권력의 핵심으로 떠올랐다. 1804년, 그는 형식적인 국민 투표를 통해 마침내 황제의 자리에 올랐다. 그러나 1805년 트라팔가르 해전에서 영국에 패배하여 위신이 꺾였고, 1812년 러시아 원정에 실패하면서 몰락하여 엘바 섬으로 유배되었다.

1842년 아편전쟁의 종결을 위하여 청과 영국이 난징에서 체결한 조약

내용은 홍콩을 영국에 할양, 배상금 지불, 상해 · 광동 등 5항의 개항, 공행(公行)의 폐지 등이며, 1843년 호문(虎門)조약에서 치외법권 인정 등을 추가하였다. 중국 최초의 개국(開國)조약으로, 중국의 반식민지화의 발단이 되었다.

1861 ~ 1865년까지 미국에서 남부의 노예노동주의와 북부의 임금노동주의가 대립되어 일어난 노예해방전쟁

링컨 대통령이 노예해방을 선언하자 남부에서 반기를 들고 합중국에서의 분리 · 독립을 주장하며 전쟁을 일으켰다. 1861년에 시작되고 1865년 북부의 승리로 끝났다.

프랑스 앙리 4세가 프로테스탄트에게 신앙의 자유를 인정한 칙령

1598년 프랑스의 앙리 4세가 신 · 구교도의 갈등을 완화시키기 위해 개인의 신앙자유와 신 · 구 양교의 정치상 평등권을 인정한 칙령이다. 완전한 신앙의 자유를 인정한 것은 아니며, 1685년 루이 14세에 의하여 폐지되었다.

1190 류 샤오보 ●●●
Liu Xiaobo

중국 공산당의 일당독재에 반대해 민주화와 정치 개혁을 요구한 인권운동가

1989년 천안문 사태 당시 민주화를 요구하다 '반혁명선전선동죄'로 체포됐다. 출소한 이후에도 중국 인권문제와 민주화 운동에 적극 참여하면서 여러 차례 투옥과 출옥을 반복했다. 2008년 중국 공산당 일당 체제 종식을 요구하는 '08헌장' 서명 운동을 주도했다가 징역 11년형을 선고받고 수감 중 간암으로 별세했다.

□□□
1191 르네상스 ●●●
Renaissance

14 ～ 16세기 유럽에서 일어난 문화 운동

좁은 의미로는 14세기 이탈리아를 중심으로 일어난 문화예술상의 복고적인 혁신운동(문예부흥)을 말하고, 넓은 의미로는 중세적인 신(神) 중심의 권위주의로부터 탈피하고 고대 그리스와 로마의 고전을 연구하여 인간성을 회복하려는 운동을 말한다. 문예 방면에만 국한되지 않고 정치적 · 종교적 · 학문적 활동으로 활발히 전개되면서 서양인의 정신을 깨우치고 근대 서양문명을 추진한 원동력이 되었다.

11

역
사

□□□
1192 마그나카르타 ●●◐
Magna Carta

영국 존왕이 귀족들의 강압에 따라 승인한 직허장

대헌장을 의미한다. 1215년 영국 존왕의 실정(失政)에 분격한 귀족 · 승려가 왕의 권한을 제한하고 인민의 자유와 권리 보장을 위하여 국왕에게 강요하여 받은 약정서이다. 입헌정치의 원칙을 확립하고, 영국 헌법(불문법)의 기초가 되었다. 세계 최초의 헌법으로 전문 63조로 되어 있다.

멕시코 남부의 유카탄반도 · 과테말라 · 온두라스에 걸쳐 발달한 중미의 고대문명

B.C. 6 ~ 7세기와 10 ~ 15세기의 두 번에 걸쳐 마야제국을 건설하였으며, 300년경에는 석조건물에 의한 강대한 도시국가를 형성하였다. 풍작을 기원하는 농업신에 대한 종교적 의식을 가졌으며, 천체의 운행을 관찰하여 마야력(曆)을 만들었다. 계수법(計數法)과 수학이 발달하였으며, 상형문자가 발명되었다.

1688년 영국에서 일어난 무혈혁명(無血革命)

제임스 2세가 전제정치를 강화하고 가톨릭교회를 부활시키려 하자, 의회 지도자들이 제임스 2세를 추방하고 네덜란드 총독 윌리엄을 새로이 왕으로 추대하여 권리장전을 승인케 하였다. 피를 흘리지 않고 혁명에 성공했다고 하여 명예혁명이라 한다.

마오쩌둥이 주도하여 1966 ~ 1976년까지 중국에서 발생한 정치 · 사회적 대변혁

마오쩌둥의 경제 정책인 '대약진 운동'이 실패하면서 권위가 약화되자 이를 강화하고 당내 반대 세력을 제거하기 위해 '프롤레타리아 문화'를 강조하며 학생들로 이루어진 홍위병을 조직하여 자신의 '사구타파(四舊打破)'를 전파하였다. 홍위병들은 전통적인 문화를 파괴하고 지식인, 관료, 반대 세력을 탄압했다. 전통적 유물과 문화를 파괴하고 지식인, 예술가, 교사 들을 탄압, 대규모 학살이 이어지며 사회 질서가 붕괴되었다. 1976년 마오쩌둥이 사망하고 덩샤오핑이 집권하면서 문화대혁명은 공식적으로 종료되었다.

1196 **밀라노 칙령** ●●◎
Edict of Milan

313년 밀라노에서 콘스탄티누스 1세와 리키니우스가 공동으로 발표한 칙령

로마 제국 내에서 그리스도교의 자유를 허용한다는 내용이 포함되어 신앙의 자유와 빼앗은 교회 재산의 반환 등이 포함되어 있다. 또한 1807년 밀라노에서 나폴레옹 1세가 베를린 칙령에 따라 영국과 통상하는 상선을 나포하도록 명한 것도 밀라노 칙령이라고 한다.

□□□
1197 **백년전쟁** ●●●
百年戰爭

프랑스 왕위계승문제와 플랑드르 지방의 양모공업을 둘러싼 이해관계를 둘러싸고 약 100여 년(1337 ~ 1453)에 걸쳐 영국과 프랑스 사이에 일어난 전쟁

영국군의 프랑스 침입으로 시작되어 처음에는 영국이 우세하였으나, 잔 다르크의 활약으로 프랑스가 승리하였다. 이 결과 양국은 왕권이 신장되어 봉건제후·기사들이 몰락하고, 중앙집권화로 진전하게 되었다.

□□□
1198 **부병제** ●●●
府兵制

중국 서위(西魏)에서 시작되어 수·당에 이르러 정비된 국민개병의 징병제도

병농일치를 목적으로 균전 농민에서 군인을 뽑아 부병으로 하여 농한기에 훈련을 받아 경비에 임하고, 그 대가로 조세를 면하게 한 것을 말한다.

□□□
1199 **세포이항쟁** ●●◎
Sepoy Mutiny

1857년 영국 동인도회사의 인도인 용병(세포이)이 영국의 학정을 물리치고자 일으킨 항쟁

전(숲)인도의 세포이가 참가하여 델리를 정복하고, 무굴제국의 당주를 황제로 받들었으나 1859년 영국군에 의해 진압되었다. 이 결과 무굴제국이 멸망하고 인도는 영국 정부의 통치하에 들어갔다.

11

역사

□ □ □
**1200 스와라지 ·
스와데시 ●●●**
Swaraii · Swadeshi

영국의 인도 통치기에 인도에서 일어난 반영(反英)운동

영국이 인도의 민족운동분열(벵골분할법)을 획책하자 인도
국민회의가 캘커타대회(1906)에서 보이콧(영국 제품 불매
운동) · 스와라지(자치) · 스와데시(국산품 애용) 등을 간디
의 지도 아래 전개했다.

□ □ □
1201 시민혁명 ●●●
市民革命

중소 상공업자를 중심으로 한 시민계급에 노동자와 농민
이 가담하여 절대주의를 타도하고, 자유와 평등의 원리에
입각한 근대사회를 이룩하려는 운동

정치적으로는 입헌정치, 경제적으로는 산업자본의 형성을
가져왔으며, 청교도 혁명 · 프랑스 혁명 · 미국의 독립혁명
등이 전형적인 예이다.

□ □ □
1202 십자군 ●●☺
十字軍

중세 서유럽 제국의 크리스트교가 회교도로부터 성지 예
루살렘을 회복하기 위하여 일으킨 대원정군

11 ~ 13세기 말까지 약 2세기에 걸쳐 7차례나 원정하였
다. 원정이 거듭됨에 따라 점차 본래의 목적에서 이탈, 신
앙보다 상업상의 이익을 획득하려는 방향으로 변하여 원정
군 내에서 이민족 간의 분쟁 · 충돌이 일어남으로써 그 목
적을 이루지 못했다. 십자군의 영향으로 동방의 비잔틴문
화 · 회교문화가 유럽에 소개되어 유럽 근세문명의 발달에
크게 공헌하였다.

□ □ □
1203 아편전쟁 ●●☺
阿片戰爭

1839 ~ 1842년에 걸쳐 영국과 청 사이에 일어난 전쟁

아편수입의 피해와 은(銀)의 유출을 막기 위하여 청의 선종
은 아편무역금지령을 내리고, 임칙서(林則徐)를 광동에 파
견하여 영국 상인의 아편을 불태워 버렸다. 이에 영국은
보호를 구실로 해군을 파견해 전쟁을 일으켰으며, 그 결과
청이 패하고 난징조약이 체결되었다.

□□□
1204 **알타미라
벽화** ●●⊙

구석기 시대 중기 크로마뇽인에 의해 그려진 것으로 추측
되는 것

1985년 세계유산에 등재된 알타미라 동굴에 새겨져 있는
17개의 구석기시대의 동굴 벽화이다. 2008년 '알타미라 동
굴과 스페인 북부의 구석기시대 동굴 예술'이라는 이름으로
확장해 등재되었으며 외부 기후의 영향을 받지 않아 보존
상태가 양호하다. 벽화는 사냥을 기원하는 뜻으로 여러 동
물을 채색하여 그려 놓았다. 이전에 발견한 단순한 주술적
그림과는 다르게 실제 동물들의 섬세한 움직임과 형태를
표현하였다. 인류가 남긴 가장 최초의 작품이자 걸작이라
고 본다.

□□□
1205 **얄타회담** ●●●
Yalta Conference

제2차 세계대전 종반에 미국 · 영국 · 소련이 얄타에서 나
눈 회담

제2차 세계대전이 장기간 진행되고 있을 때, 이탈리아가 이
미 항복한 상태이고 독일마저 패전의 기미가 보였다. 연합국
지도자들은 나치 독일을 최종 패배시키고 그 후의 점령 방법
을 논의하기 위해 1945년 2월 4일부터 1945년 11월까지
크림 반도 얄타에서 회담을 가졌다(1945.2.4. ~ 11).

□□□
1206 **양곤의 봄** ●●⊙

미얀마 민주화 상징인 1988년 8월 8일, 일명 '888항쟁'

1988년 8월 8일에 양곤의 대학생을 주축으로 일어난 반(反)
군부 민중항쟁은 평화 시위로 시작되었으나 새로운 군부의
진압으로 수천 명이 희생되었다.

┼**상식더보기** 사프란 혁명

2007년 미얀마에서 일어난 반(反)정부 시위로, 승려들이 시위에 참여
하자 일부 언론에서는 승려들이 입은 옷 색깔을 따 사프란 혁명이라
고 하였다.

□□□
1207 **양무운동** ●◌◌
洋務運動

1862 ～ 1874년에 걸쳐 청의 이홍장(李鴻章)·증국번(曾國藩) 등의 지주관료층이 주동이 되어 중국의 근대화를 도모하였던 개혁운동

태평천국의 난과 애로호사건 등에 자극을 받아 발생하였다. 제반 내정·군사·과학·통신 등을 개혁함과 동시에 서양문물을 도입하였다.

□□□
1208 **인클로저 운동** ●◌◌
Enclosure

개방경지나 공유지, 황무지, 방목지를 울타리나 담을 둘러 놓고 사유지임을 명시한 운동

대체로 16세기 제1차 인클로저 운동과 18 ～ 19세기의 제2차 인클로저 운동으로 구분된다. 이 운동의 결과, 영국에서는 지주·농업자본가·농업노동자의 3분제를 기초로 하여 자본제적 대농경영이 성립됐다. 이로 인해 자본의 '본원적 축적'이 가능해져 산업혁명의 원인이 되었다.

□□□
1209 **장미전쟁** ●●◌
薔薇戰爭

1455 ～ 1485년 영국의 왕위쟁탈전으로 일어난 내란

랭카스터가와 요오크가의 대립으로 시작되었고 랭카스터가의 승리로 헨리 7세가 즉위함으로써 평정되었다. 전쟁의 이름은 랭카스터의 붉은 장미, 요오크가의 흰 장미 문장에서 따온 것이다. 장미전쟁 이후에 영국의 봉건 무사계급이 몰락하고, 주권은 의회에 속하게 되었다.

□□□
1210 **재스민 혁명** ●●◌
Jasmin Revolution

2010년 12월 북아프리카 튀니지에서 발생한 민주화 혁명

23년간 장기 집권한 벤 알리 정권에 반대하여 대규모 시위가 발생하였고, 그 결과 벤 알리 대통령은 2011년 1월 14일 사우디아라비아로 망명하였다. 튀니지의 국화(國花) 재스민의 이름을 따서 재스민 혁명이라 불린다. 아랍 및 아프리카 지역에서 민중봉기로 독재정권을 무너뜨린 첫 사례로서 이집트·시리아를 비롯한 주변 국가로 민주화운동이 확산되는 계기를 마련하였다.

조어도를 중심으로 벌이는 중 · 일 영유권 분쟁

조어도(일본명 센카쿠, 중국명 댜오위다오)는 군사적 요충지일 뿐만 아니라 해저에 막대한 천연자원 매장 및 약용식물이 많아 영유권 확보를 위해 일본과 중국이 끊임없이 대립 중이다. 조어도는 명나라 때는 중국의 바다를 관리하는 구역이었다고 전해진다. 하지만 청일전쟁(1895)후 일본의 영토로 귀속되었고 미 · 일 강화조약체결(1951)때 미국으로 이양되었으며 현재는 오키나와 반환협정(1975)당시 일본령으로 편입된 후 일본이 이 섬을 실효 지배하고 있다.

□□□
1212 **종교개혁 ●●○**
宗敎改革

16 ~ 17세기 유럽에서 일어난 교회혁신운동

16세기경 로마 가톨릭교회의 지나친 세속화와 타락에 반발해 1517년 독일의 루터(M. Luther)가 교황청의 면죄부(免罪符) 판매에 반대하여 95개조 반박문을 발표한 것이 발단이 되어 가톨릭으로부터 이탈하여 츠빙글리(V. Zwingli)와 칼뱅(J. Calvin) 등에 의해 전 유럽으로 확산되어 프로테스탄트라는 신교(新敎)가 성립되었다.

□□□
1213 **천안문 사태 ●●●**
天安門事態

1989년 6월 4일 중국 정부가 천안문 광장에서 민주화를 요구하던 학생들과 시민들을 무력으로 진압, 유혈사태를 일으켜 중국 현대사에 큰 충격을 준 정치적 참극

4월 15일 호요방 전(前) 당총서기가 사망하자, 그의 명예 회복을 요구하는 대학생들이 집회를 하였고 일반시민이 가세하여 민주화운동으로 발전했다. 이후 민주화요구시위는 전국적으로 확산되고 천안문에서는 지식인, 노동자, 일반시민 등 100만 명이 연일 대대적인 집회를 개최했다. 온건파측과 강경파측이 대립하였으며, 강경파의 우세로 1989년 6월 4일 새벽 계엄군이 천안문 광장에서 무기한 농성을 벌이던 학생, 시민들에 대한 무력진압을 전개하여 군의 발포로 수천 명의 희생자(시위대측 주장. 정부는 200명 사망 주장)가 발생하는 최악의 유혈사태가 발생했다.

영국 총리였던 처칠(W. Churchill)이 1946년 공산주의였던 동유럽과 자유주의인 서유럽 사이의 경계선을 풍자해 소련을 비롯한 공산권의 폐쇄적이고 비밀주의적인 대외정책을 풍자한 말

미국 방문 중인 1946년 3월 5일 미주리주 풀턴의 웨스트민스터 대학에서 행한 연설에서 그는 "지금 발틱해의 스테틴으로부터 아드리아해의 트리에스테에 이르기까지 하나의 '철의 장막'이 유럽 대륙을 가로지르며 내려지고 있다. 바르샤바, 프라하, 비엔나, 부다페스트, 부크레슈티, 소피아 등 유명 도시들에 모스크바로부터의 경찰 지배가 확산되고 있다"고 했다.

청교도들을 중심으로 영국에서 일어난 무력 혁명

스튜어트 왕조의 절대주의와 의회의 대립은 찰스 1세의 폭정으로 한층 격화되어 1642년에 내란이 일어났다. 이후 1642년부터 1660년까지 내란이 지속되었으며 크롬웰(O. Cromwell)의 주동으로 한 의회파가 왕당파를 물리쳐 찰스 1세를 죽이고 공화정치를 선언하여 혁명에 성공했으나, 크롬웰의 독재로 1660년에 왕정복고의 시대를 맞게 되었다.

1894년 6월～1895년 4월 사이에 청(淸)나라와 일본이 조선의 지배권을 놓고 다툰 전쟁

동아시아의 전통적인 '중국 중심 세계질서'에 종지부를 찍고 신흥 일본을 이 지역의 패자로 등장시킨 동양 사상 획기적인 전쟁이었다. 당시 아시아에서 대립하던 영국과 러시아 등 제국주의 열강들 간의 영토분할경쟁을 촉발시킨 계기로 세계사적 의의를 지닌다. 이 전쟁 결과, 조선은 뿌리깊은 청국의 종주권에서는 벗어났으나, 동시에 일본 제국주의의 침략 대상으로 바뀌어 인적·물적으로 그 유례를 찾아볼 수 없을 만큼 혹독한 수난을 당하였다

황제의 서임권(성직자임명권) 문제로 황제와 교황이 대립해 황제권이 교황권에 굴복한 사건

당시 교황이던 그레고리우스 7세가 신성로마제국 황제이던 하인리히 4세를 파문하자, 하인리히 4세는 독일 제후의 반란이 두려워 1077년 이탈리아의 카노사에서 교황에게 공순(恭順)의 뜻을 표하고 파문을 면했다.

아리아인이 원주민인 드라비다인을 지배하기 위하여 만들어 낸 종교적 · 사회적 신분제도

B.C. 10세기경 인도에 침입한 아리아인이 만들어 낸 신분 제도이다. 승려계급인 브라만, 정치 · 군사를 맡은 왕족 · 사족(士族)인 크샤트리아, 농 · 공 · 상에 종사하여 납세의무를 가진 평민 바이샤, 노예인 수드라 등 4계급으로 이루어져 있다. 각 카스트는 세습되었고, 통혼은 물론 식사를 같이 하는 것도 금지되어 있었다.

제2차 세계대전 때 이집트 카이로에서 개최된 회담

제2차 세계대전 중 대일전(對日戰)과 전후 영토 처리에 대하여 구체적으로 논의한 최초의 연합국 수뇌 회담이다. 1차 회담은 1943년 11월 22 ~ 26일에 열렸으며 2차 회담은 1943년 12월 2 ~ 7일에 열렸다. 1943년 11월 27일에 '카이로 선언'을 발표하였고 태평양 제도(諸島) 박탈, 일본이 중국에서 빼앗은 모든 영토의 반환, 한국의 독립과 연합국은 일본의 무조건 항복을 촉진하기 위해 협력하여 싸울 것 등을 표명하였다.

1853 ~ 1856년 크림반도를 둘러싸고 벌인 전쟁

러시아의 남하정책이 원인이 되어 1853 ~ 1856년에 걸쳐 러시아를 상대로 영국 · 프랑스 · 오스트리아 등의 연합군이 행한 국제전쟁으로 동방전쟁이라고도 한다. 세바스토폴 함락으로 러시아가 패배하여 파리에서 강화조약이 체결되었고, 그로 인해 러시아와 터키세력은 약화되고 루마니아 · 세르비아는 독립을 획득하였다. 크림전쟁에서 영국의 간호사 나이팅게일(F. Nightingale)의 인도적 간호활동으로도 유명하다.

1850년 청의 홍수전(洪秀全)을 중심으로 일어난 농민운동

1864년 지주 · 상인 · 외국자본의 연합군에 의하여 진압되었다. 크리스트교를 내용으로 하는 종교적 내란의 형태였으나, 본질에 있어서는 이민족 청조타도 · 악습철폐 · 남녀평등 · 토지균분 · 조세경감 등을 주장한 농민전쟁이었다.

1871년 3월 18일 ~ 5월 28일 프랑스 파리에서 최초의 노동자계급 주도로 이루어진 혁명적 자치정권

국민군을 배경으로 정부에 대항해서 노동자의 해방을 노린 혁명정권이다. 파리민중의 직접선거로 노동자의 정권을 실현하였으나, 정부군이 파리에 입성하고 '피의 1주일'이라고 불리는 격렬한 시가전 끝에 불과 72일 만에 붕괴되었다.

B.C. 431 ~ B.C. 404년 아테네와 스파르타가 각각 자기편 동맹시(同盟市)들을 거느리고 싸운 전쟁

스파르타의 승리로 끝났으나, 고대 그리스 쇠망의 원인(遠因)이 되었다. 아테네는 민주정치를, 스파르타는 과두정치(寡頭政治)를 각각 대표한 폴리스였다. 따라서 이 전쟁은 두 정치체제의 싸움이기도 하였고, 각 폴리스 내부에서도 두 정치체제의 싸움이 계속되었다.

지중해 해상권을 둘러싼 로마와 카르타고의 전쟁

1차 전쟁(B.C. 264 ~ 241)은 시칠리아에서 일어났으며, 그 결과 시칠리아가 로마의 속령이 되었고, 2차 전쟁(B.C. 218 ~ 201)에서는 알프스를 넘어서 로마에 침입한 한니발(Hannibal) 휘하의 카르타고군을 스키피오(Scipio)가 자마에서 격파하였다. 3차 전쟁(B.C. 149 ~ 146)에서는 로마의 원정군이 카르타고를 정복하였다.

□□□
1225 **프랑스 혁명** ●●●
French Revolution

왕정을 뒤엎고 공화제를 수립한 시민혁명

1789년 7월 14일 루이 16세 때 프랑스에서 일어난 대혁명이다. 앙시앵 레짐(구제도)의 사회적 모순을 지적하고 시민의 각성을 촉구한 계몽 사상가들의 영향과 미국의 독립전쟁에 자극받아, 시민들이 바스티유감옥을 습격함으로써 시작되었다. 8월 인권선언으로 봉건제가 붕괴되고, 1791년 신헌법을 공포, 1792년에는 왕정이 폐지되어 공화제가 성립되었다.

□□□
1226 **함무라비
법전** ●●●
Code of Hammurabi

B.C 1700년경 바빌로니아 제6대 왕인 함무라비가 만든 세계 최고(最古)의 법전

1901년에 페르시아에서 프랑스 발굴대에 의해 발견되었다. 전문 282조로 이루어진 성문법으로 민법·상법·행법·소송법·세법·노예법 등으로 나뉜다. 가장 잘 알려진 '눈에는 눈, 이에는 이'라는 동해복복법(同害報復法)에 기초한 형벌법이 포함되어 있다. 그러나 사적인 복수나 약탈혼, 혈족 간 복수 등은 인정하지 않으며 귀족의 권력 남용 또한 제한하였다.

11

역
사

2014년 행정장관 선거에서 완전 직선제를 요구하며 일어
난 홍콩의 민주화 시위

2014년 8월 31일 중국의 전국인민대표대회에서 홍콩 행정
장관 선거안에 반발하며 일어난 민주화 시위이다. 시위를
진압하는 과정에서 경찰이 뿌리는 물대포와 최루가스를 피
하기 위해 우산을 들면서 시위를 하면서 우산혁명으로 불
리었다. 영국의 식민지였던 홍콩이 영국식 민주주의가 아
닌 중국의 사회주의 체제를 반대하여 벌어졌다. 주로 참여
한 연령은 10대와 20대였다. 행정장관 직선제는 이뤄내지
못했지만 홍콩이 중국에 반환된 이후에 최초라 일어난 대
규모 시위였다.

1997년 홍콩의 중국 영토 복귀

홍콩은 1842년 청나라와 영국 간에 벌어진 전쟁에서 청나
라가 패하면서 영국에 귀속되었다. 1972년 중국과 영국
간 국교가 수립되고 1982년부터 홍콩반환협상이 시작되었
다. 홍콩의 주권을 둘러싼 중국과 영국의 회담은 수차례
진행되다가, 1997년 7월 1일 홍콩은 156년간에 걸친 영
국의 식민지배를 청산하고 중국령으로 귀속되었다.

11. 역사 QUIZ

다음 문제를 보고 옳고 그른 것에 따라 O, X를 고르세요.

01. 우리나라 최초의 근대식 병원은 광혜원이다.　　　　　　　　　　　O X

02. 플루트 3중주는 플루트, 바이올린, 피아노이다.　　　　　　　　　O X

03. B.C. 1700년경 바빌로니아 왕이 만든 최고의 법전은 함무라비 법전이다.　　O X

04. 재스민 혁명은 2010년 2월 북아프리카 튀니지에서 발생한 민주화 혁명이다.　O X

05. 우리나라에서 만들어진 최초의 철전을 경국대전이라고 한다.　　　　O X

문장에 맞는 단어를 고르세요.

㉠ 진대법　　ㄴ 명예혁명　　ㄷ 삼사　　ㄹ 파리코뮌　　ㅁ 카스트제도

06. [　　　] (은)는 B.C. 10세기에 생긴 인도의 종교적·사회적 신분 제도이다.

07. 1688년 영국에서 제임스 2세 추방과 권리장전 승인을 위해 일어난 사건은 [　　　] (이)다.

08. 을파소 건의로 실시한 [　　　] (은)는 백성들에게 춘궁기에 관곡을 빌려주고 추수기에
　　돌려받는 제도이다.

09. 프랑스 파리에서 노동자 계급 주도로 일어난 최초의 혁명적 자치정권은 [　　　] (이)다.

10. 홍문관, 사헌부, 사간원인 [　　　] (은)는 조선시대 중앙관청이다.

답 1.O 2.X(플루트, 바이올린, 첼로) 3.O 4.O 5.X(건원중보) 6.ㅁ 7.ㄴ 8.㉠ 9.ㄹ 10.ㄷ

PART

12

부록

checkpoint

• 주요 작품, 최초 시리즈 등 가벼운 상식을 한눈에 확인할 수 있습니다.

• 앞쪽의 상식용어들과 연결하여 공부해보세요.

01. 우리나라 인공위성

구분	발사일	위성이름	특징
과학 위성	1992.08.	우리별1호	• 우리나라 최초의 소형 실험위성 • 한국과 영국이 공동 설계 · 제작
	1993.09.	우리별2호	• 지구 오존층 탐사 목표용 소형 실험위성 • KAIST 인공위성연구센터에서 제작
	1999.05.	우리별3호	• 지구관측 · 우주환경측정실험용 저궤도 소형위성 • 국내 최초 순수기술로 제작
	2003.09.	과학기술위성1호	우리나라 최초의 우주관측위성(우리별4호)
	2009.08.	과학기술위성2호	• 우리나라 땅에서 발사된 첫 번째 위성 • 궤도진입에 실패
	2013.01.	나로호	과학기술위성 2호를 지구 저궤도에 올려놓는 임무를 위해 개발한 한국 최초의 우주발사체
통신 방송 위성	1995.08.	무궁화1호	우리나라 최초의 방송 · 통신 복합위성
	1996.01.	무궁화2호	중계기가 방송용3기 · 통신용12기
	1999.09.	무궁화3호	• 중계기가 방송용 6기 · 통신용 27기의 대용량 • 동남아지역까지 서비스 확대가능
	2006.08.	무궁화5호	우리나라 최초의 민 · 군 공용 통신위성
	2020.07.	아나시스 2호	우리나라 최초의 군사 전용 통신위성
다목적 실용 위성	1999.12.	아리랑1호	국가정밀지도 제작 · GIS · 국토관리 · 재해예방사용
	2006.07.	아리랑2호	고해상도 카메라 탑재, 지리정보시스템에 사용
	2012.05.	아리랑3호	국내 최초의 서브미터급(해상도 1m 이하) 지구관측 위성
	2015.03.	아리랑3A호	기후변화 분석, 재해 · 재난, 국토 · 환경 감시 등에 활용될 고품질 위성영상을 24시간 공급
통신 해양 기상 위성	2010.06.	천리안	우리나라 최초의 정지궤도위성, 기상 · 해양관측
	2018.12.	천리안 2A호	국내 독자 기술로 조립 · 검증까지 진행한 최초의 저궤도위성
	2020.02.	천리안 2B호	세계 최초의 환경탑재체가 탑재된 정지궤도위성

02. 세계 최초 시리즈

- 세계 최초 해양문명 : 에게문명
- 세계에서 가장 오래된 목판 인쇄물 :
  무구정광대다라니경
- 세계에서 현존하는 가장 오래된 금속 활자
  본 : 직지심체요절
- 세계 최초 성문법 : 함무라비법전
- 세계 최초 헌법 :
  영국의 대헌장(마그나카르타)
- 세계 최초 대학 :
  이탈리아의 볼로냐 대학(1088년)
- 세계 최초 시민혁명 : 청교도혁명
- 세계 최초 우주인 : 소련의 유리 가가린
- 세계 최초 인공위성 : 스푸트니크 1호
- 세계 최초 달에 착륙한 우주인 :
  닐 암스트롱
- 세계 최초 남극 탐험가 : 로알 아문센
- 세계 최초 사회보험제도제를 도입한 국가 :
  독일
- 근대 올림픽의 최초 창시자 : 쿠베르텡
- 올림픽 경기에서 제일 먼저 입장하는 나라
  : 그리스
- 세계에서 해가 가장 먼저 뜨는 나라 :
  키리바시 공화국
- 아시아 최초의 노벨문학상 수상자 :
  라빈드라나트 타고르
- 세계 최초 우표 : 블랙 페니
- 세계 최초 공중보건서 : 동의보감
- 세계 최초 대중 영화 : 기차의 도착

03. 우리나라 최초 시리즈

- 태극기를 처음 사용한 사람 : 박영효
- 우리나라 최초 개통 철도 : 경인선
- 우리나라 최초로 전기불이 밝혀진 곳 :
  경복궁 내 향원정
- 우리나라 최초 근대적 헌법 : 홍범 14조
- 우리나라를 유럽에 최초로 소개한 책 :
  하멜표류기
- 우리나라 최초 한국형 구축함 :
  광개토대왕함
- 우리나라 최초 실전배치 된 잠수함 :
  장보고함
- 우리나라 최초 여왕 : 선덕여왕
- 우리나라 최초 극장 : 원각사
- 우리나라 최초 국립극장 : 협률사
- 우리나라 최초 화폐 : 건원중보
- 우리나라 최초 근대식 병원 : 광혜원
- 우리나라 최초 서정시가 : 공무도하가
- 우리나라 최초 신체시 : 최남선의 「해에게
  서 소년에게」
- 우리나라 최초 자유시 : 주요한의 「불놀이」
- 우리나라 최초 한문소설 :
  김시습의 「금오신화」
- 우리나라 최초 한글소설 : 허균의 「홍길동전」
- 우리나라 최초 신소설 : 이인직의 「혈의누」
- 우리나라 최초 한글신문이자 민간신문 :
  독립신문
- 우리나라 최초 한글 일간신문 : 매일신문
- 우리나라 최초 다목적 실용위성 :
  아리랑 1호
- 단군신화가 기록된 최초 서사 : 「삼국유사」
- 우리나라 최초 국산 차(車) : 시발 자동차
- 우리나라 최초 우주인 : 이소연
- 우리나라 최초 맨부커상 : 한강
- 우리나라 최초 노벨문학상 : 한강

04. 저널리즘의 종류

구분	특징
옐로저널리즘 (Yellow Journalism)	저속하고 선정적인 기사로 대중의 흥미를 위주로 보도하는 센세이셔널리즘 경향을 띠는 저널리즘을 의미한다.
블랙저널리즘 (Black Journalism)	공개되지 않은 이면적 사실을 밝히는 정보활동을 말한다. 개인이나 특정의 약점을 이용하여 이를 발표하겠다고 협박하거나, 보도해서 이익을 얻고자 하는 신문·서적·잡지 등에 의해 행해지는 저널리즘 활동을 말한다.
퍼블릭저널리즘 (Public Journalism)	취재원을 다양화하여 여론 민주화를 선도함으로써 선정주의를 극복하고자 하여 고급지의 새로운 방법으로 시민이 참여하는 민주주의과정을 활성화시키자는 것이다. 즉, 언론인 스스로가 지역사회의 일원으로 행동하고 시민들이 공동관심사에 참여하도록 주선해 주는 것으로 시빅 저널리즘(Civic Journalism)이라고 한다.
포토저널리즘 (Photo Journalism)	사진으로 사실이나 시사적인 문제를 표현하거나 보도하는 저널리즘이다.
팩저널리즘 (Pack Journalism)	자의적·제도적 제한 및 안이한 편집, 취재방법이나 취재시각 등이 획일적인 개성이 없는 저널리즘으로 인간·정치·사건에 대해 취재가 단편적으로 이루어지고 있는 언론 상황을 뜻한다.
경마저널리즘 (Horse Race Journalism)	공정한 보도보다는 단순한 흥미 위주로 경마를 취재하는 기사처럼 누가 이기는가에 집착하여 보도하는 형태로 특정 상황만을 집중적으로 보도하는 것이다.
수표저널리즘 (Check Journalism)	방송이나 신문사가 유명인사의 사진 또는 스캔들 기사, 센세이셔널 한 사건의 당사자 증언 등을 거액을 주고 사들여 보도하는 것을 의미한다.
파라슈트저널리즘 (Parachute Journalism)	낙하산 언론으로 현지 사정은 알지 못하면서 선입견에 따라 기사를 작성하는 것이다.
하이프 저널리즘 (Hipe Journalism)	오락만 있고 정보가 없는 새로운 유형의 뉴스를 말한다.
뉴저널리즘 (New Journalism)	1960년대 이후 새롭게 등장한 보도 및 기사를 작성하는 방법으로, 기존의 속보성·단편성·객관성의 관념을 극복하고, 구체적 묘사와 표현을 목표로 사건과 상황에 대해 독자에게 실감나게 전달하고자 한다.
제록스저널리즘 (Xerox Journalism)	극비문서를 몰래 복사하여 발표하는 것으로 문서를 근거로 한 폭로기사 일변도의 안이한 취재방법과 언론경향을 비판하는 표현이다.
그래프저널리즘 (Graph Journalism)	사진을 중심으로 하여 편집된 간행물로 다큐멘터리를 중심으로 사회문제 및 패션, 미술, 영화의 소재까지 다룬다.

05. 월드컵 역사

개최연도	개최지	우승지
제1회(1930)	우루과이	우루과이
제2회(1934)	이탈리아	이탈리아
제3회(1938)	프랑스	이탈리아
제4회(1950)	브라질	우루과이
제5회(1954)	스위스	서독
제6회(1958)	스웨덴	브라질
제7회(1962)	칠레	브라질
제8회(1966)	잉글랜드	잉글랜드
제9회(1970)	멕시코	브라질
제10회(1974)	서독	서독
제11회(1978)	아르헨티나	아르헨티나
제12회(1982)	스페인	이탈리아
제13회(1986)	멕시코	아르헨티나
제14회(1990)	이탈리아	서독
제15회(1994)	미국	브라질
제16회(1998)	프랑스	프랑스
제17회(2002)	한국 · 일본	브라질
제18회(2006)	독일	이탈리아
제19회(2010)	남아프리카공화국	스페인
제20회(2014)	브라질	독일
제21회(2018)	러시아	프랑스
제22회(2022)	카타르	아르헨티나
제23회(2026)	미국, 캐나다, 멕시코	–

06. 2024년 노벨상 수상자

구분	수상자
평화상	니혼 히단쿄(일본)
문학상	한강(한국)
생리의학상	빅터앰브로스(미국), 게리 러브컨(미국)
물리학상	조 홉필드(미국), 제프리 힌턴(영국), 데이비드 베이커(미국)
화학상	데미스 하사비스(영국), 존 점퍼(미국)
경제학상	다론 아제모을루(튀르키예), 사이먼 존슨(영국), 제임스 A. 로빈스(미국)

07. 현대문학 작가와 작품

작가	작품	작가	작품
계용묵	백치 아다다	이광수	단종애사, 흙, 무정
김동리	무녀도, 황토기, 등신불, 사반의 십자가, 역마, 바위	이문열	우리들의 일그러진 영웅, 영웅시대, 사람의 아들
김동인	감자, 배따라기, 광염소나타, 광화사, 운현궁의 봄	이상	날개, 종생기
김소월	진달래꽃, 산유화, 접동새, 초혼	이상화	빼앗긴 들에도 봄은 오는가
김영랑	모란이 피기까지는, 돌담에 속삭이는 햇발같이	이육사	청포도, 절정
김유정	봄봄, 동백꽃, 금 따는 콩밭, 소나기, 만무방	이효석	메밀꽃 필 무렵, 벽공무한, 돈(豚), 산, 들
김정한	사하촌	정비석	성황당
김훈	칼의 노래	정지용	유리창, 향수, 백록담
나도향	물레방아, 벙어리 삼룡이, 뽕	조세희	난장이가 쏘아올린 작은 공, 시간여행
박경리	토지, 김약국의 딸들	조정래	태백산맥, 정글만리
서정주	자화상, 화사, 귀촉도	채만식	태평천하, 탁류, 치숙, 레디메이드 인생
신동엽	껍데기는 가라	최서해	홍염
심훈	상록수, 영원의 미소	최인훈	광장, 소설가 구보씨의 일일
안수길	북간도	한용운	님의 침묵, 논개의 애인이 되어서 그의 묘에, 나룻배와 행인
염상섭	표본실의 청개구리, 삼대, 만세전	황석영	삼포가는 길, 객지
유진오	김 강사와 T 교수	황순원	카인의 후예, 학, 목넘이 마을의 개, 독 짓는 늙은이, 소나기, 별
윤동주	서시, 자화상	현진건	빈처, 운수 좋은 날, B사감과 러브레터

08. 조선 시가문학 작품

구분	작자 및 작품	특징
시조	정도전(상춘곡), 황진이(벽계수), 박지원(광여상) 등	• 5 · 6 · 8음보 3장 구조 구성 • 주제 : 자연, 사랑, 고뇌, 도덕적 교훈
가사문학	정철(관동별곡, 사미인곡, 속미인곡), 윤선도(어부사시사) 등	• 4자 3음보 또는 4자 4음보 등의 정형시 • 주제 : 자연과 인간의 관계, 사랑, 고독, 유교적 가치관

09. 고려가요 작품

작품	내용	작품	내용
사모곡	효심	가시리	이별의 정한
상저가		서경별곡	
동동	송도와 애련	유구곡	애조
쌍화점	남녀 상열지사	정석가	송도
만전춘		처용가	축사
이상곡		청산별곡	현실도피

10. 가전체 주요 작품

작품	작자	의인화 대상	작품	작자	의인화 대상
국순전	임춘	술	죽부인전	이곡	대나무
공방전	임춘	엽전	저생전	이첨	종이
국선생전	이규보	술, 누룩	정시자전	석식영암	지팡이
청강사자현부전	이규보	거북	준존자전	혜심	대나무

11. 문예사조에 따른 세계문학 작품과 작가

문예사조	작가와 작품
고전주의	단테 「신곡」, 괴테 「파우스트」, 세익스피어의 4대 비극, 몰리에르 「수전노」, 드라이든 「경이의 해」 등
낭만주의	노발리스 「밤의 탄가」, 위고 「레미제라블」, 괴테 「젊은 베르테르의 슬픔」, 바이런 「해적」, 셸리 「종달새」 등
사실주의	플로베르 「보바리 부인」, 발자크 「인간 희극」, 모파상 「여자의 일생」, 투르게네프 「첫사랑」, 스탕달 「적과 흑」, 도스토예프스키 「죄와 벌」 등
자연주의	에밀졸라 「목로주점」, 입센 「인형의 집」, 모파상 「비계덩어리」, 하디 「테스」 등
유미주의	오스카 와일드 「살로메」, 보들레르 「악의 꽃」, 다눈찌오 「죽음의 승리」 등
상징주의	말라르메 「목신의 오후」, 베를렌 「화려한 향연」, 랭보 「지옥의 계절」 등
주지주의	엘리엇 「황무지」, 에즈라 파운드 「시편」, T. E 흄 「사색」 등
초현실주의	제임스 조이스 「율리시스」, 버지니아 울프 「세월」, 마르셀 프루스트 「잃어버린 시간을 찾아서」, 윌리엄 포크너 「소리와 분노」 등
실존주의	까뮈 「이방인」, 카프카 「변신」, 샤르트르 「구토」 등

12. 근대 미술사조

구분	특징
신고전주의 Neo-classicism	• 18세기 중엽 ~ 19세기 중엽에 걸쳐 유럽에서 형성된 미술양식 • 형식의 통일과 조화, 표현의 명확성, 형식과 내용의 균형 • 다비드 「나폴레옹 대관식」, 앵그르 「목욕하는 여인」 등
낭만주의 Romanticism	• 19세기 전반 유럽에서 회화를 비롯하여 조각 등에 나타난 미술양식 • 합리주의에 반대해서 객관보다는 주관을, 지성보다는 감성을 중요시 • 들라크루와 「키오스섬의 학살」 등
사실주의 Realism	• 19세기 중엽 사물, 자연의 상태를 그대로 표현하고자 한 미술형식 • 프랑스에서 활동한 풍경화가들의 모임인 '바르비종파' • 밀레 「이삭줍기」, 「만종」, 쿠르베 「돌 깨는 사람들」 등
인상주의 Impressionism	• 19세기 말에 일어난 프랑스 청년화가들의 경향 • 빛의 효과를 강조하고 밝은 색깔로 그림을 그리려는 운동 • 마네 「풀밭 위의 점심」, 「발코니」, 모네 「인상-해돋이」, 드가 「압생트」, 르누아르 「뱃놀이 점심」 등
신인상주의 Neo-impressionism	• 19세기 말에 대두한 미술사조로 인상주의에 과학성을 부여하고자 함 • 무수한 색점을 사용하여 색을 분할하는 기법 • 쇠라 「아니에르에서의 물놀이」, 시냐크 「마르세유항의 풍경」 등
후기인상주의 Post-impressionism	• 19세기 말 ~ 20세기 초 인상파의 색채기법을 계승 • 견고한 형태, 장식적인 구성, 작가의 주관적 표현을 시도한 화풍 • 고흐 「해바라기」, 「감자 먹는 사람들」, 고갱 「타히티의 여인」, 로댕 「생각하는 사람」 등

13. 현대 미술사조

구분	특징
야수파(Fauvism)	• 20세기 초의 젊은 화가들과 그들의 미술경향 • 원색을 쓴 대담한 그림으로 야수의 그림 같다는 비평을 받음 • 마티스 「후식」, 루오 「미제레레」, 드랭, 블라맹크 등
입체파(Cubism)	• 1910년경 프랑스를 중심으로 야수파의 뒤를 이어 일어난 유파 • 물체의 모양을 분석하고 그 구조를 점과 선으로 구성 · 연결 • 피카소 「아비뇽의 처녀들」, 「게르니카」, 브라크 「카드가 있는 정물」 등
표현주의(Expressionism)	• 20세기 전반에 독일을 중심으로 하여 전개된 예술운동 • 자연묘사에 대응하여 감정표현을 중심으로 주관의 표현을 강조 • 뭉크 「절규」, 샤갈 「바이올린 연주자」, 클레 「월출과 일몰」 등
초현실주의(Surrealisme)	• 다다이즘 이후 1920~1930년에 걸쳐 유럽에서 일어난 미술운동 • 무의식이나 꿈, 공상 등을 중요시 • 달리 「해변에 나타난 얼굴과 과일의 환영」, 마그리트 「가짜거울」 등

14. 음악의 빠르기

용어	뜻	용어	뜻
Largo(라르고)	아주 느리게(느리고 폭넓게)	Allegretto(알레그레토)	조금 빠르게
Lento(렌토)	아주 느리게(느리고 무겁게)	Allegro(알레그로)	빠르게
Andante(안단테)	느리게	Vivace(비바체)	아주 빠르게(빠르고 경쾌하게)
Andantino(안단티노)	조금 느리게	Presto(프레스토)	아주 빠르게(빠르고 성급하게)
Moderato(모데라토)	보통 빠르게	-	-

15. 나이를 나타내는 한자어

나이	한자표기	나이	한자표기
10세 안팎	沖年(충년)	62세	進甲(진갑)
15세	志學(지학)	70세	古稀(고희), 從心(종심)
20세	弱冠(약관)	77세	喜壽(희수)
30세	而立(이립)	88세	米壽(미수)
40세	不惑(불혹)	90세	卒壽(졸수), 耄壽(모수)
50세	知天命(지천명)	91세	望百(망백)
60세	耳順(이순)	99세	白壽(백수)
61세	回甲(회갑), 還甲(환갑)	100세	期願之壽(기원지수)

16. 단위를 나타내는 말

단위	내용	단위	내용
갓	식료품 등의 열 모습을 한 줄로 묶어 세는 단위 ⑩ 고사리 두 갓	손	생선 2마리
쾌	북어 20마리, 엽전 10냥	쌈	금의 무게, 옷감 피혁 등을 싸 놓은 덩이를 세는 단위, 바늘을 묶어 세는 단위 (24개)
닢	돈, 가마니 명석 등 납작한 물건을 세는 단위 ⑩ 동전 한 닢	접	채소나 과일 등을 100개를 묶어 세는 단위
두름	생선을 짚으로 열 마리씩 두 줄로 엮은 것	제	한약 20첩
뭇	짚, 장작, 볏단, 미역 등 작은 묶음을 세는 단위	첩	한약 1봉지
톳	김 100장 ⑩ 김 한 톳	축	오징어 20마리

17. 주의해야 할 외래어 표기법

바른 표기	잘못된 표기	바른 표기	잘못된 표기
가톨릭	카톨릭	심벌	심볼
데뷔	데뷰	탤런트	탈렌트
바바리	버버리	스펀지	스폰지
바비큐	바베큐	소시지	소세지
배지(badge)	뱃지	로터리	로타리
백미러	백밀러	파일럿	파일롯
밸런스	발란스	샌들	샌달
보디(body)	바디	소파	쇼파
뷔페	부페	시그널	시그날
블록	블럭	리더십	리더쉽
비스킷	비스켓	라벨	레이블
비즈니스	비지니스	스태미나	스테미너
샹들리에	상들리에	타깃	타겟
센티미터	센치미터	심포지엄	심포지움
알코올	알콜	난센스	넌센스
액세서리	악세사리	색소폰	색스폰
액셀러레이터	악셀레이터	마사지	맛사지
앰뷸런스	앰블란스	피에로	삐에로
어댑터	아답터	메시지	메세지
엔도르핀	엔돌핀	팸플릿	팜플렛
재킷	자켓	카탈로그	카달로그
주스	쥬스	인디언	인디안
초콜릿	초콜렛	워크숍	워크샵
카펫	카페트	윈도	윈도우
캐러멜	카라멜	트리(tree)	추리
커피숍	커피샵	지그재그	지그자그
케이크	케잌	스티로폼	스치로폼
케첩	케찹	데생	뎃생
코미디언	코메디언	밸런타인데이	발렌타인데이
콤플렉스	컴플렉스	새시(sash)	샤시

18. 24節氣(절기)

계절	절기	날짜(양력)	특징
春	立春(입춘)	2월 4일경	봄의 시작
	雨水(우수)	2월 19일경	봄기운이 돌고 싹이 틈
	驚蟄(경칩)	3월 6일경	개구리 같은 동물이 겨울잠에서 깨어남
	春分(춘분)	3월 21일경	낮과 밤의 길이가 같아짐
	淸明(청명)	4월 6일경	날씨가 맑고 밝음, 농사 준비
	穀雨(곡우)	4월 20일경	농사비(봄비)가 내려 백곡이 윤택해짐
夏	立夏(입하)	5월 6일경	여름의 시작
	小滿(소만)	5월 21일경	만물이 점차 성장하는 시기로 본격적인 농사가 시작됨
	芒種(망종)	6월 6일경	씨 뿌리는 시기
	夏至(하지)	6월 21일경	낮이 가장 긴 시기
	小暑(소서)	7월 7일경	본격적인 더위가 시작되는 시기
	大暑(대서)	7월 23일경	가장 더위가 심한 시기
秋	立秋(입추)	8월 8일경	가을의 시작
	處暑(처서)	8월 23일경	일교차가 커지고 더위가 가시는 시기
	白露(백로)	9월 9일경	가을 기운이 완연해지고 이슬이 내림
	秋分(추분)	9월 23일경	밤이 점차 길어지는 시기
	寒露(한로)	10월 8일경	공기가 차가워지고, 찬 이슬이 맺히는 시기
	霜降(상강)	10월 23일경	서리가 내리는 시기
冬	立冬(입동)	11월 7일경	겨울의 시작
	小雪(소설)	11월 23일경	눈이 오기 시작하며 얼음이 어는 시기
	大雪(대설)	12월 7일경	큰 눈이 내리는 시기
	冬至(동지)	12월 22일경	밤이 가장 긴 시기
	小寒(소한)	1월 5일경	겨울 중 가장 추운 시기
	大寒(대한)	1월 20일경	매우 추운 시기

INDEX

INDEX

INDEX

INDEX

INDEX

INDEX

INDEX

INDEX

INDEX

INDEX

INDEX